Blumschein

Lernaufgaben – Didaktische Forschungsperspektiven

Patrick Blumschein
(Hrsg.)

Lernaufgaben – Didaktische Forschungsperspektiven

Verlag Julius Klinkhardt
Bad Heilbrunn • 2014

Für Alfred Holzbrecher in großer Dankbarkeit für viele Jahre der inspirierenden gemeinsamen Arbeit.

Dieser Titel wurde in das Programm des Verlages mittels eines Peer-Review-Verfahrens aufgenommen. Für weitere Informationen siehe www.klinkhardt.de.

Bibliografische Information der Deutschen Nationalbibliothek
Die Deutsche Nationalbibliothek verzeichnet diese Publikation
in der Deutschen Nationalbibliografie; detaillierte bibliografische Daten
sind im Internet abrufbar über http://dnb.d-nb.de.

Druck und Bindung: AZ Druck und Datentechnik, Kempten.
Printed in Germany 2014.
Gedruckt auf chlorfrei gebleichtem alterungsbeständigem Papier.

ISBN 978-3-7815-1961-9

Inhaltsverzeichnis

Teil 2: Aufgaben fachdidaktisch betrachtet

Teil 3: Interkulturelle und globale Perspektiven der Didaktik

Patrick Blumschein

Einblicke

Dieser erweiterte Sammelband dokumentiert die Diskussion der interdisziplinären Tagung der DGfE-Kommission Schulforschung/Didaktik *Allgemeine Didaktik, Lehr-Lern-Forschung und Fachdidaktiken im Dialog*, die im September 2011 in Freiburg stattfand. Erweitert ist der Band, da ergänzend Autor_innen zu fachdidaktischen und interkulturellen Facetten hinzu geladen wurden. Im Mittelpunkt der Diskussion in diesem Band stehen die beiden folgenden Fragen:

1) Welche Bedeutung hat Allgemeine Didaktik im Spannungsfeld von Lehr-Lernforschung und Fachdidaktiken?

2) Welche Bedeutung haben Querschnittsperspektiven wie das Globale und Interkulturelle Lernen für die Allgemeine Didaktik, die Fachdidaktiken und die Lehr-Lern-Forschung?

In der Lernforschung gewann in den letzten Jahren das Thema der Lernaufgaben im Zuge der Schulleistungsstudien wieder einen hohen Stellenwert, nachdem es in den 1980er Jahren anscheinend aus der Mode gekommen war (vgl. Seel 1981; Klauer 1974, 1987; Schabram 2007). Sowohl damals als auch bis vor kurzem wird der Forschungsbereich der Lernaufgaben in der Allgemeinen Didaktik kaum berücksichtigt (Arnold et al 2008). Erst in den letzten Jahren widmen sich einige Veröffentlichungen wieder diesem Thema (vgl. Zierer et al 2011; Thonhauser 2008; Kiper et al 2010; Meyer et al 2008, Reusser 2008;). Die Fachdidaktik scheint bis dato der Allgemeinen Didaktik einen Schritt voraus zu sein (vgl. Keller/Bender 2012; Kiper et al 2010). Blömeke und Müller (2008) konstatieren, dass die Allgemeine Didaktik und die Lehr-Lernforschung bisher getrennte Wege gegangen sind. Terhart (2002) spricht gar von den fremden Schwestern. Insgesamt, so scheint es, bezieht sich die Allgemeine Didaktik noch zu wenig auf die Erkenntnisse der empirischen Lehr-Lernforschung (vgl. Blömeke/Müller 2008; Reusser 2008). Aber auch von Seiten der Lehr-Lernforschung muss klar sein, dass ein übergeordnetes Theoriegebäude wichtig ist, Bedingungen und Werte schulischen Lernens zu berücksichtigen und zu bestimmen (vgl. Girmes 2004).

Die Forschungen im Bereich der Lernaufgaben haben das Potenzial, schulisches Lernen effizienter zu machen und Erkenntnisse zur optimalen Gestaltung von Lernumgebungen zu liefern. Didaktische Ziele der Binnendifferenzierung, der Berücksichtigung von Heterogenität in verschiedenen Facetten bis hin zur Gestaltung interkultureller Lernräume können durch Lernaufgaben verfolgt werden. Damit hätte das Forschungsfeld der Lernaufgaben vielleicht das Potenzial, zwischen der Lehr-Lernforschung, der Fachdidaktik und

der Allgemeinen Didaktik zu vermitteln und einer schultheoretisch fundierten Allgemeinen Didaktik einen neuen Stellenwert zu verleihen.
Die Perspektiven des Globalen und Interkulturellen Lernens ermöglichen veränderte didaktische Blicke auf allgemeindidaktische Fragen: Es geht zum einen darum, das Spektrum der Unterrichtsinhalte bzw. der Lernaufgaben vor dem Hintergrund einer „Schule in der Weltgesellschaft" (Lang-Wojtasik) schultheoretisch neu zu begründen. Zum anderen muss mit Blick auf die Lernenden mit Zuwanderungsgeschichte nach Konzepten gesucht werden, die es ermöglichen, sowohl ihre Stärken und Ressourcen zu berücksichtigen als auch sprachliche Defizite zu kompensieren: Es gehört zu den vorrangigen didaktischen Entwicklungsaufgaben, die Konstruktion von Lernaufgaben so zu gestalten, dass Schüler/innen aus bildungsbenachteiligten Milieus reelle Chancen für schulische Erfolgserfahrungen bekommen. Das vom Projekt „FörMig" (vgl. http://www.blk-foermig.uni-hamburg.de/) entwickelte Konzept des „Scaffolding" kann als richtungweisend gelten, zielt es doch auf die Entwicklung von Sprachsensibilität und ein „Gerüste-Bauen" in allen Unterrichtsfächern.
Der vorliegende Band gliedert sich auf dieser Folie in die drei großen Teile *Aufgaben als Bausteine der Didaktik*, *Aufgaben fachdidaktisch betrachtet* und *interkulturelle und globale Perspektiven der Didaktik*. Im ersten Teil widmen sich die Autoren der Positionierung der Allgemeinen Didaktik (Girmes, Schmit et al, Hallitzky et al, Hanke, Kleß), stellen Kategorisierungssysteme für Aufgaben vor (Maier et al; Metz et al), schauen auf die wirkmächtigen Lernenden (Schwarz/Schratz) und werfen einen Blick auf die Lehrerausbildung (Wegner et al, Roßa). Im zweiten Teil werden fachdidaktische Ansätze aus den Bereichen Mathematik (Batzel et al), Kunst (Heyl), Deutsch (Lutz, Heins), Englisch (Raith) und Geschichte (Brauch, Heuer) vorgestellt. Im dritten Teil stehen interkulturelle Fragestellungen im Vordergrund. Neben übergreifenden Fragen zum globalen Lernen (Holzbrecher, Lang-Wojtasik, Heinze/Hallitzky) wird auch gezeigt wie derartige Themen konkret z.B. im Französischunterricht umgesetzt werden können (Caspari/Küster).

Literatur

Arnold, K. & Koch-Priewe, B. (2008). Allgemein und fachlich bildender Unterricht: Die integrative Perspektive der kritisch-konstruktiven Didaktik. In M. A. P. M. &. H. S. Meyer (Ed.), Perspektiven der Didaktik (pp. 87-99). Wiesbaden: VS-Verlag.

Blömeke, S. & Müller, C. (2008). Zum Zusammenhang von Allgemeiner Didaktik und Lehr-Lernforschung im Unterrichtsgeschehen. In M. A. Meyer, M. Prenzel & S. Hellekamps (Ed.), Perspektiven der Didaktik (pp. 239-258). Wiesbaden: VS-Verlag.

Girmes, R. (2004). (Sich) Aufgaben stellen: [Professionalisierung von Bildung und Unterricht]. Seelze: Kallmeyer.

Keller, S. & Bender U. (2012). Aufgabenkulturen. Fachliche Lernprozesse herausfordern, begleiten, reflektieren. Seelze: Kallmeyer (Klett).

Kiper, H.,Meints, W., Peters, S., Schlump, S. &Schmit, S. (2010). Lernaufgaben und Lernmaterialien im kompetenzorientierten Unterricht. Stuttgart: Kohlhammer.

Klauer, K. J. (1974). *Methodik der Lehrzieldefinition und Lehrstoffanalyse*. Düsseldorf: Pädagogischer Verlag Schwann.

Klauer, K. J. (1987). *Kriteriumsorientierte Tests*. Göttingen: Hogrefe.

Meyer, M. A., Prenzel, M. & Hellekamps, S. (2008). Perspektiven der Didaktik. Wiesbaden: VS, Verl. für Sozialwiss.

Reusser, K. (2008). Empirisch fundierte Didaktik – didaktisch fundierte Unterrichtsforschung. In M. A. Meyer, M. Prenzel & S. Hellekamps (Ed.), Perspektiven der Didaktik (pp. 219-237). Wiesbaden: VS-Verlag.

Seel, N. M. (1981). *Lernaufgaben und Lernprozess*. Stuttgart: Kohlhammer.

Schabram, K. (2007). Lernaufgaben im Unterricht: instruktionspsychologische Analysen am Beispiel der Physik. Duisburg, Essen, Univ., Diss., 2007.

Thonhauser, J. (Hg.)(2008): Aufgaben als Katalysatoren von Lernprozessen. Münster: Waxmann.

Zierer, K., Bohl, T. & Arnold, K. (2011). Jahrbuch für Allgemeine Didaktik 2011. Thementeil: Entwicklung und Weiterentwicklung allgemeindidaktischer Modelle der Unterrichtsplanung. Baltmannsweiler: Schneider Verlag Hohengehren.

Teil 1: Aufgaben – Bausteine der Didaktik

Renate Girmes

‚Allgemeine Didaktik' als Theorie der sich stellenden Aufgaben

Worüber sprechen wir hier eigentlich, wenn es heißt: Allgemeine Didaktik, Lehr-Lernforschung und Fachdidaktiken im Dialog?
Ich schlage vor, wir sprechen über die Ermöglichung von Bildung als Manifestation der Entfaltung der Freiheit und Selbstbestimmungsfähigkeit menschlicher Wesen. Wir glauben ja alle spätestens seit der Aufklärung und seit Herbarts Allgemeiner Pädagogik von 1806, dass die Ermöglichung von Bildung der *Unterstützung* bedarf. Herbart hat das so formuliert:

> „Von Natur kommt der Mensch zur Erkenntnis durch Erfahrung und zur Teilnahme durch Umgang.
> Die Erfahrung, wiewohl unsre Lehrerin durchs ganze Leben, gibt dennoch nur ein äußerst kleines Bruchstück eines großen Ganzen; unendliche Zeiten und Räume verhüllen uns eine unendlich größere mögliche Erfahrung.
> Vielleicht minder arm ist verhältnismäßig der Umgang; denn die Empfindungen unsrer Bekannten gleichen im Allgemeinen den Empfindungen aller Menschen. Aber der Teilnahme ist an den feinsten Unterschieden gelegen, und Einseitigkeit der Teilnahme ist viel schlimmer als Einseitigkeit der Kenntnis.
> Die Mängel also, welche
> in der kleinen Sphäre des Gefühls der Umgang und
> in dem größeren Kreise des Wissens die Erfahrung übriglassen, sind für uns ungefähr gleich groß, und hier wie dort muss die Ergänzung durch Unterricht gleich willkommen sein[1]".

---

[1] Johann Friedrich Herbart: Allgemeine Pädagogik aus dem Zweck der Erziehung abgeleitet (1806), in: ders. Pädagogische Grundschriften, hrsg. v. Walter Asmus, Stuttgart: Klett-Cotta/ 2. Aufl. 1982, S. 59

Wir sprechen also über *jene* Unterstützung, die Bildungseinrichtungen leisten können, um die Begrenztheit von Erfahrung und Umgang im Leben zu *erweitern*. Und so ist zu fragen:

Welche wirkliche Erweiterung von Umgang und Erfahrung ist heute das Proprium der institutionalisierten Erziehung, der Schule? Angesichts der mittlerweile latent bestehenden Zugänglichkeit anderer Zeiten und Räume und der darin machbaren Erfahrungen und Mitempfindungsmöglichkeiten, sehe ich die heute bedeutsame Erweiterung:

- Im Schaffen und erlebbar Machen von Ordnung und Struktur in der Fülle des Erfahrbaren und der ‚Erkenntnisse', die sich daraus ziehen lassen und gezogen wurden
- Im Anbahnen und Praktizieren von Differenziertheit, Sensibilität und Selbstaufmerksamkeit im Umgang und d.h. in der ‚Teilnahme' an den Menschen und den Belangen der Welt.

Beides so anzulegen, dass es eine Erweiterung gegenüber *dem* sein kann, was das Leben sowieso vermittelt, scheint mir die Aufgabe zu sein, der sich Allgemeine Didaktik, Lehr-Lernforschung und Fachdidaktiken im Dialog, d.h. in miteinander abgestimmter Weise, zu stellen hätten.

Wir alle haben also *eine* gemeinsame Aufgabe zu bearbeiten und so ist die Frage, wer macht was? Ich erzähle Ihnen im Folgenden, was *ich* für den Beitrag der Allgemeinen Didaktik halte und dabei klärt sich auch, was eine dem Gesagten korrespondierende Aufgabenstellung für die Beiträge der Fachdidaktik wäre. Ist das getan, lässt sich erkennen, was außerdem noch zu tun ist und was davon u.U. von einer Lehr-Lern-Forschung bearbeitbar ist.

Also, was bearbeitet die Allgemeine Didaktik, mit Blick auf die gerade formulierte Aufgabe?

Nun, ich denke, es gilt hier ein *Konzept dafür* zu gewinnen,

- *was* denn das Ganze der in Bildungsprozessen zu ordnenden und zu strukturierenden Erfahrungen und Erkenntnisse überhaupt ausmachen könnte und sollte - und damit verbunden wäre ebenfalls zu *konzipieren*,
- *wie* unterstützt durch Bildungseinrichtungen eine Qualität an ‚Haltung' entstehen kann und wahrscheinlich wird, die differenziert und zugewandt zu Mensch und Welt ausfällt.

Sprechen wir zunächst über das strukturierte und geordnete ‚Ganze' der sinnvoll zu erlangenden Erfahrungen und Erkenntnisse: Ersichtlicherweise kann damit *nicht* das gesamte verfügbare Weltwissen gemeint sein und auch nicht eine Auswahl des *‚Richtigen'* – wo wäre das Kriterium? Was also dann? Ich schlage vor, etwas zu konzipieren, das das Verfügbare Weltwissen, also den Erfahrungsschatz der Menschen, als Ganzes sichtbar und greifbar machen kann, etwas, das außerdem in die Fülle des Wissbaren einen Zusammenhang, Ordnung und Struktur bringt. In ‚alter' Sprache von Bildungstheo-

rie und Didaktik geht es hier um das Kategoriale der Bildung, um die ‚Isolierung der Schwierigkeit', um eine kluge ‚didaktische Reduktion', um eine Strategie, im Exemplarischen die relevanten Weltzugänge zu eröffnen.
Wenn es nun seit der Aufklärung, spätestens aber in posttraditionaler Zeit, kein inhaltlich formuliertes ‚Bildungsideal' – wie Erich Weniger den Konsens der Gesellschaft über das ‚Richtige' genannt hat – mehr gibt, von dem aus sich das ‚Ganze' organisieren ließe, so braucht es eine Strategie dafür, ein Ganzes un-teleologisch vorzustellen und damit eine nachwachsende Generation im Gebrauch ihrer Freiheit und Selbstbestimmung ernst zu nehmen und zu unterstützen, also ihr Gelegenheit zu geben, sich selbst und dem Leben Ziele zu setzen. Das werden sie in *verantwortlicher* Weise *dann* tun, so schon Herbart vor 200 Jahren, wenn wir ihrer Selbstbestimmung Raum geben und wenn sie bei ihrer Selbstentfaltung bei einem durch Unterricht erweiterten Umgang und Erfahrung keinen Mangel zu leiden haben. Wie kann es gelingen, das zu bewerkstelligen?
Es braucht individuelle Herausforderung und zugleich eine allgemeine Ordnung.
Individuelle *Herausforderung* bewirken Aufgaben: Aufgaben, die *sie* sich stellen und die sich *ihnen* stellen. Also geht es in Bildungsprozessen im mehrfachen Wortsinn darum, sich Aufgaben zu stellen. Was sind Aufgaben? Aufgaben sind gegenstandsbezogen und der Ausdruck für eine *Lücke* zwischen dem, was ist und dem, was sein könnte, zwischen Bedingungen und Orientierungen; wird die Lücke empfunden bewirkt das bei den Aufgabenbearbeitern, dass sie *das* an Wissen und an Können, was ihnen zur Lösung der gesehenen Aufgabe nützlich sein könnte, auf ihre Aufgabe beziehen und dass sie das, was zur Lösung fehlt, zu finden oder zu entwickeln versuchen. Weil das so ist, sage ich: Alles Wissen und Können der Welt, nimmt Bezug auf Aufgaben.
Sie werden sich vielleicht fragen: gibt es aber nicht unendlich viele Aufgaben und wie soll dann eine Ordnung entstehen? Es gibt unendliche viele Aufgaben aber meine These ist: Hinter allen denkbaren Aufgaben stehen endlich viele, nämlich basale Aufgaben: Als ich die ‚Theorie der Bildungsaufgaben' formuliert habe, waren es acht basale Aufgaben auf der Grundlage von 8 basalen menschlichen Bedingtheiten; bei der Arbeit an ‚[Sich] Aufgaben stellen' kam *eine* weitere, neunte Aufgabe hinzu, die eine durch die Menschen entstehende Bedingtheit bearbeitet.
Durch die endliche Zahl der basalen Aufgaben, deren Gegenstände aber individuell herausfordern können, entsteht so dennoch eine *allgemeine Ordnung*. Weil Aufgaben die gerade beschriebene ‚Kraft' haben, sind sie wie ‚Kontinente' in der geistigen Welt der Menschen, also Orte, die Gegenstände der Beschäftigung, bedingende Gegebenheiten und Orientierungen, Wissensbe-

stände und Können/ Haltungen als fünf relevante Elemente der geistigen Welt in einen aktivierenden Zusammenhang bringen. Sie sehen es in Abb. 1:

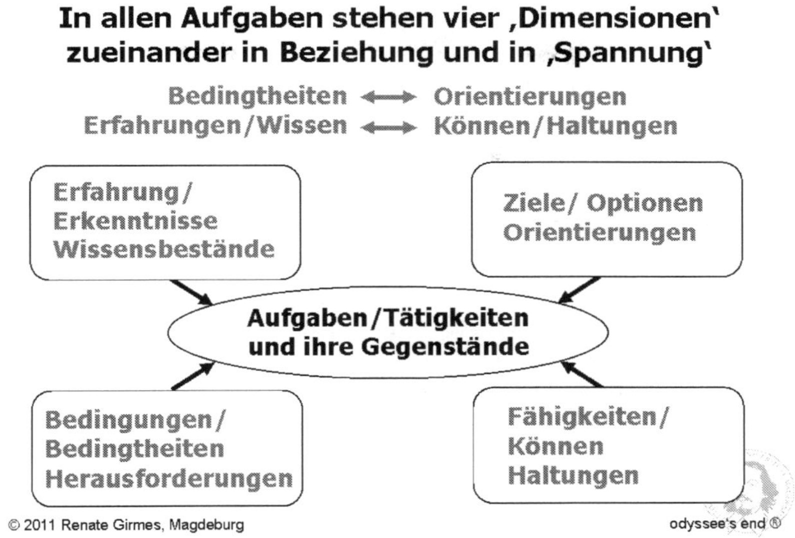

Abb. 1: Dimensionen von Aufgaben.

Alle Aufgaben haben diese gleichen Elemente, die in Hinsicht auf die neun basalen Aufgaben der Menschen allerdings neun verschiedene Ausprägungen annehmen. Darauf gehe ich gleich näher ein. Zuvor möchte ich Ihnen noch zeigen, wie es gelingen kann, den Aufgaben eine solche Ordnung zu geben, so dass die *endliche* Zahl von kategorial relevanten Aufgaben ein erkennbares ‚Ganzes' ergibt, was die These ihrer zahlenmäßigen Begrenztheit nochmals stark macht.

Dieses Ganze ist – spätestens in posttraditionaler Zeit – nicht teleologisch zu konzipieren, d.h. es gibt *keine* mehr oder weniger wichtigen Aufgaben. Die menschlichen Aufgaben sind vielmehr gleichberechtigte ‚Bezugsorte' in der menschlichen Welt und für das pädagogische Denken, Topoi, und bei einer Topologie als Theorieform sind die Bezugsorte gleichrangig bedeutsam. Wie aber entsteht dann eine Ordnung?

Ich schlage Ihnen vor, sich die Aufgaben auf einer *Kugel* platziert zu denken. Dann kann man bezogen auf die Kugel überall einen Anfang machen, einen Akzent setzen und alles andere bleibt dennoch in Relation dazu an einem festgelegten Platz – so wie wir die Erde als Kugel sehen, ohne damit schon etwas Wertendes über Orte auf der Erde auszusagen.

Wenn wir uns die Welt der Aufgaben auf einer Kugel denken, dann können wir sie mit der gleichen Technik darstellen, wie wir die Kontinente der Erde in ihrer Relation zueinander darstellen: Durch Projektion der Kugel in eine darstellbare Fläche.

Das Ergebnis ist eine Karte, die Weltkarte. Hier sorgen Längen- und Breitengrade dafür, dass alles, was da ist, in seinen Raum-Lage-Beziehungen klar beschreibbar ist: alle Orte, auf die wir Bezug nehmen könnten, sind so zu ‚verorten' und alles, was man zu diesen Orten zu sagen hat, gewinnt so einen Platz.

Das erlaubt – am Beispiel der Weltkarte gut demonstrierbar – die Ergebnisse verschiedener fachlicher Zugänge zur Welt, z.B. über die Flora und Fauna der Erde, in Spezialkarten einzutragen, in deren Hintergrund aber natürlich die gemeinsame Karte der Welt liegt. So sieht man, wie sich z.B. Brach- und Ackerflächen auf die Kontinente oder Länder verteilen. Man kann genauso eine Spezialkarte der Artenvielfalt anfertigen oder eine bestimmter Bodenschätze oder eine Karte aller Bodenschätze überhaupt. Man kann die Bevölkerungsdichte auf der Erde darstellen und die Verteilung der Naturgefahren, die Verteilung von Reichtum und Armut, die Verteilung von wirtschaftlicher Prosperität oder die Dichte der Gefängnisinsassen in den Ländern der Welt wie auch ihre relative Anzahl von geschlossenen Friedensabkommen usw. usw.

Jede Spezialkarte ist Zeugnis einer bestimmten Betrachtungsweise aber immer bezogen auf die gleiche Art der Darstellung der Welt. Auf der Grundlage der gleichsinnigen Verwendung *einer* Kartierungsmethode und *einer* Ausgangsbeschreibung kann man (erfreulicherweise) die verschiednen existierenden Karten zusammen und aufeinander bezogen nutzen. Das erlaubt z.B., einen Kontinent oder einen bestimmten Ort auf der Erde genauer zu betrachten und zu schauen, was man zu diesem Ort alles an Erkenntnissen hat.

Das funktioniert, wenn die beispielhaft benannten Spezialkarten der Biologen, der Geologen, der Soziologen, der Bevölkerungs- und Wirtschaftswissenschaftler *einer* Konvention der Kartierung als *gemeinsame* Referenz folgen; tun sie das *nicht*, ist die Herstellung einer Verbindung des ermittelten Spezialwissens in Bezug auf einen ausgesuchten bestimmten Ort in der Welt ungleich schwieriger und vielleicht auch gar nicht möglich.

Sie können sich schon denken, was ich sagen werde: In den speziellen Darstellungen der Welt durch die Wissenschaften und durch die ihnen korrespondierenden Unterrichtsfächer ist es ähnlich: Alle Fächer beziehen sich auf die Erschließung der *gleichen* Welt, aber wenn es keine allgemein und für alle nutzbare Grundkartierung dieser Welt gibt, dann ist es schwer bis unmöglich, das Wissen der fachlichen Spezialblicke aufeinander und auf ausgewählte Bereiche in der menschlichen Welt zu beziehen.

Sie verstehen jetzt vielleicht, warum ich sage: Ein solcher Bezug erscheint mir als Referenzrahmen zum Denken von Zusammenhängen zwischen den Fächern der Schule *unbedingt* erforderlich. Denn solange sich die Fächer *nicht* eines gemeinsamen Referenzrahmens für die Verortung und Darstellung ihrer fachlichen Klärungen bedienen, fällt es den Menschen, nicht nur den Kindern, wirklich schwer, die Gegenstände, Wissensbestände, etc., die die arbeitsteilig agierenden, ausdifferenzierten Disziplinen/ Fächer anbieten, aufeinander und auf ein sich entfaltendes Verständnis der Welt zu beziehen.
Und natürlich fällt es den Lehrenden der Fächer schwer, sich über eine sinnvolle Arbeitsteiligkeit, über eine kluge Zusammenarbeit und auch über das Erkennen und Vermeiden von Doppelarbeit zu verständigen.
Wollen wir also analog zu Weltkarten die basalen Aufgaben der Menschen, als den relevanten Bezugsorten von Gegenständen, Wissen, Können, Bedingtheiten und Orientierungen ‚kartieren', dann brauchen wir ebenfalls Längen- und Breitengrade, mit deren Hilfe wir die Aufgaben, auf die sich menschliche Erfahrungen und Empfindungen beziehen, auf der Erde verorten können.

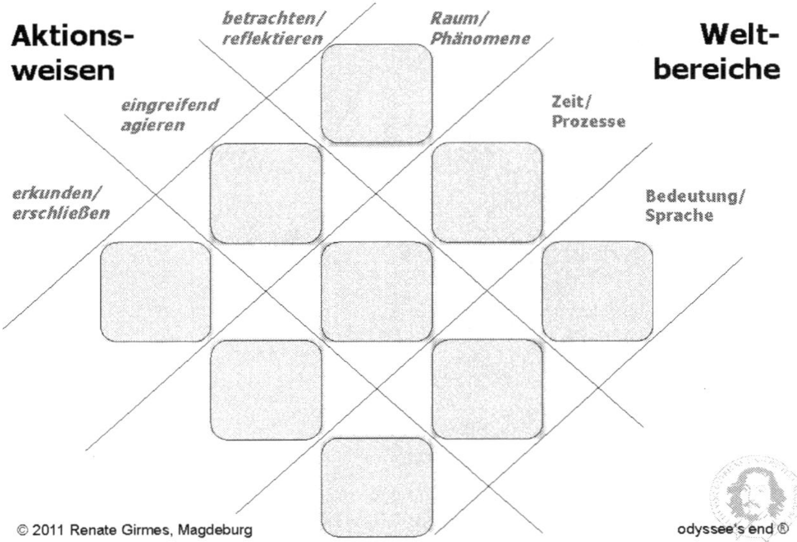

Abb. 2: *Aktionsweisen* im Umgang mit der Welt und deren Bereiche.

Ich stelle Ihnen also jetzt die basalen Aufgaben *und* die ,Längen- und Breitengrade' zur Kartierung der Bildungswelt und zur Kartierung des Wissens sowie die darin zu verortenden allgemeinen Bildungsaufgaben vor – wegen der relativen Zeitknappheit im wesentlichen als *Ergebnis* meiner diesbezüglichen Denkarbeit der letzten ca. 15 Jahre – die Argumentation dazu lässt sich nachlesen.
Zu den Breitengraden: Meine These ist: Es gibt drei grundsätzlich unterscheidbare *Aktionsweisen* im Umgang mit der Welt - Erschließen, Agieren, Reflektieren. Sie treffen auf drei Weltbereiche, die sich grundsätzlich wie in Abbildung 2 dargestellt beschreiben lassen.
Dieses Gefüge als Kartographie der geistigen Welt gibt nun den grundlegenden Aufgaben der Menschen und den mit ihnen herausgeforderten Lösungsanstrengungen/Tätigkeiten – also den Topoi / den Bezugsorten – ihren Platz und zwar in Relation zu den Plätzen aller anderen Aufgaben (vgl. Abb. 3).

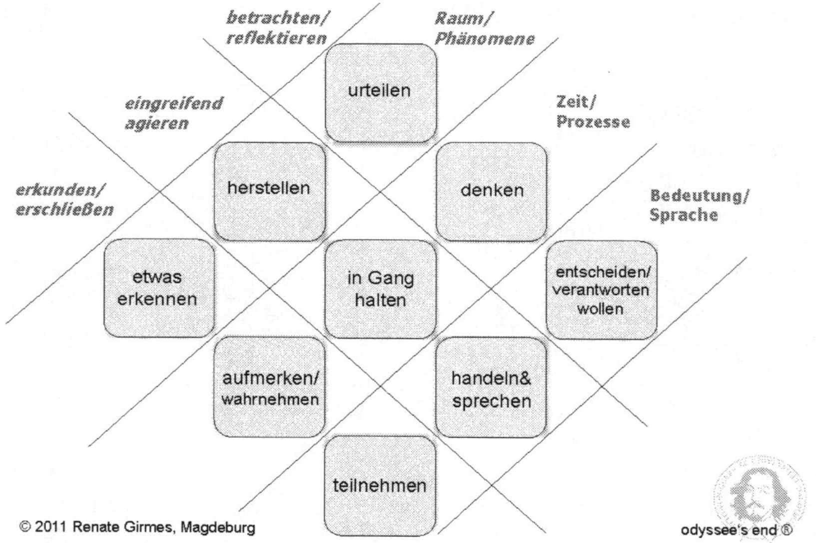

Abb. 3:. Grundlegende Aufgaben der Menschen.

Bezogen auf diese Verortung kann ich nachfolgend erläutern, was gemeinsam mit den platzierten ,Aufgaben' jetzt auch eine Verortung erfährt. Ein wenig ,Aufgabentheorie':
Sie haben schon gehört: Aufgaben ergeben sich aus dem, was das Leben der Menschen auf der Erde als Bedingtheit oder Herausforderung bestimmt. *Was* wir als solche Bedingtheit annehmen, ist Ergebnis unserer Vorstellungen, die

wir in einer zumindest tendenziell aufgeklärten, wissensbasierten Gesellschaft durch die wissenschaftliche Selbstaufklärung zunehmend besser fundieren und sachgerechter formulieren. Die Bedingtheit menschlicher Entfaltungs- und Bildungsprozesse, die ich aufgrund wissenschaftlicher Klärungen unterstelle, finden Sie in Abb. 4.:

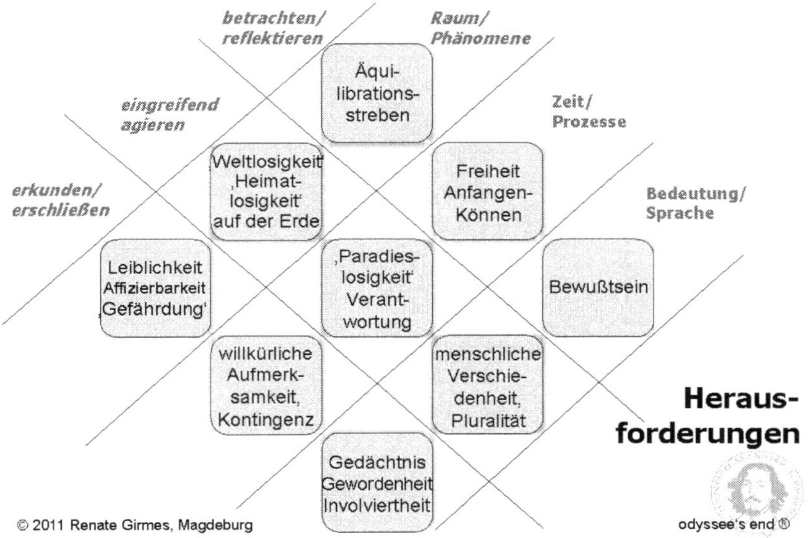

Abb. 4: Bedingtheiten menschlicher Entfaltungs- und Bildungsprozesse.

Die *Wahrnehmung* einer Aufgabe als Aufgabe resultiert grundsätzlich aus dem Erleben einer Differenz zwischen diesem Merkmal von Aufgaben, nämlich dem jeweils Gegebenen und einem anderen, nämlich dem Möglichen/ Denk- und Wünschbaren bezogen auf etwas in der erfahrbaren Welt. Aufgaben beschreiben also eine Lücke zwischen Sein und Sollen, oder sehr basal und im Anschluss an Hannah Arendt formuliert, zwischen der ‚human condition', der menschlichen Bedingtheit, und dem, was die Menschen sich mittlerweile vorstellen können, aus ihrer Bedingtheit zu machen. Auch das kann ich hier nicht herleiten, aber ich möchte Ihnen in Bezug auf alle Aufgaben und Plätze zeigen, welche *Orientierungen* den gerade benannten Herausforderungen gegenüber stehen (vgl. Abb. 5).

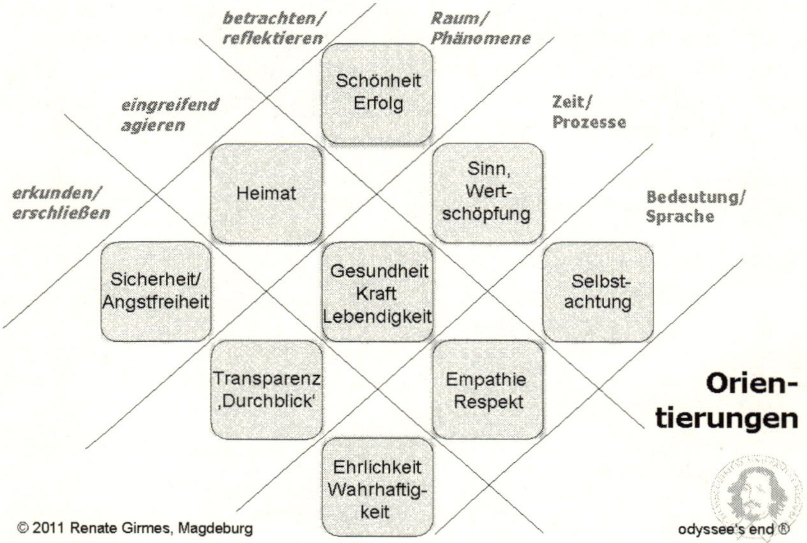

Abb. 5: Aufgaben und deren Orientierungen.

Diese Orientierungen stellen die Folge menschlicher Auseinandersetzung mit ihrer Bedingtheit dar; sie sind also in Abhängigkeit von historischen Zeiten und kulturellen Räumen zu denken und was Sie hier sehen, können wir *hier und heute* sagen. Es ist ein Vorschlag, der zwar auf unserer europäischen Tradition fußt, der sich aber durchaus im Kontext dessen bewegt, was wir als universale Orientierungen menschenwürdigen Lebens weltweit diskutieren:
Aufgaben und Tätigkeiten entzünden sich – hatte ich gesagt – aus der Differenz zwischen Sein und Sollen, aber diese muss bezogen auf *etwas* in Erscheinung treten. Ich möchte ihnen typische Vertreter dieses ‚Etwas' als ‚Gegenstände' der Aufgabenübernahmen und Tätigkeiten bezogen auf die Plätze in der kartierten Welt immerhin andeuten, weil sie mir hilfreich erscheinen, um herauszufinden, zu welchen *Aufgaben* die verschiednen Fächer vielleicht schon wegen ihres *Gegenstandes* eine u.U. besondere Affinität haben (vgl. Abb. 6). Hier finden Sie mögliche Gegenstände von Aufgaben, die aus der Spannung von Bedingtheit und Orientierung entstehen können.

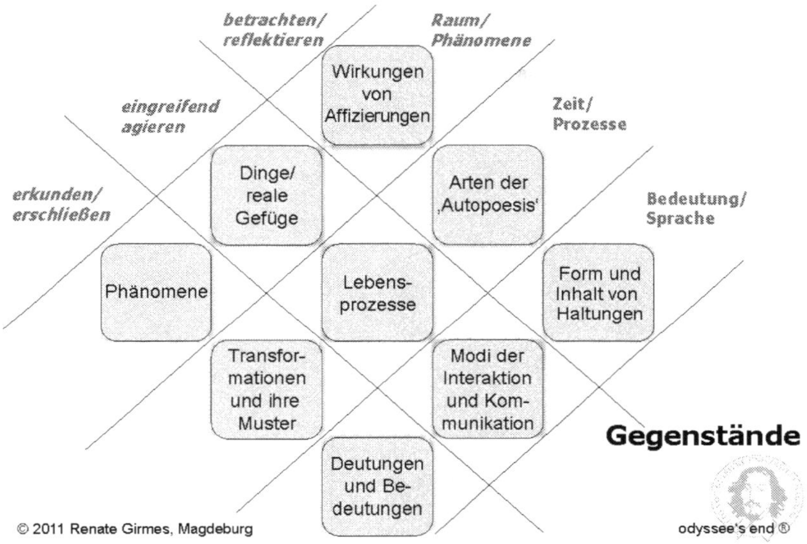

Abb. 6: Gegenstände' der Aufgabenübernahmen

Um jede Aufgabe und ihren Gegenstand herum finden sich also – ebenfalls verortet – Bedingtheiten und Orientierungen *und* im Gesamtbild des Gefüges rund um die Aufgabe:

- Erfahrungen und daraus gewonnene Erkenntnisse, die sich in Wissensbeständen niederschlagen und
- Fähigkeiten/ Können oder Kompetenzen, die in Haltungen zur Welt münden.

Hier ist eine zweite Spannung zu betrachten, die Aufgaben kennzeichnet: die mögliche Spannung zwischen Wissen, über das man vielleicht verfügt, einerseits und den sachgerechten operativen Fähigkeiten und damit verbundene Haltungen andererseits. Wenn Fähigkeiten nicht auf der Höhe des Wissens sind und umgekehrt, kann das in Bildungsprozessen als Vorsprung in dem Einen eine Aktivierung in Richtung des anderen hervorrufen.

Der Vollständigkeit halber zeige ich Ihnen auch diese beiden Dimensionen von Aufgaben

Hier die Erfahrungen und auf ihnen aufruhenden Wissensformen und -bestände:

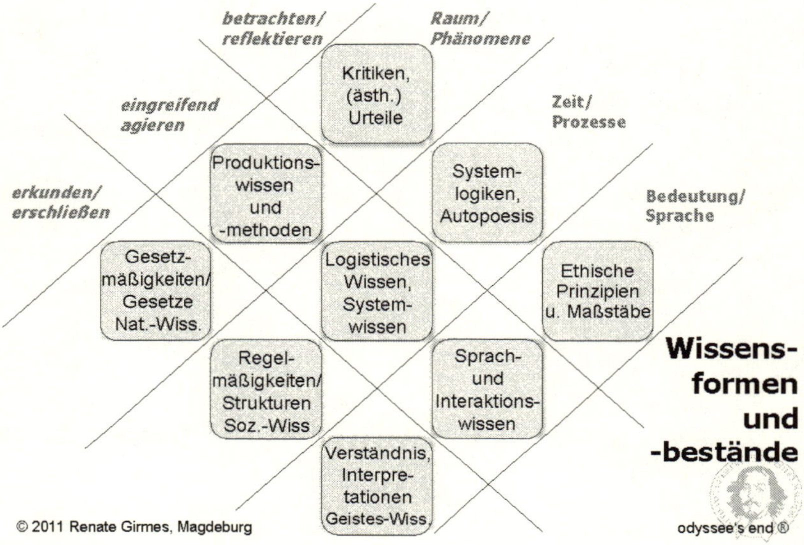

Abb. 7: Wissensformen und Bestände.

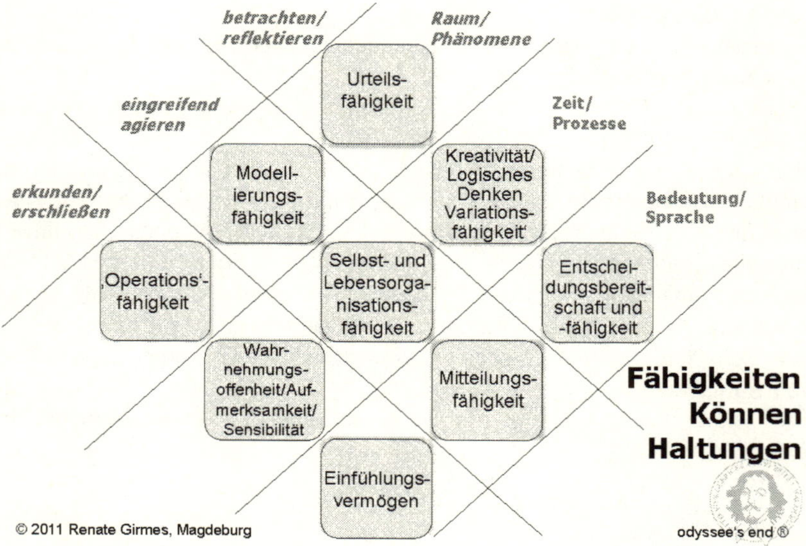

Abb. 8: Fähigkeiten, Können und Haltungen.

Zusammenfassend lässt sich sagen: Aufgaben so zu verstehen, nenne ich, sie zu ‚dimensionieren'. Diese Tätigkeit habe ich für alle neun basalen Aufgaben hier gerade überblickshaft unternommen. Ich hoffe, Sie können sehen: Mit Hilfe der gerade skizzierten Ausprägungen aller sechs Dimensionen bezogen auf die basalen Aufgaben der Menschen lassen sich zu diesen neun je spezifische Mikroräume darstellen, in denen – so das Konzeptionsangebot einer Allgemeinen, aufgabeorientierten Didaktik – alles ‚sich-bildende' Tun verortet werden kann.

Kompetent ist man gemäß dieser Theoretisierung von Bildungsprozessen, übrigens dann, wenn man weiß,

- warum – bezogen auf Bedingtheiten/ Herausforderungen und
- mit welcher Perspektive - bezogen auf geteilte Orientierungen/ Ziele/ Optionen

man bezogen auf was etwas tut und wenn man dabei

- dafür hilfreiches Wissen, als verlässlich generalisierte Erfahrung sowie
- aufgaben- und gegenstandsspezifisch einsetzbare Fähigkeiten besitzt und sie als praktiziertes Können oder Haltung in Lösungsprozesse einzubringen versteht.

Wenn sich so alle Fächer auf die basalen Aufgaben und deren dimensionierte Mikroräume beziehen lassen, dann wäre im Dialog mit den Fächern zu klären, an welchen Aufgabenräumen und Dimensionen welches Fach jeweils in besonderer Weise engagiert und interessiert ist. Die Frage ist, was ein Fach folglich zur ‚Ausstattung' der neun Mikroräume mit seiner fachspezifischen Konkretion der dortigen Bildungsaufgabe bezogen auf das Fach, fachdidaktisch konzipiert und vorschlägt beizutragen.

Wenn dabei von verschiedenen Fachdidaktikern *unterschiedliche* Einschätzungen und Positionen vertreten werden, dann spiegelt das ‚nur' die Diskurse und ggf. Kontroversen innerhalb der Fachdidaktiken wider und macht aber in der hier vorgeschlagenen Darstellungsoption auch für alle klarer, welche Verständnisse in der Fachdidaktik ggf. konkurrieren oder wo es (große) Übereinstimmung gibt.

Was im Verständnis und in der Auslegung eines Schulfaches einen *didaktischen* Sinn macht, hängt im Übrigen nicht unwesentlich davon ab, was die anderen Fächer im Umfeld tun und nicht tun. Dieser Check hilft zu sehen, wo das Bildungsgelände massiv bestellt und u.U. auch ‚übernutzt' wird und wo ‚Brachen' sind, zu denen Verabredungen über Zuständigkeiten nützlich wären, damit sie vielleicht doch bearbeitet werden, wenn es nicht Gründe gibt, dass da etwas unbearbeitet bleibt.

Ein Dialog der Fächer unter Bezug auf den etablierten Referenzrahmen ist also erforderlich, um mit dem Gesamtcurriculum eines Bildungsganges arbeitsteilig, aber klug koordiniert, alle neun Mikroräume mit ihren Dimensionen den Menschenkindern bekannt und bearbeitbar zu machen und *auf diese Weise* das ‚Ganze' in seiner Struktur und in seinen Zusammenhängen darzustellen, so dass die Adressierten sich darin *selbstbestimmt und frei* zu bewegen lernen.

Und hier kommt in meinen Augen die Lehr-Lern-Forschung ins Spiel, um im Sinne einer pädagogischen Tatsachenforschung herauszufinden, was aus einem ‚klugen' und ausgewogenen Curriculum und seiner intelligenten und passfähigen Methodisierung in der pädagogischen Praxis, als einem ‚Realexperiment Bildung', wird und ob und inwieweit die didaktischen Antizipationen und deren methodische Umsetzungen – über die eigens zu sprechen wäre – bezogen auf beider Wirkung auf Menschenkinder sich als triftig herausstellen oder nicht. Hier werden eine Allgemeine aufgabenorientierte Didaktik und die Fachdidaktiken die Tragfähigkeit ihrer konzeptionellen Arbeit gespiegelt bekommen. Allerdings ist nicht nur *das* Gegenstand der Spiegelung, sondern *dazu* und ebenso wichtig spiegelt sich in der beforschten pädagogischen Praxis die Artikulation und Qualität

- des jeweiligen ‚Settings',
- die der verantwortlich Agierenden und
- die des programmatischen Hintergrundes.

Die denkbare und erwartbare Interferenz all dieser Faktoren gilt es in meinen Augen ebenfalls zu theoretisieren, damit man verstehen kann, was man in einer Praxisforschung, also auch in einer Lehr-Lern-Forschung, sieht und was man ggf. wie ‚misst'.

Die Theoretisierung der Artikulationsmöglichkeiten des gesamten pädagogischen Wirkungsgefüges, z.B. als ‚pädagogische Artikulationswissenschaft', ist deshalb ein weiteres, notwendig zu behandelndes Thema, eine sich stellende Aufgabe, deren Bearbeitung in großen Teilen noch aussteht.

Was es bei der Erforschung des skizzierten komplexen Wirkungsgefüges methodisch und methodologisch zu bedenken gilt, finde ich allerdings schon bei Herbart umrissen und auch problematisiert:

> „Freilich, was hierin wahr sei oder nicht, darüber spricht jeder nach seiner Erfahrung. Ich spreche nach meiner, andre nach ihrer. Wollten wir nur alle sämtlich bedenken, DASS JEDER NUR ERFÄHRT, WAS ER VERSUCHT! Ein neunzigjähriger Dorfschulmeister hat die Erfahrung seines neunzigjährigen Schlendrians; er hat das Gefühl seiner langen Mühe, aber hat auch die Kritik seiner Leistungen und seiner Methode? - Unsern neuern Pädagogen ist vieles Neue gelungen; sie haben erfahren, daß Ihnen der Dank der Menschheit entgegenkam, und sie dürfen dessen innig froh sein. Ob sie aber aus ihrer Erfahrung bestimmen dürfen, was alles durch Erziehung möglich sei, was alles mit Kindern gelingen könne?
>
> Möchten diejenigen, welche die Erziehung so gern bloß auf Erfahrung bauen wollen, doch einmal aufmerksam hinüberblicken auf andre Erfahrungswissenschaften; möchten sie bei der Physik, bei der Chemie sich zu erkundigen würdigen, was al-

> les dazu gehört, um nur einen einzigen Lehrsatz im Felde der Empirie soweit festzustellen, wie es in diesem Felde möglich ist! Erfahren würden sie da, daß man aus einer Erfahrung nichts lernt und aus zerstreuten Beobachtungen ebensowenig; daß man vielmehr denselben Versuch mit zwanzig Abstufungen zwanzigmal wiederholen muß, ehe er ein Resultat gibt, das nun noch die entgegengesetzten Theorien jede nach ihrer Art auslegen. Erfahren würden sie da, daß man nicht eher von Erfahrung reden darf, bis der Versuch geendigt ist, bis man vor allen Dingen die Rückstände genau geprüft, genau gewogen hat. Der Rückstand der pädagogischen Experimente sind die Fehler des Zöglings im Mannesalter. Der Zeitraum für ein einziges dieser Experimente ist also auf wenigste ein halbes Menschenleben! Wann denn wohl ist man ein erfahrener Erzieher?" (Herbart 1806, S. 19-20).

Mit Herbarts Überlegung wird u.a. folgendes klar: Man sieht, was man bedacht hat und versucht. Mir scheint nicht zuletzt deswegen braucht es einen Dialog dazu, *worauf* wir unsere Aufmerksamkeit fokussieren wollen. Meine Position ist:
Es geht um die *zu schaffenden realen Bedingungen der Möglichkeit von ‚Bildung'*. *‚Bildung'* verstanden als Manifestation der Entfaltung der Freiheit und Selbstbestimmungsfähigkeit menschlicher Wesen. Um die *realen Bedingungen der Möglichkeit dafür zu schaffen,* wird man – auch *das* wollte ich zeigen:

- eine bildungstheoretische Fundierung benötigen und
- diese didaktisch und fachdidaktisch zu konkretisieren haben und
- man wird eine Methodologie konzipieren und entwickeln müssen, die der Komplexität des dabei entstehenden Forschungsgegenstandes gerecht zu werden erlaubt.

Mir scheint, in den benannten Punkten sind wir noch lange nicht *soweit*, dass wir – mit Herbart gesagt –„aus *Erfahrung* bestimmen dürfen, was alles durch Erziehung möglich sei, was alles mit Kindern gelingen könne". Das ist in meinen Augen eine zukünftige Aufgabe aller, die in den Wissenschaften zu Bildung und Erziehung arbeiten. Sie ist anhängig nachdem *zuvor* noch *einige* gedankliche Arbeit geleistet wurde. Dazu wünsche ich uns allen gutes Gelingen – ich hoffe im Dialog?!

Anmerkung:

Dieser Text ist als Vortrag konzipiert und hier so wiedergegeben. Wer sich für die literaturbezogene weitere Ausführung des vorstehend umrissenen Gedankens und seine Konsequenzen für die Theorie und Praxis pädagogischer Arbeit interessiert, sei verwiesen auf die 2012 erschienene Monographie der Autorin: Der Wert der Bildung. Menschliche Entfaltung jenseits von Knappheit und Konkurrenz. Paderborn: Schöningh.

Stefan Schmit, Sebastian Peters & Hanna Kiper

Wissenserwerb durch Lernaufgaben

Lernaufgaben im didaktischen und fachdidaktischen Diskurs

In den allgemein- und fachdidaktischen Diskursen über die Weiterentwicklung schulischen Unterrichts und insbesondere über die Ausrichtung des Unterrichts auf den Erwerb von Kompetenzen wird dem Thema ‚Lernaufgaben' besondere Aufmerksamkeit geschenkt. Dabei wird von ‚Lernaufgaben' keineswegs einheitlich gesprochen. Wenn ihnen aufgrund der zugesprochenen Funktion, das ‚Lernen der Schüler' zu unterstützen, zur Unterscheidung andere Typen von Aufgaben, nämlich diagnostisch relevante Aufgaben, Aufgaben zur Leistungsüberprüfung und Testaufgaben gegenübergestellt werden (vgl. z.B. Schmit et al., 2010, 221), markiert dies sicherlich einen gemeinsamen Nenner des aktuellen Diskurses; gleichwohl muss ein breites Spektrum an Konzeptualisierungen des Lernaufgabenbegriffs konstatiert werden. So verstehen einige Autoren unter einer Lernaufgabe bereits jedwede Aufgabenstellung, die das ‚Lernen der Schüler' unterstützen soll (vgl. z.B. Schabram, 2007), während andere Autoren Lernaufgaben mit „komplexen Erarbeitungsaufgaben" (Kleinknecht et al., 2011, 63) gleichsetzen (vgl. z.B. Leisen, 2010). Letztere betten ‚Lernaufgaben' in eine Konzeption schülerorientierten Unterrichts ein, bei der Merkmale wie „entdeckendes und problemlösendes Lernen, Eigenaktivität und sozialer Austausch" (Diesbergen, 2012, 59) maßgebend sind.

Auch hinsichtlich der Perspektiven, unter denen über Lernaufgaben nachgedacht wird, lässt sich ein breites Spektrum ausmachen. So werden unter dem Schlagwort ‚Aufgabenkultur' die im Unterricht eingesetzten Aufgaben kritisch in den Blick genommen und Diskussionen über neuartige Aufgabenformate geführt. In Bezug auf den naturwissenschaftlichen Unterricht wurden im Zuge dieser kritisch-konstruktiven Debatten u.a. Aspekte wie das Vorherrschen von Aufgaben mit konvergenter Führung des Denkens oder die Dominanz von Routineaufgaben als problematisch eingestuft und Aufgabenformate angeregt, die sich beispielsweise auf Alltagsprobleme beziehen oder mehrere Lösungsmöglichkeiten bei der Bearbeitung zulassen (vgl. hierzu z.B. Häußler & Lind, 2000; Schmit, 2009). Zudem sind Kategoriensysteme für die Analyse und Konstruktion entwickelt worden. Diese helfen bei der Unterscheidung von Aufgabentypen (vgl. z.B. Leisen, 2001; Bruder, 2010) oder

benennen – basierend auf Annahmen über die Qualität von Aufgaben – unterschiedliche Merkmale (vgl. z.B. Blömeke et al., 2006; Maier et al., 2010). Ihre Verwendung finden derartige Kategoriensysteme beispielsweise bei der Charakterisierung und Einschätzung von ‚Aufgaben-Mengen', unter anderem solchen aus Schulbüchern oder aus dem Unterricht (vgl. hierzu z.B. Kiper et al., 2010). Einen weiteren Schwerpunkt der Diskussion bilden die für die internationalen Vergleichsstudien TIMSS und PISA entwickelten Testaufgaben. Es wird gefragt, ob und wie sie für Lernzwecke genutzt werden könnten (vgl. z.B. Duit, 2002). Daneben finden sich Auseinandersetzungen über die Frage, wie Lernaufgaben auf die von den Schülern zu erwerbenden Kompetenzen auszurichten sind. Dabei wird vielfach der Vorschlag unterbreitet, prototypische Aufgaben, welche exemplarisch die erwarteten Kompetenzen verdeutlichen (vgl. Astleitner, 2006), als Lernaufgaben zu ihrem Erwerb einzusetzen (vgl. z.B. Duit et al., 2007; Schecker & Theyßen, 2007).
Zieht man eine Bilanz der aktuellen Diskurse über Lernaufgaben, lässt sich festhalten, dass der Fokus auf der Auseinandersetzung mit Einzelaufgaben und auf der Betrachtung von (kategorisierten) Einzelaufgaben in ‚Aufgaben-Mengen' liegt. Bislang weitestgehend ausgeklammert wurde eine *systematische Auseinandersetzung mit Lernwegen zum Aufbau von Kompetenzen* und ihrer Strukturierung durch Lernaufgaben. Wenn Unterricht jedoch allgemein den Zweck verfolgt, die Kluft zwischen dem bei den Schülern vorhandenen Voraussetzungen (Ist) und den angestrebten Kompetenzen (Soll) zu überwinden, dann gilt es, über die *Initiierung förderlicher Lernprozesse* nachzudenken. Dabei sind Makrolernprozesse, also die durch die Bildungsgänge in einem Fach antizipierten Bildungswege über die Schuljahre hinweg (durch das Curriculum), ebenso zu betrachten wie die Ausgestaltung von Mikroprozessen des Lernens in einer Unterrichtseinheit oder einer einzelnen Unterrichtsstunde. Von daher bestehen die Herausforderungen darin, zu bestimmen, über welche Kompetenzen die Schüler in den einzelnen Fächern am Ende eines Bildungsgangs verfügen sollen, diese über prototypische Aufgaben unter Bezugnahme auf ein Kompetenzmodell zu verdeutlichen und sie in Lehr-Lern-Sequenzen unter Verwendung von begründet sequenzierten Lernaufgaben aufzubauen.
Vor diesem Hintergrund geht es uns nicht nur um eine Verbesserung der Unterrichtskultur hinsichtlich einer veränderten Dramaturgie zur Überwindung von Überdruss oder zur Neugestaltung der Interaktion zwischen Lehrkräften und Schülern bzw. zwischen den Schülern selbst. Wir fragen nach dem Potential von Lernaufgaben, um den Kompetenzerwerb durch Unterricht systematisch zu unterstützen und richten die Aufmerksamkeit auf die Initiierung von Lernwegen. Wir verstehen dabei jedwede Aufgabenstellung, die darauf zielt, das ‚Lernen der Schüler' zu unterstützen, als Lernaufgabe. Mit Steiner

(2010, 69) begreifen wir schriftlich fixierte oder auch mündlich mitgeteilte Lernaufgaben als Katalysatoren von Lernprozessen, mit denen einzelne „Teilprozesse des Lernens [...] beeinflusst, d.h. *ermöglicht*, *erleichtert*, *intensiviert*, *beschleunigt* oder *nachhaltig verfügbar* und *zugänglich gehalten* werden können". „Aufgaben geben [...] einerseits Informationen, lassen aber anderes aus, was der Lernende zu ergänzen hat. Aufgaben produzieren gezielt Leerstellen, die der Lernende ausfüllen muss. Die Produktion der Leerstelle in Aufgaben kann die Ausfüllung der Leerstelle eindeutig bestimmen oder offen gestalten. Diese Variation erreicht man durch Art und Ausmaß der Informationsvorgabe sowie die ‚Größe' der Leerstelle" (Meder & Frick, 2006, 71).

Da eine Auseinandersetzung mit Lernaufgaben unseres Erachtens ohne Rückbezug auf curriculare und unterrichtstheoretische Wissensbestände zu kurz greift, betten wir unsere Überlegungen zum ‚Wissenserwerb durch Lernaufgaben' zunächst entsprechend ein, entfalten sie dann theoretisch und konkretisieren sie abschließend anhand eines Beispiels.

Zur Bedeutung von Aufgaben in Curriculumtheorie und Theorien des Unterrichts

Unserem Ansatz liegt die Auffassung zugrunde, dass organisierter Unterricht innerhalb der Institution Schule einen Beitrag dazu leisten muss, die *bildungstheoretisch begründeten Ziele* eines Bildungsgangs zu erreichen, die im Curriculum ihren Ausdruck finden. Dabei verstehen wir mit Steindorf (1981, 18) Unterricht als einen „aus dem Zusammenhang des Gesamtlebens ausgegliederten Lehr-Lern-Prozess, in dem [...] komplexere Sachzusammenhänge durch einen Lehrer an einen oder mehrere Schüler vermittelt werden, wobei das Interesse des Lehrenden nicht nur auf die Präsentation der Lehrinhalte, sondern auch auf deren Aneignung durch den Schüler und eine darauf bezogene Erfolgskontrolle gerichtet [sind]". Vor diesem Hintergrund muss Aufgaben im Unterricht eine zentrale Rolle beigemessen werden, wobei in Bezug auf die *Funktion im Lehr-Lern-Prozess* aus unterrichtstheoretischer Perspektive eine Unterscheidung von Aufgaben möglich ist. Während Lernaufgaben die Funktion haben, Lernhandlungen (vgl. Kreitz, 2008) mit Blick auf die erforderlichen *kognitiven Aktivitäten* zum Kompetenzerwerb zu initiieren und zu steuern, zielen beispielsweise Wiederholungs- und Übungsaufgaben auf die Konsolidierung der bereits erworbenen Kompetenzen oder Transferaufgaben auf deren Übertragung auf andere Kontexte ab (vgl. Kiper, 2010).

In der weiteren Darstellung gehen wir nicht auf konkrete Vorgehensweisen bei der Planung von Unterricht ein (vgl. dazu Kiper & Mischke, 2009), sondern stellen Wissensbestände vor, die im Zusammenhang mit der Funktion von Lernaufgaben, Lernprozesse zu initiieren, zu steuern und zu optimieren (vgl. Seel, 1981), relevant werden.

Ziele des Unterrichts und die Inhaltsstruktur

In der heutigen Konzeption eines *kompetenzorientierten Unterrichts* erfolgt die Formulierung schulischer und unterrichtlicher Ziele des Lernens in der Form von Kompetenzen. Schott und Azizi Ghanbari (2012) schlagen beispielsweise vor, die angestrebten Kompetenzen durch die Angabe von Einzelaufgaben oder Aufgabenmengen zu konkretisieren, zu deren erfolgreicher Bearbeitung die Schüler in der Lage sein sollen, wenn sie am Ende des Lehr-Lern-Prozesses eine bestimmte Kompetenz auf einem zuvor festgelegten Standard (Exzellenzstandard, Regelstandard, Minimalstandard) erworben haben. Diese Form der Zielformulierung verhilft bei der Konzeption fundierter Prüfprozesse, jedoch noch nicht per se bei der Konstruktion von Lernaufgaben. Hierzu ist es erforderlich, über verschiedene Strukturen hinsichtlich der Anlage von Lernwegen nachzudenken.
Dabei ist zunächst von der Lehrkraft eine Analyse der *Inhaltsstruktur* (oder Sachstruktur) vor dem Hintergrund des relevanten wissenschaftlichen Wissens einer Domäne vorzunehmen. In Abhängigkeit von dem jeweiligen Lerngegenstand ist eine Analyse ggf. aus verschiedenen disziplinären Perspektiven erforderlich. Dabei kann die Inhaltsstruktur mit unterschiedlichen Verfahren (semantisches Netz, Begriffsbau, Matrix, Fließtext) abgebildet werden.

Lernstruktur

Um den Erwerb ausgewiesener Kompetenzen zu unterstützen, ist über die *Segmentierung* und *Sequenzierung* der Inhalte sowie kognitive Aktivitäten zur Aneignung nachzudenken, die einerseits von der Struktur des Inhalts und andererseits von relevanten Merkmalen der jeweiligen Lerner abhängen (u.a. Alter, Vorwissen, Problemlösefähigkeiten). Somit stellt die Analyse der Inhaltsstruktur eine notwendige, aber keine hinreichende Bedingung für die Planung des Lehr-Lern-Prozesses dar. Sie liefert aus einer fachwissenschaftlichen Perspektive die für relevant erachteten Begriffe zu einem Gegenstandsbereich sowie die Relationen zwischen diesen. Basierend auf der Inhaltsstruktur lassen sich verschiedene Möglichkeiten der Segmentierung und Sequenzierung anlegen (vgl. auch Niegemann & Treiber, 1982; Meder, 2006). Im Rahmen einer *Lernstrukturanalyse* wird der Frage nachgegangen, welche kognitiven Aktivitäten aufseiten der Schüler vollzogen werden müssen, damit der Erwerb einzelner Kompetenzen bzw. Teilkompetenzen gelingen kann. Für die Lernstrukturanalyse kann auf die *Basismodelle des Lernens* zurückgegriffen werden (vgl. Oser & Baeriswyl, 2001; Kiper & Mischke,

2004; 2009). Sie helfen dabei, über erforderliche kognitive Aktivitäten für unterschiedliche Zieltypen des Lernens nachzudenken. Die Basismodelle stellen dabei eine idealtypische Anlage der Lernstruktur des Unterrichts dar. Zum Basismodell des Wissenserwerbs rechnen Kiper und Mischke (2004, 116) – in der Tradition von Hans Aebli (2001; 253ff) – die Begriffsbildung: „Hier wird angenommen, dass es nicht nur um eine Benennung geht, sondern um die Bildung einer Klasse von Objekten. Auch hier sind die Vorkenntnisse zu aktivieren. Anhand der Vorstellung eines Prototyps der Objektklasse ist der Begriff anzubahnen; durch die Analyse der kritischen Attribute und durch die Abgrenzung gegenüber Objekten, die nicht dazugehören, wird der Begriff erarbeitet. Durcharbeiten des Begriffs im Sinne von Anwendung, Analyse und Syntheseaufgaben festigt die Begriffsbildung. Die Anwendung in erweiterten Kontexten unter Hinzuziehen unterschiedlicher, aber ähnlicher Konzepte erweitert das Wissenssystem.“ Im Gegensatz zu den Basismodellen, die sich auf die Lernstruktur des Unterrichts beziehen, verweist die Oberflächenstruktur auf sämtliche Gestaltungselemente des Unterrichts, die einem Beobachter unmittelbar zugängig sind (u.a. Medien, Aufgabenstellungen, Arbeits- und Sozialformen). Unter Berücksichtigung dieser Unterscheidung stellt sich die Aufgabe, die notwendigen kognitiven Aktivitäten aufseiten der Schüler auf der Ebene der Lernstruktur durch die Gestaltung der Oberflächenstruktur zu unterstützen, wobei unterschiedliche Realisationsmöglichkeiten denkbar sind. Hier können beispielsweise Hinweise zu entdecken lassenden Lehrverfahren oder zu informierenden Lehrverfahren einfließen. Lernaufgaben verstehen wir in diesem Kontext als Bindeglied zwischen der Oberflächen- und der Tiefenstruktur, da sie die kognitiven Aktivitäten der Lerner mit Blick auf die angestrebten Kompetenzen bzw. Teilkompetenzen initiieren sollen. Hierbei gilt es, zwischen verschiedenen Möglichkeiten der konkreten Ausgestaltung der Aufgaben abzuwägen. So ist beispielsweise zu überlegen, ob die Aufgaben als offene, halboffene oder geschlossene Aufgaben (vgl. z.B. Rütter, 1978) angeboten werden oder ob im Sinne von Scaffolding und Fading eine Reihe von Aufgaben zum Einsatz kommt, von denen die ersten über Beispiellösungen verfügen und bei denen diese Unterstützungsstruktur dann systematisch zurückgenommen wird (vgl. z.B. Renkl & Atkinson, 2010).

Ein Beispiel

An einem Beispiel aus dem naturwissenschaftlichen Sachunterricht (Grundwissen im Bereich ‚Magnetismus‘) wollen wir unsere Überlegungen skizzenhaft verdeutlichen. Mithilfe einer Begriffslandkarte entwickeln wir dabei vor dem Hintergrund einer Auseinandersetzung mit fachwissenschaftlichen Wissensbeständen eine systematische Strukturierung des Inhaltsbereichs (Abb. 1)

und gehen zugleich der Frage nach, über welches Wissen und Können die Lerner am Ende des Lehrgangs verfügen sollen (u.a. Wissen über die Differenzierungen von Gegenständen aufgrund ihres ‚magnetischen Status' in unmagnetisch/magnetisch und hier weiter in nicht-magnetisiert/magnetisiert, sowie die Fähigkeit, den ‚magnetischen Zustand' eines Gegenstandes im Versuch zu bestimmen).
Vor dem Hintergrund des über die Begriffslandkarte erschlossenen Wissens stellen wir (mit Blick auf antizipierte Voraussetzungen der Lerner) eine beispielhafte Sequenzierung der Inhalte vor. Wir gehen dabei von Phänomenen des ‚Haftens' aus. Dabei können wir die Wechselwirkung zweier zueinander passender Partner beobachten, die aneinander kleben, sich miteinander verhaken oder aufgrund von magnetischer Anziehung verbunden sind. Wir können dann diese Phänomene beschreiben lassen: Haftnotizzettel haften aufgrund *einer Klebefläche* an anderem Papier, das trocken und sauber ist; bei *Klettverschlüssen verhakt sich* Haken- und Filzband; Magnete haften aufgrund ihrer besonderen Materialeigenschaft an anderen Gegenständen, die ebenfalls eine besondere Materialeigenschaft besitzen. Sie sind beide *magnetisch*. Zunächst kann die Wechselwirkung zwischen Gegenständen, die Magnete sind, und anderen Gegenständen besprochen werden. Dies könnte zu einer Differenzierung zwischen unmagnetischen und magnetischen Gegenständen führen, an die sich eine weitere Betrachtung magnetischer Gegenstände anschließt, die in einer Differenzierung zwischen nicht-magnetisierten und magnetisierten Gegenständen endet. Die Frage nach dem Material, aus dem magnetische Gegenstände bestehen, schließt sich an. Das Phänomen der Wechselwirkung zwischen zwei magnetisierten Gegenständen in Form von Anziehung und Abstoßung wird verdeutlicht. Dabei wird die im Rahmen einer Konvention festgelegte Bezeichnung der beiden Magnetpole als Nord- und Südpol eingeführt. Im Weiteren könnte die Wechselwirkung zweier Magnete genauer betrachtet und systematisiert werden. Danach wird die Verwendung von Magneten im Alltag betrachtet. Insbesondere in Kontrastierung zu anderen Möglichkeiten des ‚Haftens' (Kleben – Widerhaken) steht das Phänomen der magnetischen Anziehung und die Frage nach den Gründen für die Verwendung von Magneten im Mittelpunkt. Unsere Einheit würde mit der Herstellung von Magneten aus nicht-magnetisierten Gegenständen (Magnetisieren) enden. Um das Magnetisieren zu erklären, greifen wir auf das Modell der Elementarmagnete zurück. Auch die Umkehr des Magnetisierens (Entmagnetisieren) nehmen wir in den Blick. Abschließend nutzen wir das Modell, um auch die Anziehung nicht-magnetisierter Gegenstände durch Magneten zu erklären.

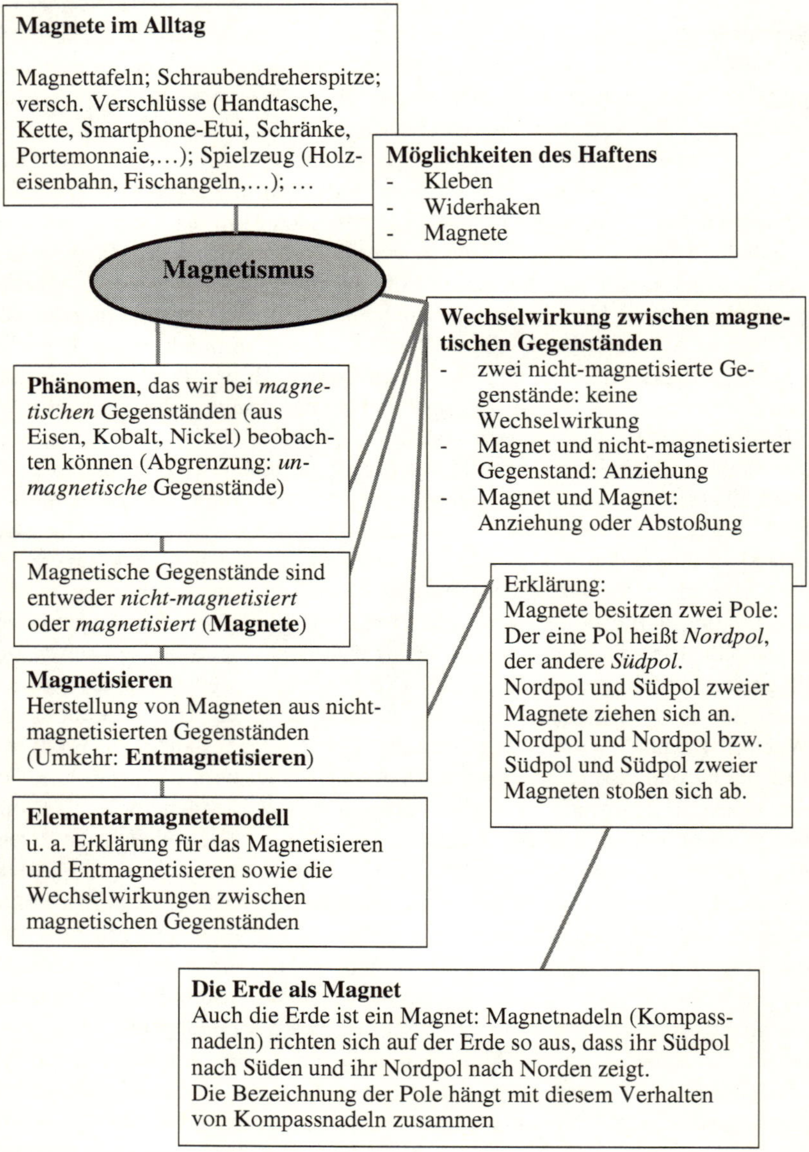

Abb. 1: Begriffslandkarte zum Grundwissen im Bereich ‚Magnetismus'

Auf Basis dieses beispielhaften Nachdenkens über die Sequenzierung der Inhalte fragen wir weiter nach relevanten kognitiven Aktivitäten zu ihrer Aneignung sowie zu ihrer Strukturierung durch Lernaufgaben. Dabei beschränken wir uns hier auf den in der obigen Sequenz genannten Aspekt der Differenzierung unmagnetisch/magnetisch und nicht-magnetisiert/magnetisiert. Hierbei wird das Basismodell ‚Wissen erwerben' relevant, wobei – gehen wir von den Phänomenen aus – diese zunähst beobachtet und beschrieben werden müssen. Dann werden die fachsprachlichen Begriffe eingeführt, wobei deutlich werden muss, dass diese zur Bezeichnung der durch Beobachtung (und Experimente) gewonnenen Erkenntnisse dienen. Hier kann in einfacher Weise ein prototypischer Weg zur Erkenntnisgewinnung in den Naturwissenschaften (Beobachten, Beschreiben, Hypothesen formulieren, durch Versuche überprüfen, die Ergebnisse in einer Fachsprache zusammenfassen) angedeutet werden. Dabei kann wie folgt vorgegangen werden: Zunächst werden Alltagserfahrungen über anziehende/abstoßende Wirkungen von Magneten zusammengetragen oder dazu Versuche angeboten. Darauf aufbauend könnte nach Wechselwirkungen zwischen Gegenständen, die Magnete sind, und anderen Gegenständen gefragt werden. An verschiedenen (vorbereiteten) Gegenständen ließe sich mit einem Magneten untersuchen, wie sich die Gegenstände in Anwesenheit des Magneten verhalten. Die Erfahrungen aus diesen Versuchen wären zu systematisieren, wobei eine Differenzierung zwischen Gegenständen vorzunehmen wäre, die keinerlei Wechselwirkung mit dem Magneten zeigen (unmagnetische Gegenstände), und solchen, die mit ihm wechselwirken (magnetische Gegenstände). Bei letzteren wären Erfahrungen zu ermöglichen, sodass bei magnetischen Gegenständen präziser zwischen solchen, die nur von Magneten angezogen werden (nicht-magnetisiert), und solchen, die angezogen und abgestoßen werden (magnetisiert), unterschieden wird. Vor dem Hintergrund dieser schlaglichtartigen Überlegungen zu kognitiven Aktivitäten gilt es, Lernaufgabenvarianten zu denken, die helfen könnten, diese Erfahrungen zu ermöglichen. Die Abbildungen 2 und 3 zeigen Beispiele, wie Lernaufgaben mit einem unterschiedlichen Grad an Vorstrukturierung aussehen könnten, die sich insbesondere auf die Ausführung von Handlungen beziehen, die darauf abheben, Erfahrungen zum Verhalten von unterschiedlichen Gegenständen in der Nähe von Magneten zu machen. Die Variante mit weniger Vorstrukturierung räumt den Schülern mehr Freiheiten und eine größere Eigenständigkeit ein. Die Variante mit geringerer Vorstrukturierung legt das Vorgehen stärker fest; insbesondere die Klärung der Frage nach der Ursache des Verhaltens der einzelnen Gegenstände in der Nähe des Magneten würden wir hier im Klassengespräch vornehmen. Der Wissenserwerb (Basismodell ‚Wissenserwerb') kann in beiden Varianten vertieft werden, wenn es darum geht, die systematisierten Erfahrungen auf die Materialeigenschaften der untersuchten Gegenstände zurückzuführen.

In der Kiste findest Du einen Magneten und verschiedene Gegenstände (Holzklotz, Stein, Münze, Scheibe,...). Welche Frage könntest Du damit untersuchen? Was beobachtest Du, wenn Du mit dem Magneten und den Gegenständen Versuche durchführst? Beschreibe Deine Beobachtungen genau. Wie erklärst Du Dir Deine Beobachtungen?

Abb. 2: Beispiel für eine Lernaufgabe, um erste Erfahrungen mit dem Phänomen ‚Magnetismus' zu ermöglichen (geringe Vorstrukturierung).

In der Kiste findest Du einen Magneten und verschiedene Gegenstände (Holzklotz, Stein, Münze, Scheibe,...).
Wir wollen damit die Frage untersuchen: Was passiert mit den Gegenständen, wenn Du den Magneten in ihre Nähe bringst?
Führe mit dem Magneten und den Gegenständen den Versuch durch und trage Deine Ergebnisse in die Tabelle ein.

Gegenstand	Es passiert nichts.	Der Magnet zieht den Gegenstand immer an.	Der Magnet zieht den Gegenstand an oder stößt ihn ab.
Holzklotz	☐	☐	☐
Stein	☐	☐	☐
Münze	☐	☐	☐
Scheibe	☐	☐	☐
Blatt Papier	☐	☐	☐
Büroklammer	☐	☐	☐
...	☐	☐	☐

Beschreibe das Ergebnis des Versuchs genau.

Abb. 3: Beispiel für eine Lernaufgabe, um erste Erfahrungen mit dem Phänomen ‚Magnetismus' zu ermöglichen (stärkere Vorstrukturierung).

Ausblick

Von den aktuellen Diskursen über Lernaufgaben sind wichtige Impulse für die Weiterentwicklung von Unterricht ausgegangen. Dadurch ist ein zuletzt eher wenig beachtetes Thema wieder auf die Agenda der Allgemeinen Didaktik und der Fachdidaktiken gerückt. Jedoch hat die bisherige Auseinandersetzung mit Lernaufgaben die Frage nach ihrer zentralen Funktion in systematischen Lehrgängen zum Kompetenzerwerb nicht ausreichend berücksichtigt. Wir verstehen unsere Überlegungen als einen Beitrag, um künftig verstärkt über Lernaufgaben unter dieser Perspektive nachzudenken. Um derartige Überlegungen für die unterrichtliche Praxis aufzuarbeiten, sehen wir ein besonderes Potential in der theoretisch begründeten Konzeption und Evaluation von systematisch strukturierten Lernmaterialien, in denen für Schüler Wege zum Kompetenzerwerb angelegt werden.

Literatur

Aebli, H. (2001): Zwölf Grundformen des Lehrens. (11. Aufl.). Stuttgart: Klett Cotta.

Astleitner, H. (2006): Aufgaben-Sets und Lernen. Instruktionspsychologische Grundlagen und Anwendungen. Frankfurt a. M. [u.a.]: Peter Lang.

Blömeke, S.; Risse, S.; Müller, C.; Eichler, D. & W. Schulz (2006): Analyse der Qualität von Aufgaben aus didaktischer und fachlicher Sicht. In: Unterrichtswissenschaft 34, 4, 330-357.

Bruder, R. (2010): Lernaufgaben im Mathematikunterricht. In: H. Kiper; W. Meints; S. Peters; S. Schlump & S. Schmit (Hrsg.): Lernaufgaben und Lernmaterialien im kompetenzorientierten Unterricht. Stuttgart: Kohlhammer, 114-124.

Diesbergen, C. (2012): Wann ist eine Lernaufgabe konstruktivistisch? Zum Umgang mit den Bezeichnungen „konstruktivistisch“ und „Konstruktivismus“ im lehr-lerntheoretischen Kontext. In: S. Keller & U. Bender (Hrsg.): Aufgabenkulturen. Fachliche Lernprozesse herausfordern, begleiten, reflektieren. Seelze: Klett/Kallmeyer, 46-61.

Duit, R. (2002): Naturwissenschaftliche Arbeitsweisen verstehen. PISA-Aufgaben: mehr als Fakten wissen. In: Naturwissenschaften im Unterricht/Physik 13, 67, 18-19.

Duit, R.; Mikelskis-Seifert, S. & U. Gromadecki (2007): „Erkenntnisgewinnung“ in den Bildungsstandards Physik. Aufgaben zum Kompetenzbereich Erkenntnisgewinnung. In: Naturwissenschaften im Unterricht/Physik 18, 97, 12-19.

Häußler, P. & G. Lind (2000): „Aufgabenkultur“ – Was ist das? In: Praxis der Naturwissenschaften/Physik in der Schule 49, 4, 2-10.

Kiper. H. (2010): Der systematische Ort von Aufgaben in Theorien des Unterrichts. In: H. Kiper; W. Meints; S. Peters; S. Schlump & S. Schmit (Hrsg.) (2010): Lernaufgaben und Lernmaterialien im kompetenzorientierten Unterricht. Stuttgart: Kohlhammer, 44-59.

Kiper, H. & W. Mischke (2004): Einführung in die Allgemeine Didaktik. Weinheim; Basel: Beltz.

Kiper, H. & W. Mischke (2009): Unterrichtsplanung. Weinheim; Basel: Beltz.

Kiper, H.; Schlump, S.; Schmit, S. & S. Peters (2010): Ermöglichen Aufgaben in Schulbüchern Lernen? – Ausgewählte Ergebnisse fachdidaktischer Analysen aus dem Projekt „Kompetenzerwerb durch Lernaufgaben (Klee)“. In: H. Kiper; W. Meints; S. Peters; S. Schlump & S. Schmit (Hrsg.): Lernaufgaben und Lernmaterialien im kompetenzorientierten Unterricht. Stuttgart: Kohlhammer, 155-166.

Kleinknecht, M.; Bohl, T.; Maier, U. & K. Metz (2011): Aufgaben und Unterrichtsplanung. In: Jahrbuch für Allgemeine Didaktik, 2011, 59-75.

Kreitz, R. (2008): Pädagogisches Handeln – eine analytische Theorie. Münster; New York; München; Berlin: Waxmann.

Leisen, J. (2001): Qualitätssteigerung des Physikunterrichts durch Weiterentwicklung der Aufgabenkultur. In: Der mathematische und naturwissenschaftliche Unterricht 54, 7, 401-405.

Leisen, J. (2010): Lernaufgaben als Lernumgebung zur Steuerung von Lernprozessen. In: H. Kiper; W. Meints; S. Peters; S. Schlump & S. Schmit (Hrsg.): Lernaufgaben und Lernmaterialien im kompetenzorientierten Unterricht. Stuttgart: Kohlhammer, 60-67.

Maier, U.; Kleinknecht, M.; Metz, K.; Schymala, M & T. Bohl (2010): Entwicklung und Erprobung eines Kategoriensystems für die fächerübergreifende Aufgabenanalyse. (Schulpädagogische Untersuchungen Nürnberg, Forschungsbericht Nr. 38) Nürnberg: Universität Erlangen-Nürnberg, Erziehungswissenschaftliche Fakultät.

Meder, N. (2006): Web-Didaktik. Eine neue Didaktik webbasierten, vernetzten Lernens. Bielefeld: W. Bertelsmann Verlag.

Meder, N. & A. Frick (2006): Aufgaben beim Lernen im Internet. In: Meder, N.: Web-Didaktik. Eine neue Didaktik webbasierten, vernetzten Lernens. Bielefeld: W. Bertelsmann Verlag, 71-80.

Niegemann, H. M. & B. Treiber (1982): Lehrstoffstrukturen, Kognitive Strukturen, Didaktische Strukturen. In: B. Treiber & F. E. Weinert (Hrsg.): Lehr-Lern-Forschung: Ein Überblick in Einzeldarstellungen. München [u.a.]: Urban & Schwarzenberg, 37-65.

Oser, F. K. & F. Baeriswyl (2001): Choreographies of Teaching: Bridging Instruction to Learning. In: V. Richardson (Ed.): Handbook of Research on Teaching (4th Ed.). New York: Macmillan, 1031-1065.

Renkl, A. & R. K. Atkinson (2010): Learning from Worked-Out Examples and Problem Solving. In: J. L. Plass; R. Moreno & R. Brünken (Eds.): Cognitive Load Theory. Cambridge [u.a.]: Cambridge University Press, 91-108.

Richter, S.: SEGLER – ein Designmodell zur Gestaltung von Lernaufgaben. In: H. Kiper; W. Meints; S. Peters; S. Schlump & S. Schmit (Hrsg.): Lernaufgaben und Lernmaterialien im kompetenzorientierten Unterricht. Stuttgart: Kohlhammer, 19-27.

Rütter, T. (1973): Formen der Testaufgabe. Eine Einführung für didaktische Zwecke. München: Beck.

Schabram, K. (2007): Lernaufgaben im Unterricht: Instruktionspsychologische Analysen am Beispiel Physik (Dissertation an der Universität Duisburg-Essen). Internetadresse: http://-duepublico.uni-duisburg-essen.de/servlets/DerivateServlet/Derivate-19040/Diss_Schabram.pdf (Stand: 02. August 2012).

Schecker, H. & H. Theyßen (2007): „Kommunikation“ in den Bildungsstandards Physik. Aufgaben zum Kompetenzbereich „Kommunikation“. In: Naturwissenschaften im Unterricht/Physik 18, 97, 20-28.

Schmit, S. (2009): Kooperative Lernaufgaben für den Physikunterricht. Oldenburg: Didaktisches Zentrum.

Schmit, S.; Peters, S.; Schlump, S. & H. Kiper (2010): Wege zu einem kompetenzorientierten Unterricht durch die Gestaltung von Lernaufgaben – Perspektiven für die (Fach-)Didaktiken. In: H. Kiper; W. Meints; S. Peters; S. Schlump & S. Schmit (Hrsg.): Lernaufgaben und Lernmaterialien im kompetenzorientierten Unterricht, 211-223.

Schott, F. & S. Azizi Ghanbari (2012): Bildungsstandards, Kompetenzdiagnostik und kompetenzorientierter Unterricht zur Qualitätssicherung des Bildungswesens: eine problemorientierte Einführung in die theoretischen Grundlagen. Münster: Waxmann.

Seel, N. M. (1981): Lernaufgaben und Lernprozesse. Stuttgart [u.a.]: Kohlhammer.

Steiner, G. (2010): Aufgaben(stellungen) als Katalysatoren für Lernprozesse. In: H. Kiper; W. Meints; S. Peters; S. Schlump & S. Schmit (Hrsg.): Lernaufgaben und Lernmaterialien im kompetenzorientierten Unterricht, 68-83.

Steindorf, G. (1981): Grundbegriffe des Lehrens und Lernens. Bad Heilbrunn: Klinkhardt.

Uwe Maier, Thorsten Bohl, Marc Kleinknecht & Kerstin Metz

Allgemeine Didaktik und ein Kategoriensystem der überfachlichen Aufgabenanalyse

Allgemeine Didaktik und Aufgaben

Die Allgemeine Didaktik konstituiert sich über Modelle, Theorien und Prinzipien des Lehrens und Lernens, die über die Grenzen einzelner Unterrichtsfächer oder Domänen gültig bzw. anwendbar sind. Als es noch kaum eine fachdidaktische Forschung gab, konnten allgemeindidaktische Modelle, Theorien und Prinzipien als grundlegend für Forschung und Praxis herangezogen werden (z.B. Berliner Didaktik, Prinzip der Anschaulichkeit, etc.). Beispiele zur Planung und Durchführung von Unterricht aus einzelnen Unterrichtsfächern dienten dann allenfalls als Anwendungsbeispiele für diese Prinzipien und Modelle. Parallel zur Ausdifferenzierung der empirischen Unterrichtsforschung fand in den letzten Jahrzehnten eine disziplinäre Ausdifferenzierung der fachdidaktischen Forschung statt. Einzelne Fachdidaktiken reklamieren nun den Anspruch auf domänenspezifischere Modelle, Theorien und Prinzipien der Planung und Analyse von Lehr-Lernprozessen in ihrem jeweiligen Fachbereich. In Diskursen ist immer wieder zu beobachten, dass aus Sicht der Fachdidaktik den Allgemeindidaktikern allenfalls noch die Deutungshoheit über eher bildungstheoretische, erzieherische oder fachunspezifische didaktische Themen (wie z.B. Sozialformen, Klassenmanagement, etc.) zugestanden wird. Fragen der Gestaltung von fachspezifischen Lehr-Lernprozessen sollten aus dieser Sichtweise ausschließlich fachdidaktisch beantwortet werden.

Aufgrund dieses neuen und durch intensive Forschungsbemühungen auch gerechtfertigten Selbstbewusstseins der Fachdidaktiken müssen sich Allgemeindidaktiker auf den Weg machen, um ihren Spielraum für die Analyse und Modellierung von Lehr-Lernprozessen neu zu definieren. Ein interessantes Feld hierfür ist die Analyse von Aufgaben für schulische Lehr-Lernprozesse. Aufgaben spielten in klassischen Didaktikmodellen der 60er und 70er Jahre des vergangenen Jahrhunderts beispielsweise kaum eine Rolle. Für die empirische Unterrichtsforschung und auch für die meisten Fachdidaktiken sind Aufgabenstellungen (als Testaufgaben oder als Lern- und Übungsaufgaben) aber ein zentraler Forschungsgegenstand (Testentwicklung, neue Aufgabenkultur, etc.). Vor allem in der Mathematikdidaktik und der Naturwissenschaftsdidaktik wurden im Umfeld der Entwicklung von zentralen Leistungstests große Anstrengungen unternommen, Aufgaben zu klassifizieren und schwierigkeitsgenerierende Merkmale von Aufgaben zu bestimmen.

In der allgemeindidaktischen Literatur werden diese Forschungsbemühungen zunehmend rezipiert (z.B. Blömeke et al. 2006; Blömeke & Müller 2009; Kleinknecht et al. 2011b). Es wird die Frage gestellt, welchen Beitrag eine allgemeine Didaktik in diesem zentralen Forschungsfeld leisten könnte. Hinzu kommt, dass die Diskussion über Aufgaben einen sehr konkreten Praxisbezug aufweist. Lehramtsstudierende müssen sich bei der Vorbereitung von Unterricht in den Praktika vorwiegend Gedanken über die Qualität und Passung von Aufgabenstellungen machen. Ebenso spielt die Frage der Aufgabenkultur im Bereich der Unterrichtsentwicklung eine wichtige Rolle und ist damit immer wieder Thema von Lehrerfortbildungen. Individualisierte Lernumgebungen und digitale Lernangebote basieren wesentlich auf einer qualitativ hochwertigen Zusammenstellung von Aufgaben. Für all diese Anwendungsbereiche benötigen Lehrerbildner, Lehrkräfte, Studierende, etc. eine gemeinsame Sprache zur differenzierten Analyse und Bewertung von Aufgabenstellungen. Da die Diskussionen in der Regel fächerübergreifend stattfinden, sollte die Allgemeine Didaktik hierfür Analyseschemata zur Verfügung stellen. Damit würde die Allgemeine Didaktik einer ihrer ursprünglichen Aufgabe wieder verstärkt nachkommen: Eine professionsspezifische Sprache über die Fächergrenzen hinweg zur Verfügung zu stellen.

In diesem Aufsatz werden zunächst einmal methodische Schwierigkeiten der Analyse von Aufgaben diskutiert. Danach werden die Forschungsbemühungen der Fachdidaktiken zur Beschreibung von Aufgaben an ausgewählten Beispielen erläutert und diskutiert. Weiter wird erörtert, ob diese fachspezifischen Beschreibungsstrukturen für Forschung und Unterrichtspraxis ausreichen oder ob durch ein fächerübergreifendes, allgemeindidaktisches Aufgabenklassifikationsmodell sowohl für die Forschung zur Aufgabenkultur als auch für die Schulpraxis ein Mehrwert entsteht. Abschließend werden die in unserer Projektgruppe zusammengestellten und erprobten Kategorien für eine allgemeindidaktische Aufgabenklassifikation kurz skizziert.

Grundlegende Schwierigkeiten bei der Analyse von Aufgaben

Die Lehr-Lernforschung beschäftigt sich bereits seit längerer Zeit mit der Analyse des kognitiven Potenzials bzw. schwierigkeitsgenerierender Merkmale von Aufgabenstellungen. Diese Aufgabenanalysen stehen in der Regel mit der Entwicklung von Schulleistungstests bzw. Instrumentarien für die Unterrichtsforschung in Verbindung, d.h. sind nicht allgemeindidaktisch mo-

tiviert, da sie nicht auf die Unterrichtsentwicklung und Professionalisierung von Lehrkräften zielen. Allerdings werden in diesen Projekten methodologische Probleme diskutiert, die auch für eine allgemeindidaktische Aufgabenanalyse von Belang sind.
Eine Problematik ist die korrekte Differenzierung zwischen objektivem Potenzial einer Aufgabe und der Schwierigkeit, die von den jeweiligen Lernvoraussetzungen der Schüler/innen bzw. dem Unterrichtskontext abhängt. In den einschlägigen Forschungsprojekten zur Einschätzung der Aufgabenqualität (z.B. Neubrand 2002; Jordan et al. 2008) werden beispielsweise schriftlich fixierte Aufgabenstellungen (z.B. eingesammelte Klassenarbeiten oder Übungsblätter) kategorisiert. Mit dieser Form der Dokumentenanalyse lässt sich jedoch nur das "objektive Potenzial" der Aufgaben aus Sicht einer Expertin bzw. eines Experten bestimmen. Sowohl die unterrichtliche Einbettung und Sequenzierung der Aufgaben als auch das Niveau der Schülerlösungen werden nicht berücksichtigt. In den Forschungsprojekten von Stein et al. (1996), Neubrand (2002) und Blömeke et al. (2006) wird diese Problematik prototypisch diskutiert und entsprechend modelliert.
Stein et al. (1996) entwerfen beispielsweise ein Modell der Aufgabenbearbeitung im Mathematikunterricht, das zwischen objektiven Anforderungen und deren Realisierung im Unterricht differenziert. Die Autoren wollen vor allem der Frage nachgehen, wie sich komplexe Aufgabenstellungen im Laufe der unterrichtlichen Einbettung und Bearbeitung verändern und evtl. in ihrer Komplexität reduziert werden. In einem ersten Schritt werden die Merkmale der Aufgabe klassifiziert: Wie viele Lösungsmöglichkeiten hat die Aufgabe? Werden verschiedene Repräsentationsformen des Wissens verlangt? Wird mathematisches Argumentieren verlangt, z.B. wenn Lernende ihre Lösung begründen müssen. Der kognitive Anspruch der Aufgaben wird mit einer Klassifikation ähnlich wie bei TIMSS analysiert (*knowing, performing routine procedures, using complex procedures, solving problems)*. In einem zweiten Schritt wird die Aufgabenbearbeitung beobachtet und mit den gleichen Kategorien kodiert. Mit einer Kreuztabellierung lassen sich die Veränderungen zum objektiven Aufgabenpotenzial feststellen. Stein et al. (1996) untersuchten daraufhin Faktoren, die für das Beibehalten des kognitiven Potenzials bzw. für die Abnahme der kognitiven Komplexität von Aufgaben während der Realisierung verantwortlich sind. Von entscheidender Bedeutung für eine anspruchsvolle Realisierung von Aufgaben sind die Passgenauigkeit, eine angemessene Bearbeitungszeit, konzeptuelle Hilfen durch die Lehrerin bzw. den Lehrer und das Einfordern anspruchsvoller Begründungen in der Lösungsphase.
Darauf aufbauend differenziert Neubrand (2002) zwischen objektiven Anforderungen einer Mathematikaufgabe bzw. dem objektiven Potenzial und den

erst bei der Bearbeitung einer Mathematikaufgabe sichtbar werdenden Aspekte. Daraus ergeben sich vier leitende Dimensionen für die Aufgabenanalyse:

1. Objektive Kennzeichen von Aufgaben, d. h. Aufgabenmerkmale, die ein Experte beim Beurteilen und Lösen der Aufgabe einschätzen kann.
2. Vernetzung der Aufgaben, d.h. die Erfassung von Möglichkeiten für die Vernetzung von Aufgaben innerhalb des Unterrichts. Hierbei interessiert, wie Aufgaben im Unterricht bearbeitet werden und wie Aufgabensequenzen gestaltet werden.
3. Bearbeitung der Aufgaben, d.h. die bei der Bearbeitung und Besprechung einer Aufgabe zusätzlich ins Spiel kommenden Gesichtspunkte: Werden Aufgaben im Unterricht nur gestellt? Findet ein Ergebnisvergleich statt? Oder werden die Lösungswege im Unterricht vollständig dargestellt?
4. Didaktische und unterrichtsmethodische Komponenten von Aufgaben, d.h. die Zuordnung der einzelnen Aufgaben zu den globalen didaktischen Funktionen und Makrostrukturen einer Unterrichtsstunde.

Auch Blömeke et al. (2006) führen am Beispiel einer Mathematikstunde in der gymnasialen Oberstufe ein dreistufiges Analyseverfahren durch: Analyse des objektiven Potenzials von Aufgaben anhand von Dokumenten, Analyse der intendierten Aufgabenanforderungen anhand von Interviewaussagen von Lehrkräften (subjektive Vorstellungen der Lehrperson über Unterricht und Voraussetzungen der Klasse moderieren die intendierten Aufgabenanforderungen) und Analyse des im Unterricht realisierten Aufgabenpotenzials anhand von Videoaufzeichnungen. Es zeigte sich, dass die beobachteten Mathematikaufgaben zwar objektiv ein hohes kognitives Potenzial aufweisen, aber die Lehrerin bzw. der Lehrer dieses Potenzial in ihrem abschließenden Reflexionsgespräch nicht nutzt. Auf das objektiv vorhandene Potenzial der Aufgabe, entdeckendes und problemlösendes Lernen zu initiieren, wurde durch die Intentionen der Lehrkraft und die tatsächliche Realisierung der Aufgabe im Unterricht nicht genutzt.

Ein weiteres, grundlegendes Problem stellen unterschiedliche didaktische Funktionen von Aufgaben im Unterricht dar. In der Regel wird zwischen Lernaufgaben, die Wissen und Kompetenzen aufbauen und vertiefen, und Testaufgaben, die Lernstände überprüfen und diagnostizieren, differenziert (z.B. Bromme, Seeger, Steinbring 1990; Büchter & Leuders 2005). Dabei gilt, dass Aufgaben unterschiedliche didaktische Funktionen erfüllen können, sich jedoch nicht alle Aufgabenstellungen für jede Funktion eignen.

Der Zusammenhang zwischen Lern- und Prüfungsaufgaben wird in den Fachdidaktiken durchaus kontrovers diskutiert. Eine Position betont die Differenz zwischen Lern- und Prüfungsaufgaben und argumentiert, dass Testaufgaben ganz bestimmten Kriterien genügen müssen, um reliable Messungen zu erhalten. Lernaufgaben dagegen sollten wesentlich offener formuliert werden, um verschiedene Schülerlösungen anregen zu können. Es gibt jedoch auch die Argumentation, dass die Differenz zwischen Lern- und Prüfungsaufgaben nicht zu groß sein sollte (z.B. Blum et al. 2005). Bei einer zu großen Differenz werden Prüfungsaufgaben automatisch wieder zu Lernaufgaben, weil Lehrkräfte ihre Schülerinnen und Schüler gut auf Tests und Klassenarbeiten vorbereiten möchten. Oder die Prüfungen werden unfair, weil Lernende mit Testaufgaben konfrontiert werden, die nicht im Unterricht behandelt wurden.

Fachdidaktische Aufgabentaxonomien

In diesem Abschnitt werden ausgewählte fachdidaktische Aufgabentaxonomien skizziert und kritisch diskutiert (Tabelle 1). Vor allem in den mathematisch-naturwissenschaftlichen Fächern entstanden sehr differenzierte Systeme zur Klassifikation von Aufgaben. Ziel dieser Kategoriensysteme ist sowohl die Klassifikation von Testaufgaben als auch die Analyse des kognitiven Potenzials von Unterrichtsaufgaben.

Tab. 1: Auswahl fachdidaktischer Aufgabentaxonomien

Neubrand (2002)	TIMSS-Klassifikation Matheaufgaben	u.a. Aufgabenkern: Wissensart, Anzahl Wissenseinheiten, Aktivierung Wissenseinheiten, inner- oder außermathematischer Kontext, Stoffgebiet
Jordan et al. (2006)	COACTIV Klassifikation von Matheaufgaben	u.a. Modellierungskreislauf, Anzahl Lösungswege, math. Argumentieren, sprachlogische Komplexität
Jatzwauk (2007)	Aufgaben im Biologieunterricht	Sensomotorische Aufgaben, rezipierende Aufgaben, Exzerpieren und Darstellen ohne und mit Transformation, Reproduzieren, konvergentes Denken, divergentes Denken bzw. Bewerten
Schabram (2007)	Physikaufgaben	Wissensaufgaben, Verstehensaufgaben, Anwendungsaufgaben
Neumann et al. (2007)	Komplexitätsstufen im Modell für physikalische Kompetenz	Ein Fakt, mehrere Fakten, Zusammenhang, unverbundene Zusammenhänge, verbundene Zusammenhänge, übergeordnetes Konzept
Schlüter (2009)	Klassifikation von Informatikaufgaben	Erfahrungsweltnähe, Abstraktionsgrad, Komplexität, Formalisierungsgrad, Redundanz, Anforderungsbereich, Wissensarten (Anderson & Krathwohl)

Eines der umfangreichsten Klassifikationssysteme hat Neubrand (2002) für die Analyse von Schülerarbeitsphasen in den TIMSS-Videostudien entwickelt. Zentraler Grundgedanke bei Neubrand (2002) ist die klassifikatorische Trennung der „objektiven Anforderungen“ (Potenzial von Aufgaben) von den erst bei der Bearbeitung einer Aufgabe sichtbar werdenden Ansätzen.

Für die Allgemeine Didaktik könnten vor allem die objektiven Kennzeichen einer Aufgabe relevant sein. Diese objektiven Merkmale untergliedert Neubrand (2002) in die Bereiche Aufgabenkern, Aufgabenperipherie und strukturbildende Aspekte. Der Aufgabenkern bezieht sich auf die Arten des Wissens, die zur Lösung einer Aufgabe erforderlich sind:

- Anzahl der Wissenseinheiten
- Aktivierung der Wissenseinheiten
- Art des Wissens (algorithmisches vs. konzeptuelles bzw. begriffliches Wissen)
- Art des Kontextes (außermathematisch oder innermathematisch) und
- Stoffgebiet.

Die Aufgabenperipherie umfasst Anweisungen (explizit oder implizit) und die Art der Präsentation der Aufgabe, die sich um den Aufgabenkern herumgruppieren. Ebenso fragt Neubrand (2002) in diesem Teilbereich nach dem Grad der Ausführung und Präsentation: Sind die gefundene(n) oder gegebene(n) Wissenseinheit(en) wirklich vollständig durchzuführen (d. h. wird nur nach der Lösungsidee gefragt oder ist die Aufgabe vollständig durchzuführen)? Strukturbildende Aspekte sind Aspekte der Modellierung, Arten von Aufgaben (Welche Komponenten sind innerhalb der Aufgabe gegeben: Start – Weg – Ziel?), strukturelle Tiefe (Weite des Transfers) und heuristische Tiefe (Aufgabe eindeutig lösbar oder liegen mehrere Lösungsmöglichkeiten vor?).

Die Arbeit von Neubrand (2002) war Grundlage für die COACTIV-Studie des MPI (Jordan et al. 2006, 2008), in der ca. 45000 Mathematikaufgaben von ca. 300 neunten und zehnten Klassen, die an der nationalen Ergänzung von PISA 2003 teilnahmen, sehr aufwendig analysiert und kategorisiert wurden. Das eigentliche Ziel der COACTIV-Studie ist die Untersuchung von Zusammenhängen zwischen Professionswissen, Unterrichtsmerkmalen und Schülerleistungen. Aufgaben werden als Indikatoren für die Schaffung kognitiv anregender Lerngelegenheiten verstanden. Analysiert wurden von den beteiligten Lehrkräften ausgewählte Klassenarbeitsaufgaben, Hausaufgaben und Einstiegsaufgaben. Gerade Klassenarbeitsaufgaben sind deshalb für die Beantwortung der Forschungsfragen relevant, weil sie summativ die Quintessenz der behandelten Inhalte des Unterrichts darstellen. Sie repräsentieren den normativen Anspruch der Lehrkraft hinsichtlich der Mindestanforderungen. Im Zentrum der Entwicklung des COACTIV-Klassifikationsschemas

stand ebenfalls das objektive Potenzial der Mathematikaufgaben. Es wurde vor allem analysiert, welche Elemente eines inner- und außermathematischen Modellierungskreislaufs von einer Aufgabe gefordert werden.
Weitere fachdidaktische Aufgabentaxonomien findet man in den Naturwissenschaftsdidaktiken. Jatzwauk (2007) entwickelte beispielsweise eine Taxonomie zur Analyse kognitiver Anforderungen von Aufgaben im Biologieunterricht und stützt sich dabei auf das Kategoriensystem von Lowyck (1976) und das Modell der Verarbeitungsprozesse beim Zusammenfassen von Lehrtexten von Schnotz et al. (1981). Diese beiden Ansätze berücksichtigen seines Erachtens stärker als die anderen Konzepte (u.a. Anderson und Krathwohl 2001) den Prozess der selbstständigen Erarbeitung neuer Informationen durch die Schülerinnen und Schüler. Jatzwauk (2007) unterscheidet aufgrund des Niveaus kognitiver Prozesse zwischen folgenden Kategorien:
1. Sensomotorisch: Aufgaben, bei denen eine manuelle Tätigkeit durchgeführt werden soll.
2. Rezipierend: Aufgaben, die eine reine Informationsaufnahme erfordern, ohne dass eine explizite Antwort verlangt wird.
3. Exzerpieren und Darstellen ohne Transformation: Aufgaben, bei denen Sachverhalte aufgenommen und dargestellt werden, ohne dass eine Reorganisation bzw. Neuorganisation erfolgt.
4. Exzerpieren und Darstellen mit Transformation: Aufgaben, die eine Reorganisation bzw. Neuanordnung der Informationen erfordern.
5. Reproduzieren: Aufgaben, die ein Wiedergeben von Fakten, Begriffen etc. verlangen.
6. Konvergentes Denken: Aufgaben, die eine schlussfolgernde Verarbeitung erfordern, wobei es für die Lösung der Aufgabe eine mögliche bzw. richtige Lösung gibt.
7. Divergentes Denken bzw. Bewerten: Aufgaben, die eine schlussfolgernde Verarbeitung und die Entscheidung zwischen verschiedenen Lösungen erfordert.

Auch bei diesem Kategoriensystem ist eine Prozessstufung zu finden, die sich grob an den drei Stufen Reproduktion, Verbinden bzw. Kontrastieren und Reflexion bzw. Bewertung orientieren. Hinzu kommt eine Ausdifferenzierung im unteren Bereich, die berücksichtigt, dass die Lernenden Aufgaben bearbeiten, die kein Vorwissen erfordern.
Schabram (2007) adaptiert für die Analyse von Physikaufgaben im Unterricht verschiedener Schularten die allgemeindidaktische Lernzieltaxonomie von Bloom et al. (1956) bzw. Anderson und Krathwohl (2001) und unterscheidet kognitive Prozesse nach ihrer Komplexität bzw. Schwierigkeit:
1. Wissensaufgaben zielen auf die einfache Wiedergabe von relevantem Wissen.

2. Verstehensaufgaben erfordern eine Wiedergabe und Zusammenfassung in eigenen Worten. Hierzu zählen auch Erklärungen, Begründungen oder begründete Vermutungen für ein Phänomen.
3. Anwendungsaufgaben beziehen sich auf das Ausführen und Anwenden von Prozeduren bzw. Methoden in einer gegebenen Situation. Auch Transferleistungen, bei denen gelernte Inhalte aus dem Kontext gelöst und auf eine neue Situation übertragen werden müssen, sind hierunter zu fassen.

Aktuelle Forschungsbemühungen zur Etablierung naturwissenschaftsdidaktischer Aufgabentaxonomien finden sich vor allem bei Forschergruppen, die mit der Umsetzung von Bildungsstandards und der Entwicklung von zentralen Vergleichsarbeiten für den naturwissenschaftlichen Unterricht befasst sind. Neumann et al. (2007) entwickelten auf Basis von Theorien zur vertikalen Vernetzung ein Modell zur Beschreibung physikalischer Kompetenz (im Rahmen der Evaluation der nationalen Bildungsstandards: ESNaS-Projekt) mit folgenden Dimensionen:

1. Kompetenzbereiche
2. Komplexität und
3. kognitive Aktivität.

Mit kognitiver Aktivität wird beschrieben, welche kognitiven Prozesse zum Lösen einer Aufgabe benötigt werden: Reproduzieren, Selegieren, Organisieren, Integrieren. Mit der Dimension "Komplexität" wird das Niveau der Vernetzung zwischen den Wissensinhalten umrissen: Ein Fakt, mehrere Fakten, Zusammenhang, unverbundene Zusammenhänge, verbundene Zusammenhänge, übergeordnetes Konzept. Die Kompetenzbereiche beschreiben die inhaltlichen Bereiche. Das Modell hielt für einzelne Kompetenzbereiche einer empirischen Überprüfung stand. Dabei zeigte sich, dass sich die Schwierigkeit von Aufgaben vor allem durch die Dimension Komplexität vorhersagen lässt. Die im Modell beschriebenen kognitiven Aktivitäten haben dagegen einen wesentlich geringeren Aufklärungswert. Momentan wird diese Dimension überarbeitet.

Auch in der Informatikdidaktik wird über Verknüpfung von Bildungsstandards und Testaufgaben nachgedacht. Schlüter (2009) zielt beispielsweise mit ihrer Arbeit auf die Entwicklung eines Kategorienschemas für Informatikaufgaben, das die Schwierigkeit von Aufgaben vorhersagen bzw. erklären kann und sich damit sowohl für die Testentwicklung als auch für die Unterrichtsplanung eignen soll. In einem ersten Schritt entwickelte sie ein Kategorienschema zur Klassifikation von Aufgaben unter Rückgriff auf bekannte Aufgaben- und Lernzieltaxonomien: Erfahrungsweltnähe, Abstraktionsgrad, Komplexität, Formalisierungsgrad, Redundanz, Anforderungsbereich, Prozessbereich, kognitive Lernzielstufen nach Bloom und Wissensarten nach

Anderson und Krathwohl (2001). Die Abstufungen innerhalb dieser Dimensionen werden kriterial beschrieben.

Implikationen für eine allgemeindidaktische Aufgabentaxonomie

Was lässt sich an diesen Beispielen fachdidaktischer Aufgabentaxonomien erkennen und welche Schlussfolgerungen sind für die Entwicklung einer allgemeindidaktischen Aufgabentaxonomie von Bedeutung?
Zunächst einmal fällt auf, dass es den Fachdidaktiken nicht gelingt, eine gemeinsame Sprache für die Analyse von Aufgaben zu entwickeln. Selbst verwandte Fachdidaktiken (z.B. Mathematik- und Naturwissenschaftsdidaktiken) bewegen sich weitgehend in isolierten Diskursen über Aufgabenmerkmale. In der Physikdidaktik findet man beispielsweise konkurrierende Ansätze, wie Bildungsstandards zu operationalisieren sind und welche Aufgabenklassifikation bzw. Kompetenzmodellierung genutzt werden sollte (Neumann et al. 2006; Schecker & Parchmann 2006). Wenn es dann doch an der einen oder anderen Stelle zu Querverbindungen oder Ähnlichkeiten kommt, handelt es sich meist um Konzepte aus allgemeindidaktischen Lernzieltaxonomien (z.B. Anwendungsbezug, Verständnis, kognitive Prozesse, etc.).
Die Entwicklung der Aufgabentaxonomien findet überwiegend in Forschungsverbünden statt. Eine Nutzung für Lehrerbildung und Unterrichtsentwicklung steht in der Regel nicht im Vordergrund. Ebenso unternehmen die Forschergruppen große Anstrengungen, die Validität der Kategoriensysteme als Klassifikationsinstrumente empirisch zu prüfen. Kategorien, die von verschiedenen Ratern bei gleichen Aufgaben ähnlich bewertet werden, gelten als gut. Andere Kategorien werden überarbeitet. Dies muss aber nicht unbedingt heißen, dass damit automatisch die für qualitativ hochwertige Lehr-Lernprozesse relevanten Kategorien in den Vordergrund gerückt werden.
Die Unterscheidung zwischen objektivem (bzw. geplantem) Potenzial einer Aufgabenstellung und Realisierung gilt für alle Fächer, wird in den einzelnen Fachdidaktiken jedoch unterschiedlich intensiv berücksichtigt. Da die Entwicklung von Aufgabentaxonomien als Klassifikationssysteme für die empirische Beurteilung von Aufgabenkomplexität im Vordergrund steht, wird die Problematik der Reduktion von Aufgabenkomplexität bei der unterrichtlichen Durchführung oft vernachlässigt. Kaum wird die Frage gestellt, wie Schüler/innen und Lehrkräfte bei der Bearbeitung von Aufgaben dazu beitragen können, dass das intendierte (d.h. objektive) Anspruchsniveau einer Aufgabenstellung erhalten bleibt.
In den fachdidaktischen Aufgabentaxonomien wird die Problematik der Unterscheidung zwischen Lern- und Testaufgaben in der Regel ausreichend berücksichtigt. Da viele Taxonomien allerdings zur Einordnung von Testaufga-

ben entwickelt wurden, fehlen oft Beispiele für die Anwendung der Aufgabentaxonomie auf Lernaufgaben. Man könnte beispielsweise auf Basis eines Kategoriensystems jeweils beschreiben, wie man durch Variation auf einzelnen Dimensionen aus einer Testaufgabe eine Lernaufgabe entwickeln könnte. Für die Vergleichsarbeiten Mathematik findet man solche Anleitungen mittlerweile in den didaktischen Handreichungen für Lehrkräfte. Lernaufgaben sollten vielfältige Möglichkeiten der Erschließung eines Lerngegenstands eröffnen. Übungsaufgaben sollten dagegen den Transfer des erworbenen Wissens einfordern und damit zum Training der flexiblen Wissensanwendung beitragen. Aufgaben mit diagnostischem Potenzial sollten aus fachdidaktischer Perspektive in der Lage sein, Verstehensprozesse aufzudecken und gleichzeitig Denkprozesse anzuregen (Abraham & Müller 2009; Leuders 2006; Sjuts 2006).

Insgesamt lässt sich schlussfolgern, dass in einigen Fachdidaktiken interessante, empirisch anspruchsvolle und zum Teil sehr ausdifferenzierte Aufgabenklassifikationssysteme entstanden sind. Allerdings fehlt es an einer fächerübergreifenden Benennung von relativ ähnlichen oder sogar identischen Kategorien und einer Entwicklung von Aufgabentaxonomien, die explizit als Analysewerkzeuge für Lehrkräfte und Lehramtsstudierende gedacht sind. Dieses Forschungs- und Entwicklungsdefizit sollte die Allgemeine Didaktik aufgreifen. Zunächst einmal wäre allerdings schlicht zu fragen, ob die klassischen Lernzieltaxonomien der Allgemeinen Didaktik vielleicht nicht genügen, um auch in einer Post-Pisa-Ära Lern- und Prüfungsaufgaben anspruchsvoll und dennoch überschaubar zu analysieren und zu modifizieren? Diese Frage stellt sich nicht zuletzt deswegen, weil in vielen fachdidaktischen Artikeln zur Aufgabenanalyse immer wieder auf klassische Lernzieltaxonomien, v.a. die Bloom'sche Taxonomie Bezug genommen wird.

Bloom et al. (1956) ordnen Lernziele nach der Komplexität der geforderten Verhaltensweisen im kognitiven Bereich. Die Klassifikation ist eindimensional, hierarchisch und kognitive Prozesse werden in 6 Stufen geordnet: Wissen, Verstehen, Anwenden, Analysieren, Synthetisieren, Bewerten. Das Modell ist hierarchisch, weil angenommen wird, dass eine bestimmte Stufe sämtliche untergeordneten Stufen mit einschließt. Bloom et al. (1956) verfolgten damit das Ziel, die Lehrkräfte zu einem kognitiv anspruchsvolleren Unterricht anzuregen, indem ein Unterricht geplant wird, der Schülerinnen und Schüler von einer Stufe zur nächst höheren Lernzielstufe usw. führt. Vor allem die Stufe der Überprüfung von reinem Faktenwissen sollte verlassen werden.

Die Lernzieltaxonomie wurde allerdings kritisiert, weil die Trennschärfe der Kategorien nicht exakt und die hierarchische Organisation vor allem im oberen Bereich fraglich ist. Auch die Feinabstufungen wurden kaum genutzt.

Ebenso wird verschiedentlich die Verallgemeinerbarkeit von intellektuellen Fähigkeiten und Fertigkeiten in Frage gestellt und eine stärkere Domänen- bzw. Fachspezifität eingefordert. In der konkreten Anwendung wurde die Taxonomie deshalb auf zwei oder drei Stufen reduziert (Brophy & Good 1986). Schabram (2007) beispielsweise nutzt die Dimension kognitive Prozesse mit den Abstufungen Wissen, Verstehen, Anwendung für die Analyse von Lernaufgaben im Physikunterricht. Die Bloom'sche Taxonomie wurde trotz dieser Einschränkungen sowohl in der Lehrerbildung als auch in der Unterrichtsforschung breit rezipiert. Auch Aufgabentaxonomien für *large scale assessments* (z.B. TIMSS) greifen auf die Grundstruktur der Bloom'-sche Taxonomie zurück.

Die von Anderson und Krathwohl (2001) revidierte Bloom'sche Taxonomie ist im Vergleich zu ihrer Vorgängerversion zweidimensional angelegt. Analysiert werden sowohl die kognitiven Prozesse als auch die Wissensarten. Damit reagieren die Autoren auf einen Teil der Kritik an Bloom, z.B. dass kognitive Prozesse stark mit dem domänenspezifischen Wissen interagieren. Anderson und Krathwohl (2001) übernehmen von Bloom nicht nur die grundlegende Struktur für eine Taxonomie von Lernzielen und unterrichtlichen Prüfungsaufgaben, sondern auch die pädagogische Botschaft: Lehrkräfte sind immer wieder darauf hinzuweisen, dass Unterricht kognitive Lernziele anstreben sollte, die in ihrer Komplexität die reine Reproduktion von Faktenwissen oder Prozeduren übersteigen.

Anderson und Krathwohl (2001) begründen die vier Subkategorien der Wissensdimension mit kognitionspsychologischen Begriffen und Befunden. Beispielsweise korrespondiert die Unterscheidung zwischen Faktenwissen und Konzeptwissen mit der lernpsychologischen Unterscheidung zwischen Einzelinformationen und mentalen Modellen, Strukturen, subjektiven Theorien bzw. zwischen trägem Faktenwissen und vertieftem Verständnis. Jede der vier Subkategorien wird noch einmal unterteilt. Die Subkategorien der Wissensdimension im Einzelnen:

(1) Faktenwissen (*factual knowledge*): a.) Kenntnis der Terminologie in einem bestimmten Wissensgebiet, verbal und symbolisch, *labels and symbols*; b.) Kenntnis spezifischer Elemente, Details, Daten, Informationen, Personen.

(2) Konzeptuelles Wissen (*conceptual knowledge*): Kategorien und Klassifikationen sind Konventionen und Resultat der wissenschaftlichen Herangehensweise in einem Bereich, während Faktenwissen das Ergebnis von Einzelbeobachtungen ist. Ebenso Prinzipien, Generalisierungen, Modelle und Theorien als grundlegende Muster in einer Wissensdomäne.

(3) Prozedurales Wissen (*procedural knowledge*): Wissen wie man etwas macht, z.B. eine Serie von Handlungen oder Schritten, die auch automatisiert ablaufen können. Prozedurales Wissen lässt sich weiter unterteilen in Algo-

rithmen, Techniken in einer Wissensdomäne (z.B. auch Problemlösestrategien in einer Wissensdomäne) und Wissen über die Merkmale einer Situation, in der eine bestimmte Prozedur zur Anwendung kommt.
(4) Die Kategorie metakognitives Wissen wurde aufgenommen, weil Forschungen eindrücklich die Bedeutung von metakognitivem Wissen und Kontrollstrategien für effektives Lernen zeigen konnten. Metakognitives Wissen spielt auch in sozio-konstruktivistischen Lernmodellen eine wichtige Rolle und lässt sich unterteilen in strategisches Wissen (z.B. Lernstrategien und Heuristiken), Wissen über kognitive Aufgaben und kontextuelles Wissen (Wann ist welches Wissen anzuwenden?) und Wissen über sich selbst als Lerner.

Während zumindest die Subkategorien der Wissensdimension sehr detailliert mit lern- und instruktionspsychologischen Befunden legitimiert werden, fällt auf, dass die eigentlich auf Bloom zurückgehende Dimension kognitiver Prozesse weitaus weniger präzise begründet werden kann. Anderson und Krathwohl (2001) beginnen zunächst mit einer sehr groben Unterscheidung zwischen Erinnern (*remember*) und Anwenden (*transfer*) bzw. Auswendiglernen (*rote learning*) und Bedeutungen verstehen (*meaningful learning*). Anschließend wird die 6-stufige Dimension kognitiver Prozesse entwickelt, ohne jedoch die Ausdifferenzierung von Transfer bzw. bedeutungsvollem Lernen in die Stufen 2 bis 6 herzuleiten. Weiter fällt auf, dass die einzelnen Subkategorien mehr oder weniger eine Interpretation des semantischen Gehalts der sog. "Schlüsselverben" sind. Auf der zweiten Stufe "Verstehen" werden sieben Subkategorien ausdifferenziert: Interpretieren, exemplifizieren, klassifizieren, zusammenfassen, schlussfolgern, vergleichen, erklären. Diese Schlüsselverben repräsentieren typische Formulierungen in schulischen Aufgabenstellungen und beschreiben eine bestimmte "kognitive Tätigkeit".

Ebenso könnte gefragt werden, warum eine Schlussfolgerung (*inferring*) auf der Stufe 2 (Verstehen) weniger komplexer sein soll als die Ausführung einer Routineanwendung bei einer bekannten Aufgabenstellung (*executing*) auf Stufe 3 (Anwenden). Gleiches gilt für die bei Bloom als wenig trennscharf kritisierten Stufen 4 bis 6. Auch der Tausch der beiden oberen Stufen (*create* und *evaluate*) ändert daran wenig. Beispielsweise ist die Unterscheidung zwischen relevanten und irrelevanten Informationen innerhalb einer komplexen Struktur (*differentiating*) eine kognitive Leistung auf Stufe 4 (Analyse). Anderson und Krathwohl (2001) argumentieren, dass sich dieser kognitive Prozess vom Verständnis darin unterscheidet, dass die Differenzierung ein strukturiertes, organisiertes Wissen voraussetzt. Wenn auf Stufe 2 allerdings das Exemplifizieren von Begriffen gefordert wird, ist dies auch nur vor dem Hintergrund eines strukturierten, organisierten Begriffswissens möglich.

Die Hauptkritik an der Bloom'schen Taxonomie, dass die Stufen nicht trennscharf sind und nicht unbedingt nach kognitiver Komplexität hierarchisch aufgebaut sind, wird unserer Meinung nach von Anderson und Krathwohl (2001) nicht aufgegriffen. Die Autoren können keine schlüssig nachvollziehbare und lernpsychologisch fundierte Differenzierung zwischen den einzelnen Stufen anbieten und belassen es bei Aufgabenbeispielen, die den semantischen Raum des jeweiligen Schlüsselverbs ungefähr abdecken. In den meisten Studien, die auf Bloom zurückgreifen, werden deshalb die sechs Stufen zu zwei Kategorien mit dem Ziel zusammengefasst, *low level*-Aufgaben von *high level*-Aufgaben zu unterscheiden. Als *low level*-Aufgaben werden Aufgaben definiert, bei denen die Lernenden Wissen und Fakten wiedergeben sollen, während sie bei *high level*-Aufgaben Informationen verarbeiten und transferieren müssen.
Auch in der Deutschdidaktik wurde die revidierte Bloomsche Taxonomie rezipiert. Bremerich-Vos (2008) hält die von Anderson und Krathwohl (2001) weiterentwickelte Lernzieltaxonomie geeignet für eine Einordnung von Aufgaben im Deutschunterricht, obwohl in der Originalliteratur Mathematikaufgaben dominieren. Allerdings weist auch Bremerich-Vos (2008) sehr deutlich auf die Probleme mit dieser Taxonomie hin: Schon recht einfache Aufgaben im Deutschunterricht lassen sich nicht auf einen kognitiven Prozess oder Wissenstyp reduzieren. Aus Operatoren (Verben) lassen sich nicht die kognitiven Prozesse ableiten, diese sind nur innerhalb des Ansatzes von Anderson und Krathwohl (2001) normiert. Es gibt zwar Wissenstypen, die mit kognitiven Prozessen korrespondieren, aber keine festen Zuordnungen; es gibt keine Schwierigkeitshierarchie; auch keine Stufenhierarchie (Prozedur anwenden ohne sie verstanden zu haben).
Ein Defizit der hier skizzierten Aufgabentaxonomien ist, dass aktuell diskutierte Aspekte einer neuen Aufgabenkultur, wie z.B. Offenheit oder Lebensweltbezug, nicht aufgegriffen werden (Blömeke et al. 2006; Lipowsky 2002; Tulodziecki, Herzig & Blömeke 2004). Blömeke et al. (2006) reagieren auf dieses Defizit und nehmen Analysedimensionen auf, die Forderungen nach einer neuen Aufgabenkultur widerspiegeln:

- Potenzial zur inneren Differenzierung
- Repräsentation einer authentischen Situation
- Erfordernis sozialer Interaktion

Eine allgemeindidaktische Aufgabentaxonomie sollte deshalb sowohl das kognitive Aktivierungspotenzial als auch Aspekte der methodischen Einbettung von Aufgaben in den Blick nehmen. Nicht zuletzt deshalb, weil sich die Einbettung einer Aufgabe in eine authentische Situation oder in einen sozialen Arbeitszusammenhang auf das Anforderungsniveau auswirken kann. Eine authentische Einkleidung einer Mathematikaufgabe führt zu einer größeren

Fülle an Informationen, die gefiltert und bewertet werden müssen. Auch die Öffnung von Aufgaben (z.B. durch Finden einer Fragestellung) verändert das kognitive Aktivierungspotenzial von Aufgaben.

Mögliche Dimensionen einer allgemeindidaktischen Aufgabenanalyse

In unserer Projektgruppe zur Entwicklung und Erprobung eines allgemeindidaktischen Aufgabenkategoriensystems schlagen wir sieben zentrale Klassifikationsmerkmale vor. Die Kategorien wurden in Publikationen bereits ausführlich beschrieben (vgl. Maier, Kleinknecht, Metz & Bohl 2010; Metz, Maier, Kleinknecht, Bohl & Hoppe 2012). Ebenso existiert eine Homepage mit einer ausführlichen Zusammenfassung (http://www.erziehungswissenschaft.uni-tuebingen.de/abteilungen/schulpaedagogik/aufgaben-analyse.html). Auch ein weiterer Beitrag in diesem Band beschäftigt sich mit der Anwendung und empirischen Überprüfung des Kategoriensystems (vgl. Kleinknecht & Metz, in diesem Band sowie Kleinknecht et al. 2011a).
An dieser Stelle soll vorwiegend die Auswahl der sieben Kategorien vor dem Hintergrund der vorangehenden Überlegungen begründet werden. In Tabelle 1 werden die sieben Analysedimensionen mit ihren jeweiligen Ausprägungen überblicksartig dargestellt. Die einzelnen Dimensionen sind aus bekannten Systemen übernommen worden und stellen keine kreative Eigenleistung dar. Wir wollten keine neuen Analysedimensionen entwickeln, sondern in der empirischen Forschung etablierte Dimensionen theoretisch begründet auswählen und zusammenstellen. Ebenso zielt die Entwicklung auf den Einsatz der Kriterien bei der alltäglichen Unterrichtsplanung und -reflexion und damit auf Unterrichtsentwicklung und Professionalisierung der Lehrkräfte.

Tab. 2: Dimensionen und Ausprägungen der fächerübergreifenden Aufgabenanalyse

Dimension	Ausprägungen			
Wissensart	Fakten	Prozeduren	Konzepte	Metakognition
Kognitiver Prozess	Reproduktion	Naher Transfer	Weiter Transfer	Problemlösen
Wissenseinheiten	Eine WE	Bis zu 4 WE		Mehr als 4 WE
Offenheit	Definiert/konvergent	Definiert/divergent		Ungenau/divergent
Lebensweltbezug	Kein	Konstruiert	Authentisch	Real
Sprachlogische Komplexität	Niedrig	Mittel		Hoch
Repräsentationsformen	Eine	Integration		Transformation

Aufgrund der Verbreitung der Bloom'schen Taxonomie in praxisnahen Publikationen (z.B. Gonschorek & Schneider 2010) und der Nutzung der revidierten Bloom'schen Taxonomie in aktuellen, fachdidaktischen Aufgabenklassifikationssystemen haben wir uns entschieden, die Kategorien Wissensart (*knowledge dimension*) und Kognitiver Prozess (*cognitive process dimension*) als Basis eines allgemeindidaktischen Aufgabenklassifikationssystems heranzuziehen. Die Dimension Wissensart ist lernpsychologisch fundiert. Mit ihr lässt sich beschreiben, welcher Teil des Langzeitgedächtnisses bzw. welche Art des langfristig zu erwerbenden Wissens durch eine bestimmte Aufgabe angesprochen werden soll.

Da uns die Abstufungen in der Dimension „kognitive Prozesse" bei Anderson und Krathwohl (2001) zu unscharf erscheinen, haben wir sie in unserem Kategoriensystem auf vier Stufen reduziert und dabei den Transferbegriff für die mittleren Stufen eingeführt. Damit lässt sich recht gut beschreiben, inwiefern eine Aufgabe lediglich die Reproduktion von gerade erlerntem Wissen erfordert oder ob es sich um eine neue Situation handelt bzw. das Wissen für eine komplexe Problemlösung ganz neu zusammengestellt werden muss.

Die Dimension Wissenseinheiten haben wir von Neubrand (2001) bzw. der COACTIV-Klassifikation übernommen. Mit ihr lässt sich der quantitative Umfang des für die Bearbeitung notwendigen Wissens ungefähr bestimmen. Wie viele einzelne Fakten müssen reproduziert oder zur Anwendung gebracht werden? Wie viele mathematische Konzepte müssen Schüler/innen für die Lösung einer Sachaufgabe nutzen?

Offenheit ist ein zentraler Begriff in der aktuellen Diskussion über eine neue Aufgabenkultur und fand deshalb Einzug in unser Kategoriensystem. Durch die Öffnung einer Aufgabe erhöht sich in der Regel das Anspruchsniveau. Gleichzeitig ist es denkbar, dass offene Aufgaben zu kreativeren Denkprozessen und damit zu einer höheren Motivation zur Aufgabenbearbeitung bei Schülerinnen und Schülern führen. Andererseits will eine Öffnung von Aufgaben wohl bedacht sein. Schülerinnen und Schüler müssen lernen, mit Aufgabenstellungen umzugehen, die beispielsweise keine explizite Fragestellung bieten. Offene Aufgaben bieten darüber hinaus Bearbeitungsmöglichkeiten für Lernende mit unterschiedlichem Vorwissen und können daher zur Differenzierung geeignet sein. Sie bieten sich in besonderer Weise für Unterricht mit heterogenen Lerngruppen an.

Ähnliches gilt für den Lebensweltbezug. Gerade in Mathematik wurde gefordert, nicht mehr nur lebensferne und konstruierte Sachaufgaben zu stellen, sondern über relativ lebensnahe Aufgabenstellungen das Anspruchsniveau der Aufgaben aber auch die Motivation zur Aufgabenbearbeitung zu erhöhen. Andererseits kann ein sehr realistischer Lebensweltbezug auch dazu führen, dass die Schüler/innen eine kognitive Überlastung erfahren und sich nicht mehr auf die zentralen Fachkonzepte konzentrieren können (z.B. Zinsrechnen am Beispiel von Handyverträgen).

Die Kategorie „Sprachlogische Komplexität" stammt aus dem COACTIV-Klassifikationssystem und lässt sich ebenfalls verallgemeinern. Auch Aufgaben in anderen Fächern werden vorwiegend in sprachlicher Form den Schülerinnen und Schüler präsentiert. Dies gilt sowohl für die Aufgabeninstruktion, die notwendige Informationen zur Aufgabenbearbeitung enthält, als auch für die erwartete Aufgabenlösung. Die Verknüpfung von Text, Grafiken, Bildern oder eventuelle Audioinformationen kann dabei ebenfalls als Gegenstand der Analyse der sprachlogischen Komplexität betrachtet werden.

Nicht zuletzt sollte bei einer Analyse von Aufgabenstellungen auch die Frage nach den Repräsentationsformen des zu bearbeitenden bzw. zu erlernenden Wissens in den Blick genommen werden. Je nach Lernziel bzw. Lerngegenstand kann eine Kombination von Repräsentationsformen oder auch eine klare Trennung sinnvoll sein. Beim Aufbau von Zahlvorstellungen kommt es beispielsweise auf eine Kombination von symbolischer Zahldarstellung und bildlicher Darstellung (z.B. in Form von Markierungen auf einem Zahlenstrahl) an. Weitere bildliche Darstellungen (z.B. Hunderterfeld) könnten dagegen irritierend sein und zu einer kognitiven Überlastung führen.

Diese sieben Kategorien sind kein in sich geschlossenes System. Es sind weitere, für die Aufgabenanalyse wichtige Kategorien denkbar. Ebenso könnten andere Stufungen und Deskriptoren für die Stufen gewählt werden. Dennoch sind wir der Überzeugung, dass eine überschaubare Anzahl von Analysedimensionen mit wenigen Abstufungen genügt, um die kognitive Komplexität und das potenzielle Anspruchsniveau in Hinblick auf ein bestimmtes Lernziel bzw. eine bestimmte Schüler/innengruppe grob einschätzen zu können. Genau diese Fähigkeit benötigen Lehrkräfte tagtäglich, um für ihren Unterricht passende Aufgaben auswählen zu können.

Literatur

Abraham, U. & Müller, A. (2009). Aus Leistungsaufgaben Lernen. Praxis Deutsch, 214, 4-12.

Blömeke, S. & Müller, C. (2009). Zum Zusammenhang von Allgemeiner Didaktik und Lehr-Lernforschung im Unterricht. Zeitschrift für Erziehungswissenschaft, 10. Jahrg., Sonderheft 9/2008, 239-258.

Blömeke, S.; Risse, J.; Müller, C.; Eichler, D. & Schulz, W. (2006). Analyse der Qualität von Aufgaben aus didaktischer und fachlicher Sicht. Unterrichtswissenschaft, 34/4, 330-357.

Blum, W.; Drüke-Noe, C.; Leiß, D.; Wiegand, B. & Jordan, A. (2005). Zur Rolle von Bildungsstandards für die Qualitätsentwicklung im Mathematikunterricht. Zentralblatt für Didaktik der Mathematik (ZDM), 37/4, 267-274.

Bromme, R.; Seeger, F. & Steinbring, H. (1990). Aufgaben als Anforderungen an Lehrer und Schüler. – Köln.

Büchter, A. & Leuders, T. (2005). Mathematikaufgaben selbst entwickeln. Lernen fördern – Leistung überprüfen. Berlin: Cornelsen.

Gonschorek, G. & Schneider, S. (2010). Einführung in die Schulpädagogik und die Unterrichtsplanung (7., überarb. und aktualisierte Aufl.). Donauwörth: Auer.

Jordan, A.; Krauss, S.; Löwen, K.; Blum, W.; Neubrand, M.; Brunner, M. et al. (2008). Aufgaben im COACTIV-Projekt: Zeugnisse des kognitiven Aktivierungspotentials im deutschen Mathematikunterrichts. Journal für Mathematikdidaktik, 29/2, 83-107.

Kerstin M.; Maier, U.; Kleinknecht, M.; Bohl, T. & Hoppe, H. (2012). Einsatz eines fächerübergreifenden Kategoriensystems zur Analyse von Aufgaben im Fach Deutsch. In: Ballis, A. & Peyer, A. (Hrsg.), Lernmedien und Lernaufgaben im Deutschunterricht – Konzeption und Analysen (S. 25-47). Bad Heilbrunn: Klinkhardt.

Kleinknecht, M.; Maier, U.; Metz, K. & Bohl, T. (2011a). Analyse des kognitiven Aufgabenpotentials: Entwicklung und Erprobung eines allgemeindidaktischen Auswertungsmanuals. Unterrichtswissenschaft, 39/4, 328-344.

Kleinknecht, M.; Bohl, T.; Maier, U. & Metz, K. (2011b). Aufgaben und Unterrichtsplanung. In: Arnold, K.-H.; Bohl, T. & Zierer, K. (Hrsg.), Jahrbuch für Allgemeine Didaktik 2011 (S. 59-75). Hohengehren: Schneider-Verlag.

Lipowsky, F. (2002). Zur Qualität offener Lernsituationen im Spiegel empirischer Forschung – Auf die Mikroebene kommt es an. In: Drews, U. & Wallrabenstein, W. (Hrsg.), Freiarbeit in der Grundschule, Offener Unterricht in Theorie, Forschung und Praxis (S. 126-159). Frankfurt am Main: Grundschulverband.

Maier, U.; Kleinknecht, M.; Metz, K. & Bohl, T. (2010). Ein allgmeindidaktisches Kategoriensystem zur Analyse des kognitiven Potenzials von Aufgaben. Beiträge zur Lehrerbildung, 28/1, S. 84-96.

Metz, K.; Maier, U. & Kleinknecht, M. (2009). Kognitiver Anspruch von Aufgaben im Deutschunterricht. Informationen zur Deutschdidaktik (ide), 33/3, 74-87.

Neubrand, J. (2002). Eine Klassifikation mathematischer Aufgaben zur Analyse von Unterrichtssituationen: Selbsttätiges Arbeiten in Schülerarbeitsphasen in den Stunden der TIMSS-Video-Studie. Hildesheim: Verlag Franzbecker.

Neumann, K.; Kauertz, A.; Lau, A.; Notarp, H. & Fischer, H. E. (2007). Die Modellierung physikalischer Kompetenz und ihrer Entwicklung [Modelling structure and development of students' physics competence]. In: Zeitschrift für Didaktik der Naturwissenschaften, 103-123.

Schecker, H. & Parchmann, I. (2006). Modellierung naturwissenschaftlicher Kompetenz. Zeitschrift für Didaktik der Naturwissenschaften, 12, 45-66.

Schlüter, K. (2009). Eine Studie zu den Merkmalen der Aufgabenschwierigkeit am Beispiel eines Informatik-Schülerwettbewerbs. Erster Teil: Aufgabenklassifizierung. In: Koerber, Bernhard (Hrsg.): Zukunft braucht Herkunft. 13. GI-Fachtagung Informatik und Schule (INFOS 2009 Berlin 21.-24.09.2009). Bonn: Köllen, 2009, S. 181-192. (Lecture Notes in Informatics Bd. LNI-P, Nr. 156) - ISBN 978-3-88579-250-5.

Sjuts, J. (2006). Unterrichtliche Gestaltung und Nutzung kompetenzorientierter Aufgaben in diagnostischer Hinsicht. In: Blum, W.; Drüke-Noe, C.; Hartung, R. & Köller, O. (Hrsg.), Bildungsstandards Mathematik: konkret. Sekundarstufe I: Aufgabenbeispiele, Unterrichtsanregungen, Fortbildungsideen (S. 96-112). Berlin: Cornelsen.

Stein, M. K.; Grover, B. W. & Henningsen, M. (1996). Building student capacity for mathematical thinking and reasoning: An analysis of mathematical tasks used in reform classes. American Educational Research Journal 33/2, 455-488.

Tulodziecki, G., Herzig, B. & Blömeke, S. (2004). Gestaltung von Unterricht - Eine Einführung in die Didaktik. Bad Heilbrunn: Klinkhardt.

**Kerstin Metz, Marc Kleinknecht,
Henriette Hoppe, Thorsten Bohl & Uwe Maier**

Einsatz des Kategoriensystems zur überfachlichen Aufgabenanalyse in der Lehrerfortbildung

Der Beitrag knüpft an den Beitrag von Maier, Bohl, Kleinknecht & Metz in diesem Band an. Unser dort in Kapitel 5 erläutertes allgemeindidaktisches Kategoriensystem wurde im Fach Deutsch bereits mehrfach sowohl in der Lehreraus- wie auch in der Lehrerfortbildung eingesetzt. Dargestellt werden im Folgenden die Ergebnisse einer gemeinsamen Aufgabenanalyse entlang dieses Kategoriensystems von rund 15 Teilnehmerinnen und Teilnehmern – Lehrerinnen und Lehrer sowie in der Deutschdidaktik tätige Lehrende an Hochschulen – eines dreieinhalbstündigen Workshops zur Aufgabenanalyse, der im September dieses Jahres in Augsburg stattfand. Nachdem die Teilnehmerinnen und Teilnehmer in einem knapp einstündigen Vortrag das Kategoriensystem vorgestellt bekommen hatten, wendeten sie dieses in Kleingruppen auf die drei nachfolgend diskutierten Aufgaben aus Deutschlehrwerken an. Anschließend wurden die Ergebnisse im Plenum diskutiert.
Die Aufgaben „bildhafte Vergleiche“ (Wortstark 2, S.137, AA 1) und „eine Telefonnotiz schreiben“ (Das neue Hirschgraben Sprachbuch 2, S.149 AA 1) wurden auch in einer von Swantje Ehlers und Christian Davidowski 2013 herausgegebenen Publikation verwendet. In dieser Publikation ging es allerdings um die Diskussion unterschiedlicher Raterergebnisse und um Modifikationen im Kodierleitfaden, bezogen auf die ersten beiden Dimensionen „Art des Wissens“ und „kognitive Prozesse“. Die vorliegende Analyse dieser beiden Aufgaben erweitert die Analyse um die fünf weiteren Dimensionen. Es soll vor allem verdeutlicht werden, worin die Chancen und Grenzen bestehen, wenn ein allgemeindidaktisches Kategoriensystem in der fachdidaktischen Fortbildung angewandt wird.
Um die Aufgabenanalysen nachvollziehen zu können, wird zunächst der Kodierleitfaden in der Form ausgeführt, in der er den Teilnehmerinnen und Teilnehmern des Workshops vorlag.
Es folgen die Aufgabenanalysen, in welchen auch Entscheidungsprozesse und unterschiedliche Zuordnungen bei der Analyse nachgezeichnet werden. Gleichzeitig wird die Einordnung der Aufgaben in die Kategorien des Sys-

tems illustriert. Der Artikel endet mit einer Diskussion zur Anwendbarkeit des Kategoriensystems in der Lehrerfortbildung.

Kodierleitfaden des Kategoriensystems

Art des Wissens

1.1.1: Faktenwissen wird als verbalisierbares und für eine bestimmte Fachdomäne relevantes Wissen bezeichnet.

1.1.2: Prozedurales Wissen ist implizites, d.h. in der Regel nicht verbalisierbares Handlungswissen und geht von basalen Verhaltensweisen (Aussprache) bis zu komplexen, hierarchisch aufgebauten Routinen und Handlungsmustern. Prozedurales Wissen bezieht sich auf bereichsspezifisch einschlägige Prozeduren (Algorithmen, Abläufe, Routinen, Fertigkeiten, Handlungen, Skripts) und ist damit von metakognitivem Wissen mit prozeduralem Charakter (z.B. Lernstrategien) abgrenzbar.

1.1.3: Konzeptuelles Wissen ist vielfach vernetztes Begriffswissen und kann sowohl verbalisiert als auch implizit vorliegen.

1.1.4: Metakognitives Wissen ist Wissen über die eigenen Kognitionen (eigene Lernziele, Lerngewohnheiten, usw.) und die Fähigkeit, den eigenen Lernprozess zu steuern (Monitoringstrategien) sowie Informationsverarbeitungsstrategien und Problemlösestrategien gezielt anwenden zu können.

Kognitive Prozesse

1.2.1: Reproduktionsaufgaben machen eine Erinnerungsleistung erforderlich, z.B. der Abruf von Wissen aus dem Langzeitgedächtnis in einer Form, in der es auch eingespeichert wurde. Diese Reproduktionsleistung kann sich auf alle vier Wissensarten beziehen.

1.2.2: *Naher Transfer* liegt dann vor, wenn sich die Aufgabensituation nur geringfügig von bereits bekannten oder geübten Aufgaben bzw. von der Lernsituation unterscheidet.

1.2.3: Aufgaben mit *weitem Transfer* erfordern die Anwendung von Wissen in einer neuen, unbekannten Situation. Zudem ist für die Schüler nicht unbedingt einsichtig, welches Wissen zur Anwendung kommen sollte. Das vorhandene Wissen muss nach Prinzipien, Regeln, Lernstrategien etc. durchsucht werden, die sich auf die Aufgabe anwenden lassen. Im Vergleich zur nächsten Stufe (kreatives Problemlösen) ist das Wissen allerdings in der Form vorhanden bzw. abrufbar, in der es zur Anwendung kommen sollte.

1.2.4: *Kreatives Problemlösen* deckt im Wesentlichen die oberste Stufe der Dimension kognitive Prozesse bei Anderson et al. (2001) ab: Erschaffen (create). Es handelt sich um Aufgaben, die vom Schüler eine kreative Leistung, d.h. das Zusammenfügen vorhandener Elemente verlangen, sodass neues Wissen entsteht, das für die Lösung der Aufgabe erforderlich ist.

Anzahl der Wissenseinheiten

Die Kategorie „Anzahl Wissenseinheiten" korreliert mit der Kategorie „Art des Wissens". Nachdem bei „Art des Wissens" die Aufgabe daraufhin analysiert wird, welche Art/en von Wissen aktiviert werden, findet hier nun eine Quantifizierung statt. Es gilt also konkret danach zu fragen, wie viele Fakten, Prozeduren, Konzepte für die Aufgabenlösung zu aktivieren sind, wobei jeder Fakt, jede Prozedur und jedes Konzept letztlich eine eigene Wissenseinheit darstellt. Wie auch die folgenden Aufgabenanalysen zeigen werden, sind vielfältige Kombinationsmöglichkeiten möglich.
1.3.1: *Aufgaben mit einer Wissenseinheit*: Es wird beispielsweise nach einer einzigen Bezeichnung (Terminus), einem Fakt oder Datum gefragt. Auf konzeptueller Ebene soll ein Fachbegriff erklärt werden oder es kommt eine Prozedur zur Anwendung.
1.3.2: *Aufgaben mit bis zu vier Wissenseinheiten*: Im Bereich Arithmetik gibt es viele Rechenaufgaben, die mit mehr als einer Rechenprozedur, die nicht als Subprozeduren interpretiert werden können, zu lösen sind (z.B. 10,5 * 14 + 17,3). Auch Aufgaben, die eine Kombination von konzeptuellem Wissen und Faktenwissen erforderlich machen, sind hier denkbar.
1.3.3: *Aufgaben mit mehr als vier Wissenseinheiten* sind wenig anspruchsvoll, wenn sie sich z.B. auf der Ebene des Faktenwissens oder des prozeduralen Wissens bewegen. Beispielsweise wenn sehr viele Jahreszahlen für bestimmte historische Ereignisse in einer Epoche abgefragt werden, sind sehr schnell mehr als vier voneinander isolierte Wissenseinheiten zu aktivieren. Dabei handelt es sich jedoch vorwiegend um eine Gedächtnisleistung. Komplexer wird es dann, wenn verschiedene Prozeduren und Konzepte zu kombinieren sind. Dies ist beispielsweise bei Aufgaben zur Textproduktion der Fall. Hier gilt es Textsortenwissen mit Faktenwissen und grammatikalischem bzw. Rechtschreibwissen zu kombinieren.

Offenheit der Aufgabenstellung

1.4.1: *Definierte und konvergente Aufgaben* haben einen eindeutigen Arbeitsauftrag (well structured tasks) bzw. eine klar identifizierbare Fragestellung. Eine Lösung ist gesucht bzw. richtig. Wobei die richtige Lösung nicht unbedingt sichtbar sein muss (nur bei Aufgaben mit Mehrfachwahlantworten).
1.4.2: *Definierte und divergente Aufgaben* haben einen eindeutigen Arbeitsauftrag bzw. eine klar identifizierbare Fragestellung (well structured tasks). Allerdings sind mehrere Lösungen (bzw. Lösungswege) denkbar bzw. ge-

sucht. In der Regel werden die Schüler auf diesen Umstand hingewiesen (als Teil des eindeutigen Arbeitsauftrags).

1.4.3: *Nicht definierte und divergente Aufgaben* geben dem Schüler Informationen über ein Problem bzw. eine Situation. Allerdings wird keine klare Frage gestellt oder kein Arbeitsauftrag gegeben (ill structured tasks). Die Situation impliziert unterschiedliche Fragestellungen. Die Problemsituation an sich ist die „Handlungsaufforderung". Damit sind auch automatisch mehrere Lösungen (bzw. Lösungswege) denkbar bzw. richtig.

Lebensweltbezug

1.5.1: Aufgaben *ohne Lebensweltbezug*: In der Aufgabenstellung wird keine Verknüpfung zwischen Fachwissen und Erfahrungswelt der Schüler vorgegeben oder gefordert.

- Aufgaben mit *konstruiertem Lebensweltbezug*: In der Aufgabenstellung wird eine Verknüpfung zwischen Fachwissen und einer stark konstruierten Lebenswelt (entspricht eher nicht den Erfahrungen des Schülers; Analogien zur eigenen Erfahrung kaum erkennbar) vorgegeben oder gefordert.

1.5.2: Aufgaben mit *konstruiertem, aber authentisch wirkendem Lebensweltbezug*: Der Lebensweltbezug ist zwar konstruiert, macht im Zusammenhang der Aufgabe aber Sinn und wirkt damit zumindest authentisch. Beispielsweise werden sinnvolle Anwendungen von Fachwissen im Alltag oder im Berufsleben in die Aufgabe eingebunden.

1.5.3: Bei Aufgaben mit *realem Lebensweltbezug* geht die Differenz zwischen Aufgabe und Lebenswelt bzw. Schule und eigener Erfahrungswelt gegen Null. Die Schüler beschäftigen sich mit einer Problemstellung, die tatsächlich auch gelöst werden muss. Typische Beispiele wären die Vorbereitung einer Klassenfahrt oder die Vorbereitung von Bewerbungsschreiben.

Sprachlogische Komplexität

1.6.1: Aufgaben mit *einfacher sprachlogischer Komplexität*: Es ist kein oder kaum Text vorhanden; die Reihenfolge der Sätze entspricht der Aufgabenbearbeitung; es werden einfache Haupt- und Nebensätze verwendet

1.6.2: Aufgaben mit *mittlerer sprachlogischer Komplexität*: Die Reihenfolge der Sätze entspricht nicht immer der Aufgabenbearbeitung; es gibt Textpassagen mit irrelevanter Information und komplexeren Satzgefügen

1.6.3: Aufgaben mit *hoher sprachlogischer Komplexität*: Die Reihenfolge der Sätze entspricht nicht der Aufgabenbearbeitung; die sprachliche Form der Aufgabe verdeckt zum Teil die inneren, logischen Bezüge der Aufgabe; im Aufgabentext kommen irritierende Formulierungen und komplexe Satzgefüge zur Anwendung, z.B. logische Funktionen, doppelte Verneinungen, Wenn-dann Verknüpfungen, All-Aussagen.

Repräsentationsformen des Wissens

1.7.1: Aufgaben bewegen sich *innerhalb einer Repräsentationsform*: Aufgabeninformation und die für die Aufgabenlösung erforderlichen Wisseneinheiten basieren auf einer Repräsentationsform.
1.7.2: *Integration verschiedener Repräsentationsformen*: Die Aufgabe gibt Wissen in verschiedenen Repräsentationsformen vor, die vom Schüler für die Lösung zu integrieren sind (z.B. Informationen durch Text und Grafik).
1.7.3: *Transformation in andere Repräsentationsform*: Schüler muss für die Aufgabenlösung das vorliegende Wissen in eine Repräsentationsform transformieren, die nicht durch die Aufgabe vorgegeben wird (z.B. eine Grafik produzieren).

Aufgabenanalyse

Wortstark 2, S.81, Aufgabe 6.1 (Sprichwort deuten)

6 Ein altes indianisches Sprichwort sagt: Der Frosch trinkt den Teich nicht aus, in dem er lebt.
- Wie ist das Sprichwort zu verstehen?
- Was könnt ihr daraus lernen für den Umgang mit dem Wald?

Abb. 1.: Beispielaufgabe aus Wortstark 2.

Die Aufgabe ist eingebettet in ein Kapitel zum Thema Wald. Auf der vorhergehenden Seite ist ein halbseitiger Sachtext abgedruckt, der aufzeigt, welche Auswirkungen das Verschwinden von Wäldern auf die Landschaft, die Tiere und die Pflanzen haben würde.
Die Aufgaben zwei bis fünf beschäftigen sich mit dem Text, sie unterstützen und vertiefen das Textverständnis. So sollen schwierige Stellen besprochen, stichwortartig die Funktionen von Bäumen festgehalten oder auch wenn...dann Sätze vervollständigt werden, in welchen die im Text dargestellten Kausalzusammenhänge aufgegriffen werden.
Aufgabe 6 steht in diesem Kontext zunächst für sich, in der zweiten Teilaufgabe findet dann ein Transfer zum Thema „Wald" statt, dort soll ein erstes Fazit gezogen werden.
Wenden wir uns nun der entlang des Kodierleitfadens zu analysierenden Aufgabe 6.1 zu.
Hier soll das Sprichwort „Der Frosch trinkt den Teich nicht aus, in dem er lebt" gedeutet werden. Wie oben bereits erwähnt, kann diese Aufgabe zunächst unabhängig vom Kontext bearbeitet werden.
Der Hinweis darauf, dass es sich um ein Sprichwort handelt, impliziert die Aktivierung eines übergeordneten Konzepts zu Sprichwörtern und Redewen-

dungen, hier konkret Merkmalswissen, wobei zwei Merkmale sinngebend sind; zum einen das Merkmal der übertragenden Bedeutung oder auch bildlichen Redeweise, zum anderen das Merkmal, dass Sprichwörter in der Regel eine Moral haben; hier konkret die, dass man die Ressourcen schonen sollte, von denen man lebt.
Innerhalb der Kategorie **„Art des Wissens"** haben wir uns somit einheitlich für **1.3** (konzeptuelles Wissen) entschieden.
Innerhalb der Kategorie **„kognitive Prozesse"** war sich die Gruppe einig, dass es sich um eine Anwendungsaufgabe handelt, da Wissen – hier das oben bereits erläuterte Merkmalswissen zu Sprichwörtern – auf dieses Sprichwort angewendet werden soll.
Da Sprichwörter fester Bestandteil des Bildungsplans Deutsch (Kl.5/6) sind, sind wir zunächst von einem **nahen Transfer** ausgegangen, also **2.2.**
Dieser Kodierung schloss sich dann allerdings eine längere Diskussion an, ob nicht doch von einem weiten Transfer auszugehen sei, da es sich um ein indianisches Sprichwort handle und dieser Kulturkreis den Schülern eher fremd sei. Eine Gruppe hatte sogar mit 2.4 (kreatives Problemlösen) kodiert, weil „eine Bedeutung zu erschaffen" sei (create). Diese Begründung kann als zu weit hergeholt abgelehnt werden, vgl. auch die Beschreibungen im Kodierleitfaden: Hier muss nichts aus vorhandenen Elementen zusammengefügt werden, die Leistung kann auch nicht als sonderlich kreativ eingestuft werden, da letztlich nur eine Deutungsmöglichkeit impliziert ist, wobei die Antworten sprachlich variieren können: Man soll seinen Lebensraum nicht zerstören / Man soll seinen Lebensraum schützen/bewahren, da man sich sonst, so die Moral, selbst zerstört.
Da der Kulturkreis, dem das Sprichwort entstammt, keinen Einfluss auf die Deutung hat, haben wir uns letztlich auf **2.2 (naher Transfer)** geeinigt.
Innerhalb der Kategorie „Anzahl der Wissenseinheiten" haben wir und auf eine Wissenseinheit **(3.1)** verständigt. Wie oben aufgezeigt, wird das Konzept „Sprichwort" aktiviert und auf das vorliegende Sprichwort angewendet. Die Anwendung selbst ist nicht als eigene Wissenseinheit zu werten, da sie auf das aktivierte Konzept fußt.
Wenngleich die konkreten Antwortformulierungen jeweils unterschiedlich ausfallen können, ist doch nur eine Deutungsmöglichkeit impliziert und damit auf inhaltlicher Ebene eine Antwort möglich, s.o., so dass wir in der Kategorie „Offenheit der Aufgabenstellung" einheitlich mit **4.1** (definiert und konvergent) votiert haben.
Die Frage nach dem Grad des **Lebensweltbezugs** ist aus verschiedenen Perspektiven zu betrachten.
Der Aufgabenkontext beziehungsweise der thematische Rahmen „Lebensraum Wald" hat eindeutig einen Lebensweltbezug. Die sich anschließende

Aufgabe 6.2 „Was könnt ihr daraus lernen im Umgang mit dem Wald?" greift dieses Thema auch explizit wieder auf.
Konkreter Aufgabengegenstand ist zunächst allgemein das „Sprichwort" als sprachliche Form. das zu deutende Sprichwort entstammt einem anderen Kulturkreis, dieser spielt, so wurde bereits festgehalten, für die Deutung jedoch keine Rolle. Sprichwörter sind feste Elemente unserer Sprache, finden allerdings eher selten Verwendung in der Alltagssprache von Hauptschülerinnen und Hauptschülern der sechsten Klasse. D.h. der eigentliche Gegenstand, den es zu betrachten gilt, hat zunächst keinen echten Lebensweltbezug, das, was damit ausgesagt wird, aber schon. Und über den in der Folgeaufgabe vollzogenen Transfer auf den Wald wird ein konkreter Lebensweltbezug hergestellt. Damit ist zumindest mit **5.2** (konstruierter Lebensweltbezug) oder auch mit **5.3** (konstruierter, aber authentisch wirkender Lebensweltbezug) zu kodieren.
Die Formulierungen unseres Kodierleitfadens zur Kategorie „**sprachlogische Komplexität**" wurden von einzelnen Teilnehmer/innen als nicht umfassend genug bewertet. Vorgeschlagen wurden Ergänzungen zum Wortschatz, konkret zur Verwendung und Anzahl von Fachbegriffen, zur Morphosyntax – speziell auch im Hinblick auf DaZ-Schülerinnen und Schüler – sowie zur Textmenge. Inwiefern wir hier eine Modifizierung vornehmen können, ohne dabei den allgemeindidaktischen Ansatz aus den Augen zu verlieren, wird in der Gesamtgruppe zu diskutieren sein.
Zurück zur Aufgabe. Diese ist, was die konkrete Aufgabenformulierung anbelangt, zwar gut verständlich und von einfacher sprachlogischer Komplexität; da für die Aufgabenlösung jedoch eine Bedeutungsübertragung notwendig ist, das Sprichwort also nicht 1 zu 1 verstanden werden darf, sprich: nicht nach dem für die Sinnentnahme von Sätzen sonst üblichen Muster „die Summe der Einzelbedeutungen entspricht der Gesamtbedeutung", ist für die Aufgabenlösung ein sprachlich komplexer Prozess zu vollziehen. Wir haben somit mit **6.2** (mittlere sprachlogische Komplexität) kodiert.
Aufgaben liegen im Schulbuch immer schriftlich vor und müssen teilweise nur mündlich beantwortet werden. Bisher hatten wir solche Aufgaben innerhalb der Kategorie **„Repräsentationsformen des Wissens"** mit Transformation (7.3) kodiert. Da eine höhere Kodierung innerhalb dieser Kategorie jedoch eine komplexitätssteigernde Wirkung impliziert (vgl. hierzu auch die ausführliche Beschreibung des Kategoriensystems, u.a. in Maier et al. 2010), haben wir uns im Deutschteam gegen diese Kodierung ausgesprochen, und kodieren solche Aufgaben mit 7.1 (eine Repräsentationsform), da es nicht selten für die Schüler/innen sogar einfacher ist, wenn sie eine Frage nur mündlich beantworten müssen.

Bei der vorliegenden Aufgabe sind keine verschiedenen Repräsentationsformen miteinander zu integrieren, die Aufgabe ist gut verständlich, kann mündlich oder auch schriftlich gelöst werden, wir kodieren also mit **7.1** (eine Repräsentationsform).

Wortstark 2, S.137 AA 1
(Fabel: für Tiere bildhafte Vergleiche/Eigenschaften finden)

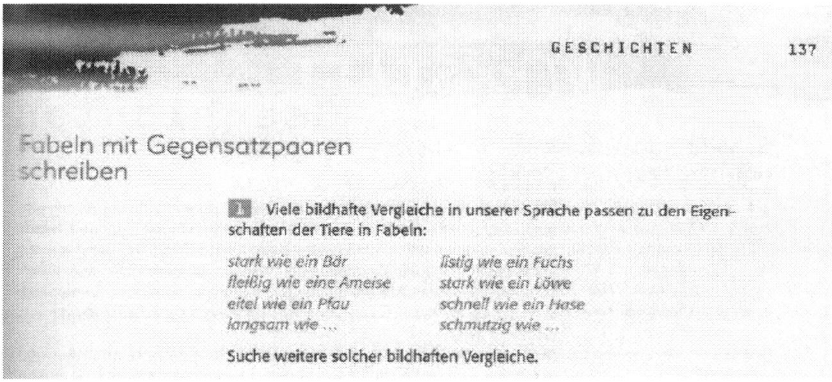
GESCHICHTEN 137

Fabeln mit Gegensatzpaaren schreiben

1 Viele bildhafte Vergleiche in unserer Sprache passen zu den Eigenschaften der Tiere in Fabeln:

stark wie ein Bär | *listig wie ein Fuchs*
fleißig wie eine Ameise | *stark wie ein Löwe*
eitel wie ein Pfau | *schnell wie ein Hase*
langsam wie ... | *schmutzig wie ...*

Suche weitere solcher bildhaften Vergleiche.

Abb. 2: Aufgabe mit Fabeln aus Wortstark 2.

Die zu analysierende Aufgabe ist dem Werkstatt-Kapitel „Geschichten" entnommen. Im Vorfeld der Aufgabe beschäftigen sich die Schülerinnen und Schüler mit Fabeltieren, diversen Fabeln und führen verschiedene produktive und kreative (Schreib-)Aufgaben aus.

Die Zwischenüberschrift „Fabeln mit Gegensatzpaaren schreiben" funktionalisiert die Aufgabe für dieses übergeordnete Ziel. In der Aufgabenformulierung sind zwei Termini enthalten, der Gattungsbegriff „Fabel", der Textsortenwissen aktiviert, sowie der Begriff „Gegensatzpaar", der auf die semantische Relation der „Antonymie" verweist. So haben die Schülerinnen und Schüler gelernt, dass mit Hilfe von Adjektiven Gegensätze beschrieben werden können. Solcherlei Gegensätze finden sich oft in epischen Kleinformen wie Märchen, Sagen oder Fabeln (klug – dumm; faul – fleißig; schön – hässlich; tapfer – feige; gut – böse; ...).

In der konkreten Aufgabe liegt der Fokus auf einem besonderen sprachlichen Mittel, dem „bildhaften Vergleich". Verschiedene Adjektive liefern den Ausgangspunkt für das Finden solcher Vergleiche. Zu Demonstrationszwecken werden sechs bildhafte Vergleiche aufgelistet, zwei weitere sind unvollständig. Die drei Punkte implizieren, dass diese zunächst vervollständigt werden sollen.

Zunächst scheint die Aufgabe eine reine Reproduktionsleistung zu sein, in welcher die Schülerinnen und Schüler Faktenwissen zu einzelnen Tierarten aktivieren, z.B. „plump wie ein Bär“. Da die prototypischen bildhaften Vergleiche zu Tieren aber bereits als Beispiele in der Aufgabe aufgeführt sind – listig wie ein Fuchs, stark wie ein Löwe – ist der in der Aufgabe angelegte Grad der Komplexität als höher einzustufen. Dies lässt sich auch durch die Wahl des Operators belegen: Im Gegensatz zu dem Operator „Nenne“, der eine Reproduktionsleistung und damit ein Stöbern im Gedächtnis nach bekannten bildhaften Vergleichen erforderlich machen würde, löst der Operator „Suche“ innerhalb des Arbeitsauftrags einen aktiven Suchprozess aus, bei welchem konzeptuelles Wissen zu Tieren und deren Eigenschaften oder auch Eigenheiten aktiviert wird und passende bildhafte Vergleiche formuliert werden. Wir haben folglich bei **„Art des Wissens“** mit **1.3** (konzeptuelles Wissen) kodiert.
Wie oben ausgeführt, wird konzeptuelles Wissen zu den einzelnen Tieren aktiviert nach dem Muster: „Wie ist ein XY? Was weiß ich über ein XY?“ Aus dem jeweiligen Konzept werden zur Beantwortung der Aufgabe einzelne Fakten isoliert und für die Lösung der Aufgabe reproduziert. Innerhalb der Kategorie **„kognitive Prozesse“** haben wir somit mit **2.1** (Reproduktion) kodiert.
Da letztlich für jeden bildhaften Vergleich ein eigenes Konzept zu aktivieren ist, stellt jeder gefundene Vergleich eine eigene **Wissenseinheit** dar, z.B. schlau wie ein Rabe; störrisch wie ein Esel; blind wie ein Maulwurf; lahm wie eine Ente. Damit entspricht die Anzahl der Wissenseinheiten der Anzahl der gefundenen bildhaften Vergleiche.
Die Aufgabe ist klar definiert, es sind individuelle und damit divergente Lösungen möglich. Innerhalb der Kategorie **„Offenheit der Aufgabenstellung**“ ist damit mit **4.2** (definiert und divergent) zu kodieren.
Die Formulierung „in unserer Sprache“ in der Aufgabenstellung verweist darauf, dass bildhafte Vergleiche Teil unseres Sprachsystems sind. Damit wird explizit ein **lebensweltlicher Bezug** hergestellt. Daneben sind Tiere ebenfalls Teil der Lebenswelt der Schülerinnen und Schüler, ob als Haustier, als Nutztier und damit z.T. als Glied in der Lebensmittelversorgung oder als Tier, das man aus dem Zoo, aus Tierfilmen und Dokumentationen oder aus Sachbüchern kennt. Dennoch wirken der eigentliche Arbeitsauftrag, das Suchen bildhafter Vergleiche und der übergeordnete Auftrag, das Schreiben einer Fabel mit Gegensatzpaaren, eher konstruiert. So ist zu vermuten, dass bildhafte Vergleiche eher selten in der Alltagssprache von Hauptschülerinnen und Hauptschülern zu finden sind. Daneben entstammt das Schreiben von Fabeln ebenfalls eher nicht der Erfahrungswelt Jugendlicher, sondern ver-

folgt vorrangig literatur- und schreibdidaktische Ziele. Wir haben uns somit auf **5.2** (konstruierter Lebensweltbezug) geeinigt.
Wie unter „Art des Wissens“ bereits erläutert, enthält die konkrete Aufgabenformulierung die beiden Fachbegriffe „bildhafter Vergleich“ und „Fabel“. Der übergeordnete Arbeitsauftrag, der zudem noch den Fachbegriff „Gegensatzpaare“ enthält, kann für die konkrete Aufgabenstellung an dieser Stelle vernachlässigt werden. Der für die Aufgabenlösung zentrale Fachbegriff „bildhafter Vergleich“ wird durch insgesamt acht Beispiele, von welchen zwei unvollständig sind, veranschaulicht. Die Aufgabenlösung basiert auf einem festen vorgegebenen sprachlichen Muster (Adjektiv, Vergleichspartikel *wie,* Tierbezeichnung), die Aufgabenformulierung ist sprachlich verständlich und einfach gehalten. Somit haben wir innerhalb der Kategorie **„Sprachlogische Komplexität“** mit **6.1** (einfache sprachlogische Komplexität) kodiert.
Die Aufgabe bewegt sich innerhalb einer **Repräsentationsform des Wissens**, auch wenn die Aufgabe nur mündlich gelöst wird, also **7.1.**

Das neue Hirschgraben Sprachbuch 2, S. 149, AA 1
(Eine Telefonnotiz aufschreiben)

Aktiviert wird hier zunächst prozedurales Wissen, konkret Lesekompetenz, weiter Textkompetenz. So müssen aus einer in schriftlicher Form festgehaltenen mündlichen Nachricht die zentralen Informationen herausgefiltert werden. Hierbei gilt es, Wesentliches von Unwesentlichem zu unterscheiden. Weiter wird konzeptuelles Wissen zur Textsorte „Notiz“, hier „Telefonnotiz“ aufgebaut bzw. aktiviert: (Telefon-)Notizen sollten lesbar, knapp (aber vollständig), präzise und auch für Dritte verständlich sein. Sie sollten genaue Angaben enthalten, wer angerufen hat, wem der Anruf galt und was der Grund und das Ergebnis des Anrufs war.
Das klingt zunächst nach einer einfachen Aufgabe, unsere Beobachtungen in der Unterrichtspraxis zeigen aber immer wieder, dass die Schülerinnen und Schüler bei Textzusammenfassungen, und nichts anderes müssen sie hier letztlich tun, liegt der „mündliche Anruf“ doch in schriftlicher Form vor, auf copy-delete-Strategien zurückgreifen, d.h. sie „kopieren“ ihnen als zentral erscheinende Informationen wortwörtlich, während sie an anderer Stelle ganze Sätze „löschen“, obwohl diese wichtige Informationen erhalten. Sie greifen tendenziell also eher auf bestimmte Handlungsmuster zurück und gehen damit prozedural vor. Für die Aufgabenlösung ist es jedoch sinnvoll, sich an den Merkmalen einer Notiz und den zu machenden Angaben zu orientieren, sprich auf konzeptuelles Wissen zurückzugreifen. Wir haben innerhalb der Kategorie „**Art des Wissens**“ also mit **1.3** (konzeptuelles Wissen) kodiert.

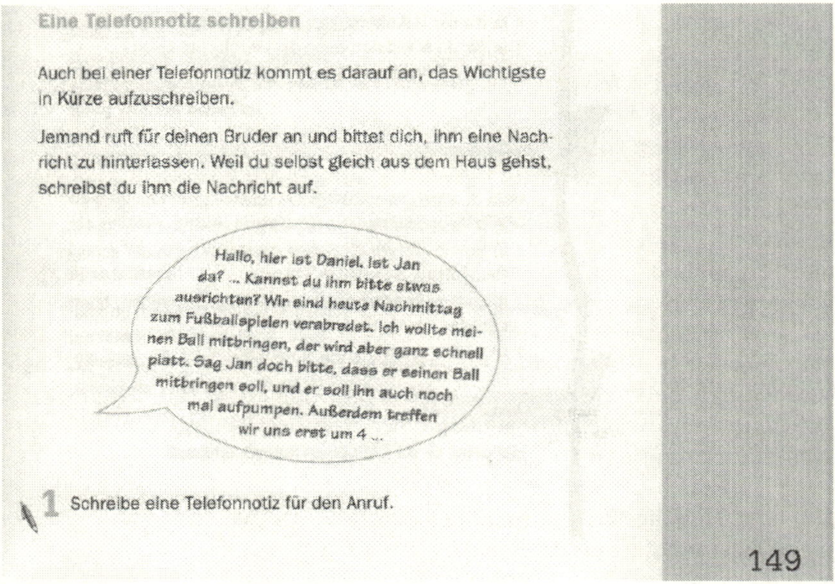
Eine Telefonnotiz schreiben

Auch bei einer Telefonnotiz kommt es darauf an, das Wichtigste in Kürze aufzuschreiben.

Jemand ruft für deinen Bruder an und bittet dich, ihm eine Nachricht zu hinterlassen. Weil du selbst gleich aus dem Haus gehst, schreibst du ihm die Nachricht auf.

Hallo, hier ist Daniel. Ist Jan da? ... Kannst du ihm bitte etwas ausrichten? Wir sind heute Nachmittag zum Fußballspielen verabredet. Ich wollte meinen Ball mitbringen, der wird aber ganz schnell platt. Sag Jan doch bitte, dass er seinen Ball mitbringen soll, und er soll ihn auch noch mal aufpumpen. Außerdem treffen wir uns erst um 4 ...

1 Schreibe eine Telefonnotiz für den Anruf.

149

Abb. 3: Aufgabe zum Thema Telefonnotiz schreiben.

Eine mögliche Lösung könnte lauten: „Hallo Jan, Anruf von Daniel: Fußballspielen heute um 16.00 h, bring deinen Ball mit, vorher aufpumpen!“
Aus 55 Wörtern werden so 15 Wörter. Zentral ist, dass die Schüler/innen erkennen, dass das, was Daniel von seinem Ball erzählt, für die Telefonnotiz unwichtig ist.
Im Arbeitsbereich 2 „Schreiben“ des Bildungsplans für die Hauptschule, Klasse 6, Baden- Württemberg, 2004, S. 58 werden „Notiz“ sowie „Telefonnotiz“ explizit unter „Inhalte“ aufgeführt. Der darauf fußende Standard lautet „schriftliche Mitteilungen für sich und andere verfassen“. Im Bildungsplan der Grundschule findet sich kein Hinweis, dass die Notiz als eigenständige Textsorte eingeführt werden soll. Somit kann davon ausgegangen werden, dass es sich um eine neu einzuführende Textsorte und damit innerhalb der Kategorie **„kognitive Prozesse“** um einen weiten Transfer (**2.3**) handelt. Letztlich kann die Frage nach nahem oder weitem Transfer allerdings nur unter Einbezug des jeweiligen unterrichtlichen Kontextes plausibel beantwortet werden.
Wie oben gezeigt wurde, greifen für die Lösung der Aufgabe unterschiedliche Wissensarten ineinander, prozedurales Wissen beim Lesen des Textes und konzeptuelles Wissen in Bezug auf die zu verfassende Textsorte. Der zu vollziehende Schreibprozess aktiviert wiederum prozedurales Wissen, das Schreiben an sich, aber auch konzeptuelles Wissen in Bezug auf sprachliche

Richtigkeit (Rechtschreibung, Grammatik). Es können also vier **Wissenseinheiten** benannt werden, damit ist mit **3.2** (bis zu vier Wissenseinheiten) zu kodieren.
Die Aufgabe enthält einen eindeutigen Arbeitsauftrag, die Lösungen können auf sprachlicher Ebene variieren, auf inhaltlicher Ebene kann jedoch eine erwartbare und als richtig zu erachtende Lösung definiert werden (siehe auch die Erläuterungen zu „Art des Wissens"). Wir haben somit innerhalb der Kategorie **„Offenheit der Aufgabenstellung"** mit **4.1** (definiert und konvergent) kodiert.
Die Aufgabe ist in eine alltägliche Situation eingebettet. Die Aufgabenformulierung mit der „Du-Anrede" verdeutlicht diesen **lebensweltlichen Bezug** noch. Wir haben somit mit **5.3** (konstruierter, aber authentisch wirkender Lebensweltbezug) kodiert.
Der Telefonanruf enthält für das Verfassen der Notiz irrelevante Informationen, daneben auf syntaktischer Ebene zwei komplexe Sätze und eine Nominalisierung. Innerhalb der Kategorie **„Sprachlogische Komplexität"** haben wir uns somit auf **6.2** (mittlere sprachlogische Komplexität) geeinigt.
Der Aufgabengegenstand, auf den sich die Aufgabe bezieht, ist der in Form einer Sprechblase schriftlich wiedergegebene Telefonanruf von Daniel. Dieser muss von den Schüler/innen in eine andere Textsorte „transformiert" werden. Wir haben somit mit **7.3** (Transformation) kodiert.

Fazit und Ausblick

Die 15 Teilnehmerinnen und Teilnehmer zeigten sich insgesamt sehr interessiert an unserem Kategoriensystem. Bislang verfügten sie wohl über bestimmte Kriterien zur Beschreibung und Analyse von Aufgaben, sie kannten aber keine definierten Kategorien. Als entsprechend aufschlussreich und spannend empfanden sie die konkrete Anwendung der Kategorien, die eine vertiefte Reflexion gegenüber der einzelnen Aufgabe erforderlich macht. Einige äußerten sich erstaunt über das kognitive Potential, das eine Aufgabe bei genauerem Hinsehen eröffnet. Als interessant erachteten sie auch die vertiefte Diskussion über die Aufgabenmerkmale.
Die Kodierungen innerhalb der einzelnen Gruppen wiesen ein hohes Maß an Übereinstimmung auf, der Umgang mit dem Instrument wurde als problemlos eingestuft. Eine am Lehrerseminar tätige Teilnehmerin gab an, das Instrument zukünftig selbst in die Ausbildung der Referendarinnen und Referendare einbinden zu wollen, werde damit doch die Reflexionsfähigkeit gegenüber Aufgaben, wie sie selbst innerhalb des Workshops habe erleben dürfen, enorm geschult.
Sie sprach damit genau jenes Ziel aus, das wir im Rahmen zukünftiger Lehrerfortbildungen mit unserem Instrument verfolgen.

Letztlich kann das in einer Aufgabe steckende kognitive Potential im Unterricht nur dann entsprechend genutzt werden, wenn es von der Lehrkraft auch erkannt wird. Genau hier möchten wir ansetzen, indem wir unser Instrument längerfristig in der Lehrerfortbildung einsetzen. Neben der Schulung der Reflexions- und Analysefähigkeit soll darüber hinaus auch die zielgerichtete Aufgabenveränderung innerhalb einzelner Kategorien ermöglicht werden.
Wir sehen die Chance solcher kollaborativen Settings auch darin, dass mehrere Perspektiven auf die Aufgabe gerichtet werden und Lehrkräfte so eine gemeinsame Sprache über Aufgaben entwickeln können.
Im Rahmen der Erprobung, Erforschung und Weiterentwicklung des Kategoriensystems wurde im August 2013 ein Sammelband mit fachdidaktischen Analysen aus unterschiedlichen Fächern veröffentlicht. Dieser Band hat zum Ziel, unser Instrument an die Fachdidaktiken und die jeweilige Diskussion um Aufgaben anzubinden. Darüber hinaus wurde das Analysepotential unseres Instruments für die einzelnen Fachdidaktiken erprobt.
Wir erhoffen uns, mit unserem Kategoriensystem im Bereich der Lehrerprofessionalisierung einen Beitrag leisten zu können.

Literatur

Verwendete Schulbücher:

Deutschprofi A2, hrsg. von Werner Knapp (2004). München: Oldenbourg.

Das neue Hirschgraben Sprachbuch 2, Hauptschule Baden-Württemberg, erarbeitet von Ursula Burkhardt et.al. (2004). Berlin: Cornelsen.

Wortstark 2. Themen und Werkstätten für den Deutschunterricht, Baden Württemberg, erarbeitet von Reinhard Brauer et.al. (2004). Braunschweig: Schroedel.

Weitere Literatur

Ministerium für Kultus, Jugend und Sport: Bildungsplan 2004; Hauptschule, Werkrealschule, Baden Württemberg.

Kleinknecht, Marc; Bohl, Thorsten; Maier, Uwe, & Metz, Kerstin (Hrsg.) (2013). Lern- und Leistungsaufgaben im Unterricht – Fächerübergreifende Kriterien zur Auswahl und Analyse. Bad Heilbrunn: Klinkhardt Verlag.

Maier, Uwe; Marc Kleinknecht; Kerstin Metz; Martin Schymala & Thorsten Bohl (2010): Entwicklung und Erprobung eins Kategoriensystems für die fächerübergreifende Aufgabenanalyse; Schulpädagogische Untersuchungen Nürnberg (SUN), Nr. 38, Mai 2010.

Metz, Kerstin; Bohl, Thorsten; Hoppe, Henriette; Kleinknecht, Marc; Maier, Uwe (2013). Zum Einsatz eines allgemeindidaktischen Kategoriensystems zur Analyse von Aufgaben aus Deutschlehrwerken. In: Ehlers, Swantje; Davidowski, Christian: Organisation von Lehr-/Lernprozessen durch das Schulbuch. Tübingen: Peter Lang, S.145-167.

Maria Hallitzky, Silke Marchand, Karla Müller & Dirk Schneider

Hermeneutische Konzepte empirisch erschließen: eine Herausforderung für die Allgemeine Didaktik

Kernaufgaben der Allgemeinen Didaktik

In der Diskussion um den Stellenwert der Allgemeinen Didaktik wird kritisiert, dass die didaktische Theoriebildung den Entwicklungen der Lehr-Lernforschung nicht standhalte und zu wenig Anknüpfungspunkte für empirische Forschung biete (vgl. Blömeke, Herzig & Tulodziecki 2007). Die Allgemeine Didaktik lässt sich aber auch nicht durch empirische Lehr-Lern-Forschung und Fachdidaktiken ersetzen, da sie durch ihr hermeneutisches Erbe und eine spezifisch unterrichtspraktische Perspektive zusätzliche und verbindende Problemfelder erforscht.

Erforderlich ist sie als Bezugswissenschaft der Lehrenden vor allem wegen ihrer orientierenden und normativen Funktionen, die eine pädagogisch-psychologisch ausgerichtete empirische Lehr-Lern-Forschung so nicht bieten kann (vgl. z.B. Terhart 2005). Sie liefert außerdem, im Sinn Diltheys, die verstehende Einordnung der empirisch-psychologischen Erkenntnisse einzelner Studien in den Gesamtzusammenhang des Lehr-Lern-Prozesses und generalisiert fachübergreifend die spezifischen Fragestellungen der Fachdidaktiken (vgl. Blömeke, Herzig & Tulodziecki 2007). Obwohl die einflussreichste Traditionslinie Allgemeiner Didaktik die geisteswissenschaftliche (vgl. Gundem 2000) mit ihrer vornehmlich historisch-hermeneutischen Methodik ist, gilt daneben der Bedarf an eigener empirischer Forschung als unstrittig (vgl. Arnold, Koch-Priewe & Lin-Klitzing 2007).

Aufgrund ihrer geisteswissenschaftlichen Forschungstradition und ihrem Anspruch als – auch praktisch relevante – Bezugswissenschaft der Lehrenden, steht die Allgemeine Didaktik also an der Schnittstelle von Hermeneutik und Empirie und damit vor der Aufgabe, Theorien und Modelle für empirisches Herangehen zu erschließen, ohne ihre orientierende und generalisierende Funktion aufzugeben. In dieser Brückenfunktion ist sie weder verzichtbar, noch zweifelt sie die Berechtigung von empirischer Lehr-Lern-Forschung oder Fachdidaktik an, wenn sie sich der Aufgabe stellt, geisteswissenschaftliche Herangehensweisen um empirische Zugänge zu erweitern und hermeneutisch entwickelte Konzepte zu operationalisieren.

Unterschiedliche Zugänge zu Lehr- Lernprozessen

Die Allgemeine Didaktik beschäftigt sich, wie die Fachdidaktiken und die empirische Lehr-Lernforschung, mit Bedingungen, Prozessen und Konsequenzen des Lehrens und Lernens in unterschiedlichen institutionellen Kontexten und Inhaltsbereichen. Terhart (2005, 96) bezeichnet das Verhältnis von Allgemeiner Didaktik und Lehr-Lernforschung als „Familienangelegenheiten", mit Gemeinsamkeiten und „geschwisterlichen" Rangeleien um Zuständigkeiten. Dies reicht bis zu gegenseitiger Nicht-Wahrnehmung aufgrund unterschiedlicher methodischer Zugänge und Begrifflichkeiten.
Die Empirische Lehr-Lernforschung als Bereich der Pädagogischen Psychologie befasst sich mit der theoriegeleiteten Beschreibung, Erklärung und Optimierung von Lehr-Lern-Prozessen (vgl. Terhart 2005 in Anlehnung an Niegemann 2002) und versucht die Komplexität unterrichtlichen Handelns auf relevante Faktoren und messbare Variablen zu reduzieren. Die als isolierte Variablen getesteten Merkmale von Unterricht fügt Helmke mit seinem Angebots-Nutzungs-Modell synthetisierend zu einem Erklärungsmodell von Unterrichtsqualität zusammen (vgl. Helmke 2009). Obwohl damit aus pädagogisch-psychologischer Sicht konstitutive Elemente von Unterricht möglichst umfassend dargestellt werden, fehlen aus pädagogischer und didaktischer Sicht wesentliche Kategorien: Anhand des Modells lassen sich verschiedene Aspekte des Unterricht beschreiben und ihre Wirkungen analysieren, außen vor bleibt aber, dass Bildung gesellschaftliche Anforderungen und individuelle Entfaltung kritisch verbinden soll und Erziehung systematisch zum Unterricht gehört (vgl. Gruschka 2007).
Die Fachdidaktiken gewinnen aktuell an Einfluss, weil vor allem in der Pädagogischen Psychologie vermehrt anerkannt wird, wie bedeutsam die Bindung des Wissenserwerbs an bestimmte Inhalte und Domänen ist (vgl. Arnold, Koch-Priewe & Lin-Klitzing 2007 unter Bezug auf Weidenmann 2000). Andererseits ergibt sich daraus die Gefahr einer „unüberschaubaren Zersplitterung des Forschungstableaus in unzählige Gegenstandsparzellen" (Beck 2000, 25). Dies lässt die von Arnold, Koch-Priewe und Lin-Klitzing (2007, 22) formulierte Aufgabe, Didaktik als „umfassende Theorie *und* Empirie des Unterrichts" zu fassen und Sachverhalte bzw. Einzelerkenntnisse in fachlich übergreifende Theorien des unterrichtlichen Lehrens und Lernens einzuordnen, umso dringlicher erscheinen. Damit erhält die Allgemeine Didaktik im Hinblick auf die Fächersplitterung sowie auf die Ergebnisse der empirischen Lehr-Lernforschung eine generalisierende Funktion.

Allgemeine Didaktik muss dafür einerseits eine theoretisch-kategoriale Basis zum Erfassen von Lehr-Lern-Prozessen bereitstellen, andererseits auch empirisch-gehaltvolle Informationen über Bedingungen und Wirkungen von Lehrangeboten und Lernvorgängen liefern und nicht zuletzt Orientierung und Anleitung für praktisches Unterrichtshandeln bieten (vgl. Olberg 2004). Letztere Aufgabe ist als Teil der Lehramtsausbildung für die Allgemeine Didaktik besonders wichtig (vgl. Terhart 2005); insofern kann und darf sie sich normativen Konzepten nicht entziehen.

Den genannten Ansprüchen steht bisher kein mehrheitlich geteiltes wissenschaftliches Selbstverständnis, keine konsensual historisch oder systematisch begründete Ordnung der verschiedenen didaktischen Theorien gegenüber (vgl. Terhart 2005; Zierer 2008).

Die Allgemeine Didaktik stützt sich bisher vor allem auf die geisteswissenschaftliche Tradition und deren historisch-hermeneutische Methoden (vgl. Gundem 2000) und riskiert dabei, ihre Theorien an den Erkenntnissen der empirischen Lehr-Lernforschung vorbei zu entwickeln (vgl. Gruschka 2002; Zierer 2008). Entsprechend muss sie selbst didaktisch relevante Fragen empirisch bearbeiten (vgl. Zierer 2008; Arnold, Koch-Priewe & Lin-Klitzing 2007; Terhart 2005) und adäquate methodische Zugänge finden.

Vorläufig lässt sich etwas überspitzt zusammenfassen: Empirische Lehr-Lernforschung und empirisch ausgerichtete fachdidaktische Studien gelten als Grundlagenforschung, die zu Gunsten hochspezialisierter Detailfragen die Komplexität des Unterrichts vernachlässigt (vgl. Gruschka 2008). Umgekehrt will die Allgemeine Didaktik Normen und Orientierungspunkte für unterrichtliches Handeln bieten, die – kritischen Stimmen zufolge – allenfalls auf subjektiven Erfahrungsberichten beruhen und empirisch nicht abgesichert sind (vgl. Einsiedler 2011). Damit sind weder die empirischen noch die (hermeneutisch geprägten) allgemeindidaktischen Erkenntnisse verallgemeinerbar: Die empirischen Studien sind wegen der isoliert betrachteten Einzelfaktoren extern bzw. ökologisch kaum valide, die hermeneutisch gewonnenen allgemein-didaktischen Konzepte meist empirisch zu wenig erprobt.

Allgemeindidaktische Forschung sollte also hermeneutische Konzepte empirisch zugänglich machen und daraus nach Möglichkeit generalisierende Schlussfolgerungen ziehen.

Kann Allgemeindidaktische Forschung Hermeneutik und Empirie verbinden?

Der Wunsch nach empirischen Zugriffsweisen stellt die Allgemeine Didaktik vor spezifische Schwierigkeiten: Die wichtigsten allgemeindidaktischen Konzepte wurden hermeneutisch entwickelt. Im Sinne geisteswissenschaftlicher Pädagogik wurde dabei Theorie „als reflexive Instanz verstanden, die

auf die pädagogische Praxis aufklärend zurückwirkt“ (Krüger 2012, 26). Die Erziehungswirklichkeit dient in geisteswissenschaftlichen Arbeiten fast durchgängig als Grundlage pädagogischer Theorienbildung und Forschung (vgl. Kron 1999). Ein Bezug zur pädagogischen Praxis und damit zur Empirie ist also vorhanden. Da das geisteswissenschaftliche Ziel im Sinne Diltheys aber im „Verstehen des Sinnes und der Bedeutung menschlichen Handelns“ (Krüger 2012, 24) liegt, und nicht im „Erklären im Sinne experimentell überprüfbarer und mathematisch formulierbarer Gesetzmäßigkeiten“ (Krüger 2012, 24), wurde bei traditionellen allgemeindidaktischen Konzepten nicht auf empirische Überprüfbarkeit geachtet.
Dem Positivismus und Kritischen Rationalismus gilt als unwissenschaftlich, was empirisch nicht überprüfbar/falsifizierbar ist (vgl. z.B. Hillmann 2007, Schirmer 2009 und Pollak 2011). Während diese Denkrichtungen das Prinzip der Werturteilsfreiheit (vgl. Hillmann 2007; Greve 2009) vertreten, muss die Allgemeine Didaktik aber praktische Handlungsanleitungen und normative Orientierung bieten (vgl. Lüders 2011). Soll sie, obwohl manche der damit verbundenen Anforderungen schlecht auf ihr bisheriges Profil passen, auch empirisch forschen, bleibt zu überlegen, auf welche methodologischen Ansätze sie dabei zurückgreifen kann.

Ansätze anwendungsorientierter Unterrichtsforschung

Didaktische Entwicklungsforschung (DEf) stellt ein aktuelles Beispiel anwendungsorientierter Forschung dar, das Unterrichtsentwicklung eng mit Unterrichtsforschung und empirischer fachdidaktischer Forschung zu verbinden versucht (Einsiedler 2011, 42). Einsiedlers Ziel, „Unterrichtsmaterialien“ und „Handlungsempfehlungen für das Lehren“ gemeinsam mit Lehrkräften weiterzuentwickeln (ebd.), entspricht als Forschungsansatz dem allgemeindidaktischen Anspruch, Orientierung für unterrichtliches Handeln zu geben (vgl. Olberg 2004). Analog zur anwendungsbezogenen Forschung in technologischen und medizinischen Bereichen will Einsiedler mit seinem Konzept an Grundlagenforschung anknüpfen, Praxisprobleme aufgreifen und Unterrichtsqualität verbessern und spricht deshalb von „grundlagenorientierter Anwendungsforschung“ (Einsiedler 2011, 46f.).
Einsiedler verortet das Konzept in der Nähe des *Design-Based-Research*-Ansatzes *(DBR)* und beschreibt es als spezifischen Forschungstypus, bei dem es darauf ankomme, theoriebasiert entwickelte Maßnahmen empirisch auf ihre Wirkungen zu prüfen (Einsiedler 2011, 62), und zwar vorrangig mit quantitativen Methoden (vgl. kritisch Reinmann 2012).
Der DBR-Ansatz geht von Design als Gestaltung von Lehr-Lern-Umgebungen aus und strebt über „kontinuierliche[] Zyklen von Gestaltung, Durchführung, Analyse und Re-Design“ (Reinmann 2005, 62; vgl. Edelson

2002) Innovationen an (vgl. Bereiter 2002), die wissenschaftlich solide und zugleich praxistauglich sind. Insofern geht DEf von der Seite empirischer Forschung kommend auf die Praxis zu, während DBR von der Seite der Praxis her nach wissenschaftlicher Fundierung strebt. Die Kooperation mit Lehrpersonen soll Praxisnähe und leichteren Transfer sicherstellen (vgl. Reinmann 2005; Amiel & Reeves 2008). Angestrebt werden gleichzeitig kontextualisierte, praxistaugliche Theorien mit wissenschaftlichem Erkenntnisgewinn und eine verbesserte Unterrichtspraxis (vgl. Cobb, Confrey, diSessa, Lehrer & Schauble 2003; Reinmann 2005). Wegen ihres iterativen Vorgehens kann die Forschung gleichzeitig als formative Evaluation betrachtet werden (vgl. Reinmann 2005).

Evaluationsforschung ihrerseits bewertet empirisch gestützt Maßnahmen (vgl. Bortz & Döring 2002), orientiert an den Kriterien der „Nützlichkeit" und der „Praktikabilität" (Einsiedler 2008, 11). Wie DBR soll sie Wissenschaft und Schulpraxis verbinden (vgl. Böttger-Beer & Koch 2008), allerdings sind die Rollen der beteiligten Akteure dabei anders verteilt. Bei Evaluationsforschung wird ein Programm oder Produkt anhand eines Gütemaßstabs bewertet, um es zu verbessern, wobei „anerkannte sozialwissenschaftliche Regeln und Methoden" genutzt werden (Helmke 2009, 268). Allgemeindidaktische Beispiele sind Evaluationen von Lehr-Lern-Prozessen und -Interventionen. Die Ergebnisse sollen zeigen, wo Mängel die Änderung pädagogischer Praxis wünschenswert erscheinen lassen (vgl. Radewaldt 2008). Die Zusammenarbeit zwischen Lehrpersonen und Forschenden fällt dabei weniger eng aus. An schulinternen Evaluationen sind Forschende selten beteiligt, bei externen Evaluationen sind Lehrpersonen eher Forschungssubjekte als Mitentwickelnde. Anders als DBR oder DEf beansprucht Evaluationsforschung nicht, zur Grundlagenforschung im engeren Sinn beizutragen. Es geht eher darum, auf Erkenntnissen der Grundlagenforschung basierende Maßnahmen anzuwenden und ihre Wirksamkeit zu überprüfen. Trotzdem betonen Bortz und Döring (2002), dass Evaluationsforschung sich an den methodischen Standards der empirischen Grundlagenforschung orientieren solle. Sie ist daher interessant, geeignete methodische Maßstäbe zu finden, um Designs aus DBR oder DEf zu überprüfen.

Validität allgemein-didaktischer Forschung

DEf, DBR und Evaluationsforschung eröffnen also je eigene empirische Herangehensweisen an allgemein-didaktische Fragen. Vor allem qualitative Zugänge ermöglichen es, den Blick auf Effekte und Faktoren von Unterricht um die Beschreibung der „Vielschichtigkeit des Unterrichtsgeschehens" zu erweitern (Breidenstein 2008, 202). Im Gegensatz zu Breidenstein, der vor allem eine deskriptive Analyse des Unterrichts fordert, schlägt Einsiedler die

Entwicklung eines „Methodeninstrumentariums“ vor, das die kontextuelle Einbindung von Ergebnissen transparent macht und dadurch für die Übernahme in andere Kontexte erschließt (Einsiedler 2011, 49f.). Dies hat Konsequenzen für die anzuwendenden Gütekriterien: Sowohl DBR als auch Evaluationsforschung greifen nicht nur auf allgemein formulierte Gütekriterien qualitativer und/oder quantitativer Forschung zurück, sondern ergänzen sie um eigene Gütekriterien. Welche Rolle diese Gütekriterien in der didaktischen Forschung haben könnten, soll beispielhaft dargestellt werden an dem Ziel, Ergebnisse über den Einzelfall hinaus zu generalisieren:
Valide Ergebnisse strebt jede Forschung an, was dies aber bedeutet, wird unterschiedlich interpretiert. Es geht darum, ob sich aus der empirischen Untersuchung gültige Aussagen ableiten lassen (vgl. Himme 2007; Böhm-Kaspar & Weishaupt 2008). Deskriptive quantitative Studien gelten als valide, wenn sie repräsentativ sind, d.h. wenn sich die Ergebnisse der untersuchten Stichprobe auf die Gesamtheit verallgemeinern lassen, aus der die Stichprobe gezogen wurde (vgl. Wellenreuther 2000). Im Rahmen hypothesenprüfender Studien kann zwischen externer und interner Validität unterschieden werden, die unterschiedliche bis widersprüchliche Implikationen haben können (vgl. Böhm-Kaspar & Weishaupt 2008 und Bortz & Schuster 2010).
Die externe (ökologische) Validität zeigt, wie „natürlich“ die Untersuchungsbedingungen sind und inwieweit sich die Ergebnisse über die Untersuchungsteilnehmenden hinaus verallgemeinern lassen (vgl. Böhm-Kaspar & Weishaupt 2008; Bortz & Schuster 2010). Eine Untersuchung ist extern umso valider, je eher ihre Untersuchungsbedingungen die komplexe Realität abbilden (vgl. Böhm-Kaspar & Weishaupt 2008; Bortz & Schuster 2010). Die interne Validität ist dagegen umso höher, je weniger alternative Erklärungen es für ihr Ergebnis gibt (vgl. Böhm-Kaspar & Weishaupt 2008; Bortz & Schuster 2010; zu Schwierigkeiten siehe auch Wellenreuther 2000).
Die Anforderungen quantitativer Gütekriterien in Bezug auf Validität sind bei didaktischer Unterrichtsforschung schwer einzuhalten: Die interne Validität ist problematisch, weil meist nur die Wirkungen eines ganzen Variablenbündels untersucht werden können, wobei nicht eindeutig zu klären ist, welche Einzelvariablen welche Wirkung hatten (vgl. Wellenreuther 2000). Auch die externe Validität, die Einsiedler (2011) für wichtiger hält als die interne, ist nicht leicht herzustellen: Um sie zu sichern, warnt z.B. Wellenreuther (2000, 116) davor, „nur einzelne ausgesuchte Lehrer (bzw. Klassen oder Kurse) in seiner Stichprobe zu berücksichtigen, da dann das Risiko, zu völlig verfälschten Ergebnissen zu kommen, viel zu groß“ sei. Für Rost sollten empirisch Forschende die Zufallsstichprobe als Ideal anstreben. Im schulischen Umfeld sind jedoch meist statt idealer Zufallsstichproben nur methodisch

problematische Klumpenstichproben möglich (vgl. Rost 2005; Böhm-Kaspar & Weishaupt 2008).

Wer – wie bei DBR und DEf – in einem iterativen Forschungsprozess mit Lehrpersonen zusammenarbeiten möchte, ist auf ausgesuchte Lehrpersonen, Klassen oder Kurse angewiesen. Dies kann einerseits als geringere externe Validität gedeutet werden, weil die Stichprobe nicht repräsentativ ist (vgl. Böhm-Kaspar & Weishaupt 2008; Bortz & Schuster 2010), andererseits kann gerade diese Nähe zur Unterrichtspraxis aus Sicht der Befürworter/innen der DBR und der DEF. zu Theorien mit hoher Erklärungskraft führen, die besonders reliabel sind (Reinmann 2005).

Sowohl DBR als auch Evaluationsforschung benötigen also angepasste Kriterien. Für DBR sind dies z.B. Neuheit, Nützlichkeit und nachhaltige Innovation (vgl. Kohen 2011). Für Evaluationen gelten nach den Standards der Deutschen Gesellschaft für Evaluation (vgl. DeGEval 2008; Sanders 2006) neben Nützlichkeit, auch Durchführbarkeit, Genauigkeit und Korrektheit als wesentlich. Insbesondere das Kriterium der Nützlichkeit entspricht den besonderen Zielen didaktischer Forschung: Statt Gültigkeit an Repräsentativität und Ausschluss alternativer Erklärungen auszurichten, könnten Forschende zum Maßstab nehmen, wie geeignet oder nützlich die Ergebnisse sind, das skizzierte Problem zu lösen (vgl. das Kriterium der „Fidelität“ bei Lamnek 2005, 166 und „Usefulness“ bei Charmaz 2006, 183). Da das Nützlichkeitskriterium auf die Praxisrelevanz einer Forschung verweist, könnte es in der Allgemeinen Didaktik mit ihrer orientierenden Funktion für Lehrkräfte wertvoll sein.

Dass DEf und DBR auf die Zusammenarbeit mit Lehrpersonen bauen und iterativ die entwickelten Konzepte im Unterrichtsalltag erproben, macht ihre Ergebnisse glaubwürdiger bei PraktikerInnen und besser anpassbar an die Komplexität des Unterrichtsalltags als Konzepte, bei denen laborähnlich versucht wird, Störfaktoren auszuschalten. Ebenso sichert die Zusammenarbeit den Forschenden eine Rückmeldung zu den Bedürfnissen der Praxis, wodurch sie ihre Forschung am konkreten Bedarf ausrichten können.

Je mehr die ökologische Validität statt isolierter Mikroprozesse und Variablen beachtet wird, desto praxisrelevanter werden die Studien. Die Forderung der Generalisierbarkeit bleibt bei Einsiedlers Didaktischer Entwicklungsforschung allerdings vorwiegend auf die Frage bezogen, in welchem Maß Gütekriterien und Standards aus der quantitativen empirischen Forschung zu beachten sind, um sich „in den Rahmen anspruchsvoller empirischer Bildungsforschung“ einordnen zu dürfen (Einsiedler 2011, 48). Diese starke Unterordnung unter das quantitative Paradigma sieht (nicht nur) Reinmann zu Recht kritisch: Quantifizierende Zugänge reichen allein nicht, um Forschungsergebnisse zu generalisieren, dafür sind Theorien erforderlich, die Erfahrungen für andere Kontexte nutzbar machen (vgl. Reinmann 2005).

Hermeneutik als Basis für Generalisierungen

Die Frage der Generalisierung trifft in der Pädagogik und in der Didaktik immer auf die Problematik, dass Erziehung und Unterricht nie als das Allgemeine auftreten, sondern immer in „besonderen" Kontexten und Situationen. Theorie zielt dagegen auf das Allgemeine (vgl. Priesemann 1999). Nun lassen sich mit den passenden quantitativ empirischen Zugängen scheinbar generalisierbare Aussagen methodisch absichern. Am Beispiel des sogenannten Offenen Unterrichts lässt sich zeigen, welche Rolle hermeneutische Theoriebildung weiterhin für allgemein-didaktische Forschung spielt. Sie ist nicht nur nötig, um empirische Erkenntnisse systematisch einordnen zu können, sondern kann auch helfen, die mit den empirischen Ergebnissen evtl. latent transportierten Handlungsempfehlungen zu reflektieren und relativieren:
Einsiedler (2011, 44f.) kritisiert selbstreferenzielle Prozesse in der Entwicklung von Ansichten über „guten Unterricht" am Beispiel des „Überschwappens einer Didaktik offener Lernformen aus England in die Grundschulen in Deutschland". Diese offenen Lernformen seien durch die Einführung von Vergleichsarbeiten (und die damit einhergehende Fokussierung auf kognitive Schülerleistungen; Anm. der Autor/innen) wieder einer stärker lernzielorientierten Didaktik gewichen. Damit werden unseres Erachtens zwei gegensätzliche problematische Tendenzen unterrichtlicher Praxis beschrieben: einerseits Blindheit, andererseits Hörigkeit gegenüber wissenschaftlichen Erkenntnissen. Während der Methodenstreit um direktive versus nicht-direktive Verfahren ideologisch und mit einer gewissen wissenschaftlichen „Abstinenz" geführt wurde, werden aktuell einzelne Studien, wie die Hattie-Studie (2009) in ihren Einzelaussagen zwar wahrgenommen, aber unzulässig-unkritisch verallgemeinert. Die Ergebnisse Hatties, dass offene Unterrichtsformen auf Schülerleistungen kaum Effekte zeigten, werden nicht in den Kontext bildungstheoretischer Konzepte gestellt. Diesen Konzepten zufolge ist nämlich Unterricht im Zusammenhang mit Erziehung zu betrachten, und methodische Herangehensweisen lassen sich nicht unabhängig von (Erziehungs-)Zielen und fachlichen Inhalten bewerten. Reinmann (2007) ist deshalb zuzustimmen, dass geisteswissenschaftliche Strategien, Prinzipien und Standards für die pädagogische und didaktische Forschung vor allem dazu dienen sollten, Orientierungsziele zu entwickeln, weil ohne sie Lehr-, Lern- und Bildungsprozesse sinnleer würden. Entsprechend wichtig sei es, sich mit dem „Soll-Zustand von Bildung" als explizitem Forschungsfeld (auch) der Grundlagenforschung zu befassen und transparent und nachvollziehbar darüber zu diskutieren (Reinmann 2010, 243ff.). Hermeneutik bildet das Fun-

dament des Methodengebäudes didaktischer Forschung, da sie nicht nur das geisteswissenschaftliche Paradigma bedient, sondern multifunktionale Anknüpfungspunkte bereitstellt (vgl. Kron 1999). Als Denktradition und -methode ist sie verbunden mit den geisteswissenschaftlichen Kategorien von Bildung, Bildungstheorie und Geschichtlichkeit, die ihrerseits auf die Verantwortung verweisen, die sich aus dem Vergangenen heraus für Gegenwart und Zukunft ergibt (vgl. Kron 1999 unter Verweis auf Klafkis kritisch-konstruktive Didaktik). Wer also zum Beispiel zur Öffnung von Unterricht forscht, sollte sich mindestens der gesellschaftlich verankerten Erziehungs- und Bildungsziele versichern, die mit diesem Begriff transportiert werden (sollen) (vgl. Hallitzky 2002).
Auf empirischem Weg lässt sich mit qualitativen, insbesondere ethnographische Studien (vgl. z.B. Huf/Breidenstein 2009) die Brücke zur hermeneutischen Forschung schlagen. Ethnographische Studien können deskriptiv Aufschluss über strukturelle Merkmale offener Unterrichtssituationen geben und so didaktische Kategorien qualitativ empirisch (Breidenstein 2008, 204) fundieren. Damit kann eine zuverlässige Basis für DBR oder DEf-orientierte Projekte geschaffen werden, die unterrichtspraktischen Nutzen und Handlungsorientierung anstreben. Die hermeneutische Reflexion normativer Grundlagen und eine solide allgemein-didaktische empirische Grundlagenforschung sollten vermeiden helfen, dass sich wissenschaftlich nicht abgesicherte Unterrichtsmethoden oder unzulässige Übergeneralisierungen kontextualisierter Forschungsergebnisse verselbständigen.

Mut zu eigenen Wegen

Allgemeine Didaktik soll also nicht nur die empirischen Erkenntnisse einzelner pädagogisch-psychologischer oder fachdidaktischer Studien verstehend einordnen und Lehrenden für das Planen und Gestalten von Lernumgebungen Orientierung bieten, sondern sie braucht eigene empirische Forschungsdesigns und eine Methodologie, die zu ihren Erkenntnisinteressen und Forschungsbedingungen passen. Der geisteswissenschaftliche Anspruch, nach dem Theorie Praxis reflektieren und auf diese aufklärend zurückzuwirken soll (vgl. Krüger 2012) erweitert sich dabei: Didaktische Theorien sollen nicht nur Erklärungen liefern, sondern auch Wirkungen prüfen und unterrichtsrelevante Erkenntnisse transferieren. Als Gütekriterien allgemein-didaktischer empirischer Forschung gelten dabei auch ihre Verknüpfung und Verknüpfbarkeit mit hermeneutischen Erkenntnissen und Zugängen. Die empirischen Forschungen sollten auf hermeneutischen Erkenntnissen beruhen und die empirischen Erkenntnisse sollten ihrerseits geeignet sein, hermeneutisch weiterentwickelt zu werden.

Auch weiterhin soll und muss die Allgemeine Didaktik sich normativen Aufgaben widmen und, damit verbunden, das Postulat nach der Messbarkeit der Welt infrage stellen: Denn häufig sind dort, wo Messungen zur Orientierung verwendet werden, unreflektiert normative Komponenten enthalten. Ob diese Reflexion ausbleibt, weil die jeweiligen Forschenden die normativen Aspekte von Bildung für subjektiv und damit nicht wissenschaftlich diskutierbar halten, oder schlicht für nicht diskussionsbedürftig, da selbstverständlich (vgl. Biesta 2009), ist dabei nicht entscheidend. Wer auswählt, welche Variablen er misst und seine Ergebnisse dazu veröffentlicht, misst schon dadurch den Ausprägungen dieser Variablen Bedeutung in einem größeren Kontext bei. Insofern steht nicht Neutralität der Wertung gegenüber, sondern eine explizit reflektierte Wertung einer verdeckten, eher unreflektierten.
Wer die Legitimation von Bildungszielen bestimmen und herleiten will, wer prüfen will, ob Unterrichtsziele angemessen sind oder wo historische Entwicklungs- und Begründungslinien von Unterrichtsinhalten, -methoden und -konzepten verlaufen, ist auch künftig auf hermeneutische Methoden angewiesen. Diese Basis aber muss anschlussfähig gemacht werden für empirische Zugänge und mit diesen verknüpft sein. Die damit verbundenen empirischen Zugänge müssen Gütekriterien erfüllen, deren Formulierung noch weitgehend aussteht. Deutlich zeigt sich bereits jetzt, dass die Orientierung an Kriterien, die in anderen Wissenschaften etabliert sind, allenfalls ein Startpunkt sein kann. Die Allgemeine Didaktik braucht davon ausgehend den Mut, eigene spezifisch allgemeindidaktische methodologische Wege zu entwickeln und zu beschreiten, um glaubwürdige und nützliche Erkenntnisse zu gewinnen, die sowohl die Wissenschaft als auch die Schulpraxis weiterbringen.

Literatur

Amiel, Tel & Reeves, Thomas C. (2008): Design-Based Research and Educational Technology: Rethinking Technology and the Research Agenda. In: Educational Technology & Society 11(4), S. 29-40.

Arnold, Karl-Heinz; Koch-Priewe, Barbara & Lin-Klitzing, Susanne (2007): Allgemeine Didaktik, Fachdidaktik und Unterrichtsqualität. In: Karl-Heinz Arnold (Hrsg.): Unterrichtsqualität und Fachdidaktik. Klinkhardt, Bad Heilbrunn, S. 19-49.

Beck, Klaus (2000): Zur Lage der Lehr-Lern-Forschung: Defizite, Erfolge, Desiderate. In: Unterrichtswissenschaft 28 (1), S. 23-29.

Bereiter, Carl (2002): Design research for sustained innovation. In: Cognitive Studies, Bulletin of the Japanese Cognitive Science Society, 9(3), S. 321-327.

Biesta, Gerd (2009): Good education in an age of measurement: on the need to reconnect with the question of purpose in education. In: Educational Assessment, Evaluation and Accountability, 21,(1), S. 33-46.

Blömeke, Sigrid; Herzig, Bardo & Tulodziecki, Gerhard (2007): Zum Stellenwert empirischer Forschung für die Allgemeine Didaktik. In: Unterrichtswissenschaft, 35 (4), S. 355-381.

Böhm-Kaspar, Oliver & Weishaupt, Horst (2008): Quantitative Ansätze und Methoden in der Schulforschung. In: Werner Helsper und Jeanette Böhme (Hrsg.): Handbuch der Schulforschung. 2., durchgesehene und erweiterte Auflage. VS Verlag für Sozialwissenschaft, Wiesbaden, S. 91–123.

Bortz, Jürgen & Döring, Nicola (2002): Forschungsmethoden und Evaluation für Human und Sozialwissenschaftler. 3., überarbeitete Auflage, Springer, Berlin und Heidelberg.

Bortz, Jürgen & Schuster, Christof (2010): Statistik für Human- und Sozialwissenschaftler. Springer, Berlin und Heidelberg.

Böttger-Beer, Manuela & Koch, Erik (2008): Externe Schulevaluation in Sachsen – ein Dialog zwischen Wissenschaft und Praxis. In: Wolfgang Böttcher, Wilfried Bos, Hans Döbert, Heinz Günter Holtappels (Hrsg.): Bildungsmonitoring und Bildungscontrolling in nationaler und internationaler Perspektive. Waxmann, Münster. S. 253-264.

Breidenstein, Georg (2008): Allgemeine Didaktik und praxeologische Unterrichtsforschung. In: Zeitschrift für Erziehungswissenschaft. Sonderheft 9, S.201-215.

Charmaz, Kathy (2006): Constructing Grounded Theory. A Practical Guide through Qualitative Analysis. Sage, London.

Cobb, Paul; Confrey, Jere; diSessa, Andrea; Lehrer, Richard & Schauble, Leona (2003): Design experiments in educational research. In: Educational Researcher, 31(1), S. 9-13.

DeGEval – Gesellschaft für Evaluation e.V. (2008) (Hrsg.): Standards für Evaluation, 4. unveränderte Auflage. Mainz.

Edelson, Daniel C. (2002): Design research: What we learn when we engage in design. In: The Journal of the Learning sciences, 1(1), S. 105-112.

Einsiedler, Wolfgang (2008): Was ist „Didaktische Entwicklungsforschung" – Wissenschaftstheoretische und methodische Perspektiven für einen Forschungstypus in Erziehungswissenschaften und Fachdidaktiken. Manuskript. Universität Erlangen-Nürnberg. Department Pädagogik, Institut für Grundschulforschung, Nürnberg.

Einsiedler, Wolfgang (Hrsg.) (2011): Unterrichtsentwicklung und Didaktische Entwicklungsforschung. Julius Klinkhardt Verlag, Bad Heilbrunn.

Fischler, Helmut (2007): Fachdidaktik und Unterrichtsqualität im Bereich Naturwissenschaften. In: Karl-Heinz Arnold (Hrsg.), Unterrichtsqualität und Fachdidaktik. Julius Klinkhardt Verlag, Bad Heilbrunn, S. 235-260.

Greve, Jens (2009): Jürgen Habermas. Eine Einführung. UVK Verlagsgesellschaft, Konstanz.

Gruschka, Andreas (2002): Didaktik - Das Kreuz mit der Vermittlung. Elf Einsprüche gegen den didaktischen Betrieb. Büchse-der-Pandora-Verlag, Wetzlar.

Gruschka, Andreas (2007): "Was ist guter Unterricht?" Über neue Allgemein-Modellierungen aus dem Geiste der empirischen Unterrichtsforschung. In: Pädagogische Korrespondenz, 36, S. 10-43.

Gruschka, Andreas (2008): Die Bedeutung fachlicher Kompetenz für den Unterrichtsprozess – Ergänzende Hinweise aus der rekonstruktionslogischen Unterrichtsforschung. In: Pädagogische Korrespondenz, 38, S. 44-74.

Gundem, Bjørg B. (2000): Understanding European Didactics. In: *Routledge International Companion to Education*, Chapter 13, S. 235-262.

Hallitzky, Maria (2002): Strukturen der Offenheit als Qualitätskriterien nachhaltigen Lernens. Julius Klinkhardt Verlag, Bad Heilbrunn.

Hattie, John (2009): Visible Learning. A synthesis of over 800 meta-analyses relating to achievement. Routledge, London & New York.

Helmke, Andreas (2009): Unterrichtsqualität und Lehrerprofessionalität. Diagnose, Evaluation und Verbesserung des Unterrichts. Kallmeyer/Klett, Seelze-Velber.

Hillmann, Karl-Heinz (2007): Wörterbuch der Soziologie. 5., vollständig überarbeitete und erweiterte Auflage. Kröner, Stuttgart.

Himme, Alexander (2007): Gütekriterien der Messung: Reliabilität, Validität und Generalisierbarkeit. In: Sönke Albers, Daniel Klapper, Udo Konradt, Achim Walter und Joachim Wolf (Hrsg.): Methodik der empirischen Forschung. 2., überarbeitete und erweiterte Auflage. Gabler, Wiesbaden. S. 375–390.

Kohen, Marcus (2011): Individualisiertes Lernen anhand einer multimedialen Lernumgebung zum Thema Sonnenschutz - eine Design-Based Research Studie. Dissertation, Universität Duisburg- Essen.

Kron, Friedrich W. (1999): Wissenschaftstheorie für Pädagoen. Ernst Reinhardt Verlag, München und Basel.

Krüger, Heinz-Hermann (2012): Einführung in Theorien und Methoden der Erziehungswissenschaft. 6. Aufl. Budrich (UTB Erziehungswissenschaft, 8108), Opladen.

Lamnek, Sigfried (2005): Qualitative Sozialforschung. 4. Vollständig überarbeitet Auflage. Beltz Verlag, Weinheim und Basel.

Lüders, Manfred (2011): Didaktik. In: Klaus-Peter Horn, Heidemarie Kemnitz und Winfried Marotzki (Hg.): Klinkhardt Lexikon Erziehungswissenschaft (KLE), Bd. 1., 1. Aufl., 3 Bände. UTB GmbH, Stuttgart, S. 269–271.

Meyer, Meinert A.; Meyer, Hilbert (2007): Wolfgang Klafki. Eine Didaktik für das 21. Jahrhundert? Beltz Verlag, Weinheim und Basel.

Olberg, Hans-Joachim von (2004): Didaktik auf dem Wege zur Vermittlungswissenschaft? Eine Sammelbesprechung neuerer Veröffentlichungen. In: Zeitschrift für Pädagogik (ZfPäd), 50 (1), S. 119-131.

Pollak, Guido (2011): Kritischer Rationalismus. In: Klaus-Peter Horn, Heidemarie Kemnitz, Winfried Marotzki und Uwe Sandfuchs (Hg.): Klinkhardt Lexikon Erziehungswissenschaft (KLE), Bd. 2., 1. Aufl., 3 Bände. UTB GmbH, Stuttgart. S. 250–251.

Priesemann, Gerhard (1999): Über das Allgemeine und das Besondere in der Pädagogik. Ein kleines Mosaik skeptischer Betrachtungen. In: Thomas Fuhr (Hrsg.), Zur Sache der Pädagogik. Julius Klinkhardt Verlag, Bad Heilbrunn, S. 20-31.

Radewaldt, Fred (2008): Evaluation. Eine Schule überprüft ihre Qualitätsstandards. Schneider Verlag, Baltmannsweiler.

Reinmann, Gabi (2005): Innovation ohne Forschung? Ein Plädoyer für den Design-Based Research -Ansatz in der Lehr-Lernforschung. In: Unterrichtswissenschaft 33 (1), 52-69.

Reinmann, Gabi (2007): Innovationskrise in der Bildungsforschung: Von Interessenkämpfen und ungenutzten Chancen einer Hard-to-do-Science. In: Reinmann, Gabi Und Kahlert, Joachim (Hrsg.), Der Nutzen wird vertagt – Bildungswissenschaften im Spannungsfeld zwischen wissenschaftlicher Profilbildung und praktischem Mehrwert. Pabst, Lengerich, S. 198-220.

Reinmann, Gabi (2010): Mögliche Wege der Erkenntnis in den Bildungswissenschaften. In: Jüttemann, Gerd und Mack, Wolfgang (Hrsg.), Konkrete Psychologie. Die Gestaltungsanalyse der Handlungswelt. Pabst, Lengerich, S. 237-252.

Reinmann, Gabi (2012): Rezension zu „Einsiedler, W. (Hrsg.)(2011), Unterrichtsentwicklung und Didaktische Entwicklungsforschung. Bad Heilbrunn: Klinkhardt“ verfügbar unter: http://gabi-reinmann.de/wp-content/uploads/2012/05/Rezension_EinsiedlerHrsgMai-2012.pdf (zuletzt geprüft am 17.02.2013)

Rost, D.H. (2005): Interpretation und Bewertung pädagogisch-psychologischer Studien: eine Einführung. Beltz Verlag, Weinheim.

Sanders, James R. (Hrsg.) (2006): Handbuch der Evaluationsstandards. Die Standards des Joint Committee on Standards for Educational Evaluation, 3. Aufl., VS Verlag für Sozialwissenschaften, Wiesbaden.

Schirmer, Dominique (2009): Empirische Methoden der Sozialforschung. Grundlagen und Techniken. 1. Aufl., UTB, Stuttgart.

Terhart, Ewald (2005): Fremde Schwestern – Zum Verhältnis von Allgemeiner Didaktik und Lehr-Lern-Forschung. In: Peter Stadtfeld und Bernhard Dieckmann (Hrsg.): Allgemeine Didaktik im Wandel. Julius Klinkhardt Verlag, Bad Heilbrunn.

Wellenreuther, Martin (2000): Quantitative Forschungsmethoden in der Erziehungswissenschaft: Eine Einführung. Juventa, Weinheim.

Zierer, Klaus (2008): Quo vadis, Allgemeine Didaktik? In: Pädagogische Rundschau, 62 (5), S. 573-582.

Ulrike Hanke

Modellbasiertes Lehren als kognitionspsychologisch fundiertes Modell der Allgemeinen Didaktik

Abstract

Die Allgemeine Didaktik steckt derzeit in einer Krise (Meyer, Prenzel & Hellekamps, 2008): In ihr wird einer der Schuldigen für das schlechte Abschneiden deutscher Schulen in den großen internationalen Vergleichstests gesehen (Meyer, Prenzel & Hellekamps, 2008, Terhart, 2008). Außerdem wird ihr vorgeworfen, wenig international anschlussfähig (Arnold & Lindner-Müller 2011) und zu wenig empirisch ausgerichtet zu sein (Meyer, Prenzel & Hellekamps, 2008). Ein Modell der Lehr-Lernforschung, das als ein Modell der allgemeinen Didaktik im weiteren Sinne (vgl. Klafki, 1976) gelten kann, ist das MOMBI (Model of model-based Instruction, Hanke, 2008). Dieses Modell zeigt auf, dass die allgemeine Didaktik durchaus international anschlussfähig ist, denn es wurde als erstes auf Englisch publiziert (Hanke, 2008). Außerdem wird es empirisch stark beforscht (Akbay, 2012; Daniels, 2012; Huber, 2008; König, 2008; Schlatter, 2010). Dieses Modell beschreibt basierend auf kognitionspsychologischen Erkenntnissen des modellbegründeten Lernens (Seel, 1991 u.a.) fünf Lehrschritte, die ein Lehrender im Unterricht implementieren sollte, um Lernen optimal zu unterstützen. Dieser Aufsatz stellt MOMBI als ein allgemeindidaktisches Modell vor und gibt einen Überblick über den derzeitigen Stand der empirischen Forschung zu diesem Modell.

Einleitung

Nach der allgemeinen Definition von Dolch (1967) ist die Allgemeine Didaktik die Wissenschaft vom Lehren und Lernen. Klafki (1976) differenziert die Allgemeine Didaktik dabei in die Didaktik im weiteren Sinne und die Didaktik im engeren Sinne. Im weiteren Sinne thematisiert sie für ihn alles, was mit der Gestaltung von Lehr-Lernprozessen zu tun hat: Lehrende, Lernende, Methodik, Inhalte etc., aber auch die Unterrichtsforschung (Jank & Meyer, 2003). Die Didaktik im engeren Sinne fokussiert im Vergleich dazu auf die Inhalte und deren Auswahl.

In Anlehnung an Klafki (1976) wurde lange Zeit das Primat der Didaktik im engeren Sinne gegenüber der Methodik postuliert. Inhaltsentscheidungen sollten vor methodischen Entscheidungen stehen. Im Fokus stand damit die Auswahl der Inhalte auf der Grundlage ihrer Bildungsgehalte. Ein prominentes Modell der Didaktik im engeren Sinne ist Klafkis bildungstheoretische Didaktik und deren Weiterentwicklung zur kritisch-konstruktiven Didaktik. Dieser Ansatze ist in der Lehrerausbildung in Deutschland stark verbreitet: Es dürfte kaum Lehrer/innen in Deutschland geben, der diese Didaktik nicht kennen (Arnold, Bohl & Zierer, 2011). Die derzeitige Krise der Allgemeinen Didaktik macht jedoch eine Weiterentwicklung der Allgemeinen Didaktik nötig (Meyer, Prenzel & Hellekamps, 2008).
Nicht zuletzt auch ausgelöst durch das mittelmäßige Abschneiden deutscher Schüler/innen in den großen internationalen Vergleichsstudien wie TIMSS und PISA, gerät die Allgemeine Didaktik nämlich unter Druck (Meyer, Prenzel & Hellekamps, 2008, Terhart, 2008). Da sie Generationen von angehenden Lehrenden in der Ausbildung als Handwerkszeug an die Hand gegeben wurde, sucht man in ihr nun auch einen der Schuldigen für diese Ergebnisse (Meyer, Prenzel & Hellekamps, 2008). Dies wird noch dadurch gestützt, dass es Studien gibt, die zeigen, dass Lehrende die bei ihrer konkreten Unterrichtsvorbereitung didaktische Modelle kaum nutzen (Aprea, 2007; Bromme, 1981). Des Weiteren wird der allgemeinen Didaktik

- mangelnde internationale Anschlussfähigkeit (Arnold & Lindner-Müller 2011) und
- mangelnde empirische Ausrichtung (Meyer, Prenzel und Hellekamps 2008) vorgeworfen.

Ein Modell der Lehr-Lernforschung, welches als allgemein didaktisches Modell einer Didaktik im weiteren Sinne angesehen werden kann und einige der oben genannten Kritikpunkte aufgenommen hat, ist das so genannte MOMBI (Modell modell-basierter Instruktion, Hanke, 2008): Es gehört der Theoriefamilie der konstruktivistischen Didaktik an (Terhart, 2008), ist kognitionspsychologisch fundiert und berücksichtigt internationale Ergebnisse der Lehr-Lernforschung. Seine Nähe zum Instructional Design ist deutlich erkennbar, so dass es als international anschlussfähig gelten kann. Sein internationaler Charakter ist außerdem dadurch unterstrichen, dass es das erste Mal in Englisch publiziert wurde (Hanke, 2008). Des Weiteren wurde es bereits mehreren empirischen Prüfungen unterzogen (Akbay, 2012; Daniels, 2012; Huber, 2008; König, 2008; Schlatter, 2010). Zwar liegen noch nicht genügend empirische Evidenzen für die letztliche Absicherung seiner Wirksamkeit vor, aber erste Tendenzen in dieser Richtung können bereits konstatiert werden. Dieses Modell wird im Folgenden vorgestellt und die empirischen Ergebnisse zum ersten Mal zusammenfassend präsentiert.

MOMBI

Das MOMBI (Hanke, 2008) basiert auf der grundlegenden Annahme, dass Lehren nur dann effektiv sein kann, wenn es Lernen unterstützt. Ein didaktisches Modell wie MOMBI, welches das WIE des Unterrichtens, also die methodischen Entscheidungen ins Zentrum rückt, muss deshalb vom Lernprozess ausgehen. Es muss auf der Grundlage von Erkenntnissen über das Lernen den Lehrenden Vorschläge machen, wie sie Lernprozesse anregen und unterstützen können.
Ganz allgemein kann Lernen dem heutigen Stand der Forschung entsprechend als aktiver, individueller Konstruktionsprozess verstanden werden, durch den kognitive Strukturen, im Sinne von Wissen erweitert und/oder verändert werden (Edelmann, 2005, Seel, 2003, Seel & Hanke, 2010, Wittrock, 1990). Einer solchen Veränderung von Wissen geht immer die Konstruktion eines mentalen Modells voraus, welches, wenn es sich als nützlich und plausibel erweist, nach mehrmaliger Konstruktion das bestehende Wissen verändert (Seel, 1991 u.a.). Was aber ist ein mentales Modell und wie wird es konstruiert?

Kognitionspsychologische Grundlagen

Mentale Modelle sind als Repräsentationen von Wissen zu verstehen, die „dann (und nur dann) konstruiert [werden], wenn eine unmittelbare Assimilation von Reizinformationen in vorhandenes Wissen unmöglich ist und das KS [kognitive System] gleichwohl hinreichend motiviert ist, eine subjektiv einleuchtende Erklärung für sie zu finden“ (Seel, 1991, S. 59). Dabei bestimmt nicht die ‚Wahrheit‘ über die Qualität eines mentalen Modells, sondern das Faktum, ob es die Welt plausibel macht oder nicht (Ifenthaler, 2006; Seel, 1991), und ob es für das modellkonstruierende Individuum individuell nützlich ist (Pirnay-Dummer, 2006).
Mentale Modelle werden also immer dann konstruiert, wenn ein zunächst unverständlicher Sachverhalt erklärt/plausibel gemacht werden soll. Die Konstruktion eines mentalen Modells ist damit die Basis für das Lernen, denn wenn etwas gelernt werden soll, muss es zunächst verstanden werden. Wie also wird ein mentales Modell konstruiert?
Wie bereits dargestellt wurde, ist der Auslöser für die Konstruktion eines mentalen Modells ein zunächst unverständlicher, nicht auf Anhieb erklärbarer Reiz in der Umwelt, d.h. es besteht ein Assimilationswiderstand (Seel, 1991), wodurch das mentale Gleichgewicht der Person gestört wird. Da Menschen aber nach innerem Gleichgewicht streben (Piaget, 1976), setzt nun der Prozess der Akkommodation ein (Piaget, 1976; Seel, 1991). Die Person versucht dabei, ihr bestehendes Wissen mit der neuen Reizinformation in Einklang zu bringen. Dazu muss sie ihr Vorwissen aktivieren, mit den Informa-

tionen der Umwelt abgleichen, ihr Wissen erweitern und rekonstruieren und wieder mit den Informationen der Umwelt abgleichen. Auf diese Weise konstruiert sie ein mentales Modell (Seel, 1991), das die neuen Informationen für sie verständlich macht und ihr bestehendes Wissen auf der Grundlage der neuen Information erweitert und/oder restrukturiert. Das mentale Modell ist damit das Ergebnis der Informationsverarbeitung, die das innere Gleichgewicht wieder herstellt, und führt zu einer Erweiterung und/oder Restrukturierung der bestehenden Strukturen.

Da man von Lernen nur dann sprechen kann, wenn eine längerfristige Veränderung kognitiver Strukturen stattgefunden hat, mentale Modelle aber niemals gespeichert werden (Seel 1991), kann mit Abschluss der mentalen Modellbildung jedoch noch nicht davon gesprochen werden, dass etwas gelernt wurde. Mentale Modelle müssen vielmehr mehrfach konstruiert werden und Plausibilität erzeugen, bzw. sich als nützlich erweisen, bis sie in Form so genannter Schemata, d.h. langfristig verfügbaren Wissenseinheiten gespeichert werden und von da an quasi automatisch genutzt werden können. Dieser Prozess wird als Schematisierung bezeichnet. Nach Abschluss der Schematisierung kann dann davon gesprochen werden, dass etwas gelernt wurde (Hanke, 2007).

Zusammenfassend kann der Prozess des Lernens also in fünf Teilprozessen beschrieben werden (Hanke, 2008): Auslöser, der mentales Ungleichgewicht auslöst (Teilprozess 1), Aktivieren von Vorwissen (Teilprozess 2), Suchen (Teilprozess 3), Integrieren (Teilprozess 4), Üben (Teilprozess 4).

Versteht man Lehren und Unterrichten als ein Anregen und Unterstützen von Lernprozessen, um diese gegenüber dem Lernen in informellen Settings zu optimieren, so ist es die Aufgabe von Lehrenden, im Unterricht die oben beschriebenen Teilprozesse des Lernens anzuregen/auszulösen und zu unterstützen.

MOMBI schlägt deshalb fünf Lehrschritte vor, von denen jeweils genau einer einen der fünf beschriebenen Teilprozesse unterstützt.

Das Modell – Lehrschritte

Die Lehrschritte, die die fünf Teilprozesse zu unterstützen vermögen, sind (Hanke 2008): Provozieren, Aktivieren, Informieren, Unterstützen, Festigen.

Der Lehrschritt „Provozieren“ erfüllt die Funktion, die Lernenden in einen mentalen Ungleichgewichtszustand zu versetzen, der das Lernen auslöst.

Der Lehrschritt „Aktivieren“ soll die Lernenden dann dazu anregen, ihre bereits vorhandenen kognitiven Strukturen zu aktivieren. Da jedes Lernen auf Bekanntem aufbaut und in dessen Veränderung oder Erweiterung sichtbar wird (Ausubel, 1967; Wittrock, 1974, 1990), ist es wichtig, dass die Lernenden sich ihrer bestehenden Strukturen bewusst werden und bereits beginnen,

erste Lösungen zur Wiederherstellung des Gleichgewichts zu generieren. Dieser Lehrschritt unterstützt damit den Teilprozess 2 des Lernens.
Der große Vorteil formeller Lehrsettings findet sich dann in den Lehrschritten „Informieren“ und „Unterstützen“. Diese beiden Schritte haben das Potential, Lernen in formellen Settings im Vergleich zum informellen Lernen effektiver zu machen. Lehrende geben den Lernenden genau die Informationen, die sie benötigen, um das Gleichgewicht wiederherzustellen (Lehrschritt: Informieren) und damit deren Suchen zu optimieren, und sie können die Lernenden bei der mentalen Modellbildung unterstützen (Lehrschritt: Unterstützen), um zu verhindern, dass falsche Modelle konstruiert werden. Dafür müssen Lehrende den Lernenden im weitesten Sinne Aufgaben stellen und mit ihnen ins Gespräch kommen, um die konstruierten mentalen Modelle der Lernenden kennen zu lernen.
Da die einmalige Konstruktion eines mentalen Modells jedoch nicht ausreicht, um längerfristige Veränderungen in den kognitiven Strukturen herbeizuführen (Hanke, 2007; Seel 1991), müssen die Lernenden nun dazu angeregt werden, ihre Modelle zu schematisieren (Teilprozess Üben). Dazu können die Lehrenden ihre Lernenden anregen, indem sie ihnen die Gelegenheit zum Wiederholen und Üben geben. Dieser Lehrschritt wird als „Festigen“ bezeichnet.
Alle Lehrschritte können dabei durch unterschiedliche Lehrmethoden realisiert werden: Das „Provozieren“ kann z.B. durch die Präsentation eines provozierenden Bildes, einer Karikatur oder auch durch Fälle oder Probleme erfolgen. Das Informieren kann durch Vorträge aber auch durch Textarbeit oder Lernstationen realisiert werden.
Wichtig ist bei der Realisierung aller Lehrschritte lediglich, dass mit der gewählten Methode, die entsprechende Funktion des Lehrschrittes erfüllt werden kann, d.h. also dass die gewählte Methode den jeweiligen Teilprozess des Lernens unterstützt.
Um die Anwendbarkeit, Akzeptanz und Effektivität dieser allgemeinen Lehrstrategie für Unterricht in verschiedenen Fächern zu prüfen, wurden fünf Studien, z.T. als Replikationsstudien durchgeführt. Diese werden im Folgenden vorgestellt.

Empirische Befunde

Um die Akzeptanz und Effektivität von MOMBI zu prüfen, wurde Unterricht in Spanisch, Mathematik und Chemie nach MOMBI konzipiert, implementiert und geprüft. Für die Anwendbarkeit von MOMBI in diesen drei verschiedenen Fächern ergaben sich keinerlei Schwierigkeiten. Beispielhafte Skizzen des Unterrichts in diesen Fächern mit Bezug zu MOMBI, sowie die angestrebten Kompetenzen und Klassenstufen finden sich in Tabelle 1.

Tab. 1a: Unterrichtsabläufe nach MOMBI in verschiedenen Fächern

	Spanisch (Huber, 2008)	**Mathe (Huber, 2008)**
Unterrichts-thema	**Einführung in das Land Kuba**	**Exponentialfunktionen zur Basis b**
Angestrebte Kompetenzen	Informationen über Kuba auf Spanisch wiedergeben können, sowie gegebenenfalls Fragen formulieren können	Aufgaben, welche die Kenntnis der Eigenschaften der Exponentialfunktionen voraussetzen, lösen können
Provozieren	Bildimpuls: Bilder/Fotos von Kuba (Tafel)	Plakat einer Exponentialfunktion
Aktivieren	Kartenabfrage zur Frage, was die Schüler mit Kuba in Verbindung bringen	Brainstorming zu Exponentialfunktionen mit Erarbeitung einer Definition
Informieren	Textbearbeitung in fünf Gruppen mit fünf verschiedenen Texten/Themen	Gruppenpuzzle mit Texten und Aufgaben
Unterstützen	Erstellung eines Plakats pro Gruppe mit Hilfestellung mit Leitfragen, Präsentation der Plakate, dabei Aufgabe, zu jeder Präsentation eine Kernaussage festhalten	Notieren der wichtigsten Aspekte auf Folien mit Hilfestellungen, Präsentation der Folien, dabei Aufgabe, zu jeder Präsentation zwei Kernaussagen zu notieren
Festigen	Zuordnung der Kernaussagen (auf Karten notiert) zu vorgegebener Kategorie auf der Tafel	Übertragung der Ergebnisse in die Hefte, Arbeitsblatt in Einzelarbeit Ergebnissicherung

Es zeigt sich, dass der Unterricht in den verschiedenen Fächern MOMBI folgend konzipiert werden konnte. MOMBI scheint damit dem eigenen Anspruch gerecht zu werden, für die verschiedensten Fächer anwendbar zu sein. Es zeigt sich außerdem, dass Unterricht nach MOMBI trotz der klaren Abfolge der fünf Lehrschritte sehr variabel gestaltet werden kann, da jeder Lehrschritt durch eine Bandbreite verschiedener Methoden realisiert werden kann.

Tab. 1b: Unterrichtsabläufe nach MOMBI in verschiedenen Fächern

	Chemie (Daniels, 2012)	Chemie (Daniels, 2012)
Unterrichtsthema	**Eigenschaften der Alkalimetalle**	**Reaktion der Alkalimetalle mit Wasser**
Angestrebte Kompetenzen	Eigenschaften von Stoffen experimentell erkennen und einordnen können, Veränderungen von Stoffen durch chemische Reaktionen wahrnehmen und beschreiben können, chemische Schreibweisen lesen, verstehen und anwenden	
Provozieren	Einstieg durch Tasten und Entzünden von bengalischen Hölzchen	Vorlesen einer Geschichte und dabei Visualisierung
Aktivieren	Mündliches Brainstorming zu „Welche Stoffe färben die Flamme?“ und den Beobachtungen der Schüler	Brainstorming über Beobachtungen der Schüler (Tafel)
Informieren	Input durch den Lehrer: Demonstration und Verschriftlichung auf Arbeitsblättern Lehrer-Schüler-Gespräch über Periodensystem der Elemente	Demonstration eines Experiments mit Verschriftlichung der Ergebnisse auf Arbeitsblatt
Unterstützen	Arbeitsblatt mit Ergebnissicherung	Lösung von Aufgaben in Partnerarbeit und Ergebnissicherung
Festigen	Ausfüllen eines Kreuzworträtsel zum Stundenthema (Einzelarbeit)	Übungsblatt zum Thema (Einzelarbeit)

Akzeptanz

Im Hinblick auf die Akzeptanz von Unterricht, der nach MOMBI geplant wurde, wurden Untersuchungen in Mathematik, Spanisch und Chemie durchgeführt. Dazu wurden verschiedene Unterrichtseinheiten, die zwischen 100 min (Akbay, 2011; Huber, 2008) und 190 min (König, 2008, Schlatter, 2010) umfassten zu bestimmten Gegenständen der jeweiligen Fächer geplant und durchgeführt. Dass der Unterricht wirklich entsprechend MOMBI durchgeführt wurde, wurde dadurch sichergestellt, dass die Versuchsleiterinnen selbst den Unterricht durchführten.

Im Anschluss an die jeweilige Unterrichtseinheit wurden die Schüler/innen gebeten, einen Fragebogen zur Akzeptanz von MOMBI auszufüllen. Dieser Fragebogen umfasst insgesamt sechs Skalen. Die Skalen erfassten dabei die Akzeptanz des gesamten Unterrichts sowie die Akzeptanz der einzelnen Unterrichtsschritte. Die Items des Fragebogens sind dabei so formuliert, dass sie jeweils durch die Herangehensweise des entsprechenden Unterrichts präzisiert werden können. Ein Beispielitem für die Skala „Akzeptanz des Aktivierens“ ist: „Es hat mir gefallen, zu Beginn der Stunde erst einmal Ideen zum

Thema äußern zu können (Blitzlicht)." Bewertet werden mussten die Items auf einer Ratingskala von (1) *„trifft völlig zu"* bis (6) *„trifft überhaupt nicht zu"*.

Die Reliabilitäten der Skalen können als zufrieden stellend gelten. Sie werden in Tabelle 2 zusammen mit den Skalenmittelwerten und deren Standardabweichungen berichtet.

Stichproben waren Schüler/innen der 9./10. Klasse Gymnasium (König, 2008; Schlatter, 2010), der 12. Klasse Gymnasium (Huber, 2008), der 12. Klasse Wirtschaftsgymnasium (Akbay, 2012) und der 9. Klasse Realschule (Daniels, 2012).

Tab. 2: Akzeptanz des MOMBI-Unterrichts und der einzelnen Schritte (Ratingskala: 1 – trifft völlig zu, bis 6 – trifft gar nicht zu).

		Spanisch		**Mathematik**				**Chemie**			
Akzeptanz von....		**Huber, 2008 N = 23**		**Huber, 2008 N = 23**		**Akbay, 2012 N = 23**		**Daniels, 2012 N = 16**		**Daniels, 2012 N = 17**	
	Alpha	$\bar{x}$	SD	$\bar{x}$	SD	$\bar{x}$	SD	$\bar{x}$	SD	$\bar{x}$	SD
Unterricht	.79	1,5	0,5	1,6	0,6	1,9	1,1	1,5	0,6	1,3	0,6
Provozieren	.93	2,0	0,8	2,9	1,2	2,3	1,4	1,7	0,6	1,5	0,6
Aktivieren	.87	2,7	1,0	*3,3*	1,0	2,7	1,4	2,4	0,5	2,0	0,5
Informieren	.91	2,3	0,8	2,3	1,0	2,5	1,4	2,0	0,6	1,9	0,6
Unterstützen (Lernhilfen)	.93	2,3	0,8	2,1	1,2	1,8	1,0	2,0	0,6	1,7	0,6
Üben (Sicherung)	.90	2,0	0,7	2,0	1,0	2,1	1,3	1,9	0,8	1,7	0,7

Die Ergebnisse zeigen insgesamt eine recht hohe Akzeptanz der verschiedenen nach MOMBI geplanten Unterrichtseinheiten und auch der einzelnen Schritte. Die Skalen wurden alle deutlich unterschiedlich zum erwarteten Mittelwert von 3,5 bewertet. Lediglich in der Studie von Huber (2008) im Mathematik-Unterricht wurde der Schritt des „Aktivierens" mit nur 3,29 bewertet. Dies könnte an der konkreten Umsetzung des Schrittes in dieser Untersuchung zurückgeführt werden und muss nicht unbedingt auf eine fehlende Akzeptanz des ganzen Schrittes zurückgeführt werden, da sich dies in den anderen Studien auch nicht so zeigt. Hier wären aber natürlich noch weitere Untersuchungen nötig.

Effektivität

Im Hinblick auf die Effektivität von Unterricht, der nach MOMBI geplant und durchgeführt wurde, liegen ebenfalls Studien in den Fächern Mathematik (Akbay, 2012; Huber, 2008), Spanisch (Huber, 2008) und Chemie (Daniels, 2012) vor. Im Fach Spanisch liegen zusätzlich Daten zur Effektivität der einzelnen Schritte von MOMBI aus zwei Studien vor (König, 2008; Schlatter, 2010).

Die Effektivität des gesamten Unterrichts wurde durch Tests erhoben, die jeweils vor dem MOMBI-Unterricht (Prätest), direkt im Anschluss an den MOMBI-Unterricht (Posttest) und jeweils nach vier Wochen (Behaltenstest) von den Schüler/innen bearbeitet werden mussten. Da die Tests zum Inhalt des jeweiligen Unterrichts passen mussten, handelt es sich nicht um standardisierte Tests. Ihre Validität kann nur insofern als akzeptabel gelten, als damit die durch den Unterricht angestrebten Kompetenzen überprüft wurden. Die Reliabilität wurde durch Auswertung der Tests durch mehrere Rater sichergestellt.

Die Stichproben dieser Untersuchung waren die Stichproben der Studien zur Akzeptanz, also Realschüler/innen und Gymnasiast/inn/en der Klassenstufen 9-12.

Da die Daten z.T. nicht normalverteilt waren und kleine Stichprobengrößen vorlagen, wurden zur Überprüfung des Lernzuwachses über die drei Messzeitpunkte hinweg Friedman-Tests und anschließend Wilcoxon-Vorzeichen-Rangtests für die Einzelvergleiche gerechnet. Für die Wilcoxon-Vorzeichen-Rangtests wurde das übliche Alphaniveau von 5% gedrittelt, da drei Vergleiche berechnet wurden. Das Alphaniveau für die Wilcoxon-Vorzeichen-Rangtests wurde deshalb in diesen Untersuchungen auf 1,67 % festgelegt. Die Ergebnisse zeigt Tabelle 3.

Wie sich zeigt, waren die Friedman-Tests in allen Studien signifikant. Auch die Einzelvergleiche konnten bis auf einen (Vergleich Posttest-Behaltenstest der Studie 1 von Daniels (2012)) als bedeutsam herausgestellt werden. D.h. dass vom Prätest zum Posttest und vom Prätest zum Behaltenstest in allen Studien ein Lernzuwachs verzeichnet werden konnte. Mit Ausnahme der Studie 1 von Daniels (2012) zeigte sich jedoch in allen Studien eine signifikante Abnahme der Punkte vom Posttest zum Behaltenstest. Damit zeigen die Studien ein recht einheitliches Bild: Der Unterricht nach MOMBI scheint effektiv zu sein, wobei die Nachhaltigkeit zumindest in diesen Studien nicht gesichert scheint. Dies zeigt sich in der Abnahme der Punktzahlen vom Posttest zum Behaltenstest.

Tab. 3: Effektivität von MOMBI-Unterricht
(in Kursivdruck: nicht signifikante Einzelvergleiche)

	Spanisch		**Mathematik**				**Chemie**			
	Huber, 2008 N = 13		**Huber, 2008 N = 17**		**Akbay, N = 21**		**Daniels, 2012 N = 16**		**Daniels, 2012 N = 17**	
	$\bar{x}$	SD	$\bar{x}$	SD	$\bar{x}$	SD	$\bar{x}$	SD	$\bar{x}$	SD
Prätest	2,2	1,0	1,8	1,5	0,9	0,6	2,1	1,2	0,6	1,2
Posttest	7,6	1,5	5,6	1,1	3,1	1,2	10,9	3,6	14,1	3,6
Behaltens-test	4,5	1,5	2,9	1,6	1,7	1,1	8,7	2,1	11,0	2,1
Friedman-Test	Chi²(2) = 26,0 p < .05 *		Chi²(2) = 30,7 p < .05 *		Chi²(2) = 24.7 p < .05 *		Chi²(2) = 26,8 p < .05 *		Chi²(2) = 30,2 p < .05 *	
Prätest – Posttest	T = 0 p < .017 * r = 0,95		T = 0 p < .017* r = 0,93		T = 13,5 p < .017 * r =0,59		T = 0 p < .017 * r = 0,98		T = 0 p < .017 * r = 0,95	
Prätest – Behaltens-test	T = 0 p < .017 * r =0,98		T = 9,5 p < .017 * r = 0,7		T = 0 p < .017 * r = 0,70		T = 0 p < .017 * r = 0,88		T = 0 p < .017 * r = 0,93	
Posttest – Behaltens-test	T = 0 p < .017 * r = 1,00		T = 1 p < .017* r = 0,92		T = 20 p < .017 * r = 0,86		*T = 22 p > .017 n.s. r = 0,54*		T = 5,5 p < .017 * r = 0,82	

Zusätzlich wurde die Effektivität der einzelnen Schritte in zwei Studien im Spanischunterricht gemessen (König, 2008; Schlatter, 2010). Um den Lernzuwachs durch jeden Schritt zu erfassen, mussten die Schüler/innen in diesen Studien nach jedem Unterrichtsschritt einen Leistungstest bearbeiten. Dies führte zwangsläufig zu einer großen Testzeit, was als ein Defizit beider Studien anzusehen ist.

Auch hier wurden Friedman-Tests gerechnet, sowie Wilcoxon-Vorzeichen-Rangtests für die Einzelvergleiche. Da insgesamt 12 Vergleiche gerechnet wurden, wurde hier in beiden Studien das Alphaniveau auf 5%/12 = 0,4 % festgelegt. Die Ergebnisse zeigt Tabelle 4.

Die Friedman-Tests waren in beiden Studien signifikant. Auch viele der Einzelvergleiche zum Testen der Effektivität der einzelnen Schritte erwiesen sich als signifikant. Damit zeigt sich die Tendenz, dass die einzelnen Schritte von MOMBI als effektiv angesehen werden können (Ausnahme: Der Schritt „Provozieren" konnte in diesen Studien aufgrund des Designs nicht auf Effektivität geprüft werden, da ein Test vor diesem Lehrschritt bereits eine Provokation gewesen wäre. Aus diesem Grund erfolgte der erste Test als Nachtest zum Schritt Provozieren bzw. als Vortest zum Schritt Aktivieren.) Allerdings zeigen die beiden Studien kein einheitliches Bild. Hier sind weitere Studien nötig.

Tab. 4: Effektivität der einzelnen MOMBI-Schritte (in Kursivdruck: nicht signifikante Einzelvergleiche).

	Spanisch			
	König, 2008 N = 16		**Schlatter, N = 28**	
	$\bar{x}$	SD	$\bar{x}$	SD
nach Schritt 1	11,6	5,3	10,8	3,6
nach Schritt 2	16,7	4,7	14,5	4,3
nach Schritt 3	18,8	6,1	17,4	4,6
nach Schritt 4	29,7	6,0	22,7	5,5
nach Schritt 5	32,9	5,6	28,3	6,4
Behaltenstest nach einem Tag	28,81	5,6	28,1	4,43
Friedman-Test	Chi²(5) = 71,87 p < .05 *		Chi²(5) = 116,58 p < .05 *	
Effektivität des gesamten Unterrichts: vgl. Prä-Posttest	T = 0, p < .004 * r = 0,88		T = 1, p < .004 r = 0,87	
Nachhaltigkeit: vgl. Prä-Behaltenstest	T = 0, p < .004 r = 0,88		T = 0, p < .004 * r = 0,87	
Nachhaltigkeit: vgl. Posttest-Behaltenstest	T = 7,5, p < .004 * r = 0,79		*T = 7,5,p >.004 n.s. r = 0,10*	
Effektivität Aktivieren	T = 0, p < .004* r = 0,86		T = 48, p < .004 * r = 0,67	
Effektivität Informieren	*T = 12,5, p > .004 n.s. r = 0,63*		T = 31, p < .004 * r = 0,72	
Effektivität Unterstützen	T = 0, p < .004 * r = 0,88		T = 38,5, p < .004 * r = 0,71	
Effektivität Festigen	*T = 22,5, p > .004 n.s. r = 0,59*		T = 22,5, p < .004* r = 0,80	

Was sich jedoch auch hier zeigte, ist ein signifikanter Lernzuwachs vom ersten Messzeitpunkt, also dem Test nach dem Schritt 1 (Provozieren) und dem Messzeitpunkt 5, dem Zeitpunkt direkt nach dem Unterricht (Posttest) sowie dem ersten Messzeitpunkt und dem Messzeitpunkt 6. Der Messzeitpunkt 6 ist dem Behaltenstest in den anderen Studien zur Effektivität vergleichbar. Allerdings fand er bereits nach einem Tag statt. Die Studie von König (2008) weist hier ebenfalls auf eine Abnahme der Punktzahlen zwischen dem Messzeitpunkt 5 (Posttest) und dem Messzeitpunkt 6 (Behaltenstest) hin. Auch wenn Schlatter (2010) dieses Ergebnis nicht replizieren konnte, deutet sich auch hier an, dass die Nachhaltigkeit von MOMBI möglicherweise nicht sehr hoch ist. Arbeiten die Schüler/innen nicht mehr am Thema, scheint der Vergessensprozess zu beginnen. Dies müsste jedoch in weiteren Studien überprüft werden.

Auch die Studien von König (2008) und Schlatter (2010) zeigen damit eine grundsätzliche Effektivität der Lehrstrategie als Ganze, weisen aber auch darauf hin, dass die Nachhaltigkeit möglicherweise nicht ausreichend gegeben ist.

Fazit

Zusammenfassend kann also gesagt werden, dass die Lehrstrategie MOMBI in unterschiedlichen Fächern anwendbar zu sein scheint, von den Schüler/innen akzeptiert wird und als Ganze effektiv zu sein scheint. Wie nachhaltig das Lernen bei dieser Lehrstrategie ist, ist auf der Grundlage der vorliegenden Untersuchung nicht zu beurteilen. Um Aufschluss hierüber zu erhalten, ist es nötig, auch eine Kontrollgruppe zu untersuchen, um zu eruieren, ob es sich bei der Abnahme der Punktzahlen um den „normalen Vergessensprozess" handelt. In diesem Fall wäre der Wissensverlust nicht auf die Lehrstrategie zurückzuführen. In jedem Fall wäre jedoch zu überlegen, wie die Lehrstrategie dahingehend optimiert werden könnte, dass sie eine nachhaltigere Wirkung zeigt. Alle durchgeführten Studien weisen in diesem Zusammenhang auch daraufhin, dass der Lehrschritt des „Festigens" nur ansatzweise oder gar unzureichend innerhalb der Unterrichtszeit realisierbar war. Möglicherweise wäre es für einen nachhaltigeren Lerneffekt nötig, dem Lehrschritt des „Festigens" mehr Zeit einzuräumen, denn auch andere Studien zeigen, dass eine Schematisierung sehr viel Zeit benötigt (Hanke, 2007).

Literatur

Akbay, C. (2012). Akzeptanz und Effektivität von MOMBI im Mathematikunterricht. Zulassungsarbeit, Universität Freiburg.

Aprea, C. (2008). Aufgabenorientiertes Coaching in Designprozessen: Fallstudien zur Planung wirtschaftsberuflicher Lernumgebungen (1. Aufl.). Hampp, Mering.

Arnold, K.-H. & Lindner-Müller, C. (2011). The Learnig-Centered, resp. Teaching-Centered Approach to General Didactics. Jahrbuch für Allgemeine Didaktik, 76-94.

Arnold, K.-H., Bohl, T. & Zierer, K. (2011). Einführung in den Thementeil. Jahrbuch für Allgemeine Didaktik, 9-10.

Ausubel, David P. (1967). A Cognitive Structure Theory of School Learning. In: Siegel, Laurence (Hrsg.): Instruction. Some Contemporary Viewpoints (pp 207-257). San Francisco: Chandler.

Bromme, R. (1981). Das Denken von Lehrern bei der Unterrichtsvorbereitung: Eine empirische Untersuchung zu kognitiven Prozessen von Mathematiklehrern. Weinheim: Beltz.

Daniels, M.-L. (2012). Akzeptanz und Effektivität modellbegründeten Lehrens im Chemieunterricht. Zulassungsarbeit, Universität Freiburg.

Dolch, J. (1967). Grundbegriffe der pädagogischen Fachsprache (6. Aufl.). München: Ehrenwirth.

Edelmann, W. (2005). Lernpsychologie. 7., vollständig überarbeitete Auflage. Weinheim: Psychologie Verlags Union.

Hanke, U. (2007). Externale Modellbildung als Hilfe bei der Informationsverarbeitung und beim Lernen. Saarbrücken: VDM Verlag.

Hanke, U. (2008). Realizing model-based instruction. The model of model-based instruction. In D. Ifenthaler, P. N. Pirnay-Dummer, & J. M. Spector (Eds.), Understanding Models for Learning and Instruction (pp 175-186). New York: Springer.

Huber, E. (2008). Akzeptanz und Effektivität modellbegründeten Unterrichts. Zulassungsarbeit, Universität Freiburg.

Ifenthaler, D. (2006). Diagnose lernabhängiger Veränderung mentaler Modelle: Entwicklung der SMD-Technologie als methodologisches Verfahren zur relationalen, strukturellen und semantischen Analyse individueller Modellkonstruktionen. Retrieved from http://www.-freidok.uni-freiburg.de/volltexte/2744

Jank, W. & Meyer, H. (2003). Didaktische Modelle. 6., überarb. Auflage. Berlin: Cornelsen.

Klafki, W. (1976). Zum Verhältnis von Didaktik und Methodik. Zeitschrift für Pädagogik, 22, 77-94.

Klafki, W. (1959). Didaktische Analyse als Kern der Unterrichtsvorbereitung. Die Deutsche Schule, 50 (10), 450-471.

König, S. (2008). Brauchbarkeit von MOMBI im Spanischunterricht. Zulassungsarbeit, Universität Freiburg.

Meyer, M., Prenzel, M. & Hellekamps, S. (2008). Editorial: Perspektiven der Didaktik. In M. Meyer, M. Prenzel & St. Hellekamps (Hrsg.), Perspektiven der Didaktik (Sonderheft 9 der Zeitschrift für Erziehungswissenschaft, S. 7-10). Wiesbaden: VS Verlag für Sozialwissenschaften.

Piaget, J.(1976). Die Äquilibration der kognitiven Strukturen. Stuttgart: Klett Verlag.

Pirnay-Dummer, P. N. (2006). Expertise und Modellbildung - MITOCAR. Retrieved from http://www.freidok.uni-freiburg.de/volltexte/2806

Seel, N. M. (1991). Weltwissen und mentale Modelle. Göttingen u.a.: Hogrefe.

Seel, N. M. (2003). Psychologie des Lernens. 2. Auflage. München & Basel: Reinhardt.

Schlatter, A.-L. (2010). Effektivität modellbegründeten Lehrens im Fremdsprachenunterricht. Zulassungsarbeit, Universität Freiburg.

Seel, N.M. & Hanke, U. (2010). Lernen und Behalten. Weinheim: Beltz.

Terhart, E. (2008). Allgemeine Didaktik: Traditionen, Neuanfänge, Herausforderungen. In M. Meyer, M. Prenzel & St. Hellekamps (Hrsg.), Perspektiven der Didaktik (Sonderheft 9 der Zeitschrift für Erziehungswissenschaft, S. 13-34). Wiesbaden: VS Verlag für Sozialwissenschaften.

Wittrock, M. C. (1974). Learning as a generative process. Educational Psychologist, 11, 87-95.

Wittrock, M. C. (1990). Generative Processes of Comprehension. Educational Psychologist, 24, 345-376.

Eva Kleß

Die Bedeutung und Einbettung von Aufgaben in der Allgemeinen Didaktik

Eine Analyse bestehender Aufgabenformen und der damit einhergehenden Aufgabenkultur.

Als Konsequenz aus den Ergebnissen der Schulleistungsstudien (z.B. PISA, TIMSS) wurden nicht nur neue Impulse für einzelne Aufgaben konzipiert, sondern auch die Forderung aufgestellt, Aufgaben konsequenter in das gesamte Lerngeschehen einzubetten. Nicht die singuläre Aufgabe, sondern die gesamte Aufgabenkultur in der Schule sollte einer Korrektur unterzogen werden. Etliche Fachdidaktiken haben dahingehend neue Aufgabenformen konzipiert und zum Teil evaluiert. In der Allgemeinen Didaktik wurde der Bereich der Aufgaben(stellung) noch nicht ausreichend berücksichtigt. Der vorliegende Grundlagenbeitrag möchte den Begriff der Aufgabe definitorisch abbilden, Funktionen und Ziele von Aufgaben darstellen, sowie eine Verortung von Aufgaben im Rahmen einer Aufgaben- und Lernkultur vornehmen. Im Anschluss werden die Konsequenzen aus den Schulleistungsstudien anhand „neuer/guter" Aufgaben im Rahmen einer „neuen Aufgabenkultur" aufgezeigt sowie Kategorisierungsmöglichkeiten dargestellt, die sich mit der Analyse von Aufgaben(qualität) befassen.

Definition Aufgabe

Aufgaben werden von Bruder (2000) als Aufforderung zum (Lern-)Handeln beschrieben, bzw. als Möglichkeit gesehen, Lernprozesse anzuregen (vgl. Blömeke et al., 2006). Girmes (2003) sieht Aufgaben als Verbindungsglied zwischen Menschen und der sie umgebenden Welt. Neben diesem allgemeinen Verständnis von Aufgaben betont Leisen (2006) besonders den kognitiven Aspekt: Er stellt Aufgaben dar als „Aufforderungen an den Lernenden in einer mal mehr oder mal weniger vorgezeichneten Bahn kognitiv aktiv zu werden" (S. 261).
Allen Definitionen ist gemein, dass sie auf Seiten des Lernenden eine Aufforderung zur aktiven Auseinandersetzung betonen, die zwischen den Anforderungen bzw. dem Ziel und der Lerntätigkeit vermittelt. Aufgaben sind somit „Träger des Lernfortschritts" (Leutert, 2005, S. 34), ergebnisorientiert

(vgl. Neubrand, 2003) und „*aktivieren* [Hervorhebung der Autoren] den Lernprozess als solches“ (Petschenka, Ojstersek & Kerres, 2004, S. 34). Für den Lehrenden bieten Aufgaben die Möglichkeit Lernprozesse zu initiieren, zu organisieren (vgl. Kiper, 2010) und damit dem Lernenden eine Unterstützung zu bieten, neues Wissen zu generieren bzw. bestehendes Wissen zu festigen (vgl. Leisen, 2006; Kressel, 2008).

Ziel und Funktion von Aufgaben

Aufgaben dienen als strukturierendes Element in einem Unterrichtsgeschehen und tragen so zur Qualitätssicherung bei (vgl. Helmke & Weinert, 2007). Sie nehmen damit eine zentrale Stellung bei der Konstruktion eines Lehr-Lernprozesses ein (vgl. Tiemann et al., 2006). Dabei können drei Ziel- bzw. Funktionsgruppen unterschieden werden. Zum einen kann die Funktion einer Aufgabe in *Lern- bzw. Leistungsaufgaben* segmentiert werden (Girmes, 2003; Woest, 2004; Büchter & Leuders, 2005; Leutert, 2005; Leisen, 2006; Friedrich & Oetken, 2007). Eine *Lernaufgabe* strebt das selbständige Erschließen von „Neuem und den Aufbau von verstehensrelevanter Wissensnetze [an]“ (Leisen, 2006, S. 263). Im Gegensatz dazu haben *Leistungsaufgaben* das Ziel Leistung zu messen und Fehler zu vermeiden. Erworbene Kenntnisse sollen bestmöglich dargestellt werden. Eine differenzierte Untereilung stellen Büchter und Leuders (2006) vor.
Die Gestaltung von Aufgaben kann jedoch auch eine *didaktische Funktion* besitzen (vgl. u.a. Häußler & Lind, 1998; Neubrand, 2002; Friedrich & Oetken, 2007). Dabei beziehen sich Aufgaben auf verschiedene Phasen des Unterrichts. Aufgaben für den Einstieg verfolgen ein anderes Ziel, als Aufgaben die ihren Einsatz in Erarbeitungs-, Übungs- oder Wiederholungsphasen finden. Unterschieden werden kann ebenfalls zwischen Aufgaben die individuell oder in Gruppen durchgeführt werden. Letztlich kann auch der Bearbeitungsort während des Unterrichts bzw. außerhalb des Unterrichts (in Form von Hausaufgaben) je nach Zielsetzung verschieden sein (vgl. Häußler & Lind, 1998; Rouss, 2001).
Die dritte Gruppe stellt die *kognitive bzw. inhaltliche Funktion* dar (vgl. Heintz, 2003; Leutert, 2005). Dabei liegt der Fokus auf den unterschiedlichen kognitiven Schwierigkeitsgraden der Aufgabenstellung. So kann eine Aufgabe zu einem neu eingeführten Thema nicht unmittelbar die Bewertung des Themas fordern, sondern es müssen zuvor bspw. die kognitiven Schritte des Verstehens und Analysierens vorangehen. Die Zuordnung der Aufgabe zu einem bestimmten kognitiven Lernprozess muss erkennbar sein. Orientierung bieten dabei z.B. die Taxonomien von Anderson und Krathwohl (2006).
Aufgaben bilden im schulischen Kontext keine isolierte Einheit, sondern sie sind eingebettet in eine Aufgabenkultur, die sich wiederum in einer Lernkul-

tur manifestiert. Im Folgenden werden sowohl die Aufgabenkultur, als auch Lernkultur dargestellt.

Aufgabenkultur und Lernkultur

Kultur kann in einer allgemeinen Form beschrieben werden als „implizit vorhandene, gemeinsam geteilte Überzeugungen, Konzepte und Handlungsmuster einer Gruppe“ (Freimann, 2004, S. 15). Aufgabenkultur stellt die Art und Weise dar, wie Lernende und Lehrende mit Aufgaben umgehen. Stehen Aufgaben im Zentrum des Lerngeschehens oder haben sie eher eine randständige Position? Werden sie bevorzugt mündlich oder schriftlich eingesetzt, in Einzel- bzw. Gruppenarbeit, außerhalb des Unterrichts in Form von Hausaufgaben oder als Vorbereitung auf einen Test? Nach der Bearbeitung der Aufgaben kennzeichnet sich die Aufgabenkultur in Hinblick darauf, wie tief eine Reflexion von Seiten der Lehrenden und Lernenden bezüglich der gestellten Aufgaben vorgenommen wird. Für Leisen (2006) umfasst die Aufgabenkultur nicht nur die Art und Qualität der Aufgabe, sowie deren (horizontale und vertikale) Vernetztheit untereinander, sondern auch deren Einbettung in das Unterrichtsgeschehen. Nachhaltig ist Aufgabenkultur für ihn nur dann, wenn Aufgaben nicht nur kurzfristige Ziele verfolgen, sondern in einem Curriculum zum Aufbau von Kompetenzen integriert sind (vgl. auch von Aufschnaiter & von Aufschnaiter, 2001; Bohl & Kleinknecht, 2009).
Aufgabenkultur kann als ein Teilbereich einer umfassenderen Lernkultur verstanden werden, welche neben dem individuellen Lernverhalten der Lernenden, die Unterstützung der Lehrenden sowie das pädagogische Interaktionshandeln zwischen Lehrenden und Lernenden umfasst (vgl. Jenert et al., 2009; s. Abbildung 1). „Lernkultur ist daher für alle mit dem Lernhandeln verbundene Sozialität auf der kognitiven, kommunikativen und sozio-strukturellen Ebene zu verstehen“ (Sindler, 2004, S. 88).

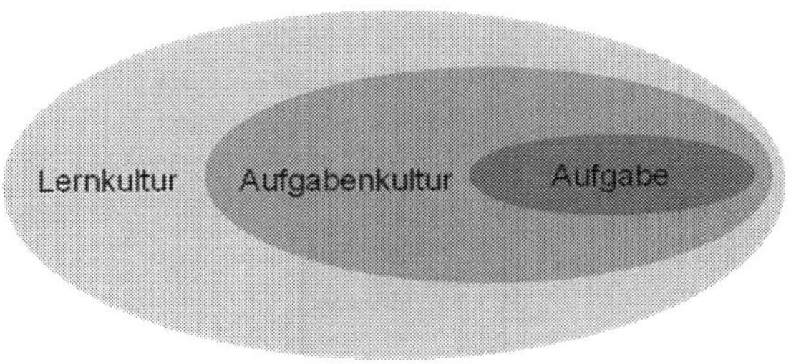

Abb.1: Die Aufgabe als Teilbereich der Aufgaben- und Lernkultur

Ob und wie ein Wandel der Lernkultur in den letzten Jahren stattgefunden hat beleuchtet Kollar und Fischer (2008) kritisch. Durch die Abbildung wird die Interdependenz bzw. der abgestufte Rahmen zwischen den Bereichen Aufgaben, Aufgabenkultur und Lernkultur verdeutlicht.

Kritik an bestehenden Aufgaben und deren Weiterentwicklung

Durch die Schulleistungsstudien wurde offensichtlich, dass das Potential von Aufgaben noch nicht hinreichend ausgeschöpft wurde. Aufgaben galten als „lästiges Anhängsel“ (Leisen, 2001, S. 402), die mit einer „gewisse Phantasielosigkeit“ (Häußler & Lind, 2000, S. 2) vorrangig zur Wiederholung des Stoffes eingesetzt bzw. als Vorbereitung auf die schriftliche Leistungsmessung eingesetzt wurden (vgl. Häußler & Lind, 2000; Leisen, 2001). Dabei wurde bereits zu Beginn des 20. Jahrhunderts appelliert, dass Aufgaben auch zum Lernen von Neuem in Erarbeitungsphasen (s. didaktische Funktion) eingesetzt werden sollten. Dennoch wird die Erarbeitungsphase überwiegend durch ein fragend-entwickelndes Unterrichtsgespräch und weniger über Aufgabenstellungen bzw. Selbstlernmaterialien gelehrt (vgl. Leisen, 2006). Die Aufforderung an Lehrende Aufgaben zu „kultivieren“ (vgl. Leisen, 2006), führte in den letzten Jahren dazu, dass besonders im Bereich der Fachdidaktiken eine veränderte Aufgabenstellung diskutiert und erprobt wurde. Um sich von bisherigen Aufgabenformen abzugrenzen wurden sie als „neue“ bzw. „gute“ Aufgaben betitelt (vgl. von Aufschnaiter & von Aufschnaiter, 2001; Reiss, 2004). Die unterschiedlichen Anforderungen, die eine „neue“ Aufgabe erfüllen sollte, lassen sich in drei Bereiche unterteilen:

Divergentes Arbeiten und unterschiedliche Lösungswege zulassen (vgl. Bund-Länder-Kommission für Bildungsplanung und Forschungsförderung, 1998; Häußler & Lind, 1998; 2000; von Aufschnaiter & von Aufschnaiter, 2001; Biermann, Wiegand & Blum, 2003; Leuders, 2003b). Damit wird das Ziel verbunden, dass Aufgaben nicht vornehmlich zur Erarbeitung *einer* Lösung zugeschnitten sind, sondern unterschiedliche Lösungswege erwünscht und zugelassen werden. Sie sollen die Lernenden in ihren Fähigkeiten fördern mit divergenten Darstellungsformen umzugehen (vgl. Freimann, 2004; Leisen, 2005) und durch abwechslungsreiche Anwendungsaufgaben bzw. Strukturveränderung anspruchsvolle Denk- und Übertragungsprozesse zu unterstützen (vgl. Häußler & Lind, 2000).

Vernetztes Wissen fördern (vgl. z.B. Häußler & Lind, 2000; Biermann, Wiegand & Blum, 2003; Leuders, 2003a; Reiss, 2004): Aufgaben sollen so gestellt werden, dass sie sowohl horizontales als auch vertikales Wissen vernetzen. Dabei wird unter horizontal eine fächerübergreifende Vernetzung verstanden, unter vertikal eine Integration zurückliegender Unterrichtinhalte.

Die Eigenaktivität des Lernenden hervorrufen (vgl. z.B. Häußler & Lind, 2000; von Aufschnaiter & von Aufschnaiter, 2001; Leuders, 2003a; Freimann, 2004; Reiss, 2004): Das selbständige Erkunden und das individuelle tätig sein wird durch die neuen Aufgaben besonders betont. Durch die Förderung der Selbsttätigkeit sollen die Voraussetzungen für ein lebenslanges Lernen angebahnt werden. Gelingen kann dies durch ein passendes Anspruchsniveau (vgl. Leisen, 2005) und durch herausfordernde Aufgaben, die durch Alltagsbezug an das Vorwissen anknüpfen und so in einem sinnstiftenden Kontext stehen. Im Folgenden werden Aufgaben, die den veränderten Anforderungen entsprechen skizzenhaft dargestellt. Für eine Vertiefung eignen sich die jeweils genannten Autoren.

Beispiele für veränderte Aufgaben

In der Literatur werden im Zusammenhang mit neuen Aufgaben besonders die *offenen Aufgaben* benannt (z.B. Häußler & Lind, 2000; Rouss, 2001; Klieme, Artelt & Stanat, 2002). Bei offenen Aufgaben ist im Vorfeld weder dem Lerner noch dem Lehrenden die exakte Aufgabenlösung bekannt. „Diese Aufgabe hat eine Vielzahl möglicher Lösungen, auch der Lösungsweg ist nicht vorgegeben" (Blum & Wiegand, 2000, S. 52). Beispiele für offene Aufgaben sind Gestaltungsaufgaben, Deutungsaufgaben, Assoziationsaufgaben (vgl. Graf, 2001). Offene Aufgaben kennzeichnen sich dadurch, dass das Gehen eigener Lernwege besonders gefördert wird. Dementsprechend besitzen diese Aufgaben in ihrer Struktur eine Offenheit, welche die Autonomie der Lernenden während der Bearbeitung hervorhebt (vgl. Ulm, 2005). Ziel ist ein variabler und anspruchsvoller Umgang, der die geistige Aktivität stimuliert, unterschiedliche kognitive Niveaus (vgl. kognitive Funktion) zulässt und in allen Phasen des Unterrichts (vgl. didaktische Funktion) eingesetzt werden kann (vgl. Blum & Wiegand, 2000).
Eine weitere Aufgabenform, die den Anforderungen der veränderten Aufgabenstellung, bzw. Aufgabenkultur entspricht ist das *Lernen an Beispielen.* Die aus der Expertiseforschung abgeleitete Lernform unterstützt den Lernenden Aufgaben zu lösen. „Dem Durcharbeiten von Aufgaben mit Musterlösungen wird heutzutage wieder größere Effizienz bescheinigt" (Leisen, 2001, S. 403). Dabei scheint es günstiger „Lösungstechniken nicht explizit vermitteln zu wollen, sondern implizit durch den Umgang mit solchen Beispielen" (Häußler & Lind, 1998, S. 30). Fachdidaktische Beispiele geben für die Biologie und Physik Kroß (2001) sowie Häußler und Lind (1998), für die Mathematik Leuders (2006).
Eine entsprechende Aufgabenform ist das *Selbsterklären.* Ähnlich dem Lernen an Beispielen versucht der Lernende sich „jeden einzelnen Schritt in der Argumentation der Beispiellösung zu erklären" (Häußler & Lind, 2000, S. 4).

Die Wirksamkeit dieser Aufgabenstellung basiert darauf, dass eine Integration des neuen Wissens in bestehende Wissensstrukturen gefördert wird.
Eine zusätzliche Möglichkeit Aufgaben neu zu entwickeln ist das *Modellieren* bzw. Verändern bereits bestehender Aufgabenstellungen (z.B. aus Schulbüchern). Dabei kann das Modellieren von Seiten der Lehrenden, aber auch von Seiten der Lernenden geschehen.
Besonders für die Sekundarstufe wurden *gestufte Lernhilfen* entwickelt, die die Bearbeitung anspruchsvoller offener Aufgaben unterstützen. „Die Lernenden können dabei selbst entscheiden, ob und wann sie welche Hilfe in Anspruch nehmen wollen. Dieses Format ermöglicht leistungsstärkeren [...] Schülern, die Aufgabe ohne Hilfe zu bewältigen, während leistungsschwächere Schüler schrittweise zur Lösung geführt werden, ohne das Gefühls des Misserfolgs zu erleben“ (Wodzinski, 2007, S. 9). Als Unterstützung werden Hilfskarten bereitgestellt, die bei Bedarf als Förderung bei der Bearbeitung der Aufgabe eingesetzt werden können. Hilfestellung kann sich in Form von zusätzlichen Denkimpulsen, vereinfachten bzw. umformulierten Fragestellungen oder Lernstrategieempfehlungen vollziehen (z.B. Leisen, 1999 oder die Forschergruppe Kassel 2006).
Fermiaufgaben beinhalten alltagsnahe Fragestellungen, bei denen „aufgrund der Komplexität des Problems eine exakte Lösung aussichtslos erscheint“ (Müller & Schwarze 2001, S. 1). Die Lernenden müssen, im Gegensatz zu üblicherweise genauen Aussagen in der Aufgabenstellung, zum Abschätzen überzugehen. Sie müssen Annahmen z.B. durch Sammeln von Informationen, Vermutungen oder Schätzungen formulieren, um die Komplexität zu reduzieren. Fermiaufgaben zeichnen sich daher besonders dadurch aus, dass sie noch nicht vorstrukturiert sind, Erfolg versprechende Lösungswege müssen selbständig gesucht werden. Diese Aufgabenform wird vorrangig im Mathematik- und Physikunterricht als qualitative Fragen eingesetzt (vgl. Furjanic & Müller, 2001).
Lernende machen Fehler bei der Bearbeitung von Aufgaben. Wenn diese *Fehler als Lernchance* genutzt werden, eröffnen sich neue Lernmöglichkeiten, mit deren Hilfe neue Fehler vermieden und Wissenslücken geschlossen werden können (vgl. u.a. Häußler & Lind, 1998; Katzenbach, 2004). Mindnich, Wuttke und Seifried (2008) haben eine Typisierung von Fehlern vorgenommen. Sie konnten fünf Fehlerarten identifizieren, die in ihrer Häufigkeit variieren. Dem Lehrenden obliegt die Unterstützung beim Lernen aus Fehlern. Dazu zählt u.a. die Lernenden zu ermutigen, eigene Fehler zu suchen und die positive Bedeutung für den Lernprozess hervorzuheben. So kann eine „Fehlerkultur“ im Unterricht entstehen (vgl. Woest, 2004). Woest betont jedoch, dass sich der konstruktive Umgang mit Fehlern, nur auf Lernaufgaben bezieht, die deutlich von Leistungsaufgaben unterschieden werden müssen.

Aus Fehlern lernen ist keine Aufgabenform, sondern dahinter offenbart sich, welche Lernkultur im Unterricht bei Lernaufgaben vorherrscht. Das Prinzip Fehler als Lernchance kann bei der Methode der offenen Aufgaben, der gestuften Lernhilfen, beim Modellieren, Selbsterklären und bei den Fermiaufgaben eingesetzt werden.

Veränderte Aufgaben- und Lernkultur

Konsequenterweise zieht eine Weiterentwicklung von Aufgaben eine Weiterentwicklung der Aufgaben- und Lernkultur nach sich. Unter Berücksichtigung der Lehr-Lern- und Gehirnforschung sowie konstruktivistischer Ansätze in der Didaktik lässt sich die Weiterentwicklung der Aufgabenkultur auf zwei Kernbereiche zusammenfassen:

Die *Aufgabenqualität und Aufgabenvielfalt* (s.o. „neue" Aufgaben) ist auch in der Aufgabenkultur ein Schwerpunkt (vgl. u.a. Leisen, 2006; Leutert, 2005; Stäudel, 2007). Dabei sollen die Aufgaben Authentizität und Situiertheit besitzen, sie sollen motivieren und den Lernenden überzeugen. Geeignet sind hierfür besonders komplexe Aufgabenformen (vgl. Ralle, 2001). Leisen (2001) betont, dass mit einem veränderten Blick auf Aufgaben, die Erarbeitungsphase innerhalb des Unterrichts unterstützt und vertieft werden könnte. Das bleibt jedoch nicht folgenlos für den Lehrenden. Der Unterrichtsverlauf wird durch neue Aufgaben komplexer und unberechenbarer. Methodisch wird der Lehrende verstärkt gefordert, da mit unterschiedlichen Lösungen der Lernenden konstruktiv umgegangen werden muss (vgl. Blum & Wiegand, 2000).

Vernetzung der Aufgaben untereinander: Im Rahmen der Aufgabenkultur müssen Aufgaben aufeinander abgestimmt werden. Nicht die einzelne Aufgabe tritt in den Fokus, sondern die Vernetzung der Aufgaben untereinander (Aufgabencurriculum) (vgl. Häußler & Lind, 2000; von Aufschnaiter & von Aufschnaiter, 2001; Biermann, Wiegand & Blum, 2003). Dabei kann besonders die didaktische und inhaltliche Funktion Orientierung bieten (s.o. vgl. Leutert, 2005): Aufgabenkultur beinhaltet neben den Aufgabenmerkmalen aber auch eine intendierte Anforderung an den Lehrenden. Bei anspruchsvollen und herausfordernden Aufgaben nimmt der Lehrende eine lernprozessbegleitende Rolle ein, die konstruktiver und individueller unterstützt als zuvor (vgl. Bohl & Kleinknecht, 2009).

In einer „neuen Lernkultur" (vgl. Huber, 2009, S. 14) wird das Lernen als „aktiver, konstruktiver, selbständiger, motivierter und sozialer Prozess verstanden [...] der weitgehend unabhängig von Lehrenden und ohne den in Bildungsinstitutionen verbreiteten Leistungsdruck stattfinden soll, und dessen Ziele nicht zuletzt das Lernen des Lernens selbst, sowie das Lernen durch und für die Welt außerhalb der Schule [darstellt]" (Kollar & Fischer, 2008,

S. 49, auch bereits Weinart, 1997). Deutlich wird dabei, dass eine veränderte Lernkultur keine kurzfristige oder kleinschnittige Maßnahme ist, sondern sich aus einem längeren Veränderungsprozess entwickelt (vgl. Sindler, 2004). Denn die Tatsache, „ob tatsächlich eine neue Lernkultur entsteht, hängt nicht von der Verwirklichung einzelner Bereich ab, sondern davon, ob sie in wechselseitigem Zusammenhang gesehen und gestaltet werden“ (ebd., S. 88). Dabei wird nochmals verdeutlicht, dass eine veränderte Aufgabenstellung alleine nur unzureichend zielführend ist, wenn sie nicht mit einer veränderten Aufgabenkultur und Lernkultur einhergeht.

Modelle zur Analyse und Konstruktion von Aufgaben

In Folge des Einsatzes neuer Aufgabenstellungen wurde nach Kategorisierungsmöglichkeiten gesucht, die zum einen die Konstruktion von Aufgaben analysiert, zum anderen mögliche Qualitätsmerkmale von Aufgaben untersucht und einordnet. Blömeke et al. (2006) bemängelte, dass „aus allgemeindidaktischer Perspektive eine systematische Analyse der Qualität von Aufgaben zu den eher vernachlässigten Forschungsbereichen [gehört]“ (S. 331). In der Literatur werden diesbezüglich unterschiedliche Modelle vorgestellt und erprobt. Im Folgenden werden vier der häufig in der Literatur beschriebenen Analysemöglichkeiten dargestellt.

Fischer und Draxler (2001) beurteilten Aufgaben nach inhaltlichen und curricularen Aspekten (Thema, Realitätsbezug), dem Lösungsweg (experimentelle, halbquantitative, rechnerische oder theoretische Lösung), dem Antwortformat (Offenheit der Aufgabestellung: MC-Aufgaben, Kurzantwort, oder mit erweitertem Antwortformat), den Kompetenzstufen (vgl. kognitive Funktion), den Anforderungsmerkmalen an den Lernenden sowie in welcher Unterrichtsphase die Aufgabe eingesetzt wird (vgl. didaktische Funktion).

Büchter und Leuders (2006) entwickelten ein Modell zur Bewertung und Entwicklung von Aufgaben indem die Kategorien Inhalt (Stoffgebiet bzw. Leitidee), Lernprozess (kognitive Funktion), die Unterscheidung Lernen und Leisten (Funktion von Aufgaben), sowie Merkmale zur Alltagspraktikabilität (Authentizität, Offenheit, Differenzierungsvermögen) untersucht wurden.

Maier, Kleinknecht und Metz (2010) analysierten Aufgabenstellungen anhand der Art des Wissens und der Kognitiven Prozesse (vgl. kognitive Funktion), der Anzahl von Wissenseinheiten (1-4, >4 Wissenseinheiten), durch die Offenheit der Aufgabenstellung (von gut bis schlecht strukturiert), dem Lebensweltbezug (ohne Lebensweltbezug, konstruiert wirkender Lebensweltbezug, realer Lebensweltbezug), sowie der sprachlogischen Komplexität (einfache, mittlere, hohe sprachlogische Komplexität) und der Repräsentationsformen des Wissen (in den Abstufungen: einmalige, bzw. verschiedene Repräsentationsformen und Transformation von Wissen).

Blömeke et al. (2006) möchten mit ihrem Analysemodell Qualitätsmerkmale von lernprozessorientieren Aufgaben untersuchen. Für sie zeigt sich Qualität in folgenden Punkten: einem gesellschaftlich relevanten Inhalt, der an den Bedürfnissen der Lernenden ausgerichtet ist, die Förderung von kognitiven Prozessen und Wissensformen (vgl. kognitive Funktion), einem möglichen Neuigkeitswert in Bezug auf den Wissens- und Erfahrungsstand der Lernenden, die Aufgabenschwierigkeit (Grad der Bekanntheit im Bereich Inhalt, Methode und sprachliche Komplexität), einem Potential zur (ggf. Selbst-) Differenzierung von Lernwegen, Komplexität der Aufgabe, sowie die Förderung von Problemlösefähigkeit durch Öffnung der Aufgabenstellung und den Grad an Interaktion mit anderen Lernenden (z.B. Gruppen- oder Partnerarbeit).

Die vier Modelle dienen der Analyse und Bewertung bestehender Aufgabenformen. Sie sollen Lehrende darin unterstützen, existierende Aufgaben nach den oben beschriebenen Kategorien einzuteilen und sie je nach Zielsetzung im Lehr-Lernprozess zu verbessern bzw. weiterzuentwickeln. Einen weiteren Einsatzbereich sehen Maier, Kleinknecht und Metz (2010) in der Lehrerbildung: Mit einem Modell zur Aufgabenanalyse könnten Lehrende unterschiedlicher Fächer Aufgaben unter allgemeinen Kriterien, mit einer „gemeinsame Sprache“ (ebd. S. 30), untersuchen und bewerten.

Im folgenden Abschnitt soll der Frage nachgegangen werden, inwieweit sich die genannten Kategorien der dargestellten Modelle überschneiden bzw. voneinander abgrenzen. An einigen Stellen zeigen sich z.B. Überschneidungen bezüglich der kognitiven Funktion, jedoch gehen die Modelle von unterschiedlichen Taxonomischen Theorien aus (vgl. u.a. Anderson und Krathwohl, 2006). An dieser Stelle steht jedoch die Tatsache einer kognitiven Abstufung im Vordergrund, nicht die dahinter befindliche Theorie. Für einen ersten Überblick wurde eine Gegenüberstellung vorgenommen, um grobe Übereinstimmung und Unterschiede darzustellen (s. Tabelle 1).

Bei der Gegenüberstellung der vier Modelle wird deutlich, dass besonders die kognitive Funktion bzw. die Anforderungsmerkmale und der Realitäts- bzw. Lebensweltbezug des Inhalts bei allen Modellen als Analysemerkmal besteht. Die thematische Einordnung (Inhaltsbereich), sowie die Offenheit der Aufgabenstellung werden von drei Modellen als wichtig erachtet. Die sprachliche Komplexität ist bei der Gruppe um Meier, wie auch bei der Gruppe um Blömeke als Kriterium relevant. Alle in der Tabelle darunter aufgeführten Kategorien wurden jeweils von einem Modell als bedeutsam erachtet. Die Kontrastierung zeigt, dass die Modelle in vielen Punkten unterschiedliche Schwerpunkte setzen.

Tab. 1: Modelle zur Analyse von Aufgaben(qualität) (eigene Darstellung).

Kategorien	Fischer & Draxler (2001)	Büchter & Leuders (2006)	Blömeke, et al. (2006)	Maier, Kleinknecht & Metz (2010)
Kognitive Funktion (Kompetenzstufen) & Anforderungsmerkmale	X	X	X	X
Realitäts- bzw. Lebensweltbezug des Inhalts	X	X	X	X
Inhaltsbereich & curriculare Einordnung	X	X	X	-
Offenheit der Aufgabenstellung	X	-	X	X
Sprachliche Komplexität	-	-	X	X
Neuigkeitswert, Grad der Bekanntheit	-	-	X	-
Anzahl der Wissenseinheiten	-	-	-	X
Unterrichtsphase (Didaktische Funktion)	X	-	-	-
Funktion Lernen & Leisten	-	X	-	-
Erfordernis sozialer Interaktion	-	-	X	-
Repräsentationsform des Wissens	-	-	-	X
Lösungswege (z.B. rechnen, experimentieren, darstellen)	X	-	-	-

Qualität schein sich bei der Aufgabenstellung dadurch auszuzeichnen, in wieweit es gelingt die kognitiven Kompetenzstufen zu variieren, möglichst häufig einen Realitätsbezug zwischen den Lernenden und den gestellten Aufgaben zu erzielen, mit gleichzeitigem Blick auf die exemplarische Erschließung der in den Lehrplänen vorhandenen Aufteilung nach Sachgebieten und dass bei einer möglichst offenen Aufgabenstellung. Kressel (2008) betont diesbezüglich, dass „je komplexer die Aufgaben [sind], umso mehr Chancen bieten sie den Schülern, Erfahrungen zu machen, neue Erkenntnisse zu gewinnen und Kompetenzen zu entwickeln und diese auf ihre Lebensgestaltung anzuwenden“ (S. 11).

Ob mit der Analyse wirklich die Qualität von Aufgaben verbessert wird, oder ob sie eher eine Hilfe bei der systematischen Erfassung von Aufgabenkategorien bildet, muss noch vertiefend untersucht werden. Die Forderung nach einer qualitativen Weiterentwicklung von Aufgaben steht in engem Konsens mit einer Aufgabenkultur, in der die Schüleraktivität sowie die Erkenntnis, dass Lernen ein konstruktiver Prozess ist, in den Mittelpunkt gerückt werden (vgl. von Aufschnaiter & von Aufschnaiter, 2001).

Der vorliegende Beitrag definiert die in der Didaktik häufig verwendeten Begriffe Aufgabe, Aufgabenkultur und Lernkultur und stellt die Interdependenz der Begriffe dar. Dem vielmals einseitigen Einsatz von Aufgaben folgte eine Weiterentwicklung neuer Aufgabenformate und eine veränderte Aufgaben- und Lernkultur, die in der Literatur bereits häufig ihren Ausdruck findet, aber sowohl in der Forschung als auch in der Praxis noch verstärkten Handlungsbedarf erhoffen lässt. In einigen Fachdidaktiken wurde diese Notwendigkeit erkannt und reagiert. Die Allgemeine Didaktik kann zukünftig mit allgemeinen Modellen und Konzepten eine Grundlage dazu bieten.

Literatur

Anderson, L. W. & Krathwohl, D. R. (2006): A Taxonomy for Learning, Teaching, and Assessing. A Revision of Bloom's Taxonomy of Educational Objectives (Complete ed.). New York: Longman.

Aufschnaiter, C. von & Aufschnaiter, S. von (2001). Eine neue Aufgabenkultur für den Physikunterricht. Der mathematische und naturwissenschaftliche Unterricht, 54(7), 409-416.

Biermann, M., Wiegand, B. & Blum, W. (2003). Nicht "irgendwie", sondern zielgerichtet. Aufgaben verändern. In H. Ball (Hrsg.), Aufgaben. Lernen fördern – Selbstständigkeit entwickeln (S. 32-35). Seelze: Friedrich.

Blömeke, S., Risse, J., Müller, C., Eichler, D. & Schulz, W. (2006). Analyse der Qualität von Aufgaben aus didaktischer und fachlicher Sicht. Unterrichtswissenschaft, 34(4), 330-357.

Blum, W. & Wiegand, B. (2000). Offene Aufgaben – wie und wozu? Mathematik lehren, 22(100), 52-55.

Bohl, T. & Kleinknecht, M. (2009). Aufgabenkultur. In S. Blömeke, T. Bohl, L. Haag, G. Lang-Wojtaski & W. Sacher (Hrsg.), Handbuch Schule. Theorie – Organisation – Entwicklung (S. 331-334). Bad Heilbrunn: Klinkhardt.

Bruder, R. (2000). Problemlösen im Mathematikunterricht – ein Lernangebot für alle? Mathematische Unterrichtspraxis, 20(1), 2-11.

Bruder, R. (2003). Konstruieren – auswählen – begleiten. Über den Umgang mit Aufgaben. In H. Ball (Hrsg.), Aufgaben. Lernen fördern – Selbstständigkeit entwickeln (S. 12-15). Seelze: Friedrich.

Büchter, A. & Leuders, T. (2005): Mathematikaufgaben selbst entwickeln. Lernen fördern – Leistung überprüfen (2. Aufl.). Berlin: Cornelsen Scriptor.

Büchter, A. & Leuders, T. (2006). Ein Aufgabenmodell für die Praxis - Einschätzung, Auswahl und Entwicklung von Mathematikaufgaben. Praxis der Naturwissenschaften - Chemie in der Schule, 8(55), 16-20.

Bund-Länder-Kommission für Bildungsplanung und Forschungsförderung (1998): Gutachten zur Vorbereitung des Programms „Steigerung der Effizienz des mathematisch-naturwissenschaftlichen Unterrichts". Bonn: BLK Geschäftsstelle.

Fischer, H. E. & Draxler, D. (2001). Aufgaben und naturwissenschaftlicher Unterricht. Der mathematische und naturwissenschaftliche Unterricht, 54(7), 388-393.

Forschergruppe Kassel (2006). Archimedes und die Sache mit er Badewanne. Gestufte Hilfen im naturwissenschaftlichen Unterricht. Friedrich Jahresheft, 24, 84-88.

Freimann, T. (2004). Aufgaben – innovativ und entlastend. Naturwissenschaft im Unterricht Chemie, 15(82/83), 164-165.

Friedrich, J. & Oetken, M. (2007): Chemie unterrichten. Neue Aufgabenkultur – eine anregende Beispielsammlung. Kissing: WEKA-Media.

Furjanic, D. & Müller, R. (2001). Fermiprobleme im unterrichtspraktischen Einsatz. Erste Ergebnisse einer Untersuchung. Praxis der Naturwissenschaften - Physik in der Schule, 50(8), 34-36.

Girmes, R. (2003). Die Welt als Aufgabe? Wie Aufgaben Schüler erreichen. In H. Ball (Hrsg.), Aufgaben. Lernen fördern - Selbstständigkeit entwickeln (S. 6-11). Seelze: Friedrich.

Graf, D. (2001). Welche Aufgabentypen gibt es? Der mathematische und naturwissenschaftliche Unterricht, 54(7), 422-425.

Häußler, P. & Lind, G. (1998). Weiterentwicklung der Aufgabenkultur im mathematisch-naturwissenschaftlichen Unterricht. In BLK-Programm "Steigerung der Effizienz des mathematisch-naturwissenschaftlichen Unterrichts". Materialien des IPN. http://sinus-transfer.uni-bayreuth.de/module/modul_1brweiterentwicklung_der_aufgabenkultur.html [31.03.2012].

Häußler, P. & Lind, G. (2000). "Aufgabenkultur" - Was ist das? Praxis der Naturwissenschaften Physik, 49(4), 2-10.

Helmke, A. & Weinert, F.-E. (2007): Unterrichtsqualität erfassen, bewerten, verbessern. Dieses Buch ist Franz-Emanuel Weinert gewidmet (6. Aufl.). Seelze: Klett.

Huber, L. (2009). „Lernkultur" – Wieso „Kultur"? Eine Glosse. In: R. Schneider, B. Szczyrba; U. Welbers; & J. Wildt (Hrsg): Wandel der Lehr- und Lernkulturen. Bielefeld: W. Bertelsmann Verl. S. 14-20.

Jenert, T., Zellweger Moser, F., Dommen, J. & Gebhardt, A. (2009). Lernkulturen an Hochschulen. Theoretische Überlegungen zur Betrachtung studentischen Lernens unter individueller, pädagogischer und organisationaler Perspektive. http://www.alexandria.unisg.ch/-publications/55561 [14.09.2011].

Katzenbach, M. (2004). Dem Fehler auf der Spur - Kinder als Fehlerdetektive. http://sinus-transfer.uni-bayreuth.de/fileadmin/MaterialienBT/Fehler_MK.pdf [31.03.2012].

Kiper, H. (2010). Der systematische Ort von Aufgaben in Theorien des Unterrichts. In H. Kiper (Hrsg.), Lernaufgaben und Lernmaterialien im kompetenzorientierten Unterricht (S. 44-59). Stuttgart: Kohlhammer.

Klieme, E., Artelt, C. & Stanat, P. (2002). Fächerübergreifende Kompetenzen: Konzepte und Indikatoren. In F. E. Weinert (Hrsg.), Leistungsmessungen in Schulen (S. 203-218). Weinheim: Beltz.

Kollar, I. & Fischer, F. (2008). Was ist eigentlich aus der neuen Lernkultur geworden? Zeitschrift für Pädagogik, 54(1), 49-62.

Kressel, T. (2008). Neue Aufgabenkultur. Ein Paradigmenwechsel. Hamburg macht Schule(1), 10-12.

Kroß, A. & Lind, G. (2001). Lernen mit Beispielaufgaben in Biologie und Physik. Der mathematische und naturwissenschaftliche Unterricht, 54(8), 491-496.

Leisen, J. (1999): Methoden-Handbuch. Deutschsprachiger Fachunterricht (DFU). Bonn: Varus

Leisen, J. (2001). Qualitätssteigerung des Physikunterrichts durch Weiterentwicklung der Aufgabenkultur. Der mathematische und naturwissenschaftliche Unterricht, 54(7), 401–405.

Leisen, J. (2005). Lernaufgaben als zentrales Element der Aufgabenkultur. http://www.aufgabenkultur.studienseminar-koblenz.de/seiten/1%20Artikel%20zur%20Aufgabenkultur/Aufgabenkultur%20im%20mathematisch-naturwissenschaftlichen%20Unt%85.pdf [20.08.2012].

Leisen, J. (2006). Aufgabenkultur im mathematisch-naturwissenschaftlichen Unterricht. Der mathematische und naturwissenschaftliche Unterricht, 59(5), 260-266.

Leuders, T. (2003a). Problemlösen. In T. Leuders (Hrsg.), Mathematik-Didaktik. Praxishandbuch für die Sekundarstufe I und II (S. 119-135). Berlin: Cornelsen Scriptor.

Leuders, T. (Hrsg.) (2003b): Mathematik-Didaktik. Praxishandbuch für die Sekundarstufe I und II. Berlin: Cornelsen Scriptor.

Leuders, T. (2006). "Erläutere an einem Beispiel...". Mathematische Kompetenzen erkennen und fördern - mit offenen Aufgaben. Friedrich Jahresheft, 24, 78-83.

Leutert, H. (2005). Aufgabenkultur entwickeln – Chancen für eine professionelle Unterrichtsarbeit. Grundschulunterricht, 34(3), 34-39.

Maier, U., Kleinknecht, M. & Metz, K. (2010). Ein fächerübergreifendes Kategoriensystems zur Analyse und Konstruktion von Aufgaben. In H. Kiper (Hrsg.), Lernaufgaben und Lernmaterialien im kompetenzorientierten Unterricht (S. 28-43). Stuttgart: Kohlhammer.

Mindnich, A., Wuttke, E. & Seifried, J. (2008). Aus Fehlern wird man klug? Eine Pilotstudie zur Typisierung von Fehlern und Fehlersituationen. In E.-M. Lankes (Hrsg.), Pädagogische Professionalität als Gegenstand empirischer Forschung (S. 153-164). Münster: Waxmann.

Müller, R. & Schwarze, H. (2001). Fermiprobleme? Fermiprobleme - Vereinfachen, Nähern, Abschätzen. Praxis der Naturwissenschaften - Physik in der Schule, 50(8), 1.

Neubrand, J. (2002): Eine Klassifikation mathematischer Aufgaben zur Analyse von Unterrichtssituationen. Selbsttätiges Arbeiten in Schülerarbeitsphasen in den Stunden der TIMSS-Video-Studie. Hildesheim: Franzbecker.

Neubrand, J. (2003). Aufgabe = Aufgabe? Mathematische Aufgaben im internationalen Vergleich. In H. Ball (Hrsg.), Aufgaben. Lernen fördern - Selbstständigkeit entwickeln (S. 30-31). Seelze: Friedrich.

Petschenka, A., Ojstersek, N. & Kerres, M. (2004). Lernaufgaben beim E-Learning. In A. Hohenstein & K. Wilbers (Hrsg.), Handbuch E-Learning (S. Kapitel 3.19). Köln: Dt. Wirtschaftsdienst.

Ralle, B. (2001). Eine veränderte Aufgabenkultur als Herausforderung. Editional. Mathematischer und naturwissenschaftlicher Unterricht, 58(7), 387.

Reiss, K. (2004). Mathematik fürs Leben. Aufgaben in einem verständnisorientierten Mathematikunterricht. Lernchancen, 45(7), 4-7.

Rouss, H. (2001): Mit offen(er)en Aufgaben zu mehr Effizienz im Physikunterricht : ein Plädoyer für eine veränderte Aufgabenkultur in der Physik. Stuttgart: Landesinstitut für Erziehung und Unterricht.

Sindler, A. (2004): Etablierung einer neuen Lernkultur. Modelle medienbasierter Lernarrangements zur Förderung selbstregulierten Lernens im Kontext der Organisation. Münster: LIT.

Tiemann, R., Rumann, S., Jatzwauk, P. & Schabram, K. (2006). Aufgaben im Unterricht. Ansprüche - Absichten - Perzeptionen: Ein Werkstattbericht. In A. Pitton (Hrsg.), Lehren und Lernen mit neuen Medien. [Gesellschaft für Didaktik der Chemie und Physik, Band 26 ; (32.) Jahrestagung der GDCP in Paderborn 2005] (S. 266-268). Berlin: LIT-Verl.

Ulm, V. (2005): Mathematikunterricht in der Sekundarstufe für individuelle Lernwege öffnen. SINUS- Transfer. Seelze: Kallmeyer.

Weinart, F. E. (1997). Lernkultur im Wandel. In E. Beck, T. Guldimann & M. Zutavern (Hrsg.), Lernkultur im Wandel. Tagungsband der Schweizerischen Gesellschaft für Lehrerinnen - und Lehrerbildung und der Schweizerischen Gesellschaft für Bildungsforschung (S. 11-29). St. Gallen: UVK Verl.-Ges.

Wodzinski, R. (2007). Naturwissenschaften. Modul G 8: Eigenständig lernen – Gemeinsam lernen. http://sinus-transfer.uni-bayreuth.de/fileadmin/MaterialienIPN/G8_gesetzt.pdf - [15.03.2011].

Woest, V. (2004). Aufgabenformate. Naturwissenschaft im Unterricht Chemie, 15(83), 157-162.

Jutta Standop

Didaktisches Stiefkind Hausaufgaben

In den vergangenen Jahren wurden aus der Perspektive der Lehr-Lern-Forschung interessante Erkenntnisse zur Hausaufgabenpraxis gewonnen. Weitgehend unbeachtet blieb bislang jedoch die didaktische Theoriebildung. Deshalb wird in den folgenden Ausführungen neben der Darlegung der Notwendigkeit einer solchen ein erster Entwurf grundlegender Planungsaspekte vorgestellt.

Hausaufgaben in der Sicht der an Schule Beteiligten

Im Rahmen unserer im Jahre 2009 durchgeführten Befragung (HofGanS-Studie[1]) wurden u.a. die Einstellungen und Erwartungen gegenüber Hausaufgaben von Lehrkräften, Eltern, Mitarbeitern des Offenen Ganztags sowie von Schülerinnen und Schülern an 17 Ganztagsgrundschulen erhoben[2] (geschlossene, offene Fragen, Schülerinterviews, Lehrerinterviews). In den Fragebögen für die Lehrkräfte befanden sich darüber hinaus Items mit didaktischen Bezügen. Es zeigte sich, dass von den Befragten den Hausaufgaben nach wie vor ein hoher Stellenwert im schulischen Lernen zugestanden wird.

Tab. 1: Einschätzung von Sinn und Wert der Hausaufgaben durch alle Probanden.

Hausaufgaben sind ein elementarer Bestandteil guten Schulunterrichts, (Lehrkräfte, N = 143)	MW[3] (SD)[4]	2,78 (,930)
Hausaufgaben sind ein wichtiger Baustein guten Unterrichts, (Eltern, N = 2711)	MW (SD)	3,33 (,829)
Hausaufgaben sind wichtig für guten Unterricht (Schülerinnen und Schüler, N = 2009)	MW (SD)	3,35 (,798)

Dabei findet sich die höchste Zustimmung zu der Ansicht, dass Hausaufgaben elementar zur Schule gehören, bei Eltern und Heranwachsenden. Zu vermuten ist, dass die Einstellung der Kinder im Grundschulalter noch in er-

---

1 Hausaufgaben in der Offenen Ganztagsgrundschule

2 Rücklauf: Lehrkräfte N = 297 (48,5%), Mitarbeiter der OGS N = 95 (80 %), Eltern N = 4409 (N = 64%) Schülerinnen und Schüler N = 2223 (95,1%)

3 Mittelwert einer endpunktbenannten vierstufigen Likert-Skala (1 = trifft nicht zu, 2 = trifft eher nicht zu, 3 = trifft eher zu, 4 = trifft voll zu)

4 Standardabweichung

heblichem Maß durch die im Alltag wahrgenommene Elternmeinung geprägt ist. Bezogen auf die Lernwirksamkeit hingegen zeigen sich die Schüler allerdings weniger als ihre Eltern von Hausaufgaben überzeugt. Vermutlich nehmen die Heranwachsenden mit der Hausaufgabenerarbeitung auftretende Schwierigkeiten im Vergleich mit der Unterrichtsarbeit direkter als ihre Eltern wahr. Auffällig ist, dass die Lehrkräfte im Vergleich zur hohen Zustimmung der anderen Probandengruppen eher verhalten zustimmen. Diese scheinen weder vom Lernerfolg der Hausaufgaben noch von der Lernwirksamkeit ihrer Aufgabenstellungen durchgehend überzeugt zu sein. Gestützt wird dieses Antwortverhalten durch aktuelle Forschungsergebnisse (vgl. unten).

Tab. 2: Die Lernwirksamkeit von Hausaufgaben.

Hausaufgaben erhöhen den Lernerfolg der Schüler (Lehrkräfte, N = 137)	MW (SD)	2,77 (,825)
Hausaufgaben erhöhen den Lernerfolg meines Kindes (Eltern, N = 2706)	MW (SD)	3,39 (,730)
Hausaufgaben helfen mir, besser zu lernen (Schülerinnen und Schüler, N = 2017)	MW (SD)	3,29 (,924)

Unter Berücksichtigung der bislang eher geringen, wissenschaftlich fundierten Erkenntnisse zum Thema Hausaufgaben und ihren Lernwirkungen liegt die Vermutung nahe, dass die zumeist hohe Zustimmung zur Hausaufgabenvergabe überwiegend auf einer „Tradierung" beruht. Für die Befragten hat es häusliche Aufgaben „schon immer" gegeben, diese gehören „selbstverständlich" zur Schule. Daher werden ihnen Wirkungen und Bedeutungen zugeschrieben, die im Alltag in der Regel nicht mehr hinterfragt werden.

Das Thema Hausaufgaben in der Lehrerausbildung

Angesichts der Bedeutung, die den Hausaufgaben allgemein für das Lernen zugesprochen wird, stellt sich die Frage, wie überhaupt sichergestellt wird, dass Hausaufgabenplanung, -erteilung und -überprüfung pädagogisch-didaktisch angemessen, d.h. anforderungs- und situationsgerecht erfolgt. Demgemäß wäre zu erwarten, dass angehende Lehrkräfte sich mit diesem Thema in der Ausbildung befassen. Allerdings haben wir in Dokumentenanalysen festgestellt, dass Hausaufgaben weder in der universitären Ausbildung noch in der zweiten Ausbildungsphase ein gängiges Thema in der Lehrerausbildung sind (Standop 2011, Standop 2011a). Darüber hinaus stellt die gelegentliche und sehr heterogene Auseinandersetzung mit der Thematik nicht sicher, dass die angehenden Lehrkräfte theoretische Konzepte kennen lernen. Ebenso wenig finden sich Hinweise auf den kompetenzgestützten Einsatz von Hausaufgaben in aktuellen Veröffentlichungen zu den Anforderungen an den Lehrerberuf (Standards für die Lehrerbildung 2004, „Bremer Erklärung" 2000, eine Ausnahme stellen die Standards für die Lehrerbildung von Oser 1997 dar). Sowohl in der ersten als auch in der zweiten Ausbildungsphase ist keine systematische Berücksichtigung der Hausaufgabenthematik auf der Grundlage von Ausbildungsverordnungen nachweisbar. Die Auseinandersetzung mit dem Thema findet für angehende Lehrkräfte eher zufällig statt und vollzieht sich vermutlich auf der Grundlage allgemein-didaktischer Prinzipien bzw. auf der Basis der »Tradierung subjektiver Theorien« vom Mentor zum Lehramtsanwärter. Ebenso wenig kommen bislang Impulse für eine Theorie der Hausaufgaben aus der didaktischen Theorieentwicklung. Im Hinblick auf die Unterrichtsforschung und -entwicklung kann konstatiert werden, dass eine tragfähige allgemein-didaktische Theorie der Hausaufgaben bislang nicht entwickelt wurde. Und auch die „klassischen" didaktischen Modelle haben Hausaufgaben nicht als eigene didaktische Fragestellung aufgenommen (z.B. Klafki 1996, Schulz 1976, Heimann 1970).

Einige aktuelle Forschungsergebnisse zum Thema Hausaufgaben

Zwischen den gegenwärtig vorliegenden empirischen Befunden lässt sich differenzieren zwischen Schülern und Lehrkräften. Für die Heranwachsenden lässt sich beispielsweise festhalten:

- Wirkung und Nutzen von Hausaufgaben hängen von der Regelmäßigkeit und der Qualität ihrer Erledigung ab. (Trautwein et al. 2006; Haag & Mischo 2004)
- Die Anstrengungsbereitschaft der Lernenden korrespondiert mit ihrer Überzeugung vom Nutzen der Hausaufgaben für ihr weiteres Lernen,
- dem kognitiven Anregungsgehalt der Aufgaben und
- mit ihrer positiven Erwartung, die Hausaufgaben zufrieden stellend erledigen zu können. (Trautwein et al. 2006)

Hinsichtlich der Anforderungen an die Lehrkräfte sind z.B. folgende Erkenntnisse bedeutsam:

- Die Kontrolle der Hausaufgaben ist mit einer inhaltlichen Rückmeldung zu verbinden. (Lipowsky et al. 2004)
- Die Bedeutung der Qualität der Hausaufgabenvorbereitung. Heranwachsende messen Hausaufgaben einen größeren Wert bei, wenn diese nach ihrer Ansicht gut vorbereitet sind (a.a.O., Trautwein et al. 2006) und
- Hausaufgaben sind dann motivierend, wenn sie in den nachfolgenden Unterricht integriert werden, d.h. für diesen relevant sind. (a.a.O.)
- Für den Schulerfolg ist die Qualität der Hausaufgaben kennzeichnend. (Lipowsky et al. 2004).

Was kennzeichnet die Qualität von Hausaufgaben?

Aus dem Unterricht erwachsene Faktoren für die Qualität der Hausaufgaben sind u.a. die Aufgabenintegration in den Unterricht, die jeweilige inhaltliche Rückmeldung auf die angefertigten Aufgaben sowie die Qualität der Aufgabenerteilung. So ist die klar-verständliche, vom zeitlichen Umfang bezogen auf die Komplexität der Aufgabe angemessene und im Unterrichtsverlauf in einer konkret eingeplanten Phase vorgenommene Hausaufgabenerteilung ein wesentlicher Baustein für die spätere erfolgreiche Aufgabenbearbeitung. Zugleich dokumentiert die Lehrkraft mit ihrer Sorgfalt bei deren Vorbereitung u.a. ihre Wertschätzung gegenüber den gestellten Hausaufgaben. Die Erteilung hat somit unmittelbare Auswirkungen auf sozial-emotionale Schülerfaktoren (z.B. Motivation, positive Erwartungshaltung) und die selbstständige Aufgabenerledigung. Insbesondere kognitive anregende Aufgaben gehen positiv mit der Schülermotivation und ihrer Anstrengungsbereitschaft einher. Darüber hinaus erweisen sich der von den Heranwachsenden empfundene Nutzen der Aufgaben für das eigene Lernen und die positive Erwartungshaltung, die Aufgaben zufrieden stellend lösen zu können, als wesentliche Momente für die Bereitschaft, die Hausaufgaben anzufertigen. Das Wissen um den Wert der Aufgaben für das eigene Lernen wirkt sich positiv auf die Anstrengungsbereitschaft aus, die Aufgaben erhalten für die Heranwachsenden eine größere Bedeutung. Ein zusätzlicher situationsbezogener Nutzen der Bearbeitung ergibt sich für die Heranwachsenden aus der erwarteten Integration der zu bearbeitenden Aufgaben in den nachfolgenden Unterricht. Die Bereitschaft zur Bearbeitung der Hausaufgaben erhöht sich durch ein (zu erwartendes) sachbezogenes Feedback auf die Aufgabenerledigung nicht nur aufgrund der damit einhergehenden Kontrolle. Vielmehr unterstreicht die Lehrkraft mit ihrer sachlichen Rückmeldung die Bedeutung, die sie selbst der Erledigung der Aufgaben beimisst. Zugleich erhalten die Heranwachsenden durch ein solches Feedback konkrete Hinweise auf ihren Lernweg bzw. Lernstand. Dies scheint sich nach Forschungsergebnissen deutlich auf den Lernerfolg der Aufgaben auszuwirken (Jacobs 2008).

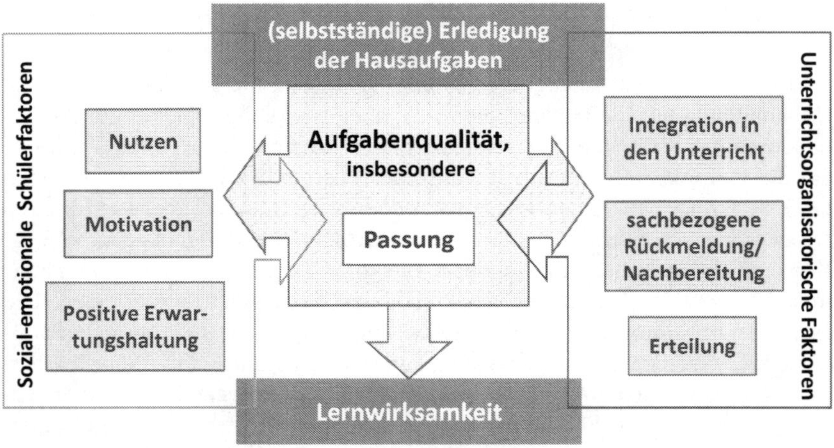

Abb. 1 Hausaufgaben und Einflussfaktoren ihrer Lernwirksamkeit.

Zu dem empfundenen Nutzen und der positiven Erwartungshaltung bezüglich der Aufgabenbewältigung gesellt sich als dritter, in enger Beziehung zu den beiden vorhergehenden stehender Aspekt die Motivation. Sie umfasst zugleich motivationale Prädikatorvariablen (wie Ängstlichkeit, Interesse u.a.m.). Alle drei sozial-emotionalen Faktoren sind wichtige Prüfkennzeichen für die Aufgabenqualität, indem sie die Schülerreaktion erfassen. Die einzelnen Faktoren stehen dabei zueinander in vielfältigen Zusammenhängen, was wiederum zu einer Überkomplexität der Hausaufgabenthematik führt (vgl. Abb. 1). So wirkt sich die Qualität der Aufgabenerteilung (als unterrichtsorganisatorischer Faktor), die u.a. abhängig von der Aufgabenqualität ist, nicht nur auf die schon genannten Schülerfaktoren aus, sondern wiederum auf die spätere Erledigung der Hausaufgaben. Ebenso wie sich Passung als wesentliches diagnostisches Merkmal der Aufgabenqualität nicht nur auf die Motivation und die positive Erwartungshaltung der Heranwachsenden auswirkt, sondern zugleich auf die Qualität der Aufgabenerledigung. Für die Planung der Hausaufgaben ist (neben fachspezifischen Aspekten) somit die Analyse der Aufgaben bezogen auf die oben genannten Faktoren für das Ziel, den Heranwachsenden möglichst lernwirksame Aufgaben zu erteilen, von großer Bedeutung. Thonhauser (2008) fasst die Anforderungen, die sich bezüglich intentionalen schulisch organisierten Lernens an Aufgaben stellen, durch folgende Fragen zusammen. Diese stellen sich in noch höherem Maße für Hausaufgaben aufgrund der erwarteten eigenständigen Erledigung:

- „Kennen die Lernenden das Ziel (die allgemeine Gestalt der Aufgabenlösung)?
- Wissen sie, auf welchem Weg sie ans Ziel gelangen können?

- Sind sie in der Lage, diesen Weg ohne Hilfe zu beschreiben?
- Sind sie in der Lage zu überprüfen, ob bzw. inwieweit sie erfolgreich waren?
- Können ihnen Rahmenbedingungen, insbesondere zeitliche, so flexibel angeboten werden, dass möglichst alle damit zurechtkommen?“ (a.a.O., 18).

Die deutlich werdende Überkomplexität der Hausaufgabenthematik verweist auf die Wichtigkeit der Berücksichtigung häuslicher Aufgaben in der Unterrichtsplanung. Wie sieht nun die gegenwärtige Hausaufgabenpraxis in der (Grund)Schule aus?

Ergebnisse aus der HofGanS-Studie

Im Folgenden sollen einige Ergebnisse aus der HofGanS-Studie vorliegende Probleme in der Erteilung sowie Erstellung von Hausaufgaben und der Rückmeldung auf die Arbeitsergebnisse aufzeigen. Das Antwortverhalten der von uns befragten Lehrkräfte deutet darauf hin, dass diese die Kernfunktionen von Hausaufgaben nach wie vor in der Wiederholung/Vertiefung sowie in der Ergänzung der unterrichtlichen Inhalte sehen. Anspruchsvollere Aufgabenformate, z.B. hinsichtlich des Wissenstransfers auf veränderte Situationen, die Möglichkeit für die Schüler, kreative neue Lösungswege zu finden oder die Durchführung sachdienlicher Verfahren zur Erkenntnisgewinnung werden nach eigener Auskunft nur knapp überdurchschnittlich oder sogar weit unterdurchschnittlich von den Lehrkräften umgesetzt. Der Nutzen der häuslichen Aufgaben wird nahezu ausschließlich aus der Perspektive der Lehrkräfte definiert. Weiter erfahren die Motivation der Heranwachsenden bzw. deren positive Erwartungshaltung, die Aufgaben zufrieden stellend lösen zu können, wenig Berücksichtigung.

Tab. 3: Einschätzungen der Lehrkräfte zu den didaktischen und erzieherischen Funktionen von Hausaufgaben bezogen auf den eigenen Unterricht.

Hausaufgaben dienen dazu den Unterricht zu wiederholen und zu vertiefen (N = 144)	MW (SD)	3,54 (,646)
Hausaufgaben ergänzen die im Unterricht erarbeiteten Inhalte (N = 144)	MW (SD)	3,42 (,715)
Durch die Hausaufgaben hat der Schüler die Möglichkeit, erlerntes Wissen auf neue Probleme anzuwenden (N = 142)	MW (SD)	2,68 (,795)
Ich versuche die Hausaufgaben so zu formulieren, dass unterschiedliche Lösungswege gewählt werden können (N = 141)	MW (SD)	2,65 (,765)
Ich erteile praktische Hausaufgaben (z.B. Beobachtungen in der Natur, Durchführen eines Experiments) (N = 137)	MW (SD)	2,32 (,541)

Auffällig sind die Aussagen der Lehrkräfte zum Anforderungsbezug bzw. zum Passungsverhältnis der Aufgabenstellungen. Weit überwiegend (nahezu 90 %) sind die Lehrkräfte der Überzeugung, dass differenzierte Aufgaben notwendig sind, um die jeweiligen Lernbedürfnisse der Heranwachsenden zu berücksichtigen. Allerdings zeigt sich, dass schließlich nur knapp überdurchschnittlich viele Lehrkräfte angeben, tatsächlich differenzierte Hausaufgaben zu erteilen. Außer Acht bleibt dabei, wie häufig und in welcher Form (quantitativ, neigungsbezogen?) die Differenzierung stattfindet. Abgesehen davon, dass die Lehrkräfte auf die erste Frage möglicherweise tendenziell positiver antworten, weil ihrer Ansicht nach Differenzierung erwartet wird, deutet sich hier eine Diskrepanz zwischen dem Wissen um das pädagogisch Notwendige und die fehlende fachliche Kompetenz hinsichtlich seiner angemessenen Umsetzung an. Darüber hinaus scheinen sich Lehrkräfte bei der Aufgabenplanung und -erteilung eher an lernstarken als an lernschwächeren Schülern zu orientieren, wie das Antwortverhalten auf die folgenden beiden Items nahe legt. Während von den leistungsschwächeren Heranwachsenden erwartet wird, dass sie die „Standardhausaufgaben" am Nachmittag auf irgendeine Weise bewältigen (obwohl die Lehrkräfte zumeist wissen, dass sie dies ohne Unterstützung nicht vermögen), erhalten leistungsstärkere Schüler zusätzliche Aufmerksamkeit (wobei die Qualität bzw. tatsächliche Förderwirkung dieser Zusatzaufgaben nicht geklärt worden ist).

Tab. 4: Aussagen der Lehrkräfte zum Anforderungsbezug der Hausaufgaben.

Differenzierte Hausaufgaben sind wichtig, um auf die unterschiedlichen Lernbedürfnisse der Kinder angemessen einzugehen (N = 141)	MW (SD)	3,40 (,676)
Ich erteile meinen Schülern differenzierte Hausaufgaben (N = 141)	MW (SD)	2,62 (,816)
Ich orientiere mich bei der Hausaufgabenstellung am lernschwächsten Schüler der Klasse (N = 140)	MW (SD)	1,79 (,782)
Ich gebe leistungsstarken Schülern Zusatzaufgaben, um sie nicht zu unterfordern (N = 143)	MW (SD)	3,01 (,868)

Bezogen auf jene die Lernwirksamkeit der Hausaufgaben beeinflussenden Faktoren, kann davon ausgegangen werden, dass eine optimale Aufgabenpassung zum Lernstand der einzelnen Schülerinnen und Schüler durch die Lehrkräfte nicht konsequent angestrebt bzw. berücksichtigt wird. Dies dürfte Folgen für die positive Erwartungshaltung der Heranwachsenden haben, die Aufgaben erfolgreich bewältigen zu können und sich auf die Motivation der Aufgabenerledigung auswirken. Die Konsequenz dieser fehlenden Passung lässt sich dem Antwortverhalten der Heranwachsenden bzgl. ihrer Aufgabenbewältigung entnehmen. Zwar wird weit überwiegend von den Schülern geantwortet, dass die Hausaufgaben manchmal zu leicht für sie sind. Aber nahezu ähnlich häufig scheinen die Aufgaben für viele oft anstrengend zu sein und noch die Hälfte der Heranwachsenden gibt an, dass diese manchmal zu schwer für sie sind. Offensichtlich wird, dass der Anforderungsgehalt der Aufgaben so oder so oftmals nicht passt.

Tab. 5: Die Aufgabenschwierigkeit aus der Schülerperspektive.

Manchmal sind die Hausaufgaben zu leicht für mich (N = 2040)	MW (SD)	3,10 (,992)
Manchmal strengen mich die Hausaufgaben sehr an (N = 2046)	MW (SD)	2,98 (1,060)
Manchmal sind die Hausaufgaben zu schwer für mich (N = 2036)	MW (SD)	2,50 (1,019)

Eine weitere Diskrepanz im Lehrerverhalten bezogen auf eine erfolgreiche Aufgabenbearbeitung durch die Schüler zeigt sich bei der Aufgabenerteilung im Unterricht. Nach eigener Auskunft benötigen Lehrkräfte nicht viel Zeit für die Erteilung der Hausaufgaben. Wenn aber immerhin mehr als die Hälfte der Schüler die Aufgabenstellung manchmal nicht versteht, weist dies darauf hin, dass die Erteilung jeweils für eine Reihe von Schülern nicht optimal verläuft.

Tab. 6: Aussagen zur Erteilung von Hausaufgaben.

Hausaufgaben zu erteilen, nimmt im Unterricht viel Zeit in Anspruch (Lehrkräfte, N = 143)	MW (SD)	2,31 (,882)
Manchmal verstehe ich die Aufgabenstellung der Hausaufgaben nicht (Schülerinnen und Schüler, N = 2008)	MW (SD)	2,55 (1,008)

Schließlich zeigt sich auch hinsichtlich des Feedbacks auf angefertigte Hausaufgaben, dass die oben genannten Erkenntnisse bislang nicht durchgängig Bestandteil der Unterrichtskultur bei den von uns befragten Lehrkräften sind. Weit mehrheitlich wird in jeder Stunde geprüft, ob die Hausaufgaben erstellt wurden. Eine inhaltliche Rückmeldung wird ebenfalls überdurchschnittlich von den Lehrkräften angegeben, fällt allerdings wesentlich geringer aus. Zudem ist nicht geklärt, inwieweit sich diese Rückmeldung in einem Vorlesen der richtigen Ergebnisse erschöpft. Eine Integration der Aufgaben in den nachfolgenden Unterricht zeichnet sich nicht ab.

Tab. 7: Aussagen der Lehrkräfte zur Rückmeldung auf Hausaufgaben.

Ich kontrolliere in jeder Unterrichtsstunde, ob alle Kinder ihre Hausaufgaben angefertigt haben (N = 142)	MW (SD)	3,37 (,794)
Ich kontrolliere in jeder Unterrichtsstunde, ob alle Schüler ihre Hausaufgaben inhaltlich richtig haben (N = 144)	MW (SD)	2,70 (,990)

Vor dem Hintergrund dieser Ergebnisse verwundert es nicht, dass die Lehrkräfte weit mehrheitlich der Ansicht sind, dass zusätzlicher Unterricht eine höhere Lernwirkung hat, als Hausaufgaben. Wohl scheinen sie häuslichen Aufgaben eine erzieherische Wirkung zuzubilligen, diagnostischen Wert haben die Aufgaben für sie allerdings zumeist nicht. Hierfür müssten diese dem Lernstand der Heranwachsenden entsprechen. Da dies oftmals nicht der Fall ist (und aufgrund anderer Umstände), bleibt für die Lehrkräfte auch angesichts des für manche Schüler offensichtlich notwendigen Unterstützungsbedarfs die Frage nach der selbstständigen Erarbeitung der Aufgaben offen.

Tab. 8: Die Bedeutung von Hausaufgaben für den Lernfortschritt nach Einschätzung der Lehrkräfte.

Anstelle von Hausaufgaben wäre zusätzlicher Unterricht effektiver (N = 133)	MW (SD)	2,86 (1,072)
Hausaufgaben bieten eine gute Möglichkeit, den Lernfortschritt der Schüler zu erfassen (N = 142)	MW (SD)	1,68 (,757)

Die zu Beginn konstatierte fehlende Systematik in der Ausbildung der Lehrkräfte in Verbindung mit den sichtbar werdenden didaktischen Defiziten verdeutlicht die Notwendigkeit eines theoretischen Modells zur Planung, Erteilung und Reflexion über Hausaufgaben. Erst die Beachtung der didaktischen Zusammenhänge im Kontext der fünf Arbeitsfelder der Hausaufgaben (Planung, Erteilung, Erstellung, Rückmeldung, Nachbereitung) ermöglicht eine nicht zufallsbedingte Lernwirksamkeit. Im Folgenden werden die Grundzüge eines Planungsmodells bezogen auf Hausaufgaben vorgestellt.

Der Zusammenhang von Aufgabenqualität und Unterrichtsplanung für eine lernwirksame Hausaufgabenkultur

Die unterrichtliche Aufarbeitung der Hausaufgaben durch die Lehrkraft lässt sich in drei Phasen unterteilen, die jeweils wieder in verschiedene Schritte untergliedert sind.

Unterrichtsplanung

Für die Unterrichtsplanung kann zunächst unterschieden werden zwischen der Berücksichtigung der Hausaufgaben, die in der vorhergehenden Unterrichtsstunde erteilt wurden und in der zu planenden Stunde überprüft werden sollen sowie jenen, die in dieser Unterrichtsstunde erteilt werden sollen. Sichtbar wird, welche Vielzahl von Entscheidungen für die Berücksichtigung der von den Heranwachsenden angefertigten Aufgaben im Unterricht grundsätzlich erforderlich ist, wenn diesen eine didaktische Funktion zugrunde liegt. Anschließend erfolgen die Überlegungen, welche Aufgaben die Schülerinnen und Schüler im Anschluss an die geplante Unterrichtsstunde anfertigen sollen. Beispielhaft wird in der rechten Spalte in Anlehnung an Abb. 1 der Zusammenhang zu den Hausaufgabenfaktoren dargestellt.

Tab. 9: Hausaufgaben in der Unterrichtsplanung.

Unterrichtsplanung		
1.	**Überprüfung bereits erteilter Hausaufgaben:** • Wann im Stundenverlauf findet die Überprüfung statt? • Überprüfung mit Feedback oder formale Kontrolle der Anfertigung? • Zeitlicher Umfang? • Überprüfung durch die Lehrkraft/Schüler/Mitschüler? • Welche Sozialform? • Welche Methode (gegenseitiges Vorlesen, Korrekturblatt, Konferenzen, Präsentation, Ergebnisse als Grundlage für die Weiterarbeit im Unterricht)? • Wird mit den Arbeitsergebnissen der Heranwachsenden der Unterricht fortgeführt? …	Nutzen Passung Positive Erwartungshaltung[5]
2.	**Planung der zu erteilenden Hausaufgaben:** • Welche hauptsächliche Funktion sollen die Hausaufgaben haben (Üben, Wiederholen, Entwicklung eigener Lösungen, Fördern, Vorbereitung)? • Welche Art wird gewählt? • Differenzierte Hausaufgaben? • Zeitliche Dauer bzw. Zeitraum für die Bearbeitung (lang-, mittel-, kurzfristig)? • Werden Lernumfeld, Lernstand und Lernbedürfnisse der Schülerinnen und Schüler berücksichtigt? (z.B. Hausaufgabenbetreuung im offenen Ganztag?) …	Nutzen Passung Positive Erwartungshaltung
3.	**Erteilung der Hausaufgaben:** • Wann im Stundenverlauf werden die Hausaufgaben erteilt? • Auf welche Weise werden die Hausaufgaben erteilt (Durch die Lehrkraft? Schriftlich? Inhaltliche Klarheit berücksichtigt[6])? • Zeitlicher Rahmen für die Erteilung der Hausaufgaben? …	Positive Erwartungshaltung Motivation

[5] Die positive Erwartungshaltung bezieht sich an dieser Stelle besonders auf Schüler, die nach eigener Ansicht ihre Hausaufgaben besonders gut bearbeitet haben und ihre Aufgaben gerne präsentieren/Anerkennung dafür erhalten möchten.

Unterrichtsnachbereitung

Der zweite Modellabschnitt betrifft die Unterrichtsnachbereitung, in welcher die Überprüfung der von den Heranwachsenden für diese Stunde angefertigten Aufgaben reflektiert wird. Dabei wird unterschieden zwischen dem Verlauf der Überprüfung bezogen auf die Planung, der Qualität der von den Schülern erarbeiteten Ergebnisse sowie deren erfolgreicher Einbindung in den weiteren Unterrichtsverlauf. Phase 1 und 3 betreffen mehr didaktische, Phase 2 betrifft mehr inhaltliche Aspekte. Neben der Reflexion über die Schwierigkeiten, die manche Schüler mit den Aufgaben hatten, ist auch die Thematisierung besonders erfolgreicher Aufgabenbearbeitung wichtig, um die Lernwege der Heranwachsenden nachzuvollziehen.

Tab. 10: Unterrichtsnachbereitung, die angefertigten Hausaufgaben betreffend.

Unterrichtsnachbereitung I		
1.	**Ergebnisse der Hausaufgabenüberprüfung:** • Wie verlief die Hausaufgabenüberprüfung (in Abhängigkeit von der gewählten Form)? …	
2.	• Wurden die Hausaufgaben von allen Schülerinnen und Schülern erledigt? → Wenn nein: von welchen Schülern nicht? → Welche Begründung wurde hierfür gegeben (z.B. unzureichende inhaltliche Klarheit)? → Welche Lösung wurde gefunden? → Gab es herausragende Aufgabenbearbeitungen/Lösungen? • Wurden die Hausaufgaben erwartungsgemäß gelöst? → Wenn nicht: Fehlerdiagnose (klassen- oder gruppenbezogen, auf einzelne Schülerinnen oder Schüler bezogen?).	Nutzen Positive Erwartungshaltung Passung (selbstständige) Erledigung
3.	• Konnte der weitere Unterricht auf den Aufgabenergebnissen aufbauen? (didaktisch als auch fachlich?) …	Integration in den Unterricht

Der dritte Modellabschnitt betrifft die Reflexion der geplanten Hausaufgaben. In diesem Kontext wird unterschieden zwischen der inhaltlichen Passung der Aufgaben in den Unterrichtsverlauf (Phase 4) und dem organisatorischen Procedere der Erteilung (Phase 5).

---

[6] Nach Meyer (2004, 57) bezieht sich inhaltliche Klarheit auf die Verständlichkeit der Aufgabenstellung, die Plausibilität des thematischen Gangs sowie Klarheit und Verbindlichkeit der Ergebnissicherung; diese Aspekte sind bei der Planung der Aufgaben durch die Lehrkraft zu berücksichtigen.

Tab. 11: Unterrichtsnachbereitung, sich erstreckend auf neu erteilte Hausaufgaben.

Unterrichtsnachbereitung II		
4.	**Reflexion über die Realisierung der erteilten Hausaufgaben:** • **Inhaltlich:** Waren die geplanten Hausaufgaben an den durchgeführten Unterricht anschlussfähig oder musste umdisponiert werden?	} Passung
5.	• **Organisatorisch:** Wie fand die Durchführung der Hausaufgabenerteilung statt? (Wann? War es unruhig in der Klasse? Wurden Nachfragen gestellt/Gab es Verständnisschwierigkeiten? War die Zeit für die Erteilung zu knapp? …)	} Motivation
6.	• **Motivierung bzw. Aktivierung:** Wie wurde die Hausaufgabe von den Heranwachsenden aufgenommen? Worauf bezogen sich Kommentare (Qualität, Umfang, …)? …	} Passung Positive Erwartungshaltung

Neben den von Thonhauser (2008) genannten, aufgabenbezogenen Anforderungen sollte von der Lehrkraft stets geprüft werden, inwieweit zwischen Hausaufgaben, individuellem fachlichem Wissen und Entwicklungsstand der Heranwachsenden sowie der Unterrichtsplanung eine inhaltliche und anforderungsbezogene Passung besteht. Nur diese kann eine weitgehende Lernwirkung in inhaltsstimmiger Weise hervorrufen. Berücksichtigt ist hierbei allerdings noch nicht die didaktische Übereinstimmung von Unterrichtsdurchführung und Hausaufgaben. So müssen die erzieherischen und didaktischen Funktionen von Unterricht und häuslichen Aufgaben entsprechend der zugrunde liegenden Lern- oder Bildungstheorie korrespondieren, um eine Kontinuität des Lernwegs bei den Heranwachsenden anzubahnen. Mit anderen Worten, findet im Unterricht eine ausgeprägt enge Führung der Schüler statt, sollten die Hausaufgaben diese Kultur entsprechend fortsetzen. Ebenso verlangt ein schüleraktiver Unterricht analoge Aufgaben für den unterrichtsfreien Raum. Die Ausarbeitung eines entsprechenden theoretischen Hausaufgabenkonzepts ist somit noch ein Leerfeld in der Allgemeinen Didaktik.

Literatur

Bourdieu,Pierre /Passeron Jean-Claude Passeron: Die Illusion der Chancengleichheit. Untersuchungen zur Soziologie des Bildungswesens am Beispiel Frankreichs. Stuttgart: Klett-Cotta 1988

Haag, L./ Mischo, C. (2004): Hausaufgabenverhalten: Bedingungen und Effekte. *Empirische Pädagogik*. 16/3, S. 311-327.

Heimann, P. (1970): Didaktik als Theorie und Lehre. In D. C. Kochan (Hrsg.), Allgemeine Didaktik, Fachdidaktik, Fachwissenschaft. Ausgewählte Beiträge aus den Jahren 1953-1969 (S. 110 – 142). Darmstadt: Wissenschaftliche Buchgesellschaft.

Jacobs, B. (2008): Was wissen wir über die Lernwirksamkeit von Aufgabenstellungen und Feedback. In J. Thonhauser (Hrsg.).

Klafki, W. (1996): Neue Studien zur Bildungstheorie und Didaktik. Weinheim u.a.: Beltz.

Lipowsky, F./Rakoczy, K./Klieme, E./Reusser, K./Pauli, Chr. (2004): Dauerbrenner Hausaufgaben – Befunde der Forschung und Konsequenzen für den Unterricht. *Pädagogik*. 56/12, S. 40-44.

Oser, F. (1997): Standards in der Lehrerbildung. *Beiträge zur Lehrerbildung, 15 (2), 210-228.*

Schulz, W. (1976): Unterricht zwischen Funktionalisierung und Emanzipationshilfe. In H. Ruprecht, H.-K. Beckmann, F. v. Cube, W. Schulz (Hrsg.), Modelle grundlegender didaktischer Theorien (S. 155-184). 3. Aufl. Hannover: Schroedel.

Standop, J. (2011): Eine Theorie der Hausaufgaben? Defizite eines Selbstverständnisses in der Ausbildung und Ausübung des Lehrerberufes und Prämissen einer theoretischen Implementierung in die Unterrichtsdidaktik. *Pädagogische Rundschau, 1 (65),S. 75-93.*

Standop, J. (2011a): Hausaufgabendidaktische Strukturen und Verlaufsformen im Kontext schulischer Förderung von Selbstständigkeit. Befunde einer empirischen Studie. *Die Deutsche Schule, 3 (103), S. 235-251.*

Thonhauser, J. (2008). Aufgaben als Katalysatoren von Lernprozessen. Münster: Waxmann.

Trautwein, U./Lüdtke, O./ Niggli, A./Schnyder, I. (2006): Predicting Homework Effort: Support for a Domain-Specific, Multilevel Homework Model. *Journal of Educational Psychology*. 98/2, S. 438-456.

Johanna F. Schwarz & Michael Schratz

Lernen, das in Anspruch nimmt, aber wie? Von wirksamen Aufgaben zu wirkmächtigen Lernenden

„Du bist die Aufgabe. Kein Schüler weit und breit." Dieser Aphorismus von Franz Kafka spricht eine kafkaesk anmutende Situation an, sofern man sie auf die Schule bezieht. Ist es nicht umgekehrt, so ließe sich fragen, lautet die schulische Ordnung doch so, dass Lehrpersonen Aufgaben stellen und die Schülerinnen und Schüler sie machen, oder auch nicht. Aufgaben sind zu erfüllen, zu erledigen, zu übernehmen, werden zugeteilt, delegiert, oder abgegeben, eingesammelt und nach der Korrektur wieder ausgeteilt. Im besten Fall finden sie eine Entsprechung, Resonanz oder Weiterbearbeitung im nachfolgenden Unterricht, im schlechtesten Fall bleibt ihre (Nicht-)Erledigung unbemerkt, ungenützt, ungeschätzt. Meist werden sie zur Makulatur. Aufgaben stellen so etwas wie einen schulischen Automatismus dar, der nahe legt, ihr Erledigen führe geradewegs zum intendierten Lernerfolg. Nicht erledigte Arbeiten schlagen sich in negativen Zensuren nieder und fungieren mitunter als Kontrollinstrumente gegenüber Schülerinnen und Schülern genauso wie deren Eltern. Lehrpersonen verwenden sie als Argumentationsmaterial bei Notenbegründungen, aber auch SchülerInnen und Eltern stimmten in der Regel zu, dass ohne gemachte (Haus-)Aufgaben Lernen nicht gelingen kann oder sich schulischer Erfolg nicht einstellt.

(Sich) Aufgaben stellen hat, wie Renate Girmes (2004) beeindruckend zeigt, eine dreifache Bedeutung. Ich stelle mich einer Aufgabe. Ich stelle mir selber eine Aufgabe. Wenn wir das reflexive *sich* einklammern, bleibt Aufgaben stellen übrig, das zum Kerngeschäft professionellen Lehrerhandelns zählt. Was wäre zu gewinnen, wenn wir die Sache umkehrten, wie es Kafkas Zitat vorschlägt? Was ist die besonders herausfordernde Aufgabe, die sich Lehrpersonen stellt und der sie sich stellen sollten? Sie ist es, für möglichst alle Schülerinnen und Schüler Lernen wahrscheinlich zu machen, anzustoßen, zu begleiten, zu verbessern und in die Wege zu leiten. Sie ist es, die Seite des Lernens einzunehmen und das Lehren darauf auszurichten.

Dieser Beitrag will eine Lanze brechen für eine etwas andere Betrachtungsweise. Er will stärker die Seite des Lernens beleuchten und Lernen aus seinem Schattendasein rücken, in dem es sich nach Mitgutsch im schulischen

Geschehen befindet (2008, 263). Es soll auch die Sache selbst anders betrachtet werden. Käte Meyer-Drawe (1987, S. 72) spricht von der Belehrbarkeit des Lehrenden durch die Lernenden und betrachtet den Lernenden als „*Mit*-Subjekt, als *Mit*-Konstituierenden“ im Lehr-Lerngeschehen: „Der Lernende sieht nicht nichts, er sieht aber auch nicht alles, er sieht die Dinge anders. Diese andere Sicht der Dinge wiederzugewinnen, ist eine schwierige und unabschließbare Aufgabe auf allen Stufen des Lehrens.“ Wie gelingt diese herausfordernde Aufgabe, die Sicht der Schülerinnen und Schüler zurück zu gewinnen, sie zu nützen für das Stellen lernseitig orientierter Aufgaben, deren Ansprüche sie persönlich bedeutsam finden und deren Erfüllung sie wirkmächtig werden lässt in der Erschließung der Welt.

Lehren als Geschenkübergabe

Mills & Spencer (2011, S. 2) sprechen von „teaching as a form of gift giving“. Die Metapher der Geschenkübergabe betont ein Geben und Nehmen, das für die Autoren in der pädagogischen Beziehung grundgelegt ist. Aus kritischer Perspektive könnte bezweifelt werden, dass Schülerinnen und Schüler Lehrenden viel zurückgeben, schließlich wissen und können sie weniger als diese. Es soll hier nicht die Differenz von Erfahrung, Wissen und Können zwischen Lehrpersonen und Lernenden geleugnet werden. Lehrende sind allerdings in einem wechselseitigen Bezug mit ihren Schülerinnen und Schülern, denn das Lehren, so Meyer-Drawe, vollzieht sich nicht in sich selbst, sondern in ihrem Lernen. Das gerät leicht aus dem Blick. Dieser Beitrag stellt eine Betrachtungsweise vor, die den Blick ganz bewusst auf die Seite des Lernens richtet. *Lernseits,* eine Wortneuschöpfung von *Michael Schratz*[1], meint eine besondere Akzentuierung auf schulischen Unterrichts, in der sich die (forschende) Aufmerksamkeit auf das Lernen der Schülerinnen und Schüler richtet, als jene Seite im Lehr- Lerngeschehen, die häufig unterrepräsentiert bleibt und weder mit Schülerorientierung noch einer Vernachlässigung des Lehrens gleichgesetzt werden darf.

Die Schülerinnen sind Mit-Subjekte, sie konstituieren das Lehr-Lerngeschehen mit. Ohne dass die Schülerinnen und Schüler unsere Aufgaben annehmen, auf den Anspruch, den wir durch sie formulieren, antworten, und zu einer Auseinandersetzung mit der Sache finden, der sie dienen, ist das Lehren nichts. Es sei denn, wir gäben uns damit zufrieden, dass Aufgaben aus Angst vor Bloßstellung, Zurückweisung und schlechten Zensuren störungsfrei erledigt und abgearbeitet werden. Die bewusste Entscheidung einmal nur das in den Blick zu nehmen, was als das Lernen der Schülerinnen und Schüler erscheint und in welchen Formen es sich zeigt, stellt eine beson-

---

1 Schratz 2009; vgl. auch Schratz, Schwarz, Westfall-Greiter 2011; 2012

dere Aufmerksamkeit dar, die Waldenfels (2009, S. 30f) als primär und kreativ bezeichnet, weil dabei auch Überraschendes, Fremdartiges, Neues oder Abweichendes in Erscheinung tritt und Nuancen sichtbar werden, die im Unterricht häufig unbemerkt bleiben.

Aufgaben, die in Anspruch nehmen

Den Wortkern von Aufgabe bildet *Gabe*, das altertümliche Wort für Geschenk, *Spruch*, jenen von Anspruch. Als Nomen stellt sich die Bedeutung von *Urteilsspruch* und *Entscheidung* ein. Verbal kommt *ansprechen* und *sich angesprochen fühlen* zum Ausdruck. Ein Anspruch kann hoch oder niedrig sein, verweist also auf Ebenen von Komplexität. In beiden Begriffen spielen Bezug und Beziehung eine Rolle. Eine Aufgabe wird *von* jemandem *für* jemanden gestellt. Das nennt einen Auftraggeber und einen Empfänger. Ein Anspruch wird *für* jemanden *von* jemandem formuliert. An-Spruch betont einen Sprechenden und einen Angesprochenen. In beiden Begriffen schwingt ein Drittes mit, eine Sache, die zwischen den Beiden hin und herwandert (*Gabe)*, oder worüber sie sich austauschen (*Spruch*). Die altertümliche Färbung von *Gabe* impliziert Vorsicht, Demut, Respekt, Achtsamkeit. Die implizite Mündlichkeit in An-Spruch verweist auf ein Hin-hören, Aufmerksamwerden, ein An-fragen, ein-Antworten. Dieser Bezug wird vor allem durch die Präpositionen *auf* und *an* konstituiert. Das deutsche Pendent zum Fremdwort *Präposition* ist *Verhältniswort.* Als Verhältniswörter signalisieren sie Autoritäts- und Größenverhältnisse. In der Schule sind diese Verhältnisse klar. Es ist klar, wer wem, was aufgeben darf und wer welchen Anspruch an wen formuliert. Was wird hier wem gegeben? Darf diese Gabe auch zurückgewiesen werden?

Das englische Wort *gift* meint bedeutungsgeschichtlich *Geschenk*, *Glück* und zeigt eine Verwandtschaft mit den deutschen Wörtern *Mitgift* (dowry) und *Talent* (gifted). Im Deutschen ist das englische Wort *gift* in einer sehr gewandelten Bedeutung als todbringendes Gift (*poison).* Inwiefern gleichen die Gaben, die Lehrende ihren Schülerinnen und Schüler in Form schulischer Aufgaben übermitteln, auch tatsächlich Geschenken, die sie in ihrem Handeln wirkmächtig werden lassen und ihren Stärken und Begabungen zum Ausdruck und zur weiteren Entfaltung verhelfen? Inwiefern wirken sie möglichst wenig als Gift auf ihre Lernbereitschaft, Wissbegierde, ihre kindliche Begeisterung oder töten ihren natürlichen Drang, sich die Welt zu erschließen, ab? Inwiefern nützen Lehrpersonen jenes Geschenkpotential, welche im Antworten, im Respondieren der Schülerinnen und Schüler auf die Ansprüche jener Aufgaben, die sie ihnen stellen, enthalten ist? Dies könnte die herausfordernde Aufgabe erleichtern helfen, die sich Lehrpersonen im Sinne des Zitats von Kafka vor allem stellt: Lernen für möglichst alle in Gang zu bringen, sein Entstehen wahrscheinlich zu machen, es zu begleiten, zu fördern und ihm zum Leuchten zu verhelfen. Lernen, das wirksam ist und wirkmächtig werden lässt.

Affektion und Responsion

„Zwischen dem Wovon der Affektion und Worauf der Responsion, zwischen dem, was *mir* widerfährt, und dem, was *ich* zur Antwort gebe, geschieht etwas, das sich weder der einen noch der anderen Dimension zuordnen läßt. Was hier geschieht, ist genau die Umwandlung des Wovon in ein Worauf, die Umwandlung des erleidenden in ein antwortendes Selbst." (Waldenfels, 2002, S. 102) Was erregt die Aufmerksamkeit von Schülerinnen und Schülern? Was drängt sich in ihre Aufmerksamkeit? Wo merken sie auf und wenden sich der Sache zu? Was stellt einen Anspruch an sie, auf den sie antworten *wollen?* Das ist schwer für alle bestimmbar und Lehrpersonen kaum zugänglich. Wie aber lehren, wenn diffus bleibt, wann Lernende aufmerken und sich einer Sache zuwenden oder wenn sich dies für jedes Kind unterschiedlich ereignet? Wie pädagogisch angemessen handeln, wenn die Aufgabe selbst, die Sache selbst, einen Anspruch formuliert, oder Dinge zu Aufgaben werden und Ansprüche stellen, die so nicht von den Lehrpersonen vorgesehen sind? Kommt dann die schulische Ordnung ins Wanken oder sind das Gelegenheiten, die es zu nutzen gilt, weil darin Lernanfänge aufblitzen, die uns sonst verborgen bleiben?

Wer schulische Aufgaben stellt, geht davon aus, dass sie Wirkkraft entfalten und die Lernenden anfragt, sich ihnen zuzuwenden und darauf zu antworten. Im schulischen Kontext werden häufig möglichst richtige und fehlerfreie, möglichst effiziente und störungsfreie Antworten erwartet. Lernende allerdings respondieren auf schulische Ansprüche mitunter langsam oder konzentriert, überrascht oder verloren, gelangweilt oder begeistert, eigenwillig oder vorhersehbar und, häufig genug, gar nicht. Wie bekommen wir in den Blick, was unseren Lernenden durch die Aufgaben, die wir ihnen stellen, widerfährt, was sie irritiert, überrascht, stutzig und staunen macht? Was Lehren als Geschenkübergabe andeutet, wird verstärkt durch Waldenfels' Verweis auf das Geschenkpotential der Responsion unserer Schülerinnen und Schüler auf die Aufgaben, die wir ihnen stellen, weil ihr Antworten darauf zum Schlüssel werden kann für die angemessene Gestaltung lernseits orientierten Lehrens.

Wie Lernende antworten auf Ansprüche in Aufgaben von Lehrenden: Eine Vignettenlektüre

Anhand eines konkreten Beispiels aus der Innsbrucker Vignettenforschung[2] soll gezeigt werden, wie ein Schüler auf den Appell einer Aufgabe respondiert. Diese Einsichten werden dann zu Überlegungen genützt, an welchen Leitprinzipien entlang, schulische Aufgaben gestellt werden könnten, die Lernende stutzen und staunen lassen. Wie respondiert Sebastian auf die ihm gestellte Aufgabe in dieser Vignette? Was stellt Ansprüche an ihn, was nicht? Als was antwortet er darauf?

Vignette 27

Die Lehrperson kündigt an, das Arbeitsblatt zur Ernährung kann am Computer ausgefüllt werden. Sofort startet Sebastian los, drängelt an den anderen vorbei und ist ganz vorne an der Tür. Die Lehrperson pfeift die Klasse zurück, sie ist noch nicht fertig mit ihren Erklärungen. Drei Mal insgesamt, müssen die Schülerinnen und Schüler zurück, bevor sie in den Computer-raum dürfen. Sebastian setzt sich nicht mehr hin. Wie ein Sprinter steht er in einer halben Hocke da, wohl um sofort losstarten zu können beim ersten Signal der Lehrperson. Das tut er auch. Er drängelt an den anderen vorbei um ganz vorne in der Reihe zu sein und sichert sich einen Platz ganz vorne in der Reihe, sobald er die Erlaubnis dazu bekommt. Im Computerraum hat er den ersten Arbeitsplatz in der Wandreihe ergattert, neben ihm sein Freund Silas. Während die Lehrperson den Computer hochfährt, ist er schon bei den diversen Abschnitten der Internetseite, welche die Informationen für den Lückentext enthält, die auszufüllen sind. 15 von 17 Kindern haben das Blatt zur Ernährung längst fertig gestellt und dürfen zu SCHTIFTI,[3] dem Computerspiel zum Thema Ernährung wechseln, während Sebastian noch bei den letzten Zeilen hängt. Er lehnt nach rechts geneigt zu Silas' Platz hin, der schon früher zu spielen begonnen hat, und verfolgt dessen Spielverlauf. Nach mehreren Interventionen durch die Lehrperson – zum Schluss diktiert sie ihm die noch fehlenden Begriffe – ist er endlich fertig mit seinem Arbeitsblatt und darf, wie die anderen auch, zum Computerspiel wechseln. Er ist schnell, strategisch, erfolgreich. In rascher Folge erspielt er 248 Punkte. Die Ankündigung der Lehr-person, die Kinder sollten in Gruppen eine Millionenshow zu Ernährungsbegriffen machen, ignoriert er. Im nächsten Spiel steht er bei 30 Punkten. Das hat er extra gemacht. Er wollte 0 Punkte erreichen! Beim ersten Aufruf der Lehrperson aus dem Programm auszusteigen ist Sebastian ruck zuck fertig. Der Computer erlischt, er schnappt seine Unterlagen, schiebt den Stuhl unter den Tisch, windet sich daran vorbei und steht als Ers-

2 Dieser phänomenologisch orientierte Forschungsansatz wurde entwickelt im Rahmen des Projektes „Personale Bildungsprozesse in heterogenen Gruppen", das vom FWF (Fonds zur Förderung der wissenschaftlichen Forschung) unter der Nummer P 22230-G17 gefördert und am Zentrum für Lernforschung (ZLS) an der Universität Innsbruck im Bereich der Grundlagenforschung durchgeführt wird,

3 http://www.schtifti.ch/?id=109 [2012-09-18]

> ter bei der Tür zum Computerraum. (Schratz, Schwarz, Westfall-Greiter 2012, S. 69f)

Sebastians Losstürmen deutet darauf hin, dass die Aufgabe einen starken Anspruch an ihn stellt. Ob es das Arbeitsblatt zur Ernährung ist, oder die Option des Computer-raums, ist noch zu zeigen. Sebastian drängelt sich nach vorne. Er setzt sich nicht mehr hin. Seine Sprinterposition zeigt ihn als hochmotiviert, als jemanden, der es kaum erwarten kann, bis er loslegen darf. Dass es eher die Aufgaben am Computer sind, die ihn so fesseln, dass er kaum zu halten ist, wird deutlich, wenn wir den weiteren Verlauf dieses Erfahrungsmomentes betrachten. Er sichert sich den ersten Arbeitsplatz im Raum, findet ohne Hilfestellung der Lehrperson auf die entsprechenden Internetseiten und startet sofort. Er zeigt sich als sicher, begeistert, schnell, kompetent. Er weiß, was zu tun ist, und er will es auch. Bis zu einem bestimmten Zeitpunkt. Dann fällt er ab. Zögert. Verzettelt sich. Trödelt und hört ganz auf. Dass die anderen um ihn herum längst fertig sind mit dem Ausfüllen des Arbeitsblattes, ihn überholt und zum Computerspiel gewechselt haben, das als Belohnung winkte, scheint ihn nicht anzuspornen. Es ist ihm offensichtlich egal. Er wendet sich dem Spielverlauf seines Freundes zu, das nimmt ihn stärker in Anspruch. Nur mit Mühe und dadurch, dass sie das Blatt mehr oder weniger für ihn (aus-)füllt, gelingt es der Lehrperson, Sebastian zum Abschluss dieser Aufgabe zu bringen.

Was hält ihn davon ab? Was widerfährt ihm hier? Das Arbeitsblatt scheint keinen Zug zu entwickeln, der Computer schon. Sebastian zeigt sich wieder als sicher, begeistert, schnell und kompetent, sobald er mit dem Spiel zugange ist. Die Herausforderung scheint mühelos. Er erspielt rasch die Höchstpunktezahl. Zu mühelos? Ja. Er findet sich selbst Abhilfe und dreht das Spiel um. Sebastian stellt sich selbst eine Aufgabe, die ihn stärker in Anspruch nimmt, weil die an ihn gestellte Aufgabe das nicht tut. Die Lehrperson in dieser Szene hat sich viel Mühe gemacht, vielfältige Aufgaben zu stellen, die gute Chancen haben, willkommene Ansprüche an heutige Jugendliche zu stellen. Sie erlaubt einen Ortswechsel vom Klassenzimmer in den Computerraum. Sie ermöglicht Auswahl an Medien, Form und Inhalt. Sie ist gut vorbereitet. Sie hilft bei der Bearbeitung. Schade allerdings, dass die Vielfalt der Aufgaben der Einfalt der Wege zum Opfer fällt. Alle müssen alles abarbeiten, gleich beginnen und gleich beenden. Der Echtheitscharakter des Ernährungsspiels im Internet spricht Sebastian anders an als der Lückentext, in dem ein paar Begriffe fehlen, die er, unter Umständen, schon kennt. Seine Mutter ist Ernährungsberaterin. Warum soll, warum muss er das Arbeitsblatt fertig stellen?

Respektvolle Aufgaben oder wie (sich) Aufgaben stellen, die Lernen wirksam und Lernende wirkmächtig macht?

Wie nun Aufgaben gestalten, die für möglichst alle jenen Anspruch entfalten, den Sebastian mit seiner Umkehrung des Computerspiels sich selbst gestellt hat. Wie als Lehrpersonen mit dieser „schwierigen und unabschließbaren" Aufgabe umgehen? Es gilt, Aufgaben zu entwickeln, die mehr bewirken als eine zu erledigende Aktivität mit Übungscharakter am Arbeitsblatt. Im deutschen Wort *Üben* geht der Unterschied verloren, den es im Englischen gibt zwischen *exercise*, dem schulischen Üben, und *practice*, der Einübung in eine (handwerkliche, berufliche) Tätigkeit als Teil eines Professionalisierungsprozesses. In der Redewendung „Übung macht den Meister" ist dieser Aspekt noch enthalten. Gemeint ist: Die Übung *macht* den Meister, d.h. es geht um den Aneignungsprozess eines meisterlichen Verhaltens. Senge (1996) spricht von Personal Mastery, der persönlichen Könnerschaft, die den meisterlichen Umgang des einzelnen Menschen mit der Sache charakterisiert. Dieser Aneignungsprozess in Form des „Praktizierens" setzt einen ästhetischen Sinn voraus, der dessen Güte ausmacht. Für diese Güte steht der Ruf der ganzen Zunft, der gesamten professionellen Gemeinschaft am Spiel. Dies argumentiert Crawford (2011) wie folgt:

> „In Tätigkeiten, die ein konkretes Ziel anstreben [...] wird der Wert des Ziels nicht einfach postuliert, nein es wird Schritt für Schritt offenbart, warum man eben dieses Ziel anstreben sollte und wie man es erreichen kann. [...] Dass die Offenbarung schrittweise erfolgt, gibt zusätzlichen Ansporn, Kompetenz zu entwickeln – es ist eine aufregende Erfahrung, wenn etwas in unserer Welt peu à peu verständlicher wird. Wenn man sich vollkommen in das vertieft, was man tut, spürt man, wie das eigene Urteilsvermögen wächst. Man hat das Gefühl, mit Unterstützung eines anderen, der bereits ein größeres Stück des Weges zurückgelegt hat, Aufnahmen in eine Welt zu finden, die vom eigenen Selbst unabhängig ist." (Crawford 2011, 266).

Wie werden wir als Lehrpersonen zu solch Unterstützenden, die den Lernenden die Aufnahme in die jeweiligen Fachwelten erleichtern? Am Weg von der Novizin zur Expertin ist eine Aufgabe nicht nur ein zu erfüllender Auftrag, sondern eine Aufgabe, an der man in die (berufliche) Tätigkeit hinein wächst und zum Profi in der Sache wird. Tomlinson (2008) spricht von respektvollen Aufgaben, die folgende Charakteristika zeigen: Sie lösen Stutzen und Staunen aus, sind herausfordernd, sowie persönlich und fachlich relevant.

Respektvolle Aufgaben lösen Stutzen und Staunen aus

Respekt wendet den Blick von einer lehrseitigen Orientierung lernwärts, öffnet Denkräume für Neues und lässt Bilder im Anderen entstehen, anstatt die eigenen „Bilder" an Andere zu vermitteln. Das Wort *Bild* verweist etymologisch auf *Menschenbild* und bezeichnet unter anderem das, was der Gestalt eines Menschen gleichkommt. Egan (2005) baut seinen pädagogischen Ansatz auf die Wirkmächtigkeit der Vorstellungskraft. In seinem Verständnis meint Imagination die Fähigkeit, das Mögliche nicht nur das Tatsächliche zu denken, die Quelle innovativen, flexiblen Denkens, die rationales Denken übersteigt die Kraft menschlicher Bilder und Gefühle, sowie die erfüllende Erfahrung des *„Schau, was ich damit tun kann!"*[4] Für das Formulieren respektvoller Aufgaben folgt daraus, dass es gilt, das Neue, das Mögliche, das Noch-nicht-Gedachte anzusprechen, Imaginatives und Bildhaftes anzuregen und die Wirksamkeit des Neuen für das bereits Gelernte zu entfalten und sehen helfen. Sebastians kreativer Umgang mit der schulischen Aufgabe ist ein Beispiel dafür.

Egan betont vor allem die persönliche Beschäftigung mit dem Inhalt einer gestellten Aufgabe an, die über emotionale Bindung (neues) Wissen erzeugt. Für ihn ist alles Wissen „menschliches Wissen, das aus Hoffnungen, Nöten und Leidenschaften erwächst. Die phantasievolle Auseinandersetzung mit Wissen schöpft aus dem Lernen im Kontext von Hoffnungen, Nöten und Leidenschaften, aus welchen es erwächst oder in welchen es seine existentielle Bedeutung erfährt." Er spricht vom „heroischen Moment", der dem Wundersamen innewohnt. Das vom Heroischen ausgelöste Staunen bindet emotional an das Thema und fordert zum Nach- oder Vordenken auf.

Damit Schülerinnen und Schüler sich überhaupt emotional mit (Lern-)Inhalten verstricken können, müssen Lehrpersonen, so Egan, sich mit der eigenen emotionalen Verstricktheit in das Thema beschäftigen und identifizieren. Was ist das Besondere, das Wundersame an diesem Thema, was fasziniert mich selbst daran? Das wäre eine wichtige erste Frage, die beim Gestalten respektvoller schulischer Aufgaben gestellt werden könnte. Es ist schwierig, wenn das Thema in Aufgaben zur Aneignung der grammatischen Form des „Present Perfect" angegangen wird, wohingegen ihre Verwendung zum Ausdruck eines bestimmten Zeitgefühls sehr viel Potential an Stutzen und Staunen in sich trägt. Es gilt, sich kritisch zu fragen, was Themen, Aufgabestellungen und Vermittlungswege sind, die zu reinen Traditionen verkommen sind und welchen Musterwechsel es braucht, um das Thema lernseits anzugehen, also aus der Perspektive dessen auszugehen, das Staunen auslöst? Was macht das Gefühl des Wundersamen im jeweiligen Thema aus, auch in

---

[4] Diese und folgende Übersetzungen aus dem Original sind unsere.

ganz profanen Themen wie etwa der Zweierpotenz in Mathematik. Das fällt schwer, weil Lehrende vor allem im Modus des Lehrens ausgebildet werden und sich ihre Expertise für den Unterricht meist über das Herunterbrechen von Lehrstoff in einzelne Planungsschritte definiert. Daher verlangt eine lernseitige Orientierung von der Lehrperson etwas Ungewohntes „nämlich die emotionale Bedeutung des Themas zu er-fühlen“ (Egan 2005, S. 53).
Im Folgenden stellen wir ein Beispiel aus der Sekundarstufe I vor, in dem ein Auszug aus *Gullivers Reisen,* also ein literarischer Text (Swift 1721 [1956], S. 20), den Ausgangspunkt einer mathematischen Aufgabe bildet.

> „Gegen Abend gelangte ich mit einiger Schwierigkeit in mein Haus, und legte mich dort auf den Boden nieder. Dies mußte ich ungefähr vierzehn Tage lang thun, während welcher Zeit auf Befehl des Kaisers ein Bett für mich zugerichtet wurde. Sechshundert Betten von gewöhnlichem Maß wurden in mein Haus gebracht und dort bearbeitet; hundertundfünfzig Betten, zusammengenäht, bildeten die Länge und Breite einer Matratze; vier davon wurden übereinander gelegt, waren mir aber noch immer nicht bequem genug, wegen der Härte des Fußbodens von poliertem Stein. In demselben Verhältnis wurde ich mit Kissen, Betttüchern und Decken versehen, die mir so ziemlich erträglich schienen, da ich so lange an Strapazen jeder Art gewöhnt gewesen war.“

Dieser Text enthält heroische Elemente als innewohnende Kraft von Aufgaben und wirkt auf die Vorstellungskraft der Lernenden; sie spricht ihr Vorstellungsvermögen an und macht sie in ihrem Respondieren wirkmächtig als Mathematikerinnen und Mathematiker. Der Lehrer, Peter Awecker, verbindet in seiner mathematischen Aufgabe gelebte Erfahrungen der Schülerinnen und Schüler in ihrem Interesse an praktischen Problemstellungen mit erstaunlichen Geschichten einer Person, die auf ein fremdes Volk trifft. Die Verwendung von Swifts Geschichte stellt besondere Ansprüche an die Lernenden, weil sie daran lernen, dass sie mathematische Größen umwandeln, die aus einer anderen Zeit stammen, dass mathematische Konventionen dem Wechsel der Zeit unterworfen ist; dies ermöglicht ihnen zudem, mathematisches Denken in alltagsrelevanten Bezügen, etwa wie groß ein Bett sein muss, damit man bequem liegen kann, erproben können (vgl. Schratz 1996, S. 53f.). Respektvolle Aufgaben brauchen ein heroisches Element, das Emotion mit Kognition verbindet, Stutzen und Staunen auslöst, neugierig macht, den Erfindergeist anregt und Flexibilität im Denken fördert. Das gelingt nicht in *One Size Fits All* Arrangements, wenn alle zur gleichen Zeit das Gleiche machen.
Beim Staunen handelt es sich nach Meyer-Drawe (2011, S. 199) weit eher um etwas, das uns widerfährt, als um etwas, das gelernt oder gelehrt werden könnte; man kann lediglich dafür empfänglich sein. Vignetten stellen eine gewinnbringende Möglichkeit dar, das, was sich als die Erfahrung Lernender

zeigt, Wissbegier etwa, Stutzen und Staunen, Aufmerken und Irritationen, ja Abweichendes, als fruchtbare Impulse aufzugreifen und pädagogisch taktvoll zu beantworten. Sebastians Uminterpretation des Spiels ist eine abweichende und unerwartete Antwort auf die Ansprüche des didaktischen Settings, das ihm geboten wurde und blieb von der Lehrperson unbemerkt. Vignettenforschung bringt in der lernseitigen Blickrichtung Anknüpfungspunkte an persönlich Bedeutsames in den Blick, was im offiziellen Lehrgeschehen häufig verborgen bleibt.

Respektvolle Aufgaben sind herausfordernd

Das Noch-Nicht-Gedachte denken, das Noch-Nicht-Vorgestellte sich vorstellen, ist in der Tat herausfordernd. Wie viel Fremdheit, Unsicherheit und brüchiges Stutzen halten Lehrpersonen selbst aus, wie viel an Fremdheit, Unsicherheit und Brüchigkeit muten wir Lernenden zu? Hierzu ein Beispiel aus einem gemeinsamen ersten und zweiten Schuljahr, das Fauser (2009, S. 34) als pädagogische „Urszene“ bezeichnet.

> „Je zwei Kinder sollen aus einem großen Vorrat von über tausend ‚Kapla-Plättchen‘, aus Hartholz gefertigte Bauklötzchen, rund 8 mm dick, 2,4 cm breit und 12 cm lang, in einer Kinderbadewanne genau hundert abzählen und sie zu Häusern verarbeiten. Am Ende der Aufgabe sollen die Plättchen zwischen allen Gruppen gleich aufgeteilt werden. Alsbald bedecken unterschiedliche Bündelungsmuster die Tische. Manche Kinder legen je fünf nebeneinander, haargenau auf Kante, dann fünf parallel oder kreuzweise darüber, andere ordnen sie in langen Zehner- oder Zwanzigerreihen, wieder andere bündeln fünf in einer Hand, legen dann das Bündel auf einen wachsenden ungeordneten Haufen und zählen dabei die Bündel. Unter den Gruppen entspinnt sich ein Austausch. Bald haben die ersten Tandems ihre Hundert voll, ihr Ergebnis kontrolliert und mit Unterschrift besiegelt. Ein Mädchen kommt mit fliegenden Zöpfen und glühendem Gesicht gerannt: ‚Wir sind fertig!‘ Ihre Augen leuchten, als ob sie Zeugin eines Wunders geworden wäre. Zwei Buben skandieren ‚Wir haben hundert! – wir haben hundert!‘ wie einen Schlachtruf im Stadion oder bei der Demo und fangen an, wie Schamanen einen Tanz um das erlegte Mammut aufzuführen.“

Der Sinn dieser gestellten Aufgabe leuchtet den Kindern unmittelbar ein und die mit einer Unmenge von Plättchen gefüllten Badewanne löst den Impuls aus, darin zu wühlen und sofort mit dem Bauen anzufangen. Methodisch-didaktisch wird die Frage spannend, zu welchen Bündelungsmustern die Lernenden greifen und wie sie damit umgehen, zu viele oder zu wenige zu haben. Es wird deutlich, „welche ungeheure Kulturleistung sich hinter der Zählbarkeit der gegenständlichen Welt verbirgt“, welche „Schubkraft wirkliches Verstehen“ entfachen kann und dass es gilt, „Kinder in ihrem Verstehen nicht zu stören, sondern zu fördern durch Badewannen voller Herausforderungen“ (ebenda, S. 35).

Respektvolle Aufgaben sind persönlich und fachlich relevant

Respektvolle Aufgaben sind ernsthaft und lebensecht. In der Relevanz eines Themas geht es um die Sache, die der Fachlichkeit des Unterrichtsgegenstands verpflichtet ist. Ohne Herausforderung, ohne Ernsthaftigkeitscharakter und Lebensechtheit wird es schwer gelingen, um mit Waldenfels (2002, S. 102) zu sprechen, die Schülerinnen und Schüler vom „erleidenden Selbst“ zum „antwortenden Selbst“ werden zu lassen. Ohne fachliche Verankerung lässt sich, nach Craword, die Historizität des Dinglichen schwer erschließen. So wie die Einführung des Fließbands die ArbeiterInnen vom Gesamtergebnis abgekoppelt hat, tragen vielerorts die vom disziplinären Sinn isolierten Arbeitsaufgaben zur Entfremdung vom Wesen des zu Erlernenden bei. Um auf das Wesen eines Unterrichtsfaches zurückzugehen, ist es erforderlich, die Grundfragen zu kennen, die sein Wesen ausmachen.

Im Beispiel der folgenden Aufgabe aus einem portfolio-gestützten Unterricht (vgl. Schwarz 2012, S. 23) werden sowohl Lebensechtheit und persönliche Relevanz deutlich. Sebastian und Lorenz lösen die Aufgabe, ein Artefakt zu finden, das ihre aktuelle mündliche Leistung zeigt, folgendermaßen: Sie wählen eine Episode aus den „Simpsons" und sprechen eine eigene Tonspur ein. Sie drängen darauf, ihr Ergebnis vor der Gesamtgruppe zu präsentieren, das alle Anwesenden staunend zurück lässt. Ihre an sich ausgeprägte Tiroler Idiom und Aussprache sind nicht hörbar und ihre Stimmen nicht unterscheidbar von jenen des Originals. Ihre persönliche Vorliebe für Bart Simpson sowie die Anforderung, zu zeigen, inwiefern sie ihre mündliche Kompetenz in einem bestimmten Zeitraum schulischen Lernens erweitert haben, hat sie zu einer selbst gestellten Aufgabe geführt, die Lehrpersonen wohl kaum von gesamten Gruppen verlangen könnten. Sie müssen sich stundenlang mit Englisch beschäftigt haben und auch über das technische Know-How verfügen, Filmisches eigenhändig zu synchronisieren. Der Erfolg sprach für sich und machte das Publikum sprachlos: Engagement und Produkt allerdings wollten ein Publikum und Sebastians und Lorenz` Anstrengung gewürdigt werden.

In der Arbeit mit Lehrerinnen und Lehrern in einem Lernatelier im Rahmen der Entwicklungsbegleitung einer Schulreform (vgl. Schratz & Westfall-Greiter 2010) haben sich folgende Fragen zur Konzeption von Aufgaben bewährt, die allen drei Kriterien Genüge tun wollen:

- Was ist der Kern des Faches?
- Was ermöglicht das Fach im Leben?
- Wie können wir die Kernaspekte des Faches/der Fächer sichtbar machen?

Die Gestaltung von Szenarien, die unsere Lernenden durch respektvolle, persönlich relevante, herausfordernde und in Egans Sinn heroische Aufgaben wirksam werden lässt in der Erschließung einer immer komplexer werdenden

Welt, ist die herausfordernde planerische Aufgabe von Lehrpersonen. Folgende Fragen können die persönliche Reflexion intensivieren:

- Wo(zu)/Wann/Wie bin ich diesem Fach begegnet?
- Zu welcher Auseinandersetzung mit fachlichen Fragen hat mich die Begegnung mit dem Fach geführt?
- Wozu wurde ich dadurch befähigt?

Die Beantwortung dieser und ähnlicher Fragen lässt erkennen, dass beim Stellen von Aufgaben im Unterricht nicht das didaktische Konstrukt eines Individuums als Adressat im Mittelpunkt steht, sondern die Erschließung von Weltbezügen. Die Seinsweisen, die in der Schule im Sinne von Bildung angestrebt werden, gründen in den fachlichen Dispositionen der Disziplinen. Fachlich diszipliniert zu sein, bedeutet fähig zu sein, bestimmte fachliche Dispositionen einzunehmen, die die Erschließung der Welt ermöglichen (Dewey 1916). Dies setzt voraus, dass eine Person in einer Situation - als Mathematikerin etwa - potentielle Muster und Probleme erkennen kann, noch bevor sie eine Vermutung anstellt, einer Lösung nachgeht und handelt (Crawford 2010, 53).

Lernseitig gestellte Aufgaben richten die Aufmerksamkeit zugleich auf Person und Sache. In der Vignettenarbeit zeigen die zahlreichen festgehaltenen Unterrichtsmomente wie diese beiden Prozesse in einem Lernprozess miteinander zusammenhängen und ineinander verwoben sind. Scharmer (2009) spricht von "Presencing", dem Spüren des Moments einer entstehenden Zukunft. Inwiefern lenkt etwa die Aufgabe der Vignettenszene, Wortfetzen in die Lücken eines Arbeitsblattes einzufügen, in die wünschenswerte Zukunft des Lernprozesses? Welche Wirkmächtigkeit wird dadurch erzeugt? Die implizite Frage, *Was geschieht, wenn ich nur ungesunde Lebensmittel esse?* scheint Sebastian in seinem Versuch, im Ernährungsspiel auf 0 Punkte zu kommen, geleitet zu haben. Sie drückt eine staunende Ahnung einer wenig wünschenswerten Zukunft aus, aber, bekommt das Ringen um eine bessere Zukunft nicht erst über solches Staunen wirkliche Tatkraft?

Ausblick

In der Herausforderung, wirksame Aufgaben zu stellen, die Lernende wirkmächtig machen, sind Lehrpersonen tatsächlich die Aufgabe in Kafkas Sinn. Auf sie kommt es an. Dies gelingt leichter, wenn das Respondieren der Lernenden auf diese Aufgaben als Orientierungspunkt für die Gestaltung weiterer Aufgaben genommen wird, denn dann sind diese näher dran an ihrer Lebens- und Erfahrungswelt. Professionelle Lehrpersonen entwickeln oft ausgefeilte Aufzeichnungssysteme, mit denen sie festzuhalten suchen, dass die Schülerinnen und Schüler ihre Aufgaben machen. Wenn ähnlich viel Energie auf die Frage verwendet würde: *Was machen die Aufgaben, die wir ihnen*

stellen, mit ihnen?, bestünde eine größere Chance, dass dies auch tatsächlich gelingt. Dies zeigt sich in den Beispielen „heroischer Momente“, die Emotion mit Kognition verbinden, Staunen auslösen und neugierig machen, den Erfindergeist anregen und Flexibilität im Denken fördern.
Für das Gestalten respektvoller Aufgaben in der Schule gibt es keine einfachen Rezepte, keine Checklisten, die abgehakt werden könnten, trotz der Vielfalt der Ideen in Methodenbüchern. Es ist und bleibt eine Gratwanderung. Es ist und bleibt eine Herausforderung, die sich als unabschließbare, aber sehr lohnende Aufgabe auf allen Stufen des Lehrens stellt: Die Seite des Lehrens immer wirksamer auf die Seite des Lernens ausrichten.

Literatur

Crawford, Matthew B. (2011). Ich schraube, also bin ich. Vom Glück, etwas mit den eigenen Händen zu schaffen. Unter Mitarbeit von Christoph Bausum. Berlin: List.

Dewey, John (1916). Democracy and education. An introduction to the philosophy of education. New York: Macmillan.

Egan, Kieran (2005). An imaginative approach to teaching. San Francisco, CA: Jossey-Bass.

Fauser, Peter (2009). „Haus der Kinder“. Die Wartburg-Grundschule, Münster. In: Peter Fauser, Manfred Prenzel und Michael Schratz (Hg.): Was für Schulen! Wie gute Schule gemacht wird - Werkzeuge exzellenter Praxis. Seelze: Kallmeyer, S. 30-38.

Girmes, Renate (2004). (Sich) Aufgaben stellen. 1. Aufl. Seelze (Velber): Kallmeyer.

Kafka, Franz (2011). Die Acht Oktavhefte. Hamburg: Tredition Classics.

Meyer-Drawe, Käte (1987). Die Belehrbarkeit des Lehrenden durch den Lernenden - Fragen an den Primat des Pädagogischen Bezugs. In: Wilfried Lippitz und Käte Meyer-Drawe (Hg.): Kind und Welt. Phänomenologische Studien zur Pädagogik. 2. Aufl. Frankfurt am Main: Athenäum. S. 63-73.

Meyer-Drawe, Käte (2011). Staunen - ein „sehr philosophisches Gefühl“. In: *Etica & Politica* XIII (1), S. 196-205.

Mills, David., Spencer, Dimitirina. Teacher or Anthropologist? Pedagogy and Ethnographic Sensibility. Editorial *Teaching Anthropology*, Vol. 1, (1) 2011.

Mitgutsch, Konstantin; Sattler, Elisabeth; Westphal, Kristin; Breinbauer, Ines Maria (Hg.) (2008). Dem Lernen auf der Spur. Die pädagogische Perspektive. Stuttgart: Klett-Cotta.

Scharmer, Claus O. (2009). Theorie U: Von der Zukunft her führen. Presencing als soziale Technik. Heidelberg: Carl Auer Verlag.

Schratz, Michael (1996). Gemeinsam Schule lebendig gestalten. Anregungen zu Schulentwicklung und didaktischer Erneuerung. Weinheim u.a.: Beltz.

Schratz, Michael (2009). „Lernseits“ von Unterricht. Alte Muster, neue Lebenswelten – was für Schulen? In: *Lernende Schule,* 12, (2009), 16-21.

Schratz, Michael; Westfall-Greiter, Tanja (2010). Schulqualität sichern und weiterentwickeln. Seelze: Kallmeyer.

Schratz, Michael; Schwarz, Johanna F.; Westfall-Greiter, Tanja (2011): Auf dem Weg zu einer Theorie lernseits von Unterricht. In: Wolfgang Meseth, Matthias Proske und Frank-Olaf Radtke (Hg.): Unterrichtstheorien in Forschung und Lehre. Bad Heilbrunn: Klinkhardt, S. 103-115.

Schratz, Michael; Schwarz, Johanna F.; Westfall-Greiter, Tanja (2012): Lernen als bildende Erfahrung. Vignetten in der Praxisforschung. Innsbruck: Studien Verlag.

Schwarz, Johanna F. (2012). Das Portfolio - ein Zeitfresser? Individuelle (Zeit-)Gefäße für personales Lernen. In: *Computer & Unterricht* 22 (86), S. 22-24.

Senge, Peter M. (1996). Die fünfte Disziplin. Kunst und Praxis der lernenden Organisation: Klett-Cotta.

Swift, Jonathan (1956). Gullivers Reisen. Leipzig: Reclam.

Tomlinson, Carol Ann (2008). Differentiated in Action. Program 2: Middle School. Alexandria, VA: ASCD.

Waldenfels, Bernhard (2002). Bruchlinien der Erfahrung. Phänomenologie, Psychoanalyse, Phänomenotechnik. 2. Aufl. Frankfurt am Main: Suhrkamp.

Waldenfels, Bernhard (2009). Lehren und Lernen im Wirkungsfeld der Aufmerksamkeit. In: Norbert Ricken, Henning Röhr, Jörg Ruhloff und Klaus Schaller (Hg.).Umlernen. Festschrift für Käte Meyer-Drawe. Paderborn: Fink, S. 23-33.

Elisabeth Wegner, Florian Luft & Matthias Nückles

Die Rolle der Überzeugungen von Lehrkräften für die Gestaltung von Lernaufgaben

Es sind die Lehrkräfte, die Lernaufgaben gestalten und sie in ihren Unterricht einbetten. Ihren Vorstellungen darüber, wie Aufgaben wirken und wie guter Unterricht aussieht, kommt daher eine besondere Bedeutung zu, wenn es um einen Wandel der Aufgabenkultur geht (z.B. Pajares, 1992). In der Forschung zu Überzeugungen wird häufig zwischen rezeptiven/transmissiven und konstruktivistischen Überzeugungen unterschieden (z.B. Dubberke, Kunter, McElvany, Brunner, & Baumert, 2008; Staub & Stern, 2002). In der Lehr-Lernforschung finden sich jedoch unter dem Mantel des Konstruktivismus inzwischen sehr viele verschiedene theoretische Ansätze. Diese werden in der Forschung zu Überzeugungen von Lehrkräften jedoch bisher wenig berücksichtigt. Gleichzeitig gibt es nur sehr wenige Studien, die untersuchen, wie diese Überzeugungen sich auf die Gestaltung von Lernaufgaben auswirken. Der vorliegende Beitrag möchte daher *a)* das Spektrum der (wissenschaftlichen) konstruktivistischen Perspektiven auf Lehren und Lernen sowie deren unterschiedliche Konsequenzen für die Gestaltung von Lernaufgaben darstellen, *b)* aufarbeiten, welche Vorstellungen sich bei Lehrkräften in Bezug auf Lehren und Lernen feststellen lassen, *c)* untersuchen, wie sich diese Überzeugungen auf die Gestaltung von Lernumgebungen auswirken, um dann *d)* Konsequenzen für die Lehr-Lernforschung sowie die Lehrerbildung daraus zu ziehen.

Paradigmen des Lehrens und Lernens

Mit der kognitiven Wende und der Abkehr von der behavioristischen Reduktion von Lernen auf Verhaltensänderung hat sich zunächst in der ‚Scientific Community' die Vorstellung von Lernen als kognitiver Prozess der Verarbeitung von Information durchgesetzt (Renkl, 2009). Im Zentrum stand die Erforschung der kognitiven Architektur, z.B. die Organisation von Wissen in Form von Schemata, Skripts oder propositionalen Netzwerken sowie die Struktur und Kapazität des Arbeitsspeichers. Nachfolgende *Konstruktivistische Perspektiven* kritisierten daran, dass in Lernprozessen nicht nur Wissen „verarbeitet" wird, sondern dass es sich beim Lernen um einen individuellen

Konstruktionsprozess handelt, in dem die Information mit subjektiver Bedeutung versehen wird (Schallert & Martin, 2003). In der kognitiv-konstruktivistischen Sicht kommt daher dem Vorwissen eine ganz besondere Bedeutung zu, da es die Basis ist, auf der Konstruktionsprozesse geschehen (Renkl, 2009). Im Fokus stehen Lernprozesse wie die Selektion von Informationen, die Elaboration und Organisation von Inhalten sowie die Wiederholung und damit Stärkung von Verknüpfungen.
In den frühen 1990er Jahren trat jedoch immer mehr die Erkenntnis zu Tage, dass Wissen häufig nicht zur Anwendung kommt (z.B. Brown, Collins, & Duguid, 1989). Als Erklärung wurde angeführt, dass Wissen kontextgebunden ist. Wissen liegt demnach nicht allein im Individuum selbst, sondern wird als ein sozial geteilter und situierter *Prozess* verstanden (Cobb, 1996). Lernen besteht daher nicht primär im Aufbau von individuellen Schemata, sondern in einem Enkulturationsprozess in eine Gemeinschaft, in der bestimmte soziale Praktiken herrschen. Beim Lernen übernehmen die Lernenden nach und nach mehr Aufgaben innerhalb der (Fach)gemeinschaft (Lave & Wenger, 1999). Der Lernprozess ist daher nicht allein dem Individuum zuzuordnen: Indem neue Mitglieder in die Gemeinschaft enkulturiert werden, lernt und verändert sich die ganze Community. Dem Konstruktivismus kognitiver Prägung standen damit sozio-konstruktivistische Ideen gegenüber (Schallert & Martin, 2003; Sfard, 1998).
Das sozio-konstruktivistische und das kognitiv-konstruktivistische Paradigma unterscheiden sich wesentlich hinsichtlich ihrer Annahmen darüber, was Wissen ist und wie Lernprozesse ablaufen (Zusammenfassung siehe Tab. 2). Sfard (1998) fasst die kognitiv ausgerichteten Positionen als die „Erwerbsmetapher" des Lernens zusammen. Sie bringt zum Ausdruck, dass Wissen als eine *Einheit*, eine feste *Entität* angesehen wird. Solche Einheiten können von Lernenden in einem Kontext erworben werden, und dann auch in einen anderen transferiert werden. Die sozio-konstruktivistische Auffassung hingegen zeichnet sich dadurch aus, dass Wissen als prozesshaft und als Teil des Handelns angesehen wird. Wissen ist in einem sozialen Kontext angesiedelt. Soziale Interaktion ist nicht nur Mittel zur tieferen Verarbeitung von Wissen („Kooperation dient der kognitiven Elaboration"), sondern unmittelbarer Bestandteil des Lernens, da das Wissen nicht unabhängig von der sozialen Interaktion in einem Kontext existieren kann („Lernen ist kollaborativer Wissensaufbau"). Daher wird diese Auffassung von Sfard als „Partizipationsmetapher" des Lernens bezeichnet. In vielen Veröffentlichungen wird jedoch nicht zwischen den beiden konstruktivistischen Ansätzen differenziert, so dass kognitiv-konstruktivistische und sozio-konstruktivistische Ansätze gleichermaßen unter dem Label „konstruktivistisch" zusammengefasst werden

(z.B. Reinmann & Mandl, 2006), obwohl sie in zentralen Punkten von unterschiedlichen Annahmen ausgehen.

Tab 1. Zusammenfassung und Gegenüberstellung der beiden Metaphern (adaptiert von Sfard, 1998, S. 7)

Paradigma	**Aneignungsmetapher Kognitiv-konstruktivistisches Paradigma**	**Partizipationsmetapher Sozio-konstruktivistisches Paradigma**
Wissen ('Knowledge")	Eigentum, Besitz, Gut	Elemente einer sozialen Praxis, eines Diskurses
Wissen ('Knowing")	Haben, Besitzen	Dazugehören, Partizipieren, Kommunizieren
Ziel von Lernen	Individuelles Wachstum	Enkulturation/Sozialisation; Entwicklung der Community
Lernen	Erwerb von etwas	Teil einer Gemeinschaft werden
Studierende	(Re)-Konstruierende	Periphere Teilnehmer/innen, Lehrlinge
Lehrende	Moderator/innen	Volle Teilnehmer/innen, 'Preserver of practice'

Implikationen für die Gestaltung von Lernaufgaben

Was lässt sich nun aus den beiden Metaphern jeweils für die Gestaltung von Lernaufgaben ableiten? Unter der Perspektive der Erwerbsmetapher erscheinen kognitiv aktivierende Aufgaben als besonders zielführend, d.h. Aufgaben, die kognitive Prozesse anregen, die zum Aufbau von adäquaten kognitiven Strukturen führen (Renkl, 2009). Für die Gestaltung von Lernaufgaben gilt es, konkret zu definieren, welche Lernziele erreicht werden sollen, welche Prozesse auf Seiten der Lernenden dadurch ausgelöst werden, und welche Unterstützung die Lernenden dafür benötigen. Ein prominentes Beispiel ist das Lernen aus Lösungsbeispielen im Mathematikunterricht. Einfaches Aufgabenbearbeiten führt häufig dazu, dass Lernende viel Energie in die Lösung der Aufgaben investieren, aber wenig in das tiefe Verständnis des gestellten Problems investieren. Lösungsbeispielen, anhand derer die Lernenden anhand von Leitfragen nachvollziehen können, welche Schritte warum vollzogen werden, reduzieren die unerwünschte Belastung im Arbeitsgedächtnis, und führen dazu, dass die Schüler/innen im Anschluss Aufgaben besser lösen können (siehe z.B. Renkl, 2009).

Wie sehen aber aus der Perspektive der Partizipationsmetapher sinnvolle Lernaufgaben aus? In sozio-konstruktivistschen Lernumgebungen sind Lernende mit authentischen Problemstellungen konfrontiert, die solchen ähneln, die auch außerhalb der Schule an Menschen herangetragen werden (z.B. CTGV, 1997).

Ein Ansatz ist beispielsweise die Methode „Anchored Instruction“ (CTGV, 1997). Komplexe Problemstellungen werden in eine Erzählung oder Beschreibung eingebettet und müssen von Lernenden eigenständig gelöst werden. Die Lernenden müssen dabei selbst die Problemstellung identifizieren und anschließend, unter Zuhilfenahme der in der Geschichte eingebetteten Hintergrundinformationen, lösen. Solche hochanspruchvollen Aufgabenstellungen bergen jedoch die Gefahr, die Lernenden deutlich zu überfordern (z.B. Reinmann & Jenert, 2011). Reinmann (2006) formuliert daher Leitlinien für problemorientierte Lernumgebungen (sozio)konstruktivistischer Prägung: 1. anhand authentischer Probleme lernen, 2. in multiplen Kontexten lernen, 3. unter multiplen Perspektiven lernen, 4. in einem sozialen Kontext lernen und 5. mit instruktionaler Unterstützung lernen. Diese können in unterschiedlich starker Ausprägung realisiert werden.

Fazit

Betrachtet man die konstruktivistischen Ansätze in der Lehr-Lernforschung, lassen sich einerseits die kognitiv-konstruktivistische, andererseits sozio-konstruktivistische Perspektiven unterteilen. Alle Ansätze gehen mit unterschiedlichen Vorstellungen über Lernen und Wissen einher und haben unterschiedliche Konsequenzen für die Gestaltung von Aufgaben. Inwiefern finden sich nun die Paradigmen in den *Überzeugungen von Lehrkräften*? Wie wirken sich diese auf ihre Unterrichtspraxis und die Aufgabengestaltung aus? Befunde dazu sollen in den nächsten Abschnitten aufbereitet werden.

Überzeugungen von Lehrkräften

In einem vielzitierten Review bezeichnete Pajares (1992, p. 307) ‚teacher beliefs‘ als ein ‚messy construct‘, also ein ‚chaotisches Konstrukt‘, vor allem dadurch, dass sich eine Vielzahl von Begrifflichkeiten findet. Inzwischen scheinen sich in der englischsprachigen Schul- und Unterrichtsforschung vor allem der Begriff ‚Beliefs‘, in der Hochschulforschung der Begriff ‚teaching conceptions‘ durchgesetzt zu haben. Im deutschsprachigen Raum werden beide i.d.R. mit ‚Überzeugung‘ übersetzt.

„Messy“ wird das Konstrukt auch dadurch, das der Übergang von Überzeugungen zu Wissen fließend ist (z.B. Pajares, 1992). Lehrkräfte ‚wissen‘ zum Beispiel, dass Gruppenarbeit am besten ist (oder nichts bringt), dass alle Schüler/innen faul sind (oder dass es nur eine Frage der Motivation ist), oder dass Lehrer/innen an sich nicht kooperationsfähig sind (oder dass es eine Frage der Organisation ist). Den Überzeugungen wird in der Regel eine stärkere affektive und evaluative Komponente attestiert. Sie wirken daher wie ein Filter, durch den Phänomene wahrgenommen und bewertet werden (z.B. Pajares, 1992, Nespor, 1987).

Darüber hinaus wird sehr unterschiedlich gehandhabt wird, *worauf* sich die Überzeugungen von Lehrkräften richten: Einerseits werden die Vorstellungen über Prozesse des Lehrens und Lernens selber, aber auch weitgefasster Merkmale von Schüler/innen, die Berufsrolle, und das Schulsystem als Ganzes mit einbezogen (z.B. Woolfolk Hoy et al., 2006). Im Folgenden werden wir uns auf Überzeugungen konzentrieren, die sich unmittelbar auf die Gestaltung von Lernaufgaben richten, nämlich auf Überzeugungen über das fachbezogene Lehren und Lernen (Lehr-Lernüberzeugungen).

Lehr-Lernüberzeugungen vs. Epistemologische Überzeugungen

Überzeugungen zu Lernen und Lehren hängen eng mit den sog. epistemologischen Überzeugungen zusammen (z.B. Pieschl, Stahl, & Bromme, 2008; Schommer, 1994), Überzeugungen über „die Struktur, Genese und Validierung von Wissensbeständen" (Baumert & Kunter, 2006, p. 497). Nach Hofer (2004) beinhaltet *Personal Epistemology* "what individuals believe about how knowing occurs, what counts as knowledge and where it resides, and how knowledge is constructed and evaluated" (p. 1).
Zwischen den epistemologische Überzeugungen und Lehr-Lernüberzeugungen gibt es große Überlappungen: Ein Teil der Forschenden subsumiert epistemologische Überzeugungen unter die Lehr-Lernüberzeugungen (z.B. Dubberke et al., 2008). Andere Forscher/innen fassen lernbezogene Überzeugungen als Teil der epistemologischen Überzeugungen (z.B. Schommer, 1994). Dabei muss aber zwischen Überzeugungen über die *Art der Repräsentation und den individuellen Erwerb von Wissen* im Sinne des Lernens, und den Überzeugungen hinsichtlich der *generellen Genese von Wissen* im erkenntnistheoretischen Sinn differenziert werden. Wir werden im Folgenden die Überzeugungen, die sich auf die Art der Repräsentation von Wissen und den individuellen Erwerb von Wissen beziehen als ein Teil der Lehr- Lernüberzeugungen fassen. Epistemologische Überzeugungen über die Natur und Genese von Wissen werden wir nicht vertieft behandeln.

Erfassung von Überzeugungen

Überzeugungen sind relativ schwer zugänglich. Daher findet man zur Erfassung von Überzeugungen eine Vielzahl von Methoden und Forschungsdesigns (eine Übersicht mit Zuordnung zu diversen Studien bei: Fischler, 2001, S. 116). Quantitative Verfahren werden üblicherweise dann angewandt, wenn Überzeugungen als ein dimensionales Konstrukt erhoben werden sollen: Überzeugungen werden entlang unterschiedlicher Dimensionen variierend betrachtet, die für alle Personen gleich sind. Diese Dimensionen können entweder voneinander unabhängig oder miteinander korreliert sein (vgl. Voss et al., 2011). Qualitative Verfahren kommen dann zum Einsatz, wenn man von kategorial verschiedenen „Typen“ von Überzeugungen ausgeht, die mehr oder weniger integrierte Theorien bilden (z.B. Groeben, Wahl, Schlee & Scheele, 1988).

Quantitative Verfahren haben zwar den Vorteil, dass sie ökonomisch sind und sich daher insbesondere für Längsschnitt-Untersuchungen anbieten. Allerdings sind sie gerade bei der Erfassung von impliziten Aspekten mit vielen Problemen behaftet: So besteht gerade bei Fragebögen die Gefahr, dass die Proband/innen im Sinne sozialer Erwünschtheit antworten (vgl. Leuchter, 2009, S. 67). Weiterhin entsteht bei quantitativen Verfahren eine Distanz zwischen Forschendem und Beforschtem, so dass unterschiedliche Verständnisse nicht abgeglichen werden können (Fischler, 2001). Daher wurde eine Vielzahl an qualitativen Verfahren zur Erhebung von Überzeugungen entwickelt. Insbesondere hervorzuheben ist die Erhebung von den genannten „Subjektiven Theorien“ durch Strukturlegetechniken. Dabei werden im Dialog-Konsens-Verfahren die zugrunde liegenden subjektiven Theorien rekonstruiert (Reusser et al., 2011).

Um der Herausforderung zu begegnen, dass Überzeugungen implizit sind, können auch Stimuli eingesetzt werden, wie z.B. videografierte Sequenzen des eigenen Unterrichts oder auch von Fremdunterricht („Stimulated Recall“). Im Anschluss an die Sequenz wird seitens des Forschenden versucht, durch die Anregung von Reflexionen über die abgelaufenen Unterrichtsprozesse oder über notwendige Handlungsschritte die Überzeugungen des Probanden oder der Probandin zu rekonstruieren (vgl. Fischler, 2001; Leuchter, 2009; Reusser et al., 2011).

Darüber hinaus werden in der Literatur noch weitere Erhebungsverfahren genannt. Dazu zählen die Auswertung von narrativen Formen wie zum Beispiel Portfolios, Lerntagebüchern, Unterrichtsjournale (vgl. Reusser et al., 2011), aber auch ethnographische Methoden sowie Fallstudien (vgl. Calderhead, 1996). Diese Verfahren stehen oftmals in Verbindung mit der Anregung zur Reflexion, um die häufig implizit und unbewusst vorliegenden Überzeugungen überhaupt erst verbalisierbar machen zu können. Eine weitere interessante Möglichkeit zur Erfassung von impliziten Überzeugungen ist die Verbalisierung von Metaphern. Dahinter steht die Idee, dass Überzeugungen gar nicht explizit geäußert werden können, sondern über bildhafte Ausdrücke besser zugänglich sind (vgl. Calderhead, 1996).

Fazit

Lehr-Lernüberzeugungen lassen sich als Überzeugungen eingrenzen, die sich darauf richten, wie Wissen repräsentiert ist, wie es erlernt werden kann und wie dieser Prozess unterstützt werden kann. Die Wahl der Untersuchungsmethodik hängt eng damit Zusammen, wie Lehrüberzeugungen konzeptionalisiert werden. Gerade bei quantitativen Verfahren spielen Vorentscheidungen über die in die Befragung aufgenommenen Items eine große Rolle, so dass die zugrunde liegende Konzeption von verschiedenen möglichen Ausprägungen von Vorstellungen von Lehren und Lernen einen großen Einfluss nimmt.

Empirische Befunde zu Überzeugungen von Lehrkräften

In den letzten Jahren wurde im deutschsprachigen Raum eine Reihe von Studien durchgeführt, die Überzeugungen von Lehrkräften und deren Auswirkungen auf die Gestaltung von Unterricht untersuchen. Ein Großteil dieser Studien, bei denen auch Lehr-Lernüberzeugungen mit dem unterrichtlichen Handeln und/oder Lernergebnissen auf Seiten der Schüler/innen in Beziehung gesetzt werden, beruht auf quantitativen Verfahren, die jedoch innerhalb der konstruktivistischen Überzeugungen nicht zwischen sozio- und kognitiv-konstruktivistischen Ansätzen unterscheiden. Sie werden im folgenden Abschnitt dargestellt. Es existieren jedoch weitere, vorwiegend qualitative Studien, in denen sichtbar wird, dass sich auch innerhalb des konstruktivistischen Spektrums unterschiedliche Überzeugungen bei den Lehrkräften finden. Sie werden im übernächsten Abschnitt beschrieben.

Transmissive vs. konstruktivistische Überzeugungen

Eine Vielzahl von empirische Studien beschreibt Lehr-Lern-Überzeugungen von Lehrkräften anhand von zwei „Syndromen" (z.B. Dubberke et al., 2008, S. 120; Voss et al., 2011; Staub & Stern, 2002), den *transmissiven /rezeptiven Überzeugungen* und den k*onstruktivistischen Überzeugungen.* Transmissive Überzeugungen beinhalten die Vorstellung, dass Lehren durch die direkte Vermittlung von Wissen geschieht und werden im Allgemeinen dem behavioral-kognitiven Paradigma zugeordnet. Konstruktivistische Überzeugungen hingegen bestehen darin, dass Lernen als ein aktiver Konstruktionsprozess betrachtet wird, in dem Lernende ihr Wissen umstrukturieren und neukonstruieren. Sie werden übergreifend ohne weitere Differenzierung dem konstruktivistischem Paradigma zugeordnet (Dubberke et al., 2008). Transmissive/rezeptive- und konstruktivistische Überzeugungen werden teilweise als Endpole einer einzigen Dimension konzipiert (z.B. Staub & Stern, 2002; Peterson, Fennema, Carpenter & Loef, 1989), oder als zwei voneinander unabhängige Dimensionen, auf denen Lehrkräfte jeweils eine hohe oder niedrige Ausprägung aufweisen können (z.B. Voss et al., 2011; Seidel, Schwindt, Rimmele, & Prenzel, 2008). Voss (2011) kommt aufgrund von Mehrgruppenmodellen auf der Basis von Fragebogendaten anhand von 600 Lehramtskandidaten zum Schluss, dass es sich um separate Dimensionen handelt, die jedoch negativ korreliert sind.

Heute scheinen konstruktivistische Überzeugungen im deutschsprachigen Raum stabil deutlich mehr Verbreitung zu finden als rezeptive/transmissive Überzeugungen: In allen von uns betrachteten Studien, in denen die Überzeugungen als unabhängige Dimensionen erfasst wurden, lagen die Mittelwerte für konstruktivistische Überzeugungen deutlich höher als für rezeptive/transmissive (Seidel et al., 2008; Voss et al., 2011; Hartinger, Kleickmann, & Hawelka, 2006; Kleickmann, Vehmeyer, & Möller, 2010).
Kleickmann (2010) unterscheidet nicht nur zwischen konstruktivistischen und transmissiven Überzeugungen, sondern überprüfen auch einen„naiven" Konstruktivismus Diese ‚Praktizismus'-Skala beinhaltet Vorstellungen, dass Lernen allein auf *äußerer* Aktivität von Lernenden beruht. In ihrer Untersuchung liegen jedoch auch diese praktizistischen Überzeugungen im Schnitt niedriger als „echte" konstruktivistische Überzeugungen.
Anfang der 80er Jahre war wiederholt festgestellt worden, dass konstruktivistische Einstellungen, die Lehramtsstudierende im Studium erworben hatten, durch den Eintritt in den Schuldienst wieder zugunsten traditioneller Einstellungen verschwanden („Konstanzer Wanne", Dann et al., 1981). Dies scheint sich zu wandeln: In einer eigenen Studie zeigte sich eine Art „Konstanzer Wanne" in Bezug auf transmissive Überzeugungen. Konstruktivistische Überzeugungen bewegten sich konstruktivistische Überzeugungen schon zu Beginn des Lehramtsstudiums auf recht hohem Niveau, und änderten sich im Verlaufe des Studiums wenig. Transmissive Vorstellungen nahmen im Verlauf des Studiums ab (Luft, 2013). Es bleibt zu beobachten, ob transmissive Vorstellungen bei der Aufnahme des Referendariats wieder zunehmen.

Auswirkungen von transmissiven vs. konstruktivistischen Überzeugungen auf die Unterrichtsgestaltung

Die Befundlage zu den Wirkungen von Lehr-Lernüberzeugungen auf die Unterrichtsgestaltung ist insgesamt uneinheitlich. Eine Reihe von Untersuchungen konnte einen Zusammenhang zwischen Überzeugungen und Handeln bei Lehrkräften finden, dahingehend, dass Lehrkräfte mit konstruktivistischen Überzeugungen auch eher Unterrichtsarrangements und Aufgaben bevorzugen, die auf eine aktive Auseinandersetzung mit dem Lernstoff zielen. Diedrich, Thußbas und Klieme (2002) fanden Hinweise darauf, dass sich konstruktivistische vs. rezeptive/transmissive Überzeugungen bei Mathematiklehrkräften auf die Unterrichtspraxis insofern niederschlagen, als Lehrkräfte mit konstruktivistischen Auffassungen seltener angaben, lehrerzentrierte Methoden einzusetzen. Auch in der COACTIV-Studie zeigten sich die Überzeugungen der Lehrkräfte bedeutsam für die Art der Unterrichtsgestaltung: Lehrkräfte mit Transmissions-Überzeugungen stellten ihren Schüler/innen weniger kognitiv herausfordernde Lerngelegenheiten zur Verfügung, und versuchten eher, Fehler von vorneherein zu vermeiden, als beim Auftreten von Fehlern konstruktiv unterstützend vorzugehen (Dubberke et al., 2008). Kleickmann, Vehmeyer und Möller (2010) untersuchten bei Grundschullehrkräften, wie sich Lehr-Lernüberzeugungen auf den Einsatz von Scaffolding-Maßnahmen im Unterricht auswirkten. Lehrüberzeugungen hatten nicht nur einen Einfluss auf das Unterrichtshandeln, sondern darüber hinaus einen Mediatoreffekt auf die Wirkung von Fortbildungen, in denen Lehrkräfte im Einsatz von Scaffolding-Maßnahmen trainiert wurden, d.h. die Wirkung der Fortbildung kam über eine Veränderung der Lehr-Lernüberzeugungen zustande.

Es konnten auch Auswirkungen von Lehr-Lernüberzeugungen auf das Lernen von Schüler/innen festgestellt werden. Staub und Stern (2002) fanden, dass Grundschullehrkräfte mit einer konstruktivistischen Orientierung im Unterricht häufiger verstehensorientierte Aufgaben einsetzten, die von den Schüler/innen eine mathematische Verständnisleistung forderte. Dies führte wiederum dazu, dass die Schüler/innen besser in Textaufgaben abschnitten als solche, die von Lehrkräften mit rezeptiven/transmissiven Lehrüberzeugungen unterrichtet wurden. Hartinger, Kleickmann und Hawelka (2006) stellten fest, dass der Unterricht von Lehrkräften mit konstruktivistischen Überzeugungen sich durch mehr Freiräume auszeichnet. Dies hatte positive Effekte auf das Selbstbestimmungsempfinden der Schüler/innen sowie deren Interesse am Unterricht. In der COACTIV-Studie zeigten sich ebenfalls positive Einflüsse von konstruktivistischen Lehrüberzeugungen auf die Schülerleistung. Diese kamen dadurch zustande, dass Lehrkräfte mit konstruktivistischen Auffassungen für ihren Unterricht Aufgaben auswählten, die ein höheres Potenzial zur kognitiven Aktivierung hatten (Voss et al., 2011).

Diesen Befunden stehen jedoch Studien gegenüber, die keine Zusammenhänge zwischen Überzeugungen und unterrichtlichem Handeln ermitteln konnten (vgl. für die Übersicht der angelsächsischen Studien Handal, 2003; für Studien mit naturwissenschaftlichen Schwerpunkt Fischler, 2000). Im deutschsprachigen Raum beispielsweise konnten Seidel, Schwindt, Rimmele und Prenzel (2008) in ihrer Studie keine signifikanten Zusammenhänge zwischen bestimmten Überzeugungen und bevorzugten Unterrichtsformen ermitteln. Dies gilt sowohl für die selbstberichtete Unterrichtspraxis als auch die Analysen der videografierten Unterrichtsstunden. Sie erklären dies unter anderem mit den hohen Werten in den konstruktivistischen Überzeugungen insgesamt. Geringe Unterschiede zwischen Lehrkräften klären daher auch wenig Varianz in der Unterrichtsgestaltung auf.

Leuchter, Pauli, Reusser und Lipowsky (2006) untersuchten den Zusammenhang zwischen konstruktivistischen beziehungsweise rezeptiven Lehr-Lern-Theorien von Lehrkräften und deren handlungsleitenden Kognitionen, d.h.

den konkreten Überlegungen, die die Lehrkräfte in der Planung und Durchführung von Unterricht leiten. Die Lehrkräfte mussten eigene videografierte Unterrichtsstunden kommentieren. Nur wenn die Rahmenbedingungen und die Selbstwirksamkeit der Lehrkräfte statistisch kontrolliert wurden, konnten Zusammenhänge zwischen im Fragenbogen geäußerten Überzeugungen und den aus den Kommentaren zu den Videos extrahierten handlungsleitenden Kognitionen aufgezeigt werden. Dies gilt hauptsächlich für den schweizerischen Teil der Stichprobe, nicht aber für den deutschen. Dies führen die Autor/innen unter anderem auf die hohe Zustimmung zu konstruktivistischen Lehr-Lerntheorien in der deutschen Stichprobe zurück.
Insgesamt sind die Ergebnisse hinsichtlich des Zusammenhangs von Lehr-Lern-Überzeugungen und unterrichtlichem Handeln also eher unheitlich. In einer Analyse der bis dato vorliegenden Studien kommt Kleickmann (2008) zum Schluss, dass vor allem solche Studien Zusammenhänge zwischen Lehr-Lernüberzeugungen und unterrichtlichem Handeln finden, die fachspezifische, nicht allgemeine Lehr-Lernüberzeugungen erheben, insbesondere dann, wenn auch der Zusammenhang zu fachspezifischen Handlungsweisen untersucht wird. Weiterhin stellt er fest, dass die Diskrepanz zwischen Überzeugungen und Handeln dann groß ist, wenn Lehranfänger/innen untersucht werden. Bei erfahrenen Lehrkräften gibt es jedoch durchaus stabile Zusammenhänge zwischen Überzeugungen und Handeln. Dies lässt sich darauf zurückführen, dass Lehrkräfte zur Umsetzung ihrer Überzeugungen über entsprechendes Wissen verfügen müssen, und die Lehrkräfte mit der Erfahrung vielfältigere Möglichkeiten zur Umsetzung ihrer Überzeugungen erwerben (Kleickmann, 2008, S. 93-94).

Kognitiv - vs. sozio-konstruktivistische Vorstellungen

Ein weiterer Grund für das uneinheitliche Bild könnte sein, dass in den bisher geschilderten fragebogenbasierten Untersuchungen nicht systematisch zwischen sozio- und kognitiv-konstruktivistischen Ansätzen differenziert wird. Andere Studien, insbesondere solche, die Metaphern als Ansatzpunkt für die Erhebung von Lehr-Lernüberzeugungen nehmen, zeigen ein differenzierteres Bild von Lehr-Lernüberzeugungen. Schlichter und Nückles (2012) identifizierten beispielsweise in Zeichnungen von Lehramtsstudierenden und bereits erfahrenen Lehrkräften neben *Transmission* und *Construction* auch die Vorstellung von *Lernen als Partizipation* und *Lehren als „sich kümmern" (Nurturing)*. Hier zeigten sich Unterschiede je nach Alter und Erfahrung, die den Befunden der ‚Konstanzer Wanne' ähneln (Dann et al., 1981): Am Anfang des Studiums waren Überzeugungen aus dem Spektrum *Transmission* und *Nurturing* dominant, während des Studiums hingegen *Construction* und *Participation*. Erfahrene Lehrkräfte hatten wiederum einen Schwerpunkt auf transmissiven Lehrüberzeugungen. Auch Martínez, Sauleda und Huber (2001) fanden in der Analyse von Metaphern, die von Lehrkräften (N=50) in Gruppendiskussionen geäußert wurden, abgesehen von transmissiven und kognitiv-konstruktivistischen auch sozio-konstruktivistische Vorstellungen, jedoch mit 5% nur bei einem sehr kleinen Teil der teilnehmenden Lehrer/innen.

Alger (2009) nutzte ebenfalls Metaphern zur Untersuchung von Überzeugungen von Lehrkräften, allerdings mit Hilfe quantitativer Verfahren. Sie unterschied zwischen lehrerzentrierten und lernerzentrierten Metaphern. Unter die lehrerzentrierten Metaphern fielen neben den transmissiven Vorstellungen auch die Ideen von Lehren als Pflegen (*Nurturing*), Führen (*Guiding*) und Formen (*Molding*). Unter lernerzentrierten (und damit eher konstruktivistisch orientierten) Metaphern wurden *Lehren als das Bereitstellen von Werkzeugen* sowie *Lernen als Teilhaben in Gemeinschaften* gefasst. Die meisten Lehrkräfte beschrieben ihre Praxis als „Bereitstellung von Werkzeugen" (38,2%) und „Führen" (33,6%). Lernen als Teilhaben in Gemeinschaften kam nach eigenen Angaben am seltensten vor (5,5%), obwohl 18,2% der Lehrkräfte angaben, dass sie lieber einen solchen Unterricht praktizieren würden.

Auch in Studien, die sich teilweise nicht nur auf Lehrkräfte in Schulen, sondern auch auf andere Bildungsbereichen beziehen, ließ sich ein breiteres Spektrum von Vorstellungen von Lehrpersonen finden. Pratt und Collins (1992) beschreiben insgesamt fünf verschiedene Perspektiven: *Transmission* entspricht dabei rezeptiv/transmissiven, *Developmental* den konstruktivistischen Überzeugungen. *Nurturing* umfasst Überzeugungen, in die emotionale Einbindung und persönliche Unterstützung der Lernenden besonders wichtig ist. Die Perspektive *Apprenticeship* blickt auf Lernen im Sinne eines Enkulturationsprozess in eine soziale Gemeinschaft. *Social Reform* fasst Perspektiven zusammen, die die politische Dimension von Bildungsfragen betonen.

In einer qualitativen Interviewstudie mit 36 Hochschullehrenden auf der Basis von Metaphern fanden Wegner und Nückles (2013) neben transmissiven und kognitiv-konstruktivistischen Vorstellungen bei der Hälfte der Befragten sozio-konstruktivistische Lehrüberzeugungen, die sich einerseits als „Lernen als Partizipation", andererseits als „Lernen als Gemeinschaftsprojekt" bezeichnen ließen. Die beschriebenen Metaphern hingen systematisch mit selbstberichteten Zielen und verwendeten Lehransätzen zusammen.

Aus diesen Studien wird deutlich, dass auch sozio-konstruktivistische Überzeugungen durchaus vorhanden sind, und gerade auch außerhalb des schulischen Lernens durchaus verbreitet. Dies zeigt, dass auch das sozio-konstruktivistische Paradigma in den Überzeugungen von Lehrkräften angekommen ist, wenn auch in sehr viel geringerem Maße als das kognitiv-konstruktivistische. Studien, die einen Zusammenhang zwischen Überzeugungen und unterrichtlichem Handeln untersuchen, bei denen auch gezielt sozio-konstruktivistische Überzeugungen erhoben werden, stehen jedoch noch aus.

Fazit & Ausblick: Lehr-Lernüberzeugungen und die Gestaltung von Lernumgebungen

Konstruktivistische Überzeugungen scheinen insgesamt auf dem Vormarsch zu sein und sich positiv auf die Gestaltung von Unterricht auszuwirken. Dies kann als Konsequenz der durch PISA und TIMSS ausgelösten Diskussion um den Bedarf neuer Lehr-Lernszenarien gedeutet werden, die die Selbststeuerung und Kooperation von Schüler/innen in den Mittelpunkt stellen (z.B. Leuchter, Pauli, Reusser & Lipowsky, 2006). In Untersuchungen zu Lehr-Lernüberzeugungen werden kognitiv-konstruktivistische und sozio-konstruktivistische Überzeugungen bisher kaum differenziert, vor allem nicht in Studien, die Fragebogenverfahren einsetzen.

Welche Konsequenzen lassen sich nun für Lehrerbildung und Lehr-Lernforschung ableiten? Sowohl kognitiv- als auch sozio-konstruktivistische Ansätze erscheinen hilfreich für die Gestaltung von Lernumgebungen und Lernaufgaben. Sozio-konstruktivistische Überzeugungen scheinen bisher in der Schule zwar vorhanden, aber insgesamt eher sehr selten zu sein. Für die Universität ist die Vorstellung von Lernen als Teilhabe im Sinne des Humboldt'schen Bildungsideals jedoch verbreitet (vgl. Wegner und Nückles, 2013), ebenso wie in der betrieblichen Weiterbildung im Sinne der ‚Communities of Practice' (Wenger, McDermott und Snyder, 2002). Für die Lehrerbildung heißt es, einerseits die positive Entwicklung hin zu konstruktivistischen Überzeugungen zu nutzen und dahingehend weiterzuentwickeln, dass auch sozio-konstruktivistische Vorstellungen verstärkt Eingang in die Köpfe angehender Lehrkräfte finden können, und so ein langfristiger Wandel der Aufgabenkultur möglich wird.

Die Forschung sollte zunächst überhaupt anfangen, sozio-konstruktivistische Überzeugungen in den Blick zu nehmen, und sie stärker von kognitiv-konstruktivistischen unterscheiden. Dies wäre insofern wichtig, als die Ansätze zu unterschiedlichen Empfehlungen für die Gestaltung von Lernumgebungen kommen, und Zusammenhänge zwischen Überzeugungen und Handeln so verwischt werden könnten. Gleichzeitig erfreuen sich konstruktivistische Überzeugungen insgesamt einer sehr hohen Zustimmung. Dies deutet darauf hin, dass sie (zu) stark die soziale Erwünschtheit ansprechen. Eine stärkere Ausdifferenzierung könnte hierbei Abhilfe schaffen. Hierzu bedarf es aber der Entwicklung neuer Skalen, sowie des Einsatzes innovativer Methoden zur Erfassung von Überzeugungen.

Literatur

Alger, C. L. (2009). Secondary teachers' conceptual metaphors of teaching and learning: Changes over the career span. *Teaching and Teacher Education*, *25*(5), 743-751.

Baumert, J., & Kunter, M. (2006). Stichwort: Professionelle Kompetenz von Lehrkräften. *Zeitschrift für Erziehungswissenschaft*, *9*(4), 469-520.

Brown, J., Collins, A., & Duguid, P. (1989). Situated cognition and the culture of learning. *Educational researcher*, *18*(1), 32-42.

Calderhead, J. (1989): Reflective teaching and teacher education. *Teaching and Teacher Education*, 1, 43-51.

CTGV. Cognition and Technology Group at Vanderbilt (1997): *The Jasper Project: Lessons in Curriculum, Instruction, Assessment, and Professional Development*. Mahwah.: Erlbaum.

Dann, H. D., Müller-Fohrbrodt, G., & Cloetta, B. (1981). Sozialisation junger Lehrer im Beruf: "Praxisschock" drei Jahre später. *Zeitschrift für Entwicklungspsychologie und Pädagogische Psychologie*, *XIII*(3), 251-262.

Diedrich, M., Thußbas, C. & Klieme, E. (2002). Professionelles Lehrerwissen und selbstberichtete Unterrichtspraxis im Fach Mathematik. *Zeitschrift für Pädagogik, 45 (Beiheft)*, 107-123.

Dubberke, T., Kunter, M., McElvany, N., Brunner, M., & Baumert, J. (2008). Lerntheoretische Überzeugungen von Mathematiklehrkräften: Einflüsse auf die Unterrichtsgestaltung und den Lernerfolg von Schüler /innen. *Zeitschrift für Pädagogische Psychologie*, *22*(3-4), 193-206.

Fischler, H. (2000). Über den Einfluss von Unterrichtserfahrungen auf die Vorstellungen vom Lehren und Lernen bei Lehrerstudenten der Physik. Stand der Forschung sowie Ziele und Methoden einer Untersuchung. *Zeitschrift für Didaktik der Naturwissenschaften*, 6, 27-36.

Fischler, H. (2001): Verfahren zur Erfassung von Lehrer-Vorstellungen zum Lehren und Lernen in den Naturwissenschaften. *Zeitschrift für Didaktik der Naturwissenschaften,* 7, S. 163-178.

Groeben, N., Wahl, D., Schlee, J., & Scheele, B. (1988). *Forschungsprogramm Subjektive Theorien: Eine Einführung in die Psychologie des reflexiven Subjekts.* Tübingen: Francke Verlag.

Handal, Boris (2003): Teachers' Mathematical Beliefs: A Review. In: *The Mathematics Educator* 13 (2), S. 47-57.

Hartinger, A., Kleickmann, T., & Hawelka, B. (2006). Der Einfluss von Lehrervorstellungen zum Lernen und Lehren auf die Gestaltung des Unterrichts und auf motivationale Schülervariablen. *Zeitschrift für Erziehungswissenschaft*, *9*(1), 110-126.

Hofer, B.K. (2004): Introduction: Paradigmatic Approaches to Personal Epistemology. *Educational Psychologist*, 39:1, 1-3.

Kleickmann, T. (2008). *Zusammenhänge fachspezifischer Vorstellungen von Grundschullehrkräften zum Lehren und Lernen mit Fortschritten von Schülerinnen und Schülern im konzeptuellen Verständnis*. Münster: Inaugural-Dissertation

Kleickmann, T., Vehmeyer, J., & Möller, K. (2010). Zusammenhänge zwischen Lehrervorstellungen und kognitivem Strukturieren im Unterricht am Beispiel von Scaffolding-Maßnahmen. *Unterrichtswissenschaft*, *38*(3), 210-228.

Lave, J., & Wenger, E. (1999). *Situated learning*. Cambridge: Cambridge Univ. Press.

Leuchter, M., Pauli, C., Reusser, K., & Lipowsky, F. (2006). Unterichtsbezogene Überzeugungen und handlungsleitende Kognitionen von Lehrpersonen. *Zeitschrift für Erziehungswissenschaft*, *9*(4), 562-579.

Leuchter, M. (2009). *Die Rolle der Lehrperson bei der Aufgabenbearbeitung. Unterrichtsbezogene Kognitionen von Lehrpersonen*. Münster: Waxmann.

Luft, Florian (2013). *Lehr- und Lernüberzeugungen angehender Lehrerinnen und Lehrer – eine Untersuchung der Wirkung zweier Praktikumsformen an der Universität Freiburg.* Zulassungsarbeit. Universität Freiburg, Freiburg. Institut für Erziehungswissenschaft.

Nespor, J. (1987). The role of beliefs in the practice of teaching. *Journal of Curriculum Studies, 19*(4), 317-328.

Pajares, F. M. (1992). Teachers' beliefs and educational research: Cleaning up a messy construct. *Review of Educational Research, 62*(3), 307.

Peterson, P. L., Fennema, E., Carpenter, T. P., & Loef, M. (1989). Teachers' Pedagogical Content Beliefs in Mathematics. *Cognition and Instruction, 6*(1), 1-40.

Pieschl, S., Stahl, E., & Bromme, R. (2008). Epistemological beliefs and self-regulated learning with hypertext. *Metacognition and Learning, 3*(1), 17-37.

Pratt, D. (1992). Conceptions of teaching. *Adult Education Quarterly, 42*(4), 203.

Reinmann, G., & Jenert, T. (2011). Studierendenorientierung: Wege und Irrwege eines Begriffs mit vielen Facetten. *Zeitschrift für Hochschulentwicklung, 6*(2), 106-122.

Reinmann, G., & Mandl, H. (2006). Unterrichten und Lernumgebungen gestalten. In A. Krapp & B. Weidenmann (Eds.), *Pädagogische Psychologie* (5th ed., pp. 613-659). Weinheim: Beltz.

Renkl, A. (2009). Lehren und Lernen. In R. Tippelt, Schmidt, & B. (Eds.), *Handbuch Bildungsforschung* (pp. 737-751). Wiesbaden: Verlag für Sozialwissenschaften.

Reusser, K.; Pauli, C. & Elmer, A. (2011). Berufsbezogene Überzeugungen von Lehrerinnen und Lehrern. In: Terhart, E.; Bennewitz, H.; Rothland, M. (Hg.). *Handbuch der Forschung zum Lehrerberuf* (S. 478-496). Münster: Waxmann .

Schallert, D. L., & Martin, D. B. (2003). A Psychological Analysis of what Teachers and Students do in the Language Arts Classroom. In J. Flood, D. Lapp, J. R. Squire, & J. M. Jensen (Eds.), *Handbook of Research on Teaching the Englisch Language Arts* (2nd ed.). Mahwah, NJ: Lawrence Erlbaum.

Schlichter, N., Nückles, M. (2012): The Relationship between epistemologies and teachers' beliefs measured by the Q4TB teachers' beliefs about learning and teaching. 2012 (Round Table held at the Annual Meeting of the American Educational Research Association (AERA), April 13-17, 2012, Vancouver, Canada)

Schommer, M. (1994). Synthesizing epistemological belief research: Tentative understandings and provocative confusions: Educational Psychology Review, *6*(4), 293-319.

Seidel, T., Schwindt, K., Rimmele, R., & Prenzel, M. (2008). Konstruktivistische Überzeugungen von Lehrpersonen: Was bedeuten sie für den Unterricht? *Zeitschrift für Erziehungswissenschaft, 10*(Sonderheft 9), 259-276.

Sfard, A. (1998). On two metaphors for learning and the dangers of choosing just one. *Educational researcher, 2*, 4-13.

Staub, F. C., & Stern, E. (2002). The nature of teachers' pedagogical content beliefs matters for students' achievement gains: quasi-experimental evidence from elementary mathematics. *Journal of Educational Psychology, 94*(2), 344-355.

Voss, T., Kleickmann, T., Kunter, M., & Hachfeld, A. (2011). Überzeugungen von Mathematiklehrkräften. In M. Kunter, J. Baumert, W. Blum, U. Klusmann, S. Krauss, & M. Neubrand (Eds.), *Professionelle Kompetenz von Lehrkräften. Ergebnisse des Forschungsprogramms COACTIV* (pp. 235-257). Münster: Waxmann.

Wenger, E., McDermott, R., & Snyder, W. (2002). *Cultivating communities of practice: A guide to managing knowledge*. Boston: Harvard Business Press.

Wegner, E. & Nückles, M. (2013). Kompetenzerwerb oder Enkulturation? Lehrende und ihre Metaphern des Lernens. *Zeitschrift für Hochschulentwicklung*, 8(1), 15-29.

Anne-Elisabeth Roßa

Erwerb allgemeindidaktischer und fachdidaktischer Fähigkeiten der Unterrichtsplanung in der universitären Phase der Lehrerbildung

Einleitung

Aus Sicht der empirischen Forschung ist trotz des erheblichen Interesses an schulpraktischen Anteilen in der Lehrerbildung bislang wenig über kumulative und differenzielle Lernwirkungen schulpraktischer Studien bekannt. In diesem Zusammenhang ist ebenfalls kaum geklärt, in welcher Verknüpfung allgemein- und fachdidaktische praxisbezogene Ausbildungsphasen stehen (vgl. Arnold, Hascher, Messner, Niggli, Patry, Rahm, 2011; Arnold, Koch-Priewe & Lin-Klitzing, 2007; Seel, 2011; Terhart, 2005, 2009). In Anlehnung an diese offenen Fragestellungen wurde die nachfolgend beschriebene Interviewstudie durchgeführt, in der retrospektive Einschätzungen von Lehramtsstudierenden der Universität Hildesheim zur Fähigkeitsentwicklung in allgemein- und fachdidaktischen Schulpraktika erhoben und mithilfe inhaltsanalytischer Verfahren ausgewertet wurden (vgl. Roßa im Druck).

Der vorliegende Beitrag setzt sich zunächst grundlegend mit dem Verhältnis von Allgemeiner Didaktik und Fachdidaktik auseinander, indem die zentralen Begriffe „Allgemeine Didaktik“ und „Fachdidaktik“ bestimmt und unter Berücksichtigung der verschiedenen Entwicklungstendenzen genauer erläutert werden. Einen weiteren Schwerpunkt bildet die Auseinandersetzung mit Perspektiven des Verhältnisses von Allgemeiner Didaktik und Fachdidaktik, wobei der Perspektive der Lehrerbildung wegen der spezifischen berufsvorbereitenden Bestimmung beider Disziplinen besondere Bedeutung beigemessen wird. Aufbauend auf diese theoretischen Erkenntnisse zum Verhältnis von Allgemeiner Didaktik und Fachdidaktik wird sodann die retrospektive Interviewstudie anhand des gewählten methodischen Vorgehens bei der Datenerhebung und -auswertung vorgestellt. Zuletzt erfolgt eine zusammenfassende Darstellung wesentlicher Erkenntnisse der Studie, die bezogen auf das Verhältnis von Allgemeiner Didaktik und Fachdidaktik in der universitären Phase der Lehrerbildung gewonnen werden konnten.

Zum Verhältnis von Allgemeiner Didaktik und Fachdidaktik

Aufgrund ihrer beiderseitigen Bestimmung als „Wissenschaft und Theorie des (Fach-) Unterrichts“ und entsprechend des geteilten Gegenstandsfeldes sind die Allgemeine Didaktik und die Fachdidaktiken eindeutig in den Kontext institutionalisierter Lehr- und Lernprozesse eingeordnet. Dies wird u.a. aus etymologischer Perspektive deutlich, da bereits der geteilte Ursprungsbegriff „Didaktik“ auf einen bis in die Antike zurückzuverfolgenden Sinnzusammenhang organisierten Lehrens und Lernens verweist. Gleichwohl entwickelte sich die spezifisch pädagogische Begriffsbedeutung erst im Rahmen der Überlegungen von Ratke und Comenius und ist seither charakteristisch für die didaktische Theorienbildung insbesondere im deutschen Sprachraum, die im Wesentlichen auf Fragen des Lehrens und Lernens, des Unterrichtsablaufs, der Lehrplangestaltung sowie auf Ziele, Inhalte und Methoden des Lehrens und Lernens ausgerichtet ist (vgl. Arnold & Roßa, 2011; Beckmann, 1994; Kron, 2004; Peterßen, 2001; Timmerhaus, 2001; Tulodziecki, Herzig & Blömeke, 2004; von Martial, 2002).

Die Allgemeine Didaktik, deren Entwicklung als wissenschaftliche Disziplin unterrichtsplanerischer Entscheidungen maßgeblich durch die Unterscheidung von „Didaktik im engeren und im weiteren Sinne“ beeinflusst wurde (vgl. Klafki, 1970, 1976), zielt als Berufswissenschaft von Lehrerinnen und Lehrern hauptsächlich auf die theoriegeleitete Analyse und Reflexion der sehr komplexen unterrichtlichen Lehr- und Lernprozesse ab. Aus diesem Grund wurden in der Vergangenheit zahlreiche didaktische Theorien und Modelle entwickelt, die eine Rahmung für didaktisch begründetes und strukturiertes Handeln zu beschreiben versuchen und die somit vermittelnd zwischen didaktischer Theorienbildung und Praxis wirken (vgl. Arnold, 2006, 2009; Arnold & Roßa, 2010; Heursen, 1994; Kron, 2004; Lersch, 2005; eine sehr umfassende Auflistung aller Theorien und Modelle der Didaktik bietet Kron, 2004, S. 68).

Allerdings stellt gerade diese unterrichtspraktische Perspektive den Ausgangspunkt zahlreicher Diskussionen über Herausforderungen und Perspektiven einer zeitgemäßen Allgemeinen Didaktik dar, da innerhalb der allgemeindidaktischen Theorienbildung gegenwärtig (1) die Empirieferne, (2) die häufig wahrgenommene Praxisferne und (3) die fehlende Integration didaktischer Ansätze deutlich kritisiert werden (vgl. u.a. Arnold et al., 2007; Arnold, 2007a; Blömeke, 2009a; Bönsch, 2006; Kron, 2004; Wiater, 2009; Terhart, 2009).

Nennenswert ist daher der auf theoretischer Ebene unternommene Versuch einer integrativen Modellierung von Arnold und Koch-Priewe (2010), die – in Anlehnung an das 1958 erstmals in Form von fünf, 1980 in Form von sieben Fragen veröffentlichte Konzept der „Didaktischen Analyse“ von Klafki

und unter Berücksichtigung der beiderseitigen Annäherungsprozesse der bildungstheoretischen und lern-lehrtheoretischen Didaktik (vgl. Klafki, 2007) – ein neun Komponenten umfassendes Konzept der „Didaktischen Analyse" ausformuliert haben und somit der grundsätzlichen Kritik innerhalb der allgemeindidaktischen Theorienbildung maßgeblich entgegenwirken.
Als Wissenschaft und Theorie des Fachunterrichts sind die Fachdidaktiken ähnlich wie die Allgemeine Didaktik durch zahlreiche inter- und intradisziplinäre gekennzeichnet, wodurch eine eindeutige Bestimmung des Verhältnisses von Fachdidaktiken, Fachwissenschaften und Allgemeiner Didaktik äußerst schwierig erscheint. Demgemäß existieren derzeit zahlreiche Definitionen und Begriffsbestimmungen der Fachdidaktiken, die sich durch sehr unterschiedliche Schwerpunktsetzungen auszeichnen, wobei die fachspezifische Auswahl und Legitimation der Unterrichtsinhalte in Übereinstimmung mit diesen unterschiedlichen Definitionsansätzen zu den wesentlichen Aufgaben der Fachdidaktiken zählen (vgl. u.a. Arnold et al., 2007; Beckmann, 1994; Haß, 2010, S. 83; Heursen, 1994b, S. 588; Köhnlein, 2004, S. 140; Timmerhaus, 2001, S. 22).
Darüber hinaus stellt der derzeitige Zustand der Fachdidaktiken das Ergebnis zahlreicher, verschiedener Entwicklungsprozesse dar, wobei sich die Etablierung der Fachdidaktiken als wissenschaftliche Fachdisziplinen überwiegend im Kontext der Lehrerbildung vollzogen hat (vgl. Sandfuchs, 1990; Timmerhaus, 2001). Diesbezüglich bildet der in den 1970er Jahren vom Deutschen Bildungsrat veröffentlichte „Strukturplan für das Bildungswesen" den Ausgangspunkt einer einheitlichen Entwicklung (vgl. Deutscher Bildungsrat, 1970). Allerdings vollzog sich im Rahmen dessen durch die Betonung der fachwissenschaftlichen Ausbildung auch eine äußerst folgenreiche Bedeutungsverschiebung, die sich letztendlich sehr nachteilig auf das Verhältnis von Allgemeiner Didaktik und Fachdidaktik auswirkte (vgl. Plöger, 2009; Terhart, 2005, 2010; Zierer, 2008; zur Systematisierung des Verhältnisses von Allgemeiner Didaktik und Fachdidaktik vgl. Arnold & Roßa im Druck).
Obwohl ein gelingendes Zusammenwirken beider Disziplinen insbesondere im Rahmen der Lehrerausbildung unerlässlich erscheint, ist das gegenwärtige Verhältnis – entgegen der ursprünglichen Verständigungsbereitschaft dieser Disziplinen – maßgeblich durch Ignoranz und Sprachlosigkeit gekennzeichnet (vgl. Arnold et al., 2007; Keck et al., 1990; Meyer & Plöger, 1994; Schulz, 1977; Plöger, 2009; Terhart, 2005). Dies führte dazu, dass das Verhältnis von Allgemeiner Didaktik und Fachdidaktik in der Vergangenheit zahlreiche bildliche Vergleiche wie z.B. das vielzitierte „Stricken ohne Wolle bzw. ohne Strickmuster" provozierte (vgl. Dietrich, 1994; Hopmann & Riquarts, 1995, Terhart, 2005, 2010; Zierer, 2008).

Die Gründe für dieses schwierige Verhältnis sind vielfältig. Plöger (1999) verweist beispielsweise auf (1) den beiderseitigen Anspruch auf Erfassung der wesentlichen Unterrichtsfaktoren, (2) die unkritische Rezeption allgemein- und fachdidaktischer Theorien sowie auf (3) die Verwissenschaftlichung der Lehrerbildung (vgl. S. 13f.) und zeigt somit, dass eine monokausale Begründung in diesem Zusammenhang nicht möglich ist. Insofern wird die Kritik an diesem desolaten Verhältnis auf Seiten beider Disziplinen geübt, wobei besonders die bisherigen, überwiegend isoliert voneinander vollzogenen Entwicklungen und die geringe theoretische wie empirische beiderseitige Bezugnahme als verbesserungswürdig eingeschätzt werden (Arnold et al., 2007; Plöger, 1994, 2009; Terhart, 2005, 2009).
Folglich ist bislang lediglich das Verhältnis von Allgemeiner Didaktik und Fachdidaktik theoriegeleitet umfassend bestimmt worden (vgl. Meyer & Plöger, 1994; Keck, Köhnlein & Sandfuchs, 1990), sodass auch in Bezug auf die Frage nach der curricularen Verknüpfbarkeit allgemein- und fachdidaktischer Praxisphasen eine fundierte empirische Begründung ebenso wie eine umfassende theoriebasierte Beschreibung und Erläuterung im Rahmen der allgemein- und fachdidaktischen schulpraktischen Lehrerausbildung nach wie vor noch aussteht (vgl. Arnold et al., 2011; Roßa im Druck; Seel, 2011).
Unter Berücksichtigung der vorab dargestellten theoretischen Erkenntnisse zielt die Studie somit u.a. darauf ab, einen empirischen Beitrag zur Theoriebildung im Rahmen der Diskussion um das Verhältnis von Allgemeiner Didaktik und Fachdidaktik in der universitären Phase der Lehrerbildung zu leisten und somit vertiefende Erkenntnisse über das Ausmaß des kumulativen Lernens sowie der interfachlichen Kohärenz zu gewinnen.

Methodisches Vorgehen bei der Datenerhebung und -auswertung

Da Studien zur vergleichenden Analyse allgemein- und fachdidaktischer Praxisphasen bislang kaum vorliegen, erscheint ein qualitatives Vorgehen sehr sinnvoll, da dadurch ein offenerer Zugang zur leitenden Fragestellung nach den Einschätzungen der Studierenden zur Verknüpfbarkeit und den kumulativen Lernwirkungen allgemein- und fachdidaktischer Praxisphasen hergestellt werden kann. Dementsprechend wurde die vorliegende Studie als leitfadengestützte Interviewstudie mit retrospektiven Frageanteilen zu einem Messzeitpunkt am Studienstandort Hildesheim durchgeführt.
Im Rahmen des Hildesheimer Modells absolvieren die Studierenden bereits ab der Beginnphase ihres Lehramtsstudiums universitär begleitete Schulpraktische Studien, die trotz der Einführung der konsekutiven lehramtsbezogenen Bachelor-Master-Studiengänge beibehalten und im weiteren Verlauf des Studiums durch verschiedene allgemein- und fachdidaktische Block- und semes-

terbegleitende Praktika erweitert werden (vgl. Arnold et al., 2011; Bach et al., 2010; Boekhoff et al., 2008).

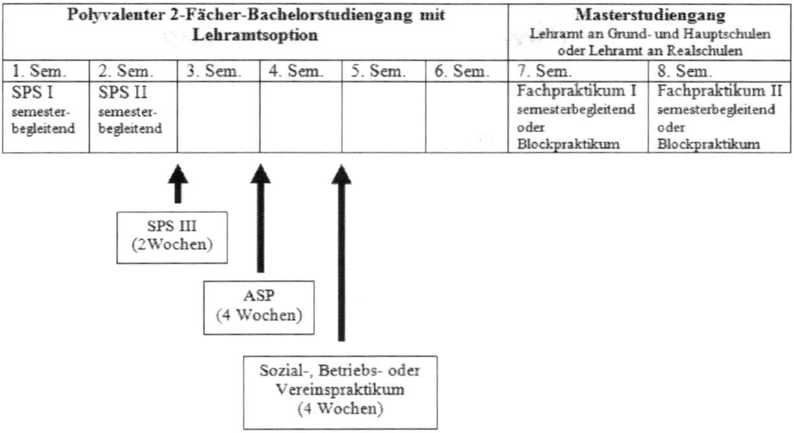

Abb. 1: Praxisphasen in der Lehrerausbildung in Hildesheim (in Anlehnung an Rudolph & Boekhoff, 2006).

Die Befragung der 29 Studierenden, die während einer verpflichtenden Lehrveranstaltung im Sommersemester 2010 ermittelt und anschließend anhand vorab festgelegter Kriterien ausgewählt wurden („Die Untersuchungsteilnehmerinnen und -teilnehmer (1) absolvieren ein Lehramtsstudium (an der Universität Hildesheim), (2) verfügen über Erfahrungen in allgemeindidaktischen Praktika und (3) verfügen über Erfahrungen in fachdidaktischen Praktika"), erfolgte mithilfe eines selbst erstellten und erprobten Interviewleitfadens.

Dieser Interviewleitfaden, der in Übereinstimmung mit der Zielsetzung des episodischen Interviews entwickelt wurde, enthielt sowohl verschiedene Erzählimpulse, direkte Nachfragen als auch eine abschließende Fantasiefrage, um somit durch die sehr unterschiedlichen Zugänge umfassende Antworten auf die leitende Forschungsfrage zu erhalten (vgl. Flick, 2011; Lamnek, 2010). Folglich sollte durch den Interviewleitfaden die Möglichkeit zu einem flexiblen Umgang mit den verschiedenen Fragestellungen der übergeordneten Themenbereiche geboten werden.

Die durchschnittlich ca. 45-minütigen Einzelinterviews wurden digital aufgezeichnet und anschließend unter Berücksichtigung spezifisch festgelegter Transkriptionsregeln ausgewertet. Die anschließende Auswertung wurde mithilfe der Qualitativen Inhaltsanalyse und unter Berücksichtigung des „Allgemeinen inhaltsanalytischen Ablaufmodells" (Mayring, 2008b, S. 54) durchgeführt und ermöglichte somit eine systematische und sehr zielgerichtete Auswertung des zugrunde liegenden Kommunikationsmaterials (vgl. u.a. Mayring, 2008a, 2008b; Mayring & Gläser-Zikuda, 2008).

Zusammenfassung und Ausblick

Im Rahmen der Datenauswertung zeigte sich, dass eine Ausdifferenzierung der sehr komplexen Forschungsfrage nach der Verknüpfbarkeit und den kumulativen Lernwirkungen allgemein- und fachdidaktischer Praxisphasen für das gewählte inhaltsanalytische Vorgehen unumgänglich ist, da nur so – unter Anwendung der vorab festgelegten Selektionskriterien und Abstraktionsniveaus – induktive Kategorien ermittelt werden konnten.

Dementsprechend wurden durch die verschiedenen Teilfragestellungen zahlreiche Ergebnisse gewonnen, die sich folgenden thematischen Schwerpunkten zuordnen lassen: (1) Merkmale allgemein- und fachdidaktischer Praxisphasen, (2) Veränderungen in Bezug auf die Fähigkeiten der Planung, Durchführung und Analyse von Unterricht, (3) Verwendung von allgemein- und fachdidaktischen Modellen, Prinzipien und Ansätzen in Bezug auf die Planung, Durchführung und Analyse von Unterricht und (4) kumulative Lernwirkungen allgemein- und fachdidaktischer Praxisphasen.

Obwohl mithilfe des vorliegenden Datenmaterials und der gewählten Auswertungsmethode kumulative Lernwirkungen allgemein- und fachdidaktischer Praxisphasen – insbesondere in Bezug auf die Fähigkeiten der Unterrichtsplanung – nachgewiesen werden konnten, wurden jedoch auch deutliche Einschränkungen wie z.B. die uneinheitlichen Vorgaben sowie die unterschiedliche Betreuungshäufigkeit und -qualität thematisiert, die retrospektiv überwiegend als sehr nachteilig für die praktikumsbezogenen Lernentwicklungen eingeschätzt wurden. Darüber hinaus deuteten verschiedene Untersuchungsergebnisse darauf hin, dass die angestrebten interdisziplinären Verknüpfungen in den allgemein- und fachdidaktischen Praxisphasen nur sehr selten durch die Untersuchungsteilnehmerinnen und -teilnehmer wahrgenommen wurden.

Unter Berücksichtigung dieser Ergebnisse konnte folgendes Modell zur Verknüpfbarkeit allgemein- und fachdidaktischer Praxisphasen ermittelt werden, das wesentliche empirisch gewonnene Einflussfaktoren umfasst, die für eine gelingende Verknüpfung allgemein- und fachdidaktischer Praxisphasen notwendigerweise zu berücksichtigen sind (vgl. Roßa im Druck):

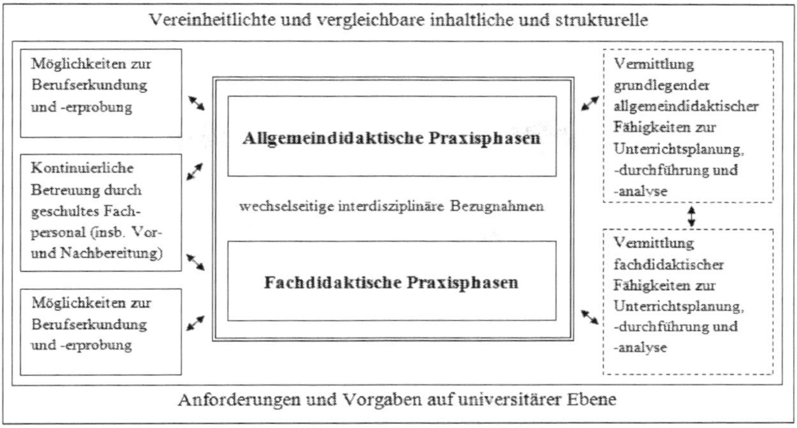

Abb. 2: Modell zur Verknüpfbarkeit allgemein- und fachdidaktischer Praxisphasen.

Zusammenfassend lässt sich anhand der verschiedenen Untersuchungsergebnisse verdeutlichen, dass die tatsächliche Umsetzung eines gelingenden interdisziplinären Verhältnisses von Allgemeiner Didaktik und Fachdidaktik in der universitären Lehrerbildung – entgegen des einleitend dargestellten, vergleichsweise weit entwickelten Diskussionsstandes – bislang noch nicht hinreichend verwirklicht wurde und dass diesbezüglich auch zukünftig ein vermehrtes Forschungsinteresse und -streben erforderlich ist.

Literatur

Arnold, K.-H. (2006). Lehren und Lernen. In K. H. Arnold, U. Sandfuchs & J. Wiechmann (Hrsg.), *Handbuch Unterricht* (S. 37-46). Bad Heilbrunn: Klinkhardt.

Arnold, K.-H., Koch-Priewe, B. & Lin-Klitzing, S. (2007): Allgemeine Didaktik, Fachdidaktik und Unterrichtsqualität.

Arnold, K.-H. (Hrsg.) (2007). *Unterrichtsqualität und Fachdidaktik.* Bad Heilbrunn: Klinkhardt.

Arnold, K.-H. (2009). Lehr-Lernforschung ohne Allgemeine Didaktik? Über die Notwendigkeit einer integrierten Wissenschaft vom Unterricht. *Allgemeine Didaktik und Lehr-Lernforschung. Kontroversen und Entwicklungsperspektiven einer Wissenschaft vom Unterricht* (S. 27-45). Bad Heilbrunn: Klinkhardt.

Arnold, K.-H. & Koch-Priewe, B. (2010). Traditionen der Unterrichtsplanung in Deutschland. *Bildung und Erziehung, 63*(4), 401-416.

Arnold, K.-H. & Roßa, A.-E. (2011). Das Verhältnis von Allgemeiner Didaktik und Fachdidaktik. In S. Rahm & C. Nerowski (Hrsg.), *Enzyklopädie Erziehungswissenschaft Online. DOI 10.3262/EEO 09110165.* Weinheim: Juventa.

Arnold, K.-H., Hascher, T., Messner, R., Niggli, A., Patry, J. & Rahm, S. (2011). *Empowerment durch Schulpraktika.* Bad Heilbrunn: Klinkhardt.

Arnold, K.-H. & Roßa, A.-E. (im Druck). Grundlagen der Allgemeinen Didaktik und der Fachdidaktiken. M. Kampshoff & S. Rahm (Hrsg.), *Handbuch Geschlechterforschung und Fachdidaktik.* Wiesbaden: VS Verlag für Sozialwissenschaften.

Bach, A., Brodhäcker, S. & Arnold, K. (2010). Entwicklung allgemeindidaktischer Kompetenz in Schulpraktika: Erfassung der Kompetenzen zur Unterrichtsplanung, -durchführung und -analyse. *Lehrerbildung auf dem Prüfstand, 3*(2), 158-178.

Beckmann, H.-K. (1994). Fachdidaktik. Bereichsdidaktik. Stufendidaktik. In L. Roth (Hrsg.), *Pädagogik. Handbuch für Studium und Praxis* (S. 674-688). München: Ehrenwirth.

Blömeke, S. (2009a). Allgemeine Didaktik ohne empirische Lernforschung? - Perspektiven einer reflexiven Bildungsforschung. In K.-H. Arnold, S. Blömeke, R. Messner & J. Schlömerkemper (Hrsg.), *Allgemeine Didaktik und Lehr-Lernforschung: Kontrover- sen und Entwicklungsperspektiven einer Wissenschaft vom Unterricht* (S. 13-26). Bad Heilbrunn: Klinkhardt.

Boekhoff, I., Franke, K., Dietrich, F. & Arnold, K.-H. (2008). *Effektivität universitärer Lehrerbildung in konsekutiven Studiengängen (EduLikS)unter besonderer Berücksichtigung Schulpraktischer Studien.* Hildesheim: Centrum für Unterrichts- und Bildungsforschung (CeBU).

Bönsch, M. (2006). *Allgemeine Didaktik: Ein Handbuch zur Wissenschaft vom Unterricht.* Stuttgart: Kohlhammer.

Deutscher Bildungsrat (1970). *Strukturplan für das Bildungswesen.* Stuttgart: Ernst Klett.

Dietrich, I. (1994). „Allgemeine Didaktik ist wie Stricken ohne Wolle" - Zur Bedeutsamkeit des Streits der Disziplinen. In M. A. Meyer & W. Plöger (Hrsg.), *Allgemeine Didaktik, Fachdidaktik und Fachunterricht* (S. 235-242). Weinheim: Beltz.

Flick, U. (2011). Qualitative Sozialforschung. Eine Einführung. (4. Aufl.). Reinbek: Rowohlt Taschenbuch Verlag.

Haß, F. (2010). *Zum Verhältnis von Allgemeiner Didaktik und Fachdidaktik Englisch. Reflexionen, Deisderata und Perspektiven eines interdisziplinär-integrativen Didaktikverständnisses.* Berlin: Pro BUSINESS.

Heursen, G. (1994a). Didaktik, allgemeine. In D. Lenzen (Hrsg.), *Pädagogische Grundbegriffe. Aggression bis Interdisziplinarität* (S. 307-317). Stuttgart: Rowohlt Verlag.

Heursen, G. (1994b). Fachdidaktik. In D. Lenzen (Hrsg.), *Pädagogische Grundbegriffe. Aggression bis Interdisziplinarität* (S. 588-602). Stuttgart: Rowohlt Verlag.

Hopmann, S. & Riquarts, K. (1995). Didaktik und/oder Curriculum. Grundprobleme einer international vergleichenden Didaktik. *Zeitschrift für Pädagogik: Beiheft,* (33), 9-40.

Keck, R. W., Köhnlein, W. & Sandfuchs, U. (Hrsg.) (1990). *Fachdidaktik zwischen Allgemeiner Didaktik und Fachwissenschaft. Bestandsaufnahme und Analyse.* Bad Heilbrunn: Klinkhardt.

Klafki, W. (1970). Der Begriff der Didaktik im engeren Sinne und der Satz vom Primat der Didaktik (im engeren Sinne) im Verhältnis zur Methodik. In Klafki, W. et al. (Hrsg.), *Funk-Kolleg Erziehungswissenschaft.* Bd. 2. Frankfurt a. M.: Fischer Taschenbuch Verlag, S. 55-73.

Klafki, W. (1976). Zum Verhältnis von Didaktik und Methodik. In Zeitschrift für Erziehungswissenschaft 22, S. 77-94.

Köhnlein, W. (2004). Fachdidaktik. In R. W. Keck, U. Sandfuchs & B. Feige (Hrsg.), *Wörterbuch Schulpädagogik* (S. 140-143). Bad Heilbrunn: Klinkhardt.

Kron, F. W. (2004). *Grundwissen Didaktik.* (4., akt. Aufl). München: Reinhardt.

Lamnek, S. (2010). Qualitative Sozialforschung. (5., überarbeitete Aufl.). Weinheim: Beltz.

Lersch, R. (2005). Modellierung der Didaktischen Fragestellung – Entwicklung und Perspektiven für ein Modell der „ganzen" Didaktik. In P. Stadtfeld & B. Dieckmann (Hrsg.), *Allgemeine Didaktik im Wandel* (S. 68-95). Klinkhardt: Bad Heilbrunn.

Mayring, P. (2008a). Neuere Entwicklungen in der qualitativen Forschung und der Qualitativen Inhaltsanalyse. In P. Mayring & M. Gläser-Zikuda (Hrsg.) *Die Praxis der Qualitativen Inhaltsanalyse*. (2., neu ausgestattete Aufl.). Weinheim: Beltz.

Mayring, P. (2008b). Qualitative Inhaltsanalyse. Grundlagen und Themen. (10., neu ausgerichtete Aufl.). Weinheim: Beltz.

Mayring, P. & Gläser-Zikuda, M. (Hrsg.) (2008). Die Praxis der Qualitativen Inhaltsanalyse. (2., neu ausgestattete Aufl.). Weinheim: Beltz.

Meyer, M. & Plöger, W. (Hrsg.) (1994). *Allgemeine Didaktik, Fachdidaktik und Fachunterricht.* Weinheim: Beltz.

Peterßen, W. H. (2001). *Lehrbuch Allgemeine Didaktik.* (6. völlig veränd., aktual. u. stark erw. Aufl.). München: Ehrenwirth.

Plöger, W. (2009). Allgemeine Didaktik - Fachdidaktik - Fachwissenschaft. In G. Mertens, U. Frost & W. Böhm (Hrsg.), *Handbuch der Erziehungswissenschaft.* Paderborn: Schöningh Verlag.

Roßa, A.-E. (im Druck). Zum Verhältnis von Allgemeiner Didaktik und Fachdidaktik. Retrospektive Einschätzungen von Lehramtsstudierenden zur Fähigkeitsentwicklung in allgemein- und fachdidaktischen Praxisphasen. Dissertation. Hildesheim.

Sandfuchs, U. (1990). Anmerkungen zur historischen Entwicklung und zum gegenwärtigen Stand der Fachdidaktik als Wissenschaft. In R. W. Keck, W. Köhnlein & U. Sandfuchs (Hrsg.), *Fachdidaktik zwischen Allgemeine Didaktik und Fachwissenschaft* (S.10-21). Bad Heilbrunn: Klinkhardt.

Schulz, W. (1977). Über das Verhältnis von allgemeiner Didaktik und Fachdidaktik in der Alltagspraxis und Unterrichtswissenschaft. In *Beiträge zum Mathematikunterricht*, 217, S. 238-250.

Seel, A. (2011). Wie angehende Lehrer/innen das Planen lernen. Empirische Befunde zur ausbildungsbezogenen Unterrichtsplanung. In K. Zierer (Hrsg.), *Jahrbuch für Allgemeine Didaktik* Baltmannsweiler: Schneider Verlag Hohengehren.

Terhart, E. (2005). Fremde Schwestern - Zum Verhältnis von Allgemeiner Didaktik und Lehr-Lern-Forschung. In P. Stadtfeld & B. Dieckmann (Hrsg.), *Allgemeine Didaktik im Wandel* (S. 96-114). Bad Heilbrunn: Klinkhardt.

Terhart, E. (2009). *Didaktik. Eine Einführung.* Stuttgart: Reclam.

Terhart, E. (2010). Allgemeine Didaktik – Fachdidaktik – Lehr-Lern-Forschung. In SEMINAR 16 (2010) 2, S. 49 – 62.

Timmerhaus, W. (2001). *Fachdidaktik als konstitutives Element universitärer Lehrerbildung Bestandsaufnahmen, Analysen und Konzeptionen aus erziehungswissenschaftlicher Perspektive. Bestandsaufnahmen, Analysen und Konzeptionen aus erziehungswissenschaftlicher Perspektive.* Marburg: Tectum-Verl.

Tulodziecki, G., Herzig, B. & Blömeke, S. (2004). *Gestaltung von Unterricht: eine Einführung in die Didaktik.* Bad Heilbrunn: Klinkhardt.

Von Martial, I. (1996). *Einführung in didaktische Modelle.* Baltmannsweiler: Schneider Verlag Hohengehren.

Wiater, W. (2009). Didaktische Theoriemodelle und Unterrichtsplanung. In K. - H. Arnold, U. Sandfuchs & J. Wiechmann (Hrsg.), *Handbuch Unterricht* (S. 675-685). Bad Heilbrunn: Klinkhardt.

Zierer, K. (2008). Quo vadis, Allgemeine Didaktik?, In Pädagogische Rundschau, Heft 5, S. 573-582.

Teil 2: Aufgaben fachdidaktisch betrachtet

Andrea Batzel, Thorsten Bohl[1], Marc Kleinknecht[2],
Timo Leuders, Carola Ehret, Reinhold Haug & Lars Holzäpfel[3]

Kognitive Aktivierung an Haupt- und Realschulen – Konzeptionelle Überlegungen zu einer Videostudie im Mathematikunterricht

Einleitung

Angestoßen durch die großen Schulleistungsstudien hat sich die empirische Unterrichtsforschung in den letzten Jahren weiter ausdifferenziert. Forschungsarbeiten zu Merkmalen guten Unterrichts beruhen auf unterschiedlichen didaktischen und lernpsychologischen Ansätzen, dabei werden unterschiedliche Designs verwendet. Besonders aussagekräftige Daten entstehen im Rahmen von Studien, die neben den Produkten des Unterrichts (z.B. Leistungsergebnissen) Unterrichtsprozesse mehrperspektivisch untersuchen und darüber hinaus relevante Kontextmerkmale erheben (Pauli & Reusser, 2006). Sie basieren auf dem von Helmke (2010) ausgeführten Angebots-Nutzungs-Modell: Unterricht wird in diesem Zusammenhang als Gelegenheitsstruktur (Kunter et al., 2005) aufgefasst, der von den Lernenden in Abhängigkeit individueller Voraussetzungen wie Motivation und Kognition und innerhalb eines kontextuellen Rahmens genutzt wird.
Je nach untersuchter Nutzung bzw. Wirkung des Unterrichts lassen sich Qualitätsmerkmale des Unterrichtangebots in zweierlei Hinsicht beschreiben.

---

[1] Beide von der Universität Tübingen
[2] Von der TUM, School of Education
[3] Alle von der Pädagogische Hochschule Freiburg

Erstens kann Unterricht bezüglich seiner Inszenierungs- bzw. Unterrichtsmuster (z.B. lehrerzentrierter oder schülerorientierter Unterricht) analysiert werden (vgl. z.B. Kunter, 2005; Hugener, 2008). Zweitens können allgemeine Basisdimensionen guten Unterrichts, die zur Tiefenstruktur des Unterrichts zu zählen sind, fokussiert werden. Im Gegensatz zu Merkmalen der Oberflächenstruktur (d.h. Mustern des methodischen Verlaufs) handelt es sich dabei um Eigenschaften des Lehrens und Lernens, die dem Unterricht als psychologisch-didaktische Qualitätsdimensionen zugrunde liegen (Reusser, 2009). Im deutschsprachigen Raum etablierte sich die Konzeptionalisierung von Unterrichtsqualität in die drei Basisdimensionen ‚Schülerorientierung', ‚Unterrichts- und Klassenführung' sowie ‚kognitive Aktivierung' (Klieme, Schümer & Knoll, 2001).
In diesem Beitrag werden Grundideen und Design der Videostudie „Kognitive Aktivierung im Unterricht" vorgestellt, die zum Ziel hat, die Basisdimension ‚Kognitive Aktivierung' im Kontext des Mathematikunterrichts an Schularten mit leistungsschwächeren Lernenden zu untersuchen.

Kognitive Aktivierung

Definition und Forschungsstand

Im Rahmen der Analysen der TIMSS-Videostudien (1995 und 1999) entwickelte sich die Frage, wie Prozesse verstehensorientierten Lernens angestoßen werden könnten, die vermutlich zu den herausragenden Leistungsergebnissen japanischer Schülerinnen und Schüler geführt hatten. Im Zuge dessen kristallisierte sich die Dimension ‚Kognitive Aktivierung' als Basisdimension guten Mathematikunterrichts heraus (Klieme et al., 2001).
Kognitive Aktivierung ist ein mehrdimensionales Konstrukt, das von Klieme et al. (2001) als „die Komplexität von Aufgabenstellungen und Argumentationen und die Intensität des fachlichen Lernens" (S. 51) definiert wird. Lipowsky (2006) ergänzt diese Definition um die Zielsetzung eines solchen Unterrichts, der die Lernenden „zum vertieften Nachdenken und zu einer elaborierten Auseinandersetzung mit dem Unterrichtsgegenstand anreg[en]" (S. 60) soll. Kognitive Aktivierung ist also im Angebots-Nutzungs-Modell (Helmke, 2010) auf der Angebotsseite als eine spezifische Art des Lehrerhandelns und des Aufgabenangebotes verankert.
Die Nutzung dieses Angebots wird dabei als aktive Konstruktionsleistung der Schülerinnen und Schüler konzeptualisiert, die nur dann erfolgreich sein kann, wenn die Lernenden zur vertieften Auseinandersetzung mit dem Unterrichtsgegenstand und zur Erweiterung oder Veränderung ihrer kognitiven Strukturen angeregt werden. Ein kognitiv aktivierendes Unterrichtsangebot gilt in diesem Sinne als Voraussetzung, um bei den Lernenden konzeptuelles

Verstehen zu initiieren (Hiebert & Wearne, 1993; Greeno, Collins & Resnick, 1996; Klieme, Lipowsky, Rakoczy & Ratzka, 2006; Reusser, 2006; Leuders & Holzäpfel, 2011).

Bezüglich der Erhebungsmethoden ist zwischen kognitiver Aktivierung als einer spezifischen Art der Instruktion, und somit als Angebot, und kognitiver Aktivität als intendierter Nutzung dieses Angebots auf Seiten der Schülerinnen und Schüler zu unterscheiden (Rakoczy, Klieme, Lipowsky & Drollinger-Vetter, 2010). Während sich kognitive Aktivierung direkt, beispielsweise über Beobachtung oder Aufgabenanalyse erfassen lässt, ist dies für die kognitive Aktivität der Lernenden nicht möglich. Sie muss approximativ in der Videoanalyse oder mittels Schülerfragebögen über die wahrgenommenen Elaborationsprozesse der Lernenden erhoben werden (Rakoczy et al., 2010).

Kognitive Aktivierung wird unterschiedlich operationalisiert (Leuders & Holzäpfel, 2011). Dies ist vor allem auf unterschiedliche Forschungsdesigns zurückzuführen: Kognitive Aktivierung wird teilweise über Lehrer- und Schülerbefragungen (vgl. z.B. Kunter et al., 2011), teilweise über die (zusätzliche) Analyse videografierter Unterrichtsstunden erfasst (vgl. z.B. Lipowsky, Rakoczy, Klieme, Reusser & Pauli, 2005). Die Übersicht in Tabelle 1 zeigt die Operationalisierung des Konstrukts ‚Kognitive Aktivierung' in den im Rahmen dieses Beitrags gesichteten empirischen Studien. Diese stellen die theoretische Grundlage für die in der Videoanalyse des vorgestellten Projekts verwendeten Dimensionen kognitiver Aktivierung dar.

Wie aus der Tabelle hervorgeht, werden vor allem anspruchsvolle Aufgaben bzw. herausfordernde Probleme als Merkmal kognitiver Aktivierung operationalisiert. Daneben steht die Art der Bearbeitung dieser Aufgaben im Fokus: Wie geht die Lehrkraft mit den Ideen der Schülerinnen und Schüler um? Inwiefern ermuntert sie die Lernenden, ihre Ideen zu erläutern und zu begründen? Die Aktivierung des Vorwissens und die Offenheit der Lehrkraft bezüglich unterschiedlicher Lösungswege werden nur in wenigen Studien (vorwiegend Videostudien) erfasst. Nicht berücksichtigt in der Übersicht wurden Skalen zur Adaptivität bezüglich des Lerntempos (Pacing) und zur Motivierungsfähigkeit der Lehrkraft, da diese Aspekte aus theoretischer Perspektive als nicht konstitutiv für das Konstrukt ‚Kognitive Aktivierung' angesehen werden können.

Tab. 1: Übersicht über Operationalisierung des Konstrukts ‚Kognitive Aktivierung"

Studie	Instrumente[4]	Skalen: *Aufgaben*	*Bearbeitung der Aufgaben*		*Vorwissen*	*Offenheit*
COACTIV[5]	LFB,	kognitiv aktivierende(s) Aufgaben/Üben	kognitiv herausfordernder Umgang mit Ideen	Insistieren auf Erklären und Begründen		kein eng geführter Unterricht
	SFB,	kognitiv aktivierende Aufgaben	diskursive Behandlung unterschiedlicher Schülerlösungen	kognitive Selbstständigkeit		
	AA	kognitives Potenzial der Aufgaben				
TIMSS/III[6]	SFB	herausfordernde Aufgaben		Gedankengänge erklären; Zusammenhänge darstellen		
TIMSS-Video[7]	VA[8]	anspruchsvolles, nicht repetitives Üben	genetisch-sokratisches Vorgehen			
TIMSS-Reanalyse[9]	SFB[10]	anspruchsvolles Üben	genetisch-sokratisches Vorgehen			
	VA	zum Denken herausfordernde Probleme	mit Schülervorstellungen auf evolutionäre Weise umgehen		Lernstatus bewusst machen; Exploration des Vorwissens	
„Pythagoras"-Studie[11]	VA[12]	Herausfordernde Aufgaben	Evolutionärer Umgang mit vorhandenen Ideen	Exploration der Denkprozesse	Aktivierung des Vorwissens	kein rezeptives Lernverständnis

Deskriptive Ergebnisse belegen, dass kognitiv aktivierender Mathematikunterricht in allen Schularten beobachtet werden kann, am deutlichsten jedoch am Gymnasium (Baumert & Kunter, 2011; Bohl, Kleinknecht, Batzel & Richey, 2012). Dagegen scheinen in Hauptschulstunden deutlich weniger kog-

4 LFB = Lehrerfragebogen; SFB = Schülerfragebogen; AA = Aufgabenanalyse; VA = Videoanalyse

5 z.B. Baumert & Kunter, 2011; Dubberke, Kunter, McElvany, Brunner & Baumert, 2008

6 z.B. Baumert & Köller, 2000

7 z.B. Klieme et al., 2001

8 von uns nicht berücksichtigte Skala: Motivierungsfähigkeit der Lehrkraft

9 Kunter, 2005

10 von uns nicht berücksichtigte Skalen: Pacing und Motivierungsfähigkeit

11 Videostudie „Unterrichtsqualität, Lernverhalten und mathematisches Verständnis" (z.B. Lipowsky et al., 2009; Hugener, 2008)

12 von uns nicht berücksichtigte Skala: Prozessorientierter Umgang mit Hausaufgaben

nitiv aktivierende Merkmale vorzukommen (Kunter, 2005; Kleinknecht, 2010). Hauptschülerinnen und -schüler fühlen sich jedoch im Gegensatz zu Lernenden am Gymnasium durch den Unterricht in besonderem Maße kognitiv herausgefordert (Kunter et al., 2005). Hugener (2008) konnte korrespondierend dazu feststellen, dass Schülerinnen und Schüler sich auch von Unterricht kognitiv angeregt fühlen, der von externen Beobachterinnen und Beobachtern als wenig kognitiv aktivierend eingestuft wurde.

Obwohl kognitiv aktivierender Unterricht an kein bestimmtes Inszenierungs- oder Unterrichtsmuster gebunden ist (Pauli, Drollinger-Vetter, Hugener & Lipowsky, 2008), lassen sich Zusammenhänge zu anderen Unterrichtsmerkmalen belegen: Lehrkräfte, die kognitiv aktivierend unterrichten, unterstützen ihre Schülerinnen und Schüler konstruktiv, indem sie beispielsweise einen förderlichen Umgang mit den Fehlern der Lernenden zeigen und geduldig sind (Dubberke et al., 2008). Kognitive Aktivierung geht zudem mit einer effektiven Klassenführung (Klieme et al., 2001; Baumert et al., 2004) und einem geringeren Interaktions- und Durchnahmetempo des Lernstoffs einher (Baumert et al., 2004). Darüber hinaus setzen Lehrkräfte, die kognitiv aktivierend unterrichten, häufiger erweiterte Lernformen und individualisierende Maßnahmen ein (Baumert et al., 2004). Ebenfalls sind Zusammenhänge zu den Überzeugungen der Lehrkräfte belegt: Lehrkräfte mit transmissiver lerntheoretischer Überzeugung unterrichten weniger kognitiv aktivierend (Dubberke et al., 2008).

Die Ergebnisse von Studien bezüglich der Wirksamkeit von kognitiver Aktivierung auf Motivation und Interesse sind uneinheitlich. Einerseits berichten Schülerinnen und Schüler, dass sie sich im kognitiv aktivierenden Unterricht als kompetent erleben (Kunter, 2005; Rakoczy, 2006) und eigene Entscheidungen bezüglich ihres Lernens treffen können (Kunter, 2005). Zudem nehmen die Schülerinnen und Schüler mehr soziale Eingebundenheit im kognitiv aktivierenden Unterricht wahr (Kunter, 2005). Gemäß der Selbstbestimmungstheorie (Deci & Ryan, 1993) unterstützt kognitive Aktivierung also die Motivationsentwicklung. Kunter (2005) konnte zudem einen schwachen Effekt von kognitiv aktivierendem Unterricht, gemessen über die Ermöglichung der aktiven Konstruktion von Wissen, auf die Interessensentwicklung belegen. Wenn sich die Schülerinnen und Schüler vom Unterricht herausgefordert fühlen, was nicht nur im kognitiv aktivierenden Unterricht vorkommt, ist der positive Effekt auf die Interessensentwicklung sogar noch größer. Andererseits belegen Befunde von Hugener et al. (2009), dass Schülerinnen und Schüler, die an problemlösend-entwickelndem Unterricht teilgenommen haben, der von Raterinnen und Ratern als kognitiv-aktivierend eingeschätzt wurde, mehr über negative Lernemotionen berichten als Lernende anderer Inszenierungsmuster.

Ebenso uneinheitlich sind die Befunde zur Leistungsentwicklung im kognitiv aktivierenden Unterricht. Sowohl in Fragebogen- (Baumert & Köller, 2000; Gruehn, 2000; Baumert & Kunter, 2011; Dubberke et al., 2008) als auch in Videostudien (Klieme et al., 2001; Lipowsky et al., 2009) konnte der Zusammenhang bzw. die Wirksamkeit von kognitiv aktivierendem (bzw. konstruktivistischem oder verständnisorientiertem) Unterricht bezüglich der Leistung nachgewiesen werden. Belegte Zusammenhänge zwischen konstruktivistischen lerntheoretischen Überzeugungen der Lehrkräfte und der positiven Leistungsentwicklung der Schülerinnen und Schüler (Staub & Stern, 2002) lassen sich über die aus Schülersicht realisierte kognitive Aktivierung im Unterricht erklären (Dubberke et al., 2008). Aber auch gegenteilige Ergebnisse können berichtet werden: Es besteht kein Zusammenhang zwischen der wahrgenommenen Herausforderung der Schülerinnen und Schüler und der Mathematikleistung (Kunter, 2005). Zudem konnte Hugener (2008) aufzeigen, dass problemlösend-entdeckender Unterricht (verglichen mit dem darstellenden sowie problemlösenden, fragend-entwickelnden Inszenierungsmuster) nicht zu besseren Leistungsergebnissen führt. Dies verdeutlicht nochmals die Notwendigkeit der Erfassung von Tiefendimensionen, um Aussagen über Unterrichtsqualität treffen zu können.
Für die Unterschiede in den Forschungsbefunden können unter anderem folgende Erklärungsmöglichkeiten angeboten werden: (1) Die Studien unterscheiden sich im Design: Es wurden sowohl reine Fragebogenstudien, als auch Videostudien berücksichtigt. (2) Das Konstrukt ‚Kognitive Aktivierung' wird unterschiedlich operationalisiert, was zum Teil auf das unterschiedliche Design der Studien zurückzuführen ist. (3) Die Leistungstests haben unterschiedliche Reichweite (breite Erfassung mathematischer Kompetenz vs. konzeptuelles Verständnis bezüglich eines abgegrenzten Themas). (4) Die Stichproben unterscheiden sich hinsichtlich ihrer Größe, der Repräsentativität und der berücksichtigten Schularten.
Bisheriger Forschungsergebnisse zu kognitiver Aktivierung ergeben also keinen einheitlichen Befund, allerdings überwiegen Ergebnisse, die einen positiven Zusammenhang zwischen kognitiv aktivierendem Unterricht und dem Leistungszuwachs der Lernenden belegen. Überprüft werden, muss vor allem, wie valide Ergebnisse aus Fragebogenstudien sind, in denen Unterrichtsqualität von Lernenden oder Lehrkräften eingeschätzt wird (Kunter et al., 2005). Zudem zeigen fachdidaktische Analysen (Drollinger-Vetter, 2011), dass kognitive Aktivierung allgemeindidaktisch und fachdidaktisch unterschiedlich operationalisiert wird, was zu differierenden Ergebnissen führt. Somit bestehen bedeutende Herausforderungen für künftige Forschungsarbeiten zu kognitiver Aktivierung.

Kognitive Aktivierung bei leistungsschwachen Lernenden

Gemäß dem Angebots-Nutzungs-Modell (Helmke, 2010) wird die Wirkung des Unterrichts nicht ausschließlich vom Unterrichtsangebot, sondern auch von der Nutzung dieses Angebots durch die Lernenden bedingt. Die Nutzung wiederum beruht unter anderem auf den individuellen Voraussetzungen der Schülerinnen und Schüler. Schularten stellen diesbezüglich differenzielle Entwicklungsmilieus dar (Becker, Lüdtke, Trautwein & Baumert, 2006). Somit müssen die Ergebnisse zur Wirksamkeit von kognitiver Aktivierung differenzierter im Hinblick auf die Eingangsvoraussetzungen der Lernenden betrachtet werden.

Bisherige Studien deuten darauf hin, dass kognitiv aktivierender Unterricht nicht für alle Schülerinnen und Schüler gleichermaßen geeignet ist. Lipowsky et al. (2009) konnten einen kleinen, aber signifikanten Interaktionseffekt zwischen dem Interesse der Lernenden und kognitiv aktivierendem Unterricht bezüglich der Leistungsentwicklung konstatieren. Kognitive Aktivierung scheint also wirksamer bei Schülerinnen und Schülern zu sein, die bereits Interesse am Fach mitbringen.

Unterricht, der konzeptuelles Verstehen zum Ziel hat, stellt hohe Anforderung an die Schülerinnen und Schüler (Pintrich, Marx & Boyle, 1993). Dies betonen auch Forscherinnen und Forscher, die konstruktivistische Lernumgebungen untersuchen. Die Lernwirksamkeit dieser Lernumgebungen ist umstritten, da sie die Gefahr der Überforderung bergen. Das Unterrichtsangebot, das eigentlich zur vertieften Auseinandersetzung anregen soll, würde somit seine Intention verfehlen (Kirschner, Sweller & Clark, 2006; Sweller, Kirschner & Clark, 2007). Die Ergebnisse der BIJU-Studie (Gruehn, 2000) unterstützen dieses Argument: Kognitiv-konstruktivistischer Unterricht steht nur am Gymnasium im positiven Zusammenhang zur Leistungsentwicklung der Lernenden. Unter Kontrolle der Schulart wurde auch bei Kunter (2005) der positive Effekt kognitiver Aktivierung auf die Leistung nicht mehr signifikant.

Ist kognitive Aktivierung also ein Qualitätsmerkmal für Unterricht bei leistungsstarken Schülerinnen und Schülern, ungeeignet jedoch für Lernende mit ungünstigeren Voraussetzungen? Diese Schlussfolgerung erscheint zu sehr vereinfachend und beruht auf geläufigen Fehlinterpretationen:

- Auch eher lehrerzentrierter Unterricht erfordert auf Seiten der Lernenden aktive Konstruktionsprozesse (Reusser, 2006).
- Kognitive Aktivierung hängt nicht mit der Schwierigkeit von Aufgaben (und deren Bearbeitung im Unterricht) zusammen, sondern ist vielmehr eine Frage der Herausforderung der Schülerinnen und Schüler durch den Unterricht (Klieme et al., 2001). Herausfordernde Lernumgebungen sind auf allen Schwierigkeitsniveaus möglich. Letztlich handelt es sich um ei-

ne Frage der Passung zwischen dem Unterrichtsangebot und den Fähigkeiten der Lernenden. Wie sich kognitiv aktivierender Unterricht bei leistungsschwächeren Schülerinnen und Schülern umsetzen lässt, ist bisher wenig untersucht (z.B. Kleinknecht, 2010; Bohl et al., 2012). Dabei müssen die Merkmale des Konstrukts vermutlich nicht neu definiert, aber deren Umsetzung im Unterricht präziser untersucht werden.

- Kognitive Aktivierung ist mit keinem Inszenierungsmuster verknüpft, sondern sie ist ein Merkmal der Tiefenstruktur des Unterrichts. Daher muss kritisch geprüft werden, inwiefern Forschungsergebnisse aus Untersuchungen zum problemorientierten oder konstruktivistischen Unterricht auf kognitiv aktivierenden Unterricht übertragbar sind.

Ziele und Design

Ziele der Studie

Bislang konzentriert sich die videobasierte Unterrichtsforschung vorwiegend auf den Unterricht an Realschulen und/oder Gymnasien und erfasst damit nur einen Teil der Unterrichtsrealität an deutschen Schulen (Prenzel et al., 2002; Lipowsky et al., 2009). Für den Hauptschulunterricht liegen nur wenige Unterrichtsstudien (u.a. Kleinknecht, 2010) und kaum Studien zum systematischen Einfluss von Unterrichtsmerkmalen auf das Lernen der Schülerinnen und Schüler vor.

Da Lehrkräfte und Lernende zu diametralen Aussagen über den Anspruchsgehalt des Unterrichtsangebotes kommen (Kunter et al., 2005), ist eine mehrperspektive Erfassung des Konstrukts notwendig (Clausen, 2002). Während Schülerinnen und Schüler über die Wahrnehmung und Nutzung des Unterrichts valide Aussagen treffen können, eignen sich ihre Urteile nicht zur Einschätzung didaktischer Konzeptionen. Lehrkräfte können zu ihren handlungsleitenden Vorstellungen und zu ihren Intentionen bezüglich des Unterrichtsangebotes befragt werden, allerdings ist die Einschätzung ihres eigenen Unterrichts im Vergleich zum Unterricht anderer Lehrkräfte wenig valide (Baumert et al., 2004). Für die Beurteilung eines kognitiv aktivierenden Unterrichts bedarf es also der externen Beobachtung, wie dies beispielsweise in Videostudien realisiert wird.

Eine Videostudie, die den Unterricht bei vergleichsweise leistungsschwachen Lernenden (an Haupt- und Realschulen) untersucht, bietet die Möglichkeit, kognitiv aktivierende Elemente im Unterricht zu beschreiben. Bisher wurde kognitive Aktivierung in Videostudien über hoch-inferente Ratings mit wenigen, sehr breiten Dimensionen erfasst. Um das Unterrichtsangebot differenzierter zu analysieren, könnte es daher hilfreich sein, einzelne Elemente kognitiver Aktivierung getrennt zu erfassen, um so analysieren zu können, welche Aspekte des Konstrukts häufig im Unterricht mit vergleichsweise schwachen Schülerinnen und Schüler (in bestimmten Phasen des Unterrichts) verwirklicht werden.

Korrespondierend zur differenzierten Analyse des Angebots, soll die Nutzung dieses Angebots durch die Schülerinnen und Schüler erfasst werden. Dazu werden sie zu ihrer kognitiven Aktivität während der Stunde befragt, worunter verschiedene Elaborationsstrategien gefasst werden (Rakoczy et al., 2010). Somit kann überprüft werden, ob Unterricht, in dem Merkmale kognitiver Aktivierung realisiert werden, auch tatsächlich zur intendierten Nutzung im Sinne einer vertieften Auseinandersetzung mit dem Lerngegenstand führt.

Neben der Analyse des Unterrichts im Hinblick auf kognitive Aktivierung sowie der Nutzung und Wirkung dieses Angebots soll das Konstrukt ‚Kognitive Aktivierung' aus allgemein-didaktischer und mathematikdidaktischer Perspektive diskutiert werden. Das Videoanalysemanual dieser Studie enthält unterschiedliche Operationalisierungen des Konstrukts, die in mathematikdidaktischen Studien und allgemeindidaktisch bzw. lernpsychologischen Studien verwendet werden, um differenzierte Analysen zu ermöglichen. Zudem sollen in einer Expertenrunde, bestehend aus Allgemeindidaktikern und Mathematikdidaktikern, die unterschiedlichen Perspektiven auf dieses Konstrukt diskutiert und so Gemeinsamkeiten und Unterschiede herausgearbeitet werden.

Stichprobe und Design

Die hier vorgestellte Videostudie ‚Kognitive Aktivierung im Unterricht' ist eingebunden in die Tübinger DFG-Forschergruppe ‚Analyse und Förderung effektiver Lehr-Lernprozesse'. Insgesamt nahmen 23 Mathematiklehrkräfte, 12 Lehrerinnen und 11 Lehrer, und ihre achten Klassen (16 Hauptschul-, 7 Realschulklassen) teil; die Teilnahme war freiwillig. Ein Teil der Stichprobe entstammt der TRAIN-Studie (*Tra*dition und *In*novation: Entwicklungsverläufe an Haupt- und Realschulen in Baden-Württemberg und Mittelschulen in Sachsen, Trautwein & Baumert (2009)), so dass für diese Klasse noch weitere Rahmendaten vorliegen.

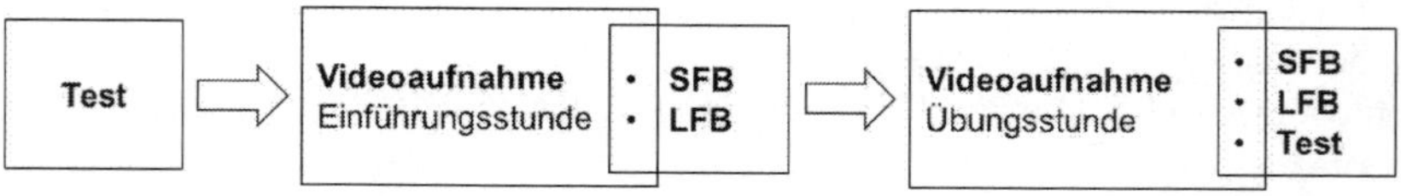

Abb. 1: Ablauf der Studie (LFB = Lehrerfragebogen; SFB = Schülerfragebogen)

Alle teilnehmenden Lehrkräfte wurden gebeten, eine Einführungs- und Übungsstunde zum Thema ‚Vermehrter und verminderter Grundwert' zu gestalten. Dieses Thema ist curricular fest in den untersuchten Schularten verankert. Für die Unterrichtsaufnahmen wurden zwei Videokameras verwendet. Mit der ‚Klassenkamera' wurde von vorne das Klassengeschehen eingefangen; diese Kamera war statisch. Die Aufnahmen mit der ‚Lehrerkamera' folgten dem Kameraskript der TIMSS-Videostudien. Vor der Einführungsstunde und nach der Übungsstunde wurde ein von Mathematikdidaktikern entwickelter Leistungstest eingesetzt, der sich dezidiert auf das Stundenthema bezog. Zusätzlich erhielten die Schülerinnen und Schüler, sowie die Lehrkräfte, nach beiden Stunden einen Fragebogen, der auf den zuvor gefilmten Unterricht einging.

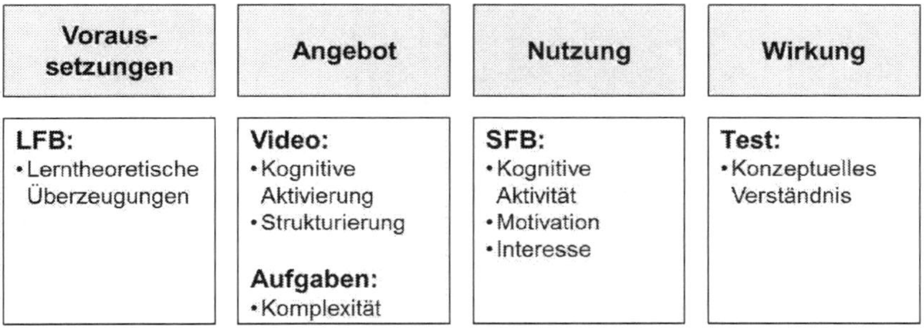

Abb. 2: Design der Studie (LFB = Lehrerfragebogen; SFB = Schülerfragebogen; Video = Videografie/-analyse)

Für das Videoanalysemanual wurden, soweit möglich, Formulierungen aus Manualen anderer Forschungsprojekte übernommen bzw. adaptiert (v.a. Seidel, Prenzel, Duit & Lehrke, 2003; Hugener, Pauli & Reusser, 2006). Kognitive Aktivierung und Strukturierung des Unterrichts aus Sicht der Lehrkräfte wurde mit einer Adaption der Skalen der COACTIV-Studie (Baumert et al., 2009) erhoben. Die Skalen zu den konstruktivistischen und transmissiven lerntheoretischen Überzeugungen sind der Pythagoras-Studie (Rakoczy, Buff & Lipowsky, 2005) entnommen. Die Schülerinnen und Schüler wurden zur Wahrnehmung und Nutzung des Unterrichtsangebotes befragt. Im Schülerfragebogen wurden dazu ebenfalls Skalen aus anderen Studien (v. a. Rakoczy et al., 2005) übernommen und an die spezifische Zielgruppe und den Unterrichtsgegenstand angepasst. Zusätzlich stehen die im Unterricht eingesetzten Aufgaben für die Analyse der Aufgabenkomplexität zur Verfügung. So kann umfassend, im Sinne des Angebots-Nutzungs-Modells, das Angebot analysiert, auf seine Nutzung hin untersucht und seine Wirkung überprüft werden, wie Abbildung 2 verdeutlicht.

Ausblick

Die Datenerhebung im beschriebenen Projekt wurde im Schuljahr 2011/12 durchgeführt. Derzeit werden die videografierten Unterrichtsstunden niedrig-, mittel- und hoch-inferent ausgewertet. Erste deskriptive Analysen belegen die Realisierung kognitiv aktivierender Elemente auch im Unterricht bei vergleichsweise leistungsschwachen Schülerinnen und Schülern. Weitere Analysen sollen zeigen, wie dieses Angebot von den Schülerinnen und Schülern wahrgenommen und genutzt wird und welche Wirkung kognitiv aktivierender Unterricht bei Lernenden an Haupt- und Realschulen in Bezug auf ihre Leistung zeigt.

Literatur

Baumert, J. & Köller, O. (2000). Unterrichtsgestaltung, verständnisvolles Lernen und multiple Zielerreichung im Mathematik- und Physikunterricht der gymnasialen Oberstufe. In J. Baumert, W. Bos & R. Lehmann (Hrsg.), TIMSS/III, dritte internationale Mathematik- und Naturwissenschaftsstudie: mathematische und naturwissenschaftliche Bildung am Ende der Schullaufbahn (S. 271-315). Opladen: Leske + Budrich.

Baumert, J. & Kunter, M. (2011). Das mathematikspezifische Wissen von Lehrkräften, kognitive Aktivierung im Unterricht und Lernfortschritte von Schülerinnen und Schülern. In M. Kunter, J. Baumert, W. Blum, U. Klusmann, S. Krauss & M. Neubrand (Hrsg.), Professionelle Kompetenz von Lehrkräften: Ergebnisse des Forschungsprogramms COACTIV (S. 163-192). Münster: Waxmann.

Baumert, J., Kunter, M., Brunner, M., Krauss, S., Blum, W. & Neubrand, M. (2004). Mathematikunterricht aus Sicht der PISA-Schülerinnen und –Schüler und ihrer Lehrkräfte. In M. Prenzel, J. Baumert, W. Blum, R. Lehmann, D. Leutner, M. Neubrand, R. Pekrun, H.-G. Rolff, J. Rost & U. Schiefele (Hrsg.), PISA 2003: der Bildungsstand der Jugendlichen in Deutschland (S. 314-349). Münster: Waxmann

Becker, M., Lüdtke, O., Trautwein, U. & Baumert, J. (2006). Leistungszuwachs in Mathematik. Evidenz für einen Schereneffekt im mehrgliedrigen Schulsystem? Zeitschrift für Pädagogische Psychologie, 20(4), 233-242.

Bohl, T., Kleinknecht, M., Batzel, A. & Richey, P. (2012). Aufgabenkultur in der Schule: Eine vergleichende Analyse von Aufgaben und Lehrerhandeln im Hauptschul-, Realschul- und Gymnasialunterricht. Baltmannsweiler: Schneider Verl. Hohengehren.

Clausen, M. (2002). Unterrichtsqualität: eine Frage der Perspektive?: empirische Analysen zur Übereinstimmung, Konstrukt- und Kritieriumsvalidität. Münster: Waxmann.

Deci, E. L. & Ryan, R. M. (1993). Die Selbstbestimmungstheorie der Motivation und ihre Bedeutung für die Pädagogik. Zeitschrift für Pädagogik, 39(2), 223-238.

Drollinger-Vetter, B. (2011). Verstehenselemente und strukturelle Klarheit: fachdidaktische Qualität der Anleitung von mathematischen Verstehensprozessen im Unterricht. Münster: Waxmann.

Dubberke, T., Kunter, M., McElvany, N., Brunner, M. & Baumert, J. (2008). Lerntheoretische Überzeugungen von Mathematiklehrkräften: Einflüsse auf die Unterrichtsgestaltung und den Lernerfolg von Schülerinnen und Schülern. Zeitschrift für Pädagogische Psychologie, 22(3-4), 193–206.

Greeno, J. G., Collins, A. M. & Resnick, L. B. (1996). Cognition and learning. In D. C. Berliner & R. C. Calfee (Hrsg.), Handbook of educational psychology: a project of Division 15, The

Division of Educational Psychology of the American Psychological Association (S. 15-46). New York: Macmillan.

Gruehn, S. (2000). Unterricht und schulisches Lernen: Schüler als Quellen der Unterrichtsbeschreibung. Münster: Waxmann.

Helmke, A. (2010). Unterrichtsqualität und Lehrerprofessionalität: Diagnose, Evaluation und Verbesserung des Unterrichts (3. Aufl.). Seelze-Velber: Kallmeyer.

Hiebert, J. & Wearne, D. (1993). Instructional Tasks, Classroom Discourse, and Students' Learning in Second-Grade Arithmetic. American Educational Research Journal, 30(2), 393-425.

Hugener, I. (2008). Inszenierungsmuster im Unterricht und Lernqualität: Sichtstrukturen schweizerischen und deutschen Mathematikunterrichts in ihrer Beziehung zu Schülerwahrnehmung und Lernleistung. Münster: Waxmann.

Hugener, I., Pauli, C. & Reusser, K. (2006). Videoanalysen. In E. Klieme, C. Pauli & K. Reusser (Hrsg.), Dokumentation der Erhebungs- und Auswertungsinstrumente zur schweizerisch-deutschen Videostudie „Unterrichtsqualität, Lernverhalten und mathematisches Verständnis“, Teil 3. Materialien zur Bildungsforschung, Band 15. Frankfurt a. M.: GFPF.

Hugener, I., Pauli, C., Reusser, K., Lipowsky, F., Rakoczy, K. & Klieme, E. (2009). Teaching patterns and learning quality in Swiss and German mathematics lessons. Learning and Instruction, 19(1), 66-78.

Kirschner, P. A., Sweller, J. & Clark, R. E. (2006). Why Minimal Guidance During Instruction Does Not Work: An Analysis of the Failure of Constructivist, Discovery, Problem-Based, Experiential, and Inquiry-Based Teaching. Educational Psychologist, 41(2), 75-86.

Kleinknecht, M. (2010). Aufgabenkultur im Unterricht: eine empirisch-didaktische Video- und Interviewstudie an Hauptschulen. Baltmannsweiler: Schneider Verl. Hohengehren.

Klieme, E., Lipowsky, F., Rakoczy, K. & Ratzka, N. (2006). Qualitätsdimensionen und Wirksamkeit von Mathematikunterricht. Theoretische Grundlagen und ausgewählte Ergebnisse des Projektes „Pythagoras“. In M. Prenzel & L. Allolio-Näcke (Hrsg.), Untersuchungen zur Bildungsqualität von Schule: Abschlussbericht des DFG-Schwerpunktprogramms (S. 127-146). Münster: Waxmann.

Klieme, E., Schümer, G. & Knoll, S. (2001). Mathematikunterricht in der Sekundarstufe I: Aufgabenkultur und Unterrichtsgestaltung. In Bundesministerium für Bildung und Forschung (BMBF) (Hrsg.), TIMSS – Impulse für Schule und Unterricht: Forschungsbefunde, Reforminitiativen, Praxisberichte und Video-Dokumente (S. 43-57). München: Medienhaus Biering.

Kunter, M. (2005). Multiple Ziele im Mathematikunterricht. Münster: Waxmann.

Kunter, M., Baumert, J., Blum, W., Klusmann, U., Krauss, S. & Neubrand, M. (Hrsg.) (2011). Professionelle Kompetenz von Lehrkräften: Ergebnisse des Forschungsprogramms COACTIV. Münster: Waxmann.

Kunter, M., Brunner, M., Baumert, J., Klusmann, U., Krauss, S., Blum, W., Jordan, A. & Neubrand, M. (2005). Der Mathematikunterricht der PISA-Schülerinnen und –Schüler. Zeitschrift für Erziehungswissenschaft, 8(4), 502-520.

Leuders, T. & Holzäpfel, L. (2011). Kognitive Aktivierung im Mathematikunterricht. Unterrichtswissenschaft, 39(3), 213–230.

Lipowsky, F. (2006). Auf den Lehrer kommt es an – empirische Evidenz für Zusammenhänge zwischen Lehrerkompetenzen, Lehrerhandeln und dem Lernen der Schüler. In C. Allemann-Ghionda (Hrsg.), Kompetenzen und Kompetenzentwicklung von Lehrerinnen und Lehrern - Ausbildung und Beruf (S. 47-70). Weinheim: Beltz.

Lipowsky, F., Rakoczy, K., Klieme, E., Reusser, K. & Pauli, C. (2005). Unterrichtsqualität im Schnittpunkt unterschiedlicher Perspektiven – Rahmenkonzept und erste Ergebnisse einer binationalen Studie zum Mathematikunterricht in der Sekundarstufe I. In H. G. Holtappels &

K. Höhmann (Hrsg.), Schulentwicklung und Schulwirksamkeit: Systemsteuerung, Bildungschancen und Entwicklung der Schule (S. 223-238). Weinheim: Juventa.

Lipowsky, F., Rakoczy, K., Pauli, C., Drollinger-Vetter, B., Klieme, E. & Reusser, K. (2009). Quality of geometry instruction and its short-term impact on students' understanding of the Pythagorean Theorem. Learning and Instruction, 19(6), 527-537.

Pauli, C. & Reusser, K. (2006). Von international vergleichenden Video Surveys zur videobasierten Unterrichtsforschung und -entwicklung. Zeitschrift für Pädagogik, 52(6), 774-797

Pauli, C., Drollinger-Vetter, B., Hugener, I. & Lipowsky, F. (2008). Kognitive Aktivierung im Mathematikunterricht. Zeitschrift für Pädagogische Psychologie, 22(2), 127-133.

Pintrich, P. R., Marx, R. W & Boyle, R. A. (1993). Beyond Cold Conceptual Change: The Role of Motivational Beliefs and Classroom Contextual Factors in the Process of Conceptual Change. Review of Educational Research, 63(2), 167-199.

Prenzel, M., Seidel, T., Lehrke, M., Rimmele, R., Duit, R., Euler, M., Geiser, H., Hoffmann, L., Müller, C. & Widodo, A. (2002). Lehr-Lernprozesse im Physikunterricht - eine Videostudie. In M. Prenzel & J. Doll (Hrsg.), Bildungsqualität von Schule: Schulische und außerschulische Bedingungen mathematischer, naturwissenschaftlicher und überfachlicher Kompetenzen (S. 139-156). Weinheim: Beltz.

Rakoczy, K. (2006). Motivationsunterstützung im Mathematikunterricht: Zur Bedeutung von Unterrichtsmerkmalen für die Wahrnehmung der Schülerinnen und Schüler. Zeitschrift für Pädagogik, 52(6), 822-843.

Rakoczy, K., Buff, A. & Liposky, F. (2005). Befragungsinstrumente: Teil 1. Frankfurt am Main.

Rakoczy, K., Klieme, E., Lipowsky, F. & Drollinger-Vetter, B. (2010). Strukturierung, kognitive Aktivität und Leistungsentwicklung im Mathematikunterricht. Unterrichtswissenschaft, 38(3), 229-246.

Reusser, K. (2006). Konstruktivismus – vom epistemologischen Leitbegriff zur Erneuerung der didaktischen Kultur. In M. Baer, M. Fuchs, P. Flüglister, K. Reusser & H. Wyss (Hrsg.), Didaktik auf psychologischer Grundlage: von Hans Aeblis kognitionspsychologischer Didaktik zur modernen Lehr- und Lernforschung (S. 151-168). Bern: h.e.p.-Verl.

Reusser, K. (2009). Empirisch fundierte Didaktik – didaktisch fundierte Unterrichtsforschung. Eine Perspektive zur Neuorientierung der Allgemeinen Didaktik. In M. A. Meyer, M. Prenzel & S. Hellekamps (Hrsg.), Perspektiven der Didaktik: Zeitschrift für Erziehungswissenschaft (S. 219–237). Wiesbaden: VS Verlag für Sozialwissenschaften.

Seidel, T., Prenzel, M., Duit, R. & Lehrke, M. (Hrsg) (2003). Technischer Bericht zur Videostudie „Lehr-Lern-Prozesse im Physikunterricht". Kiel: IPN.

Staub, F. C. & Stern, E. (2002). The Nature of Teachers' Pedagogical Content Beliefs Matters for Students' Achievement Gains: Quasi-Experimental Evidence From Elementary Mathematics. Journal of Educational Psychology, 94(2), 344-355.

Sweller, J., Kirschner, P. A. & Clark, R. E. (2007). Why Minimally Guided Teaching Techniques Do Not Work: A Reply to Commentaries. Educational Psychologist, 42(2), 115-121.

Thomas Heyl

Entdecken, was sein könnte – Aufgaben in der Kunstwerkstatt

Die Welt erschließt sich ästhetisch. Aus kunstdidaktischer Perspektive ist solch eine Aussage wenig spektakulär: Wie, wenn nicht ästhetisch, sollte eine künstlerische Annäherung an die Welt gelingen?
Doch auch Erziehungswissenschaftler und allgemeine Schulpädagogen halten Lernen auf der Basis ästhetischer Erfahrungsprozesse für besonders lernwirksam, weil »ich-nah« und damit nachhaltiger als andere Formen des Lernens. Die besondere Bedeutung ist anthropologisch und erkenntnistheoretisch begründet (vgl. Bender 2010, Duncker 1999, Kahlert 2006).

> „So ist anzunehmen, dass die ästhetische Erfahrung in ihrer anthropologischen Bestimmung unabhängig von einer bestimmten Milieuzugehörigkeit und einem bestimmten Geschmack ist, sondern ein Modus der Weltzuwendung neben anderen, von dessen Teilnahme zunächst kein Subjekt ausgeschlossen ist." (Bender 2010, S.79).

Wenn dieser Beitrag Aufgaben innerhalb der Kunstwerkstatt thematisiert, dann soll es vor diesem Hintergrund nicht nur um einen spezifischen Ort der Kunstpädagogik gehen. Gerade in der Primarstufe ist ästhetisches Handeln immer inhaltlich vielfältig gebunden. Kinder sind nicht auf ein bildnerisches Handeln als solches fixiert, sie sind dabei immer an konkreten Dingen und Sachverhalten interessiert. Sie denken und handeln dabei nicht fachspezifisch, sondern integrativ. Das haben auch Konzeptionen kompetenzorientierter Bildungspläne im Blick, die zum Beispiel in Baden-Württemberg die Grenzen einiger Fächer durch Fächerverbünde völlig aufheben. (Das ist aus verschiedenen Gründen nicht unproblematisch, doch das soll an dieser Stelle nicht vertieft werden.)

Die Kunstwerkstatt

Wie kann eine Umgebung gedacht und organisiert sein, die besondere Situationen für ästhetische Bildungsprozesse ermöglicht? Wie kann in dieser Umgebung eine entsprechende Aufgabenkultur entstehen?
Hier soll die Kunstwerkstatt als ein geeigneter Ort, sowie ein gangbares Prinzip vorgestellt werden: Sie ist eine vorbereitete Umgebung, ein konkreter Raum, der eine Fülle von Handlungs- und Organisationsoptionen bereithält.

Der Raum ist strukturiert, aber impliziert keine Linearität sachlogischer Handlungsabläufe (wie sie zum Beispiel in den Technikräumen von Schulen angelegt sind).
Die Kunstwerkstatt hält vielmehr, analog zum Atelier des Künstlers, Ressourcen bereit, die zu Erkundungen und zu differenzierten bildnerischen Handlungen einladen. Sie wird als Erfahrungs- und Möglichkeitsraum zu einem Prinzip des Unterrichts. Dieser ist prozess- und handlungsorientiert, er ermöglicht selbst organisiertes Lernen und steht damit in der Tradition des Werkstattbegriffs der Reformpädagogik (vgl. zusammenfassende Darstellung Heyl 2008).
Fundstücke und Materialien liegen erreichbar in Regalen, Werkzeuge und Farben sind frei zugänglich, entsprechend der Vorgaben kann das Kind verschiedene Aktivitätszonen im Raum aufsuchen.
Den Kindern öffnen sich Möglichkeiten, die sie in der Regel aus ihrem Schulalltag nicht kennen: Sie erleben, dass sie ihren Werkprozess selbst steuern, aber auch, dass sie inhaltlich grundlegende Entscheidungen treffen können. Sie erleben, dass Aufgaben gestaltbar sind und dass sie sich für Sozialformen entscheiden können, die ihnen gemäß sind. Vor allem aber haben sie etwas, woran es im Schulalltag mangelt: Zeit.

Ästhetische Erfahrungen

Gelegenheit und Zeit. Mit der Kunstwerkstatt gibt es einen Rahmen, in dem ästhetische Erfahrungen möglich werden. Ästhetische Erfahrungen besitzen Ereignischarakter. Zum Ereignis kann alles werden, was nicht bereits Gewohnheit ist. Je kleiner Kinder sind, desto weniger bestimmen Verhaltensroutinen ihren Alltag. Jede Begegnung mit einer Umgebung kann etwas Unerwartetes mit sich bringen. Ein Fundstück, ein Material, eine Geschichte erregt plötzlich die Aufmerksamkeit, und die Situation verändert sich. Kinder sind dabei nicht passiv, sie manövrieren sich mit ihrer Neugier regelrecht in Situationen, in denen ihnen Unerwartetes begegnet. Sie suchen dabei nicht gezielt nach etwas ganz Konkretem, vielmehr begeben sie sich in eine Situation der Möglichkeiten. Oevermann beschreibt diese Situation mit »Krise durch Muße« (Oevermann 2004, S.167).

> „Eine Krise erzeugt diese müßige Wahrnehmung ganz einfach deshalb, weil mit zunehmender Dauer der Wahrnehmung eines Gegenstands um ihrer selbst willen die Wahrscheinlichkeit zunimmt, auf etwas aufmerksam zu werden ... Kinder eignen sich ganz wesentlich auf diese Weise, also im Modus der ästhetischen Erfahrung, die Welt an, indem sie selbsttätig Krisen durch Muße herstellen" (Oevermann 2004 S.168).

In Weltbegegnungen dieser Art ist für Kinder häufig etwas »sehr neu« »sehr überraschend« und »sehr bedeutsam«. Das sind Merkmale einer ästhetischen

Erfahrung, die Franz Emanuel Weinert bereits als Indizien für kreatives Verhalten anführt (vgl. Weinert 1993 S.22).
Dabei wird die Richtung deutlich: Es geht bei ästhetischen Erfahrungsprozessen um eine selbst bestimmte Aktivität.

> „Einsichten in die Wirklichkeit liegen im Rahmen von Erfahrungsprozessen nicht als abrufbares Wissen bereit, sondern müssen ihr durch vielfältige Formen des Erkundens und Probierens, des Suchen und Deutens erst abgerungen werden“ (Duncker 1999, S.10).

Die Aufmerksamkeit und die Neugier des Kindes bei der ästhetischen Weltbegegnung ist Voraussetzung für Lernprozesse, die gleichermaßen auf Kreativität und Konstruktivismus verweisen (vgl. auch Reich S.167f.). Wenn sich das Kind in dem »natürlichen« Zustand der Muße bewegt, wenn es sich frei zu den interessanten Begegnungen entscheiden kann, dann richtet sich seine Aufmerksamkeit nicht bedingungslos auf das, was die Lehrperson für den geplanten Unterrichtsverlauf vorgesehen hat. Gerd E. Schäfer spricht von der idealerweise »leeren Aufmerksamkeit« (vgl. Schäfer 1995).

> „Die Krise durch Muße wird dadurch herbeigeführt, dass eine Wahrnehmung der äußeren oder inneren Realität um ihrer selbst willen durchgeführt werden kann, also als selbstgenügsame vollgültige Handlung und eben nicht als integraler Bestandteil einer zweckgerichteten praktischen Handlung“ (Oevermann 2004 S.167).

Können unter diesen Voraussetzungen in der Schule überhaupt ästhetische Erfahrungen gelingen? Oevermann bringt dazu die Bedeutung des Begriffs »Schule« in seiner griechischen Urbedeutung in Erinnerung, nach der er eigentlich »Muße« bzw. »in Muße zu erledigen« heiße:

> „Danach sollte Schule eine Veranstaltung sein, die dazu dient, durch Muße Krisen herzustellen, so dass Erkenntnis um ihrer selbst willen betrieben werden kann“ (Oevermann 2004, S.169).

Die Kunstwerkstatt lässt sich auf dieses Bild von Schule beziehen.

Aufgaben

In schulischen Alltagssituationen sind ästhetische Erfahrungen, wenn überhaupt, häufig nur ein Auftaktphänomen. Spannende und lebendige Begegnungen, die die Kinder als »Ereignis« in Bewegung bringen und ein Erfahrungsfeld eröffnen und die Lust machen, gelten vor allem in der routinierten kunstdidaktischen Alltagspraxis oft nur so lange, bis die vom Lehrer präfigurierte Unterrichtsstunde in Sichtweite kommt, bis eine Aufgabe *gestellt* wird. Aufgaben legen dann den mehr oder weniger engen Rahmen für das Ergebnis (meist ein Produkt) fest. Im engsten Fall ist das Ergebnis des Unterrichts lediglich die Illustration der Lehreridee. Das von der Lehrperson vorgedachte

oder sogar vorgemachte Ergebnis wird dann nur noch mimetisch nachvollzogen.
»Gestellte« Aufgaben lenken dann die Aufmerksamkeit von der eigentlichen Sache auf die Erwartungen der Lehrenden. Unerwartete Ereignisse, wie eine ästhetische Erfahrung, führen dann eher zu einer kritischen Situation: Wenn im kreativen Werkprozess unvorhergesehene Begegnungen und Ideen die Aufmerksamkeit beanspruchen, wenn sich die Aufmerksamkeit auf eine ästhetische Erfahrung richtet, dann kann die Aufgabenstellung oder sogar die ganze Architektur des geplanten Unterrichts ins Wanken geraten. Die typische Lehrerreaktion zeigt sich dann oft in Sätzen wie »Das gehört jetzt nicht zur Sache, bitte kehre zur Aufgabe zurück, Du weißt, was Du zu tun hast« etc. Die Lehrperson scheint dann eher verunsichert als bereichert.
Dagegen steht das Bild einer »Lücke« (vgl. Girmes 2004 S.17 f.). Statt sich mit einer gestellten Aufgabe zu befassen gilt es, selbst Lücken wahrzunehmen. Damit rückt die Perspektive der Lernenden in den Mittelpunkt, die erkennbar macht, dass Lücken

> „eine Beziehung aufgreifen und auf den Punkt bringen, die zwischen Menschen und der sie umgebenden Welt besteht, und dass diese Beziehung von den beteiligten Menschen standpunktabhängig wahrgenommen wird" (Girmes 2003 S.7).

So verstanden, werden Aufgaben zu einer individuellen Herausforderung, die den einzelnen Schüler nicht pauschal an einem vorgefassten Lernergebnis orientiert. Vielmehr führen sie zu einer »Begegnung zwischen Mensch und Welt, ohne dass jemand dritter eine Aufgabe formuliert hätte« (Girmes 2004, S.19). Die Aufgabe ist, nach Girmes, die Lücke zwischen dem, was ist, und dem, was sein sollte.

> „Dass gestellte oder sich stellende Aufgaben als vom Menschen empfundene Lücken dazu führen, dass diese ihre verfügbaren Potenziale auf diese Lücken beziehen und deshalb aktiv werden, basiert auf einer Voraussetzung. Diese besteht darin, dass zwischen dem Zustand, in dem die Lücke erfahrbar wird, und den Vorstellungen der betroffenen Menschen dazu, wie diese Situation eigentlich aussehen sollte, eine Differenz empfunden wird. Das meint, dass das Wahrgenommene eigenen Vorstellungen, Perspektiven, Wünschen, Bedürfnissen, Visionen irgendwie nicht entspricht oder zuwiderläuft" (Girmes 2004, S.19).

Dieses »irgendwie« muss natürlich vage bleiben. Gerade unter künstlerischer Perspektive kann man nicht davon ausgehen, dass eine Vorstellung oder gar Vision vom Subjekt vorformuliert und dann schlicht (bildnerisch) herstellbar wäre. Unter künstlerischer Perspektive bedeutet es eher, ein Feld zu betreten, auf dem es der Gestaltungsprozess selbst ist, der Möglichkeitsräume eröffnet. So gesehen wäre eine Aufgabe/Lücke nicht die Differenz zwischen dem, was ist und dem, was sein sollte, sondern zwischen dem, was ist, und dem, was sein könnte.

Ästhetische Erfahrung und künstlerisches Handeln

Grundsätzlich ist ästhetisches Verhalten vom künstlerischen Handeln zu unterscheiden. Die ästhetische Erfahrung weist in eine Richtung, die auf einen künstlerischen Weg führen kann. Ästhetische Erfahrungen bringen etwas in Bewegung, stimulieren die Phantasie und äußern sich in »kulturellem Ausdruck« (Duncker 1999, S.16). Die Voraussetzungen und Anforderungen sind zunächst dieselben: Es geht um einen Bezug zur Welt, um die Wahrnehmung von Lücken, um die Lust und Zuversicht, sich auf einen ästhetischen Weg einzulassen. Jedes Kind kennt die Momente einer ästhetischen Erfahrung, die Besonderheit einer unerwarteten Begegnung, in der Bekanntes und Vertrautes in eine neue Beziehung treten, in der sich Bezüge neu finden und verbinden lassen. Aus einer ästhetischen Erfahrung wird aber erst dann eine künstlerische, wenn die Phantasie nicht nur das deutet und ergänzt, was sich in der ästhetischen Begegnung als Fehlstelle zeigt, sondern wenn sie einen Bereich der Möglichkeiten eröffnet, in der Erfindungen Raum greifen können. Phantasie ist dann nicht allein ein Erkenntnisinstrument, Phantasie wird zu einem Entwurfsinstrument. Mit dem klingenden Begriff der »Einbildungskraft« (vgl. Buschkühle 2010) kann dabei die Energie bezeichnet werden, die in vielfältigen Bewegungen die Möglichkeitsräume durchdringt.
Schafft man eine Situation, in der sich das Kind dem Abstand zwischen dem, was ist, und dem, was sein könnte, widmen kann, dann kann es sich in einen Prozess weben, der dem künstlerischen nicht unähnlich ist. Der Erfindungs- und Werkprozess zeigt sich dabei in permanenter Wandlung. Eine erst vage Idee initiiert eine erste Aktion – ein Material wird zufällig gefunden, ein Objekt mit einem anderen kombiniert oder ein Pinselstrich gesetzt – diese Aktion wirkt im selben Moment auf den Akteur zurück. Die darauf folgende Entscheidung ist bereits eine Reaktion darauf und modifiziert einen möglicherweise vorgefassten Plan. Man kann diesen Prozess eher mit einem Spiel vergleichen, die Entscheidungen »haben Spiel« (vgl. Lehnerer 1994, S.65).

> „Bei einem Spiel kann man, sofern es »Spiel hat«, vorher niemals sagen, wie es verläuft und wie es ausgeht – könnte man es sagen, dann wäre das Spiel nicht Spiel (sondern kalkulierter Ablauf). Der Spielausgang, das Resultat beruht auf etwas, das man, bei aller Spielstrategie, prinzipiell nicht bestimmen kann, es beruht auf Freiheit – aber nicht auf Freiheit eines Spielers (eines Subjekts), sondern auf der Freiheit des Spiels selbst“ (ebda S.65f.).

Die einzelnen Faktoren zu diesem Geschehen sind komplex, nur eingeschränkt fassbar und schon gar nicht kleinteilig planbar. Das wirkt auf die Definition der »Aufgabe« zurück. Sich spielerisch darauf einzulassen »was

sein könnte«, kann als eine divergierende Bewegung nicht mit einer »Aufgabe« verglichen werden, die intentional ein Ergebnis fokussiert.
Phantasie, im Sinne von »Einbildungskraft«, ist dabei unwägbar und unkalkulierbar. Das ist wohl der Grund, warum Phantasietätigkeit von Lehrenden gerne isoliert wird (vgl. Hubel 1998, S.51). Doch selbst allgemeine Grundschulpädagogen und ausgewiesene Vertreter der Sachkunde wissen um die konstitutive Bedeutung der Phantasie in ästhetischen Erfahrungsprozessen:

> „Die Gefahr, dass ... überbordende Phantasie die Sachlichkeit bedroht, ist angesichts des Realitätssinns und des Wissensdrangs der Kinder gering. Dieser (der Inhalt) leidet nicht, wenn zu viel, sondern wenn zu wenig geistige Aktivität angeregt wird." (Kahlert Lieber Binder 2006, S.31).

Ästhetische Erfahrungen, die sich zu künstlerischen Wegen weiten, sind von Einbildungskraft durchdrungen. Das soll das folgende Beispiel zeigen.

Beispiel »Schule träumen«

Eine altersgemischte Gruppe von Grundschulkindern ist angeregt, über das Thema Schule nachzudenken. Den Auftakt bildet die Frage, »Wie soll eine Schule aussehen, in der Du das lernst, was Dir besonders wichtig ist?«. Ausgangspunkt ist für die meisten Kinder die Erfindung eines neuen Fachs, das sie aus ihren Vorlieben oder Hobbies ableiten (Springreiten, Auto reparieren, Tierpflege etc.). Dazu richten die Kinder in Schachteln mit Papier, Pappe, Fundstücken und anderen Materialien modellhaft Räume ein. Doch die Kinder beschränken sich bei der Bearbeitung nicht auf Mimesis, indem sie nur das Typische dabei illustrieren. Sie kreisen nicht um das bereits Vertraute und Bekannte bei der Ausschmückung ihres »Fachs«. Vielmehr beginnen sie, die Lücke zwischen dem, »was ist« und dem, was »sein könnte« auszufüllen. Dabei reizt offenbar die Spannung, die zwischen den beiden vertrauten Kategorien Schule und Hobby entsteht, wenn man sie aufeinander bezieht:
Ein tiefes Wasserbecken dient nicht nur zum Tauchen lernen, sondern wird zugleich mit seltenen Fischen besetzt, »die kann man dann entdecken«. Eine Klassenachterbahn lässt sich in ihrem »Wildheitsgrad« stufenlos einstellen. So kann in dieser »Gefühlsschule« jeder Benutzer individuell die eigene Grenze zwischen reiner Freude und Mutprobe herausfinden. Eine Probenbühne wird nicht nur mit dem nötigen Equipment ausgestattet, sondern auch mit Spiegeln bestückt »damit man sehen kann, wie man auf der Bühne wirkt«. Ohne dabei explizit zu werden, zielen die Erfindungen der Kinder auch auf die Lücke, die zwischen dem ihnen bekannten System Schule, und dem, wie es sein könnte liegt: In keinem »Fach« wird »Stoff« aufbereitet, vielmehr geht es um Handlungsräume für Erfahrungen, es geht um „Erkenntnisse um ihrer selbst willen" (Oevermann, s.o.). Dabei wird Schule als ein

Sozialraum deutlich. Es gibt kein Kind, das sich nicht mit seinem Beitrag vernetzt und Schule nicht als Ort der Begegnung begreift. In der Tierstation lernt man nicht nur Tierpflege. In den Pausen kann man sich Tiere zum Streicheln oder Ausführen ausleihen. In die Reparaturwerkstatt kann man seine kaputten Sachen bringen, und lernen wie man selbst repariert, in der Küche lernt man nicht nur kochen, sie wird gleich zu einem Restaurant. Allen Projekten ist gemeinsam, dass Schule nicht nur Erfahrungs- sondern auch Lebensraum ist. Den Kindern scheint es um das »Ganze« zu gehen, wenn man in allen Bereichen sowohl lernen als auch wohnen kann.

Dabei integrieren die Entwürfe gleichzeitig phantastische Erfindungen und handfesten Realitätssinn, ohne dass dies offenbar als Bruch empfunden wird. Wenn man sich auf der einen Seite in einen »Chillraum hinein beamen« und auf der anderen Seite nüchterne Infrastruktur wie Lehrerzimmer, Toiletten und sogar einen Heizungskeller nutzen kann, zeigt sich vielmehr ein mehrdimensional kreativ erweitertes System Schule.

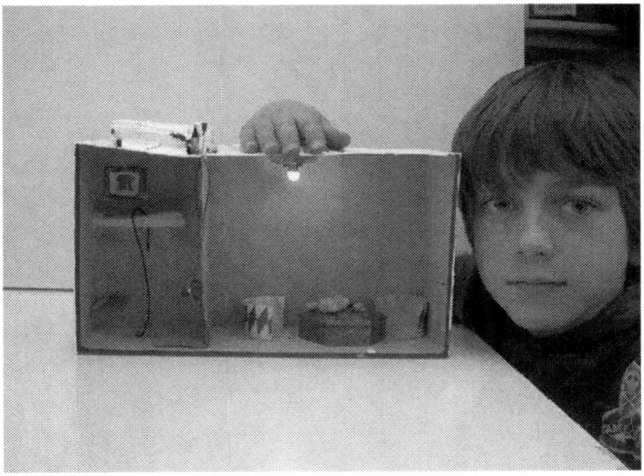

Abb. 1: „Mein Fach heißt Archäologie. Wir graben tagsüber gemeinsam. Auf dem achteckigen Tisch liegt eine zerbrochene Figur, die nennt man Torso. Die habe ich aus Ton selbst gebaut. Diesen Fund bespreche ich dann mit den Schülern. Die zwei Sessel sind aus alten Pappbechern, die sind ganz bequem. Nachdem ich auch Vertrauenslehrer bin, bleibe ich am besten gleich in der Schule. In dem Nebenraum habe ich mir ein Hochbett eingebaut." Merlin, 9 Jahre.

Abb. 2: „Chillraum für Mäuse. Man betritt diesen Raum durch eine Klappe und wird in etwa auf Mausgröße kleingebeamt. Und dann kann man sich in der Watte und den anderen Materialien wie im Urwald fühlen und sich einen gemütlichen Platz zum chillen suchen." Hagen 10 Jahre.

Abb. 3: „In der Schule gibt es eine Skihalle. Ich habe dazu eine Hülle mit Watte befüllt und einen Schlepplift gebaut. Da die Kinder auch am Abend fahren wollen, habe ich auch eine Beleuchtung eingebaut. Der Lichtschalter ist rechts." Carolin, 9 Jahre.

Abb. 4: „Metall- und Elektrowerkstatt: Ich bin Erfinder. Zu mir kann man kommen, wenn man was erfinden will. In dem großen Werkzeugschrank, den ich aus Papier gebaut habe, kann man sich alle Werkzeuge ausleihen und lauter Maschinen bauen. Oder etwas anderes. Das mit dem gelben Schlauch ist eine Erfindung von mir. Wenn man etwas schweißen muss, dann geht man in diesen Kugelraum, da ist ein Schweißgerät drin. Den Schweißraum habe ich aus einem Lampion gebaut, wenn man den dann wieder zumacht macht es nichts, wenn die Funken sprühen. Und wenn man fertig ist, kann man die Treppe rauf, da gibt es eine Dusche. Und wenn man will, kann man da oben auch übernachten“. Robin, 9 Jahre.

Abb. 5: „Heizungskeller: Den hat mir der Hausmeister gezeigt. Durch die rot gestreiften Strohhalme fließt das warme Wasser“.

Abb. 6: „Bubenklo – die Schraubverschlüsse sind die Pinkelbecken und der Abfluss geht nach draußen. Trotzdem ist da alles ziemlich versaut“

Dieses Schlaglicht auf das Projekt zeigt, wie sich Aufgaben in einer Kunstwerkstatt entwickeln können. »Was sein könnte« ist bestimmt vom »Spiel« der Einfälle und (Finde-)Zufälle, von Assoziationen und immer neuen Blicken auf den sich verändernden Werkprozess. Ästhetische Erfahrungen zwischen Perzeption und Produktion werden durch die Phantasie immer weiter befeuert. »Was sein könnte« bleibt aber nicht nur »blühende« Phantasie, sondern manifestiert sich in konkreten Handlungen und ist dabei immer von pragmatischen Entscheidungen getragen und in sachliche Kontexte eingebunden. Die liegen im formal-ästhetischen Bereich, aber auch in der Logik der Sachebene. Vor allem wird die Bedeutung von Kooperation und Partizipation deutlich. Die Kinder orientieren sich dabei sowohl an der Mikro-, als auch an der Makroperspektive des Themas. Sie bewegen sich von ihren Partikularinteressen auf die Bedürfnisse der Gemeinschaft zu. Das lässt sich auf der inhaltlichen Ebene (Organisation der Gemeinschaftseinrichtungen und -aufgaben) als auch auf der formal-ästhetischen Ebene (gleicher Größenmaßstab, Integration der Einzelobjekte in einem Gesamtensemble etc.) erkennen.

Der Erwachsene in der Kunstwerkstatt

Der Verlauf des Themas »Schule neu denken« ist didaktisch nicht vorformuliert. Vielmehr schafft der Erwachsene eine Situation, die vielleicht mit dem Begriff »Kernidee« (vgl. Peschel 2006 S.93) beschreibbar ist.

> „Kernideen lassen sich … charakterisieren als stoffbezogene Impulse eines »vordidaktischen« eigenen Zugangs, der den Schüler zur eigenaktiven Auseinanderset-

> zung mit dem Thema, zu einem interessegeleiteten Lernen führen soll" (ebda. S.101).

Diese »Kernidee« im vorliegenden Unterrichtsbeispiel war denkbar einfach angelegt.
Die Begleitung sich selbst entwickelnder Aufgaben in der Kunstwerkstatt, fordert die Lehrperson auf besondere Weise. Lehrerhandeln bedeutet vor jeder Intervention erst einmal zu versuchen, die aus ästhetischen Erfahrungen sich entwickelnden künstlerischen Wege des Kindes zu verstehen und es dabei als kompetentes Individuum zu begreifen, in dessen Handlungen sich grundsätzlich Sinn verbirgt. Das erfordert Beobachtungskompetenz. Anders als bei einer »gerichteten Beobachtung« (Viernickel/Völkel 2005 S.72), in der Verhaltensweisen fokussiert werden, deren Erscheinung man kennt bzw. zu kennen glaubt, geht es in der Kunstwerkstatt darum, ohne gleich etwas konkret wissen zu wollen, sich erst einmal auf das ästhetische Verhalten des Kindes einzulassen. In der »ungerichteten Beobachtung« (ebda S.73) werden vielmehr Verflechtungen und Bewegungen des Kindes wahrgenommen, die dann aus den Werkprozessen im Raum, dem Spiel, den sozialen Beziehungen und der Kommunikation gleichermaßen einen weit reichenden Komplex bilden. Die Beobachtung macht erkennbar »was ist« – das wirkt auf den Unterricht zurück.
Kahlert spricht zunächst von der »Ästhetisierung des Lehrerhandelns« (Kahlert 2006 S.29):

> „Mit dieser Haltung wird eine ästhetische Positionierung eingeleitet und gefördert, die hilft, mit Diskrepanzen zwischen guten Absichten, begrenzten Möglichkeiten und sperriger Wirklichkeit würdevoll umzugehen. Sie könnte den Kern einer Ästhetik des Lehrerhandelns markieren"(ebda. S.29).

Unter künstlerischer Perspektive bedeutet dies umso mehr, die Möglichkeitsräume für ästhetische Erfahrungen und künstlerische Wege selbst als eine bewusste Gestaltungsaufgabe für eine »künstlerisch verstandene« Unterrichtsgestaltung zu begreifen. Voraussetzung für die Lehrperson ist dabei, selbst künstlerisch denken und handeln zu wollen. Das heißt, die eigene Einbildungskraft auch im Unterricht einzusetzen. Als Lehrender künstlerisch zu denken und zu handeln, könnte also bedeuten, auch selbst Lücken zwischen dem, »was ist« und dem, was »sein könnte« wahrzunehmen und damit kreativ umzugehen.
Kinder sollen die Erfahrung machen, dass ihr Leben gestaltbar ist. Das ist ein Credo der Kunstwerkstatt. So verstanden könnte dies der Erwachsene auch auf sein Leben beziehen – und auf seinen Unterricht!

Literatur

Bender S., Dietrich, C »Kinder erziehen, bilden und betreuen« 2010.
Bender Saskia, »Kunst im Kern von Schulkultur – Ästhetische Erfahrung und ästhetische Bildung in der Schule«, VS-Verlag Wiesbaden 2010.
Buschkühle Carl-Peter, »Kunst und Bildung« in »Impulse Kunstdidaktik« 8/11, Athena-Verlag 2010.
Duncker Ludwig, »Begriff und Struktur ästhetischer Erfahrung« in: Neuss Norbert, »Ästhetik der Kinder« Gemeinschaftswerk der Evangelischen Publizistik e.V. Frankfurt/M. 1999.
Duncker/Lieber/Neuss/Uhlig, »Bildung in der Kindheit«, Kallmeyer Klett Seelze 2010.
Girmes Renate, »Die Welt als Aufgabe?! – Wie Aufgaben Schüler erreichen« in: Friedrich Jahresheft XXI 2003, S.6–11.
Girmes Renate, »(Sich) Aufgaben stellen« Kallmeyer, Seelze 2004.
Heyl Thomas, »Phantasie und Forschergeist – mit Kindern künstlerische Wege entdecken« Kösel, München 2008.
Hubel Stefan, »Phantasie als Spiel«, Dissertation Augsburg 1998.
Kahlert Joachim/Lieber Gabriele/Binder Sigrid (Hrsg.), »Ästhetisch bilden – Begegnungsintensives Lernen in der Grundschule«, Westermann Braunschweig 2006.
Lehnerer Thomas, »Methode der Kunst«, Würzburg 1994.
Oevermann Ulrich, »Sozialisation als Prozess der Krisenbewältigung« in: Geulen Dieter/Veith Hermann (Hrsg.), »Sozialisationstheorie interdisziplinär – aktuelle Perspektiven« Lucius-&Lucius Stuttgart 2004.
Peschel Falko, »Offener Unterricht« 4.Auflage, Schneider Hohengehren 2006.
Reich Kersten, »Konstruktivistische Didaktik – Lehren und Lernen aus interaktionistischer Sicht« 2. Auflage, Luchterhand München 2004.
Schäfer Gerd E., »Bildungsprozesse im Kindesalter« München/Weinheim 1995.
Viernickel Susanne/Völkel Petra, »Beobachten und dokumentieren im pädagogischen Alltag« Herder Freiburg im Breisgau 2005.
Weinert Franz Emanuel, »Ist Kreativität lernbar?« Reprint 13/1993, Max Planck Institute for psychological Research, München 1993.

Jochen Heins

Aufgabenpotential und Aufgabenwirkung

Ergebnisse einer qualitativen Untersuchung zum Einfluss diskursiver und poetischer Verfahren auf das Textverstehen

Lernaufgaben spielen im Literaturunterricht eine zentrale Rolle. Sie initiieren und strukturieren Lernprozesse und haben einen nicht unerheblichen Einfluss auf den Kompetenzerwerb (vgl. Winkler 2011, S. 7). Die Forschung im Bereich der Lernaufgaben ist daher ein viel versprechendes Aufgabengebiet der Fachdidaktik, weil Erkenntnisse über Lernaufgaben das schulische Lernen effizienter machen können. Insbesondere didaktischen Zielen der Binnendifferenzierung oder des Umgangs mit Heterogenität kann durch die Forschung zu Lernaufgaben näher gekommen werden, wenn sie Hinweise zur optimalen Gestaltung und der Sequenzierung von Lernaufgaben liefert. Nicht zuletzt deswegen sind Aufgaben auch in der Deutschdidaktik in den Fokus der Diskussion und Forschung gerückt (vgl. für einen Überblick Köster & Lindauer 2008).

Zum Zwecke einer Systematisierung des Bereichs der Lernaufgabenforschung soll an dieser Stelle eine grundsätzliche Unterscheidung eingeführt werden. Zu unterscheiden ist eine Lernaufgabenforschung, die Aufgaben als Pläne (task as plan) zu ihrem Gegenstand macht, von einer Forschung, die die Wirkung von Lernaufgaben in tatsächlichen Unterrichtssituationen untersucht (task in process).

Im Mittelpunkt der ersten Forschungsperspektive steht die Aufgabe mit ihren Merkmalen, ihrem kognitiven Aktivierungspotential und ihrer systematischen Einbettung in fachspezifische Lernprozesse (vgl. z.B. Winkler 2011, S. 107-157, Winkler 2010 oder Zabka 2006). Die zweite Forschungsperspektive – die Aufgabenwirkungsforschung – stellt die Wirkung der Aufgabe im Lern- bzw. Verstehensprozess ins Zentrum. Das Erkenntnisinteresse wird z.B. auf die durch eine Lernaufgabe tatsächlich aktivierten Verstehensprozesse oder auf die Entwicklung des Verstehens während der Aufgabenbearbeitung gerichtet. Die Erforschung der „Aufgabeninterpretation der Lernenden im Prozess (task in process)“ (vgl. Legutke 2006, S. 141) hat zum Ziel, das Verhältnis von theoretischem Aufgabenpotential und tatsächlicher Wirkung zu explorieren. Denn dass Lernende eine Aufgabe anders als intendiert auffassen oder eine Aufgabe das Verstehen anders beeinflusst als bei der Konzeption

angenommen, ist eine alltägliche Erkenntnis eines jeden, der mit Aufgaben in tatsächlichen Lernprozessen zu tun hat.
Die Analyse der durch Aufgaben tatsächlich aktivierten Verstehensprozesse stellt laut Winkler ein Desiderat der deutschdidaktischen Forschung dar (vgl. Winkler 2010, S. 111). Diese Situation ist zu bedauern, weil das Potential verschenkt wird, durch Einblicke in die Wirkung von Aufgaben Konsequenzen für die Gestaltung von Lernaufgaben ziehen zu können, die sich aus der Bestimmung des kognitiven Potentials einer Aufgabe nicht ziehen ließen. Aufgaben ließen sich dann, entweder individuell für einzelne Schüler oder in Bezug auf gewünschte Verstehensprozesse, gezielter stellen.
Vor diesem Hintergrund sollen im vorliegenden Beitrag Ergebnisse einer qualitativen Untersuchung zum Einfluss diskursiver und poetischer Verfahren auf das Textverstehen vorgestellt werden, die Einblicke in die Wirkungsweise von zwei in der Literaturdidaktik stark diskutierten Aufgabenverfahren bietet.[1] Es soll gezeigt werden, dass Aufgaben mit gleichem Verstehenspotential (task as plan) das Verstehen von Schülerinnen und Schülern auf unterschiedliche Weise fördern und vom Aufgabenpotential nicht per se auf die Aufgabenwirkung geschlossen werden kann.

Theoretische Grundlagen und Funktionsweise diskursiver und poetischer Aufgaben

Für die Bestimmung der Funktionsweise und des Verstehenspotentials der hier in ihrer Wirkungsweise untersuchten diskursiven und poetischen Aufgaben ist es dienlich, einige kognitionspsychologische Überlegungen voranzustellen.
Textverstehen kann kognitionspsychologisch als Prozess mentaler Kohärenzbildung verstanden werden. Dieser Verstehensprozess ist von zwei parallelen Verarbeitungsrichtungen geprägt: textgeleitet aufsteigende Prozesse (Bottom-up-Prozesse) und erwartungsgeleitete bzw. wissensgeleitete absteigende Prozesse (Top-down-Prozesse) (vgl. Christmann / Groeben 1999). Der Text bildet dabei die „Grundlage für kognitive Modellkonstruktionen“ (vgl. Gahn 2010, S. 133). Unterschieden werden die Prozesse der Kohärenzetablierung gemäß ihres Umfangs, wie z.B. Worterkennung, Wortverknüpfung zu Propositionen, Bildung lokaler Kohärenz und Bildung globaler Kohärenz.[2]

---

[1] Mit der Bezeichnung ‚poetisch' und ‚diskursiv' wird der Terminologie Zabkas gefolgt. Zur Begründung siehe Zabka 2007, S.199. Zudem soll durch die Verwendung dieser Terminologie hervorgehoben werden, dass poetische Aufgaben gleichwertige Textverstehensaufgaben und nicht eine Domäne der „mehr praktisch als intellektuell begabten Schüler“ sind (Haas & Menzel & Spinner 1994, S. 17).

[2] Bei weiterführendem Interesse vgl. Christmann & Groeben 1999, Richter & Christmann 2002 oder Winkler 2011, S. 73-107.

In didaktischen Zusammenhängen spannender, weil für das Stellen von Aufgaben hilfreicher, ist eine Systematisierung von Verstehensprozessen nach Beschaffenheit der zu bewältigenden Verstehensanforderung. Eine solche Systematisierung hilft Verstehensanforderungen von Texten zu lokalisieren und gezielt durch Aufgaben anzusteuern (z.B. Manifeste Informationen und Informationsverknüpfungen verstehen; Implizite Informationen und lokale Informationszusammenhänge erschließen; Globale Zusammenhänge im Text verstehen u.a.m.) (Zabka 2012, S. 154-158). Bei geübten Lesern laufen die Verstehensprozesse weitestgehend automatisiert ab. Wird der Prozess der Kohärenzetablierung hingegen irritiert, wie es bei der Rezeption komplexer literarischer Texte häufig der Fall ist, müssen gezielt Lernaufgaben gestellt werden. Das Stellen von Lernaufgaben an textseitigen Verstehensanforderungen entspricht dann einer Vorbereitung von Aufgaben als Plan.[3]

Diese Erkenntnisse der kognitionspsychologischen Textverstehensforschung müssen die Theorien und Konzeptionen zum Aufgabenstellen aufnehmen. Gemäß dem Vorhaben dieses Beitrags soll dargestellt werden, dass sowohl poetische als auch diskursive Verfahren gezielt Textverstehensoperationen aktivieren können, dass aber ein unterschiedlicher Grad an Bewusstheit vom Schüler verlangt wird.

In diskursiven Aufgabenverfahren wird der Leser durch analytische Prozesse zum Koproduzenten des literarischen Textes und drückt seine Erkenntnisse in diskursiver Sprachverwendung aus. Der Leser wird durch die Aufgabenstellung direkt mit einem Verstehensproblem konfrontiert und muss sein Verstehen in Form eines Metatextes festhalten. Dazu muss der Leser ein Verstehensproblem erklären, eine Situation beurteilen, einen Sachverhalt klären u.dgl.m. Diese Zugriffsweise auf Verstehensschwierigkeiten soll als ‚von außen' beschrieben werden und damit ausdrücken, dass über den Text geschrieben wird. Poetische Aufgaben hingegen verlangen poetische Produktionen geprägt durch „ästhetische Sprachverwendung" (Zabka 2007, S. 199). Die Schülerinnen und Schüler verfassen keinen Text über einen Text, also einen Metatext, sondern operieren auf der Ebene des Ausgangstextes. Der Zugriff auf die Verstehensschwierigkeiten erfolgt ‚von innen' – die geschaffene Situation ist Teil der literarischen Welt und aus ihr heraus soll der Text vertieft verstanden werden. Dieser Prozess der poetischen Produktion beinhaltet analytische Arbeitsschritte und diskursive Erkenntnisse, die aber – als implizites Verstehen – automatisch ablaufen, also nicht metakognitiv bewusst

---

[3] Für die Notwendigkeit einer solchen Unterscheidung von Lernaufgaben gemäß ihres Anforderungsprofils vergleiche auch Winkler 2010, S. 105f. Gezielt gestellte Aufgaben können Verstehensoperationen aktivieren, die sich nach und nach zu automatisierten Aktionsschemata entwickeln und auf unbegrenzt viele neue Fälle angewandt werden können (vgl. Grzesik 2005, S.152).

sind. Dieses automatische Verstehen kann als analog zum metakognitiv bewussten Verstehen angesehen werden, wenn gleiche Erkenntnisschritte vollzogen werden. Zum Ziele einer besseren Verständlichkeit dieser These soll ein Aufgabenbeispiel betrachtet werden.[4]

Aufgabenbeispiel diskursiv:
Am Ende der Geschichte sagt Joachim zu seiner Mutter: „Stell dir vor, er ist so weit weg, dass er nicht mehr zurückkommen kann!" (Z.159-160). Wovor genau hat Joachim Angst?

Aufgabenbeispiel poetisch:
Am Ende der Geschichte sagt Joachim zu seiner Mutter: „Stell dir vor, er ist so weit weg, dass er nicht mehr zurückkommen kann!" (Z.159-160). Mehr sagt er nicht.
Schreibe ein mögliches Gespräch, in dem Joachim seiner Mutter genau erklärt, was er meint:
Joachim: „Stell dir vor, er ist so weit weg, dass er nicht mehr zurückkommen kann!"
Mutter: „Was meinst du damit, dass er nicht mehr zurückgommen kann?"
Joachim: „Ich meine ..."

Diese Aufgabe verlangt das Verknüpfen weit verstreuter Informationen im Rückgriff auf bereits vollzogenen Verstehensleistungen.[5] Die Angst Joachims vor einem möglichen Suizid des Vaters soll ausgedrückt werden, womit auf eine entscheidende textseitige Verstehensanforderung fokussiert wird, die nur durch komplexe psychologisch fundierte Verstehensoperationen gewonnen werden kann. Die Bearbeitung der diskursiven Aufgabe zielt auf die Offenlegung von Joachims Innenwelt, durch die Erklärung seiner Angst. Die poetische Aufgabe fordert, dass ein Dialog fortgeschrieben wird. Das Verstehensproblem wird von der Mutter ausgesprochen und ermöglicht damit eine Erklärung von Joachim in perspektivischer Figurenrede. Der Fall, dass Joachim seine Angst im Dialog doch nicht so genau explizieren kann, bzw. dass die Schülerinnen und Schüler die Angst automatisch also metakognitiv

---

4 Die Aufgabe bezieht sich auf die Geschichte „Nachtvögel" von Tormod Haugen 1991 und entstammt dem Aufgabenset, der diesem Aufsatz zugrunde liegenden Untersuchung. In der Geschichte geht es um den Jungen Joachim und dessen psychisch kranken Vater. Der Vater ist Lehrer und leidet seit seinem Eintreten in den Schuldienst unter Depressionen – diese Diagnose wird nicht direkt genannt, sondern muss geschlussfolgert werden. Wenn der Vater verschwunden ist, schließt Joachim immer von der Kleidung darauf, wo der Vater sein könnte. An dem Tag, an dem sich die Geschichte zuträgt, trägt der Vater aber Holzschuhe und Windjacke, eine Kombination, die keinen Hinweis auf das Verbleiben zulässt – daraus erwachsen Joachims Sorgen um den Vater.

5 Die vorausgehenden und nachfolgenden Aufgaben und Verstehensoperationen können hier nicht vorgestellt werden.

nicht bewusst verstanden haben, es Joachim aber nicht genau sagen lassen können, wird durch das Ausdrücken des Verstandenen im Modus des Impliziten ermöglicht. Die Aufgaben fordern also kategorial gleiche Verstehensoperationen – das Aufgabenpotential ist folglich vergleichbar – der Zugriff ist aber grundsätzlich verschieden.
Aus didaktischer Perspektive ist nun interessant, ob das theoretisch bestimmte gleichwertige Potential dieser Aufgabenverfahren auch wirklich vergleichbare Verstehensoperationen aktiviert, bzw. die Differenz zwischen Aufgabenpotential und Aufgabenwirkung der Verfahren explorieren.

Untersuchung zum Einfluss diskursiver und poetischer Verfahren auf das Textverstehen

In diesem Abschnitt sollen einige Aspekte einer Untersuchung „Zum Einfluss diskursiver und poetischer Verfahren auf das Textverstehen von Schülerinnen und Schüler“[6] präsentiert werden, in der die Differenz von Aufgabenpotential (task as plan) und Aufgabenwirkung (task in process) herausgearbeitet wurde. Zu Beginn wird das Untersuchungsdesign und die Methodik der Untersuchung vorgestellt, um zu zeigen, auf welchem Wege die Erkenntnisse erlangt wurden, die anschließend in Form von Makrobefunden vorgestellt werden sollen.

Untersuchungsdesign und Methodik

„Welchen Einfluss haben diskursive und poetische Verfahren auf das Textverstehen von Schülerinnen und Schülern“, lautete die leitende Fragestellung, zu deren Beantwortung detaillierte Fallanalysen durchgeführt wurden. Zum Ziele eines Vergleichs von Aufgabenpotential und Aufgabenwirkung wurden zu zwei literarischen Texten jeweils ein poetisches und ein diskursives Aufgabenset entwickelt, die kategorial gleiche Verstehensoperationen forderten, d.h. die ein vergleichbares Verstehenspotential beinhalteten (siehe dazu die Beispielaufgaben oben). Um das Problem der Untersuchungs-Reaktivität zu reduzieren, bearbeiteten die Probanden nicht beide Aufgabenverfahren am selben Text, sondern die Reihenfolge (a) der Texte und (b) der Aufgabentypen wurden so variiert, dass eine Kreuzung von vier unterschiedlichen Bearbeitungsmöglichkeiten entstanden ist. Diese Vorgehensweise war dazu angetan, im Vergleich der Fälle die Einflüsse der Texte und der Aufgaben-Reihenfolge auf die Ergebnisse sichtbar zu machen.

---

[6] Dies ist der Titel meiner 1.Staatsexamensarbeit.

In einer dem Forschungsvorhaben entsprechenden Adaption qualitativer Inhaltsanalyse, wurden die Schülerergebnisse einer deduktiven Kategorienanwendung unterzogen. Die Kategorien wurden mit Hilfe kognitionspsychologischer Theorien des Textverstehens entwickelt (vgl. Grzesik 2005). Dabei wurde der Annahme gefolgt, dass Kompetenzen des Textverstehens aus dem Vollzug textverstehender Operationen bestehen, deren Ergebnisse Verstehensresultate bilden (vgl. Grzesik 2005, S. 131). Da sich die Verstehensresultate in den Schülerergebnissen manifestieren, konnte durch die Zuordnung der Verstehensresultate zu den Kategorien – die Teilkompetenzen des Textverstehens darstellen – Rückschlüssen auf textverstehende Operationen gezogen werden. Auf diese Weise kann die Wirkung der Verfahren auf das Textverstehen im Prozess der Aufgabenbearbeitung herausgearbeitet werden und, sofern sich die Differenz von Aufgabenpotential und Aufgabenwirkung in der Aktivierung unterschiedlicher Verstehensoperationen zeigt, intersubjektiv nachvollziehbar gemacht werden.
Folgende Kategorien wurden bestimmt und in einem Kodierleitfaden festgehalten:

1. Kategorie: Das Verstehensresultat basiert auf einer manifesten Information/ Textstelle oder einer einfachen Schlussfolgerung.
2. Kategorie: Das Verstehensresultat basiert auf mehreren, auch impliziten Informationen/Textstellen und komplexen Schlussfolgerungen.

Die Kategorien 1 und 2 unterscheiden sich hinsichtlich der Komplexität der Verstehensleistung und wurden zusätzlich in Ausprägungen untergliedert (Art des Verstehensresultates bzw. der Schlussfolgerungen: Manifeste Information; zwingende Schlussfolgerungen; elaborative Schlussfolgerungen/Anknüpfungspunkt der Schlussfolgerungen: An einer Textstelle anknüpfende Schussfolgerung, nicht an einer Textstelle anknüpfende Schlussfolgerung/Plausibilität der Schlussfolgerung in Relation zur Textvorlage: Plausibel; nicht plausibel). Da die beiden Texte der Untersuchung sehr stark auf innere Vorgänge der Figuren fokussieren, wurde eine dritte Kategorie gebildet.

3. Kategorie: Das Verstehensresultat basiert auf psychologischen vs. am äußere Geschehen orientierten Schlussfolgerungen.

Diese Kategorie wurde immer parallel kodiert und gibt Aufschluss darüber, ob Vermutungen und Schlussfolgerungen auf motivationaler und emotionaler Grundlage der Figuren gezogen werden oder ob die Schlussfolgerungen und Vermutungen am äußeren Geschehen oder Merkmalen der Geschichte festgemacht werden. Um auch den Einfluss der Verfahren auf das Globalverstehen zu rekonstruieren, wurde im Anschluss an die Aufgabenbearbeitung ein Textverstehensinterview mit jedem Probanden durchgeführt, ebenfalls ko-

diert und zu den Verstehensresultaten der Aufgabenbearbeitung in Beziehung gesetzt.
Damit sind das Design und die Methode der Untersuchung soweit dargestellt, dass nachvollziehbar ist, wie Hypothesen über den Einfluss der Aufgabenverfahren auf das Textverstehen gewonnen wurden, die in einer größer angelegten quantitativen Untersuchung verifiziert werden müssen. Dabei wären insbesondere mögliche Störvariablen zu kontrollieren, die in der vorliegenden explorativen Untersuchung zur Bildung von Hypothesen weniger Beachtung gefunden haben (Geschlecht, Interesse, Vorwissen zu den Themen der Geschichte u.dgl.m.).[7]

Makrobefunde zum Einfluss diskursiver und poetischer Verfahren auf das Textverstehen

In einer fallvergleichenden Analyse wurde das Gemeinsame und Typische der Fallanalysen herausgestellt und in Makrobefunden gebündelt, die im Folgenden anhand einiger Verstehensresultate illustriert werden sollen.

Makrobefund I: Psychologische vs. am äußeren Geschehen orientierte Schlussfolgerungen

Beispiele:
3. diskursive Aufgabe zu der Geschichte „Nachtvögel":
Daraus, dass sein Vater Holzschuhe und Windjacke angezogen hat, schließt Joachim, dass es ihm heute besonders schlecht geht. Kannst du diese Schlussfolgerung erklären?

Verstehensresultat (Raphael):
Die Windjacke damit der Wind auf die Dauer nicht so kalt ist.

3. poetische Aufgabe zu der Geschichte „Nachtvögel"
In Zeile 28-31 steht:
„Holzschuhe und Windjacke!
Kurz und lang!
Das passte nicht zusammen!
Joachim runzelte die Stirn. Papa musste es heute scheußlich gehen." (Z. 28-31)
Was denkt Joachim, wenn er die Stirn runzelt? Vervollständige die Denkblase!

---

7 Aus Gründen der Darstellungsökonomie sind in diesem Aufsatz insbesondere Ergebnisse eines Schülers zu einem Text gewählt. Die Ergebnisse ließen sich aber auch anhand anderer Beispiele belegen und sind damit nicht direkt durch Störvariablen wie ‚Geschlecht' oder ‚Textkomplexität' beeinflusst.

Verstehensresultat (Annika):
Warum ist er denn nicht Heim? Vielleicht hat das ja nicht mit den Schülern zutun, sondern mit uns, mit mir und Mama! Aber vielleicht möchte er einfach nur mal alleine sein.

Die Verstehensresultate zeigen exemplarisch, dass die Kohärenzbildungsversuche, infolge diskursiver Verfahren, zu einer Dominanz von Schlussfolgerungen führen, die am äußeren Geschehen orientiert sind, auch wenn psychologische Verstehensoperationen intendiert werden. Der Zugriff ,von außen' und der Erklärungszwang der diskursiven Aufgabe führen bei Raphael dazu, dass verbreitetes Alltagswissen zur Erklärung bemüht wird und das Verstehensresultat an Merkmalen des äußeren Geschehens anknüpft: Der Vater will nicht frieren, deswegen wird er sich eine Windjacke angezogen haben.
Die poetischen Verfahren hingegen fokussieren stärker die Innensicht der Figuren, d.h. es werden vornehmlich psychologische Schlussfolgerungen gezogen, wie das Verstehensresultat Annikas verdeutlicht. Der Zugriff auf das Verstehensproblem ,von innen' und das Schreiben in der Fiktion führen zu psychologischen Schlussfolgerungen, sodass das Fernbleiben des Vaters auf zwischenmenschliche Beziehungen zurückgeführt wird.
Es ist anzunehmen, dass der Erklärungszwang der diskursiven Verfahren zu der Orientierung an äußeren Merkmalen führt, weil dadurch eine höhere Nachvollziehbarkeit erreicht wird – und Erklärungen sollen gut verstanden werden. Die poetischen Verfahren hingegen fordern keine Erklärungen, sodass Erklärungsansätze aus den Figuren heraus entwickelt werden, die aufgrund von Vermutungen über die Innenwelt der literarischen Figur als schwerer verstehbar angesehen werden könnten – bzw. von den Schülern nicht in diskursiver Sprachverwendung ausgedrückt werden können. Es wäre denkbar, dass sie daher in den diskursiven Verstehensresultaten vermieden werden.

Makrobefund II: Bildung von Elaborationen[8]

Interessante Beobachtung konnten bezüglich der Bildung von Elaborationen gemacht werden: Diskursive Verfahren fördern die Bildung von Elaborationen weniger stark als poetischen Verfahren. Auch dieser Befund soll anhand einiger Beispiele veranschaulicht werden.

---

[8] Elaborationen sind Vermutungen und Spekulationen, mit denen der Leser das Textverstehen anreichert, ohne dass es dazu einen Anhaltspunkt oder eine Notwendigkeit gibt. In diesem Punkt unterscheiden sich Elaborationen von Inferenzen. Inferenzen füllen Lücken, die nur auf bestimmte Weise inhaltlich geschlossen werden können. Siehe dazu Christmann & Groeben 1999).

Beispiele:
4. diskursive Aufgabe zu der Geschichte „Nachtvögel"
Am Ende der Geschichte sagt Joachim zu seiner Mutter: „Stell dir vor, er ist so weit weg, dass er nicht mehr zurückkommen kann!" (Z. 159-160). Wovor genau hat Joachim Angst?

Verstehensresultat (Raphael)
Vielleicht hat er davor Angst, dass sein Vater nie wieder kommt oder dass er denn Weg nicht mehr zurück findet.

4. poetische Aufgaben zu der Geschichte „Der Tag, als ich lernte die Spinnen zu zähmen"[9]
Rainer und das Mädchen sind heil aus dem Gruselhaus rausgekommen. Später am Tag trifft er sich mit seinen Freunden. Was wird er ihnen über das Mädchen erzählen? Gib dem Mädchen einen Namen und schreibe den Dialog weiter.
„Wisst ihr was? Heute war ich mit..."

Verstehensresultat (Raphael)
Jenny im Gruselhaus und hab Ratten gesucht. Jenny hatte Angst aber ich war ja da. Ich musste ihr aus dem Haus helfen weil sie geschockt war von einer Ratte.

Diskursive Aufgabenverfahren beinhalten einen Erklärungszwang, der gleich einem Rahmen, die Bedeutungskonstruktion begrenzt – es wird *eine* Erklärung für *einen* Sachverhalt gefordert. Das diskursive Verstehensresultat Raphaels zeigt, dass dieser Rahmen die Bildung von Elaborationen hemmt. Die gelieferte Erklärung bezieht sich ausschließlich auf die durch die Aufgabe fokussierte Verstehensanforderung und weist keine zusätzlichen Elaborationen auf – und das obwohl die Unbestimmtheit psychologischer Ursachen Elaborationen ein weites Tor öffnet. Es wird eine Erklärung geliefert und der Verstehensprozess damit abgeschlossen: „Der Vater wird sich verlaufen haben" – Erklärung geliefert – fertig.[10]
Im Gegensatz dazu steht das poetische Verstehensresultat. Die Aufgabe fordert, dass Rainer seinen Freunden erzählt, was er mit dem Mädchen erlebt hat – eine knifflige Situation, weil das Mädchen ihm helfen musste und er seine

[9] Die Aufgabe bezieht sich auf: Richter, Jutta: Der Tag, als ich lernte die Spinnen zu zähmen. In dieser Geschichte geht es um den Jungen Rainer, dem ein Mädchen seinen Mut beweisen will, um ihn als Freund zu gewinnen. Sie betreten ein leer stehendes Haus, um Ratten zu suchen. Im Anblick einer Ratte bekommt Rainer keine Luft mehr – Rainer behauptet Asthma zu haben. Das Mädchen hilft ihm schließlich aus dem Haus heraus.

[10] Darauf, dass das diskursive Verstehensresultat wieder an Merkmalen der äußeren Welt der Geschichte anschließt, obwohl psychologische Schlussfolgerungen intendiert sind, sei mit Blick auf den ersten Makrobefund nur verwiesen.

Schwäche vor den Freunden zugeben müsste. In seinem poetischen Verstehensresultat dreht Raphael die Situation um. Darin drückt sich eine komplexe psychologische Elaboration aus, denn damit wird offen gelegt, dass der Mut des Mädchens mit Rainers Angst in Zusammenhang gebracht wurde – ansonsten müsste die Umkehrung nicht vorgenommen werden. An dieser Stelle wird das Textverstehen um zusätzliche semantische Beziehungen psychologisch elaboriert.[11]

Da die poetischen Verfahren fallvergleichend zu einer Dominanz an psychologisch-inferenziellen Verstehensoperationen geführt haben, beinhaltet das Textverstehen mehr Ergänzungen, als dies in Folge der diskursiven Verfahren der Fall ist.

Makrobefund III: Vernetztheit und Komplexität des Textverstehens

Globales Textverstehen kann als ein Netz an Sinnzusammenhängen beschrieben werden, das der Leser im Leseprozess sukzessive entwirft, revidiert und verdichtet (vgl. Grzesik 2005, S. 220ff). Orhan Pamuk spricht davon, dass man beim Lesen eines Romans – und gleiches kann für Geschichten angenommen werden – in einen undurchsichtigen Wald eintaucht, in dem der Leser sich zunehmend zurechtfindet und nach und nach einzelne Bäume erkennen kann. Hat der Leser ein dichtes Netz von Sinnzusammenhängen geknüpft bzw. wenn er den Wald durchschaut, dann hat er ein „visuelles Korrelat“ (Pamuk 2010, S. 97) gebildet und empfindet die Welt der Geschichte als ‚dreidimensionale überzeugende Welt‘ – in der Terminologie der kognitionspsychologischen Leseforschung hat der Leser ein mentales Modell entwickelt.

Tab. 1: Globales Textverstehen im Anschluss an ein diskursives Aufgabenset (Geschichte „Nachtvögel“):

Absatz 1	*Ach so ja. Es geht um einen Jungen Joachim, der also also der also da kommen Freunde irgendwie zu Besuch, also, und die haben also ganz viel Wäsche, Abwasch zu tun.*
Absatz 2	*Das Vater verspricht immer fest, dass er den Abwasch macht, aber dann macht er das doch immer nicht.*
Absatz 3	*Und an dem Tag, dem Tag wo die Geschichte handelt, kommt Joachim halt von der Schule nach Hause und der Vater ist halt nicht da und Holzschuhe und Windjacke fehlen irgendwie,*
Absatz 4	*dass bedeutet irgendwie, dass er sehr weit weg ist oder so, also wenn er die Windjacke anzieht.*

[11] Dass es sich bei diesem Verstehensresultat nicht um eine schlichte Verwechslung der Namen handelt, zeigt sich an anderen Verstehensresultaten und im Textverstehensinterview.

Und diese Bildung des mentalen Modells wird durch die Aufgabenverfahren unterschiedlich beeinflusst, wie anhand von Ausschnitten aus den Textverstehensinterviews gezeigt werden soll (vgl. Tab. 1).
Der Interviewausschnitt beinhaltet Raphaels Verstehensresultate einer Textzusammenfassung und zeigt exemplarisch, dass das Textverstehen in Folge der diskursiven Verfahren lockerer bzw. additiver entwickelt ist, als in Folge der poetischen Verfahren.
Raphael verkettet aufgabenbezogene Verstehensresultate[12] mit manifesten Textstellen – eine Vernetzung findet nicht statt, sondern sie folgen additiv aufeinander, wie erinnerte Momente auf einer Kette, aber nicht wie ein Netz von Momenten in Zeit und Raum und darin erkennbarer Kausalität. Im ersten Absatz werden manifeste Textstellen der Geschichte wiedergegeben. Darauf folgt in Absatz 2 ein aufgabenbezogenes Verstehensresultat zum Befinden des Vaters („Der Vater drückt sich vor dem Abwasch."), woran sich ohne explizite Verknüpfung manifeste Textinformationen anschließen. Den Abschluss bildet das aufgabenbezogene Verstehensresultat, welches hier schon als Beispiel aufgeführt wurde. Diese Beobachtung kann darauf zurückgeführt werden, dass die Verstehensresultate den Rahmen der Erklärungsnotwendigkeit nicht überschritten haben, das Textverstehen also weniger stark ergänzend elaboriert wurde. Als Ergebnis dessen gelingt das Verknüpfen der Erklärungsversuche in ein kohärentes mentales Modell aus Sinnzusammenhängen nicht.
Das globale Textverstehen in Folge der poetischen Verfahren erscheint hingegen sehr viel komplexer und vernetzter. Dem Anschein nach werden durch das Schreiben in der Fiktion, der damit einhergehenden Integration vieler Informationen und der Bildung von Elaborationen, auch vernetzende Verstehensoperationen aktiviert und ein dichtes Netz an Sinnzusammenhänge geflochten (vgl. Tab. 2).
Schon im ersten Verstehensresultat (Tab. 2, erster Absatz) fasst Annika die Geschichte in einem Satz zusammen. Im zweiten und dritten Absatz wird auf die Herausforderung des Protagonisten hingeführt, dass er aus der Kleidungskombination nicht bestimmen kann, wo der Vater sein könnte und dass es ihm folglich besonders schlecht gehen muss. Wurden in Folge der diskursiven Verfahren die wenig elaborierten aufgabenbezogenen Verstehensresultate und manifeste Textstellen verkettet, so führen die vielen psychologischen Elaborationen zu einer Vernetzung, sodass ein komplexes Netz an Sinnzusammenhängen besteht, gleich einem Wald, in dem man jeden Baum kennt und der so durchschaubar wird. Unklar ist dabei, ob die Bildung von Elaborationen das Knüpfen eines dichten Netzes an Sinnzusammenhängen beein-

[12] Aufgabenbezogene Verstehensresultate sind zur Beantwortung von Aufgaben gebildete Verstehensresultate, die in sich geschlossen sind.

flusst hat, oder ob andersherum das dicht verknüpfte Globalverstehen die Bildung von Elaborationen gefördert hat. Anzunehmen ist eine Wechselwirkung, jedoch konnte die Beeinflussungsrichtung im Zuge dieser Untersuchung nicht genauer verifiziert werden.

Tab. 2: Globales Textverstehen im Anschluss an ein poetisches Aufgabenset (Geschichte „Nachtvögel"):

Absatz 1	*Es geht um einen Jungen, dessen Vater psychisch krank ist so zu sagen und der dann verschwindet, also weg geht und die der Sohn und die Mutter ihn nicht finden.*
Absatz 2	*Der Junge kommt nach Hause und er findet seinen Vater nicht zu Hause, das Geschirr ist immer noch dreckig, was er eigentlich versprochen hatte sauber zu machen und dann guckt der Junge halt, was er angezogen hat.*
Absatz 3	*Er hat seine Windjacken und die Holzschuhe an, die Windjacke zieht er an, wenn er ganz weit weg geht und die Holzschuhe, wenn er nur kurz mal raus gehen möchte. Das heißt, dass es dem Vater sehr schlecht geht.*

Abschließend kann festgehalten werden, dass die poetischen und diskursiven Verfahren bei diesen Schülerinnen und Schülern unterschiedliche Verstehensoperationen und Gruppen von Verstehensoperationen aktivieren, wenngleich die Aufgaben kategorial gleiche Verstehensoperationen fordern.

Fazit und Ausblick

Auch wenn die Makrobefunde aufgrund der kleinen Fallstudie nur den Status von Hypothesen haben, besteht der Wert dieser Untersuchung darin, dass gezeigt wird, dass auch das gewählte Aufgabenverfahren – neben Textbeschaffenheit, Merkmalen des Lesers, Aktivitäten des Lesers, Instruktionsmerkmalen und Leseanforderungen (vgl. Winkler 2011, S. 55-107) – ein Einflussfaktoren des Textverstehens darstellt.

Damit bieten die Befunde Hinweise für die deutschdidaktische Diskussion zum Einsatz von Aufgaben im Literaturunterricht, weil der Einblick in die tatsächlich realisierten Verstehensoperationen zeigt, dass eine Differenz zwischen dem Aufgabenpotential und der Aufgabenwirkung besteht, die für die Entwicklung literarischen Verstehens von Bedeutung ist. Z.B. legen die Befunde nahe, je nach Verstehensziel diskursive und poetische Aufgaben gezielt einzusetzen, um die gewünschten Verstehensoperationen systematisch zu aktivieren und den individuellen Kompetenzerwerb im Lesen zu fördern. Wünschenswert wären weitere Untersuchungen zu Aufgabenverfahren und

Lernprozessen, die, ganz im Sinne des hier vorgestellten Ansatzes, die tatsächliche Wirkung im Bezug auf das theoretische Potential von Aufgaben ausleuchten.
Aber auch für die allgemeindidaktische Diskussion über Aufgabenkultur und Aufgabenorientierung bieten die Ergebnisse Anknüpfungspunkte. Die Allgemeindidaktik bezieht sich vornehmlich auf das theoretische Potential von Aufgaben und lässt die tatsächlich realisierten Verstehensprozesse weitestgehend unbeachtet. Kleinknecht sieht, in Anlehnung an Arnold, den Grund dafür darin, „dass Aufgaben auf einer didaktischen Mikroebene des Unterrichts angesiedelt sind“ (Kleinknecht 2010, S. 11). Da sich die allgemeine Didaktik jedoch hauptsächlich mit der Analyse und Planung auf didaktischer Makroebene beschäftige, würde die Analyse von Aufgaben offensichtlich als nachrangige Entscheidung angesehen (vgl. ebd. S. 11). Dieses Vorgehen ist aufgrund der Domänenspezifik von Kompetenzen und Verstehensprozessen verständlich, weil sie nicht fächerübergreifend untersucht werden können. Kleinknecht weist in diesen Zusammenhang darauf hin, dass eine „allgemeindidaktische Analyse [...] eine vertiefte fachdidaktische Analyse nicht ersetzen“ (ebd. S. 73) kann, denn, so lautet die Grundannahme Kleinknechts, „Potentiale sind nicht gleichbedeutend mit tatsächlichen Wirkungen“. Die Fachdidaktik kann, wie in der hier vorgestellten Untersuchung gezeigt, Hinweise liefern, wie Lernaufgaben in fachspezifischen Lernprozessen wirken – sie kann das theoretische Potential von Aufgaben durch eine Aufgabenwirkungsforschung im Verstehensprozess prüfen und beschreiben. Und eben solche Erkenntnisse haben, um auf die diesen Aufsatz einleitende Behauptung zurückzukommen, einen erheblichen Wert für die Steigerung der Qualität von Aufgaben und Lernprozessen im Unterricht. Für eine Allgemeine Didaktik, die derartige fachspezifische Erkenntnisse aufnehmen will, stellt sich „die Frage nach der Integration von empirisch fundierten mikrodidaktischen Planungs- und Analyseansätzen in [ihre allgemein-] didaktische Modelle“ (ebd. S. 22).
Im hier skizzierten Sinne stellt die Fachdidaktik eine Herausforderung für die allgemeine Didaktik dar. Denn eine allgemeine Didaktik, die die Erkenntnisse der fachdidaktischen Lernaufgabenforschung aufnimmt, kann einen neuen Stellenwert als schultheoretisch fundierte allgemeine Didaktik erlangen.

Literatur

Christmann, Ursula / Groeben, Norbert (1999): Psychologie des Lesens. In: Franzmann, Bodo/ Hasemann, K./ Löffler, D./ Schön, E. (Hrsg.): Handbuch Lesen. München: K. G. Saur, S. 145 – 209.

Gahn, Jessica (2010): "Ich mag Geschichten mit Magie und Geheimnissen!" – Kognitionswissenschaftliche Erfassung literarästhetischer Verstehensleistungen bei Texten, die die

Kohärenzetablierung erschweren. In: Gerhard Rupp (Hg.): Aspekte literarischen Lernens. Junge Forschung in der Deutschdidaktik. 1. Aufl. Münster, Westf: LIT, S. 129–143.

Grzesik, Jürgen (2005): Texte verstehen lernen. Neurobiologie und Psychologie der Entwicklung von Lesekompetenzen durch den Erwerb von textverstehenden Operationen. 1. Aufl. s.l: Waxmann Verlag GmbH.

Haas, Gerhard; Menzel, Wolfgang; Spinner, Kaspar H. (1994): Handlungs- und produktionsorientierter Literaturunterricht. In: Praxis Deutsch (123), S. 17–25.

Haugen, Tormod (1999): Nachtvögel. In Dorenkamp, Ulla (Hrsg.): Augenblicke 6. Braunschweig: Westermann.

Kleinknecht, Marc (2010): Aufgabenkultur im Unterricht. Eine empirisch-didaktische Video- und Interviewstudie an Hauptschulen. Baltmannsweiler: Schneider Verlag Hohengehren.

Köster, Juliane / Lindauer, Thomas (2008): Zum Stand Wissenschaftlicher Aufgabenreflexion aus deutschididaktischer Perspektive. In: Didaktik Deutsch Sonderheft (2), S. 148 – 161)

Legutke, Michael K. (2006): Aufgabe – Projekt – Szenario. Über die großen Perspektiven uns die kleinen Schritte. In: Bausch, Karl-Richard / Burwitz-Melzer, Eva / Königs, Frank G. / Krumm, Hans-Jürgen (Hrsg.): Aufgabenorientierung als Aufgabe. Arbeitspapiere der 26. Frühjahrskonferenz zue Erforschung des Fremdsprachenunterrichts. Tübingen: Narr (Giessener Beiträge zur Fremdsprachendidaktik). S. 140 – 148.

Pamuk, Orhan (2010): Der naive und der sentimentalische Romancier. München: Hanser Verlag.

Richter, Tobias; Christmann, Ursula (2002): Lesekompetenz: Prozessebenen und interindividuelle Unterschiede. In: Norbert Groeben und Bettina Hurrelmann (Hg.): Lesekompetenz. Bedingungen, Dimensionen, Funktionen. Weinheim: Juventa, S. 25–58.

Richter, Jutta (2000): Der Tag, als ich lernte die Spinnen zu zähmen. München: Carl Hanser Verlag, entnommen aus:
http://vera-dokumente.lernnetz.de/content/deutsch_6.php?group=30&ugroup=31 [18.2.2010].

Winkler, Iris (2011): Aufgabenpräferenzen für den Literaturunterricht. Eine Erhebung unter Deutschlehrkräften. 1. Aufl. Wiesbaden: VS Verlag für Sozialwissenschaften / Springer Fachmedien Wiesbaden GmbH, Wiesbaden.

Winkler, Iris (2010): Lernaufgaben im Literaturunterricht. In: Kiper, Hanna / Meints, Waltraud / Peters, Sebastian / Schlump, Stephanie / Schmit, Stefan (Hrsg.): Lernaufgaben und Lernmaterialien im kompetenzorientierten Unterricht. Stuttgart: Kohlhammer, S. 103 – 113.

Zabka, Thomas (2012): Didaktische Analyse literarischer Texte. Theoretische Überlegungen zu einer Lehrerkompetenz. In: Clemens Kammler, Daniela Anna Frickel und Gerhard Rupp (Hg.): Literaturdidaktik im Zeichen von Kompetenzorientierung und Empirie. Perspektiven und Probleme. 1. Aufl. Freiburg im Breisgau: Fillibach, S. 139–164.

Zabka, Thomas (2007): Diskursive und poetische Aufgaben zur Texterschließung. In: Heiner Willenberg (Hg.): Kompetenzhandbuch für den Deutschunterricht. Auf der empirischen Basis des DESI-Projekts. Baltmannsweiler: Schneider Verl. Hohengehren, S. 199–209.

Zabka, Thomas (2006): Typische Operationen literarischen Verstehens. Zu Martin Luther „Vom Raben und Fuchs“ (5./6. Schuljahr). In: Kammler, Clemens (Hrsg.): Literarische Kompetenzen – Standards im Literaturunterricht. Modelle für die Primar- und Sekundarstufe. Seelze: Klett Kallmeyer, S. 80 – 101.

Andreas Lutz

Aufgaben, die sich im Bildungsraum Zeitung stellen

Nachdem Marshall McLuhan schon vor einigen Jahrzehnten das Ende der Gutenberg-Galaxis' ausgerufen hat, stellt sich ernsthaft die Frage, ob das Printmedium Zeitung für die heranwachsende Generation noch einen Bildungswert besitzt. Das ehrwürdige Alter der Zeitung wird wohl kein Argument mehr darstellen, dies zu rechtfertigen. Zumal die Entwicklung der vergangenen Jahre zeigte, dass viele Aufgaben der Zeitung von anderen Medien übernommen wurden, dazu noch schneller und effizienter. Lässt sich noch rechtfertigen, Unterrichtszeit bzw. Lebenszeit von Jugendlichen damit zu verplanen, dass die Tageszeitung als Unterrichtsgegenstand verwendet wird?

Theorie der Bildungsaufgaben

Bevor Gründe für einen pädagogisch-didaktischen Umgang mit der Zeitung entfaltet werden, soll zuerst geklärt werden, wie Aufgaben beschaffen sein müssen, damit sie bildend wirken können. In einem ersten Durchgang soll also zuerst dargestellt und erörtert werden, was die Theorie der Bildungsaufgaben beinhaltet und intendiert.

Differenz: Aufgabe – Problem

Aufgaben werden gestellt, und zwar von jemandem, damit sie von einem anderen bearbeitet bzw. gelöst werden. Zur Grundkonstellation einer Aufgabe gehören also zwei Aktanten, einer, der die Aufgabe stellt, und einer, der sie löst. Diese Zweiteilung unterscheidet sich grundlegend vom Lösen eines Problems, wobei das Bewältigen einer Aufgabe auch ein Problem beinhaltet. Ob ein Individuum etwas als Aufgabe oder Problem auffasst, hängt davon ab, welches Vorwissen und welche Vorerfahrungen er diesbezüglich hat. Nach Edelmann verfügen wir bei einer Aufgabe über Regeln und gewisse Vorstellungen, wie die Lösung zu bewerkstelligen sei (vgl. Edelmann 1996, 314). Sowohl zur Aufgabenbewältigung als auch zum Problemlösen verfügen Menschen über eine kognitive Struktur. Der Unterschied liegt in einer unterschiedlich ausgeprägten Struktur: Bewältigung von Aufgaben setzt eine epistemische Struktur mit Begriffen und Regeln voraus und erfolgt durch reproduktives Denken. Lösen eines Problems setzt eine heuristische Struktur mit

Heurismen (Problemlöseverfahren) voraus und erfolgt in einem produktiven Denken.

Verhalten und Handeln

Beidem, dem Lösen von Aufgaben und von Problemen, liegt ein Handeln zugrunde. Grenzt man Handeln vom Verhalten ab, so wäre Verhalten eher außengesteuert und Handeln weitgehend innenreguliert; die Übergänge sind wohl fließend. In didaktischer Hinsicht ist es aber unerlässlich, zwischen beiden zu unterscheiden, weil die Konsequenzen für die Persönlichkeitsentwicklung von grundlegender Bedeutung sind. Wendet man diese Unterscheidung auf die Bewältigung von Aufgaben an, so ergibt sich eine große Bandbreite, wie Aufgaben gestellt werden können. Aufgaben, die Verhaltensleistungen verlangen, wollen einüben und vertiefen, um so Muster, Strategien oder Grundoperationen zu Verfügung zu haben, die man dann beispielsweise beim Problemlösen verwenden kann. Übungsaufgaben, die nur disziplinieren und keinen weiteren Zweck oder Sinn verfolgen, entfalten keine bildende Wirksamkeit. Aufgaben, die sich am Handeln orientieren, fordern Lerner heraus, indem Muster, Strategien und Operatoren mit einer hohen Eigenbeteiligung angewandt werden; man könnte fast schon sagen mit einem hohen Problemlösungsverhalten.

Im Problemlösen findet über Sachen Begegnung mit Welt und Menschen statt. Dieser Problemlösungsraum, in dem Individuen mit Sachen und Menschen interagieren und durch Kommunikation Welt als Kultur konstruieren, eröffnet sich ein produktives didaktisches Feld, das didaktisch-methodisch bewusst inszeniert werden kann. Dennoch bleibt ein Unterschied zwischen der Bewältigung einer Aufgabe und dem Lösen eines echten Problems.

Handlungsmuster: Problem-lösen und Aufgaben-stellen

Der Unterschied lässt sich plausibel durch ein Handlungsmuster aus der Theorie sprachlichen Handelns erklären. Nach Ehlich/Rehbein (vgl. 1986, 8ff.) beinhaltet das Handlungsmuster „Problemlösen" folgende Elemente: 1. Problemkonstellation, 2. konkrete Negation/Identifizierung des Unbekannten, 3. Ziel-/Sinnsetzung, 4. Konsultation des Wissens/Gedächtnisses, 5. Zerlegung/präzise Beschreibung, 6. Planbildung, 7. Lösungswege und 8. Lösung. Da es in schulischen Lernsituationen bei Aufgaben vor allem um das Einüben von Mustern, Strategien und Operatoren, d.h. um Strukturwissen, Schlüsselqualifikationen und Basiskompetenzen geht, werden die Elemente 1 bis 3 und 5 vernachlässigt und meist verkürzt behandelt. Die Verkürzung von Problemkonstellation und Zielsetzung nehmen der Aufgabe dann den Realitäts- und Lebensbezug. Dieser Verlust muss dann durch Motivation und/oder Autorität ersetzt werden. Da Lernen in der Institution Schule nur einen geringen

Teil der Inhalte im ursprünglichen Sinne einer tatsächlichen Problemorientierung aus Zeitgründen oder auch aus sachlichen Gründen behandeln kann, stellt das Aufgaben-stellen eine verantwortungsvolle Herausforderung an die jeweilige Fach-Didaktik dar. Didaktisch muss sich eine Aufgabe am Handlungsmuster ‚Problemlösen' orientieren, da Aufgaben eine didaktisch aufbereitete Problemkonstellation darstellen. Aufgaben entstehen durch didaktische Reduktion bzw. Verdichtung aus einer Problemkonstellation mit einer bewussten didaktischen Zielsetzung. An der didaktischen Zielsetzung – verhaltens- oder handlungsorientiert – entscheidet sich dann, welches Bildungspotential Aufgaben beinhalten.
Aufgaben im schulischen Kontext stellen somit eine versteckte Instruktion dar. Sie führen also zu einem beschleunigten Wissensaufbau, bei dem natürlich auch die Gefahr besteht, dass die Konstruktion, d.h. die Erfahrung, die Verankerung und die Verarbeitungstiefe beim Wissenserwerb zu kurz kommen. Trifft dies zu, dann kann sich die bildende Wirkung, d.h. Potentiale zur Persönlichkeitsentwicklung nicht entfalten; die erlernten Inhalte bleiben träges Wissen. Die Verankerung von Wissen bleibt meist auf der Strecke, wenn die Ziel- bzw. Sinndimension den Lernern nicht bewusst wird. Wird das Problem erkannt und mit Sinn verbunden, verwandelt sich die extrinsische Motivation in eine intrinsische. In einer didaktischen Perspektive zeigt sich dann auch, dass man nicht beim Aufgaben-stellen stehen bleiben kann, sondern dass im Laufe schulischen Lernens Lerner befähigt werden müssen, sich selbst Aufgaben zu stellen.

Bildungsraum Zeitung

Im ersten Kapitel wurden Aspekte einer Theorie der Bildungsaufgaben dargestellt. In diesem Kapitel soll entfaltet werden, was man sich unter dem Bildungsraum Zeitung vorzustellen hat, so dass im nachfolgenden Kapitel Möglichkeiten der Zeitung als Bildungsaufgabe aufgezeigt werden können.

Medien sind Räume, die Bildung ermöglichen

Einen bildungstheoretischen Medienbegriff mit einer hohen Relevanz für didaktische Theoriebildung hat Norbert Meder herausgearbeitet. Meder bezeichnet Medien als Räume, als „sinnliche Räume und in ihrer Sinnlichkeit begrenzt". Die „Gegenstände in den medialen Räumen, d.h. die Konfiguration in den Räumen" (Meder 2007b, 56) nennt er Zeichen bzw. Symbole.

> Medien bestimmen sich also in einem ersten Schritt darüber, welche Sinne sie beteiligen und welche Sinne sie als Raum-, Zeit- und Gegenständlichkeitsdimension zulassen. … Medien sind auf diese Weise auch Räume der Performitivität der Sinne. (ebd. 58).
> Medien sind Räume. Medien sind als solche zu begreifen als eine Relationalstruk-

> tur folgender Art: Medium = R (Sehen, Hören, Tasten, Riechen, Schmecken, Intensitätsfilter, Reflektionsmuster, Zeichenfunktion, Soziabilität)
> Diese Relationalstruktur bildet den Rahmen, innerhalb dessen die mediale Transformation des Wahrnehungsraumes in den medialen Raum stattfindet. Die funktionalen Momente bilden Intensitätsfilter, Reflektionsmuster, Zeichenfunktion und Soziabilität (ebd. 62/64).
> Medien reflektieren in dieser Filterfunktion auf unsere Sinnlichkeit. So reflektiert zum Beispiel unsere westliche Schrift in der bildlichen Darstellung auf die phonetischen Lautgebilde unserer oralen Kultur." (ebd. 60).

In der triadischen (Signifikat, Signifikant, Bewusstsein) Zeichenfunktion, der Einbettung eines Mediums in ein anderes (Reflektion) und der Filterfunktion gründet der Bildungswertes der Medien. Bei der Einbettung erfolgt eine Transformation, die nicht nur Reflektiertheit, sondern auch Reflexion notwendig macht. Zeichen als Vereinbarungen reflektieren auf Kultur und andererseits, durch die triadische semiotische Struktur, auf Bedeutung und Bewusstsein. In der Aneignung und Verwendung von Zeichen zur Sinnstiftung liegt der Bildungswert bzw. Bildungsgehalt. Der Prozess der Zeichenbildung impliziert Kommunikation im Kontext einer Kultur und ist damit sozial bestimmt und kulturabhängig.
Meder stellt zusammenfassend fest: „Die Reflexivität ist gleichsam in ein Zeichen verlegt." (ebd. 65).

> Reflektiertheit heißt hier nicht, dass Bildung an die Kognition der Reflexion gebunden ist. Es heißt, dass sich die Reflektiertheit der Medien als Brechung in den Bildungsprozess einpflanzt, was dann zwar zur gedanklichen Reflexion führen kann, aber nicht notwendig führen muss. (ebd. 69).

> Die Brechung, die im medialen Raum stattfindet, hängt an dem Umstand, dass unsere Sinnlichkeit gefiltert, reflektiert auf sich zurückgeworfen und in die Differenz von triadischen Zeichen gesetzt wird. (ebd. 69).

Dies führt nun zur Fragestellung nach einer medialen Bildung. Bildung ist nach Meder ein Verhältnis, eine Beziehung, eine Relation. Er versteht Bildung relational und nicht substantial. Demzufolge definiert er Bildung strukturell „als dreifaches Verhältnis" (Meder 2007a, 65):

1. des Einzelnen zu den Sachen und den Sachverhalten in der Welt
2. des Einzelnen zu dem oder den Anderen in der Gemeinschaft (dem Sozialem)
3. des Einzelnen zu sich selbst in Vergangenheit, Gegenwart und Zukunft in der Zeit

Der Sachbezug beinhaltet Erfahrung und Experimente, der Sozialbezug verwirklicht sich in Kommunikation und Verständigung und der Selbstbezug durch Reflexion, Identität und Authentizität in und durch die eigene individuelle Biografie.

Bildungspotentiale des Massenmediums Zeitung

Bildung und Bildungsraum wurden dargestellt, nun bleibt noch zu klären, wo, wie und warum Zeitung in diesem Raum verortet werden kann? Die Frage nach dem Warum kann an dieser Stelle, im Hinblick auf das zuletzt oben Beschriebene, kurz beantwortet werden. Zeitung bildet, weil sie das Leben in einer demokratisch verfassten Gesellschaft beobachtet und hinterfragt und weil sich Zeitungsleser in der Auseinandersetzung mit der Zeitung bilden. Wie das geschehen kann, wird im Nachfolgenden entfaltet. Wie bereits ausgeführt und erklärt, liegt die Potenz zum bildenden Tätigsein in den funktionalen Momenten des medialen Raumes.

Bildungspotential Intensitätsfilter

Zeitung ist ein visuell-optisches Medium und kann gelesen und betrachtet werden, d.h. die Kulturtechnik Lesen wird vorausgesetzt. Um die Fotos und grafischen Abbildungen zu verstehen, genügt nicht, dass man sie anschaut; auch hier muss man schon gelernt haben, was die Bildzeichen intendieren. Wie und in welcher Absicht der Sehsinn angesprochen werden soll, hängt von der Art der Berichterstattung und der Bild-Text-Gestaltung ab. Journalisten beobachten Gesellschaft und Welt und entscheiden nach dem Aktualitätsprinzip, ob etwas wert ist, als Information oder als Meinung verbreitet zu werden. Da keine Zeitung alle Nachrichten drucken kann, müssen Redakteure auswählen (Gatekeeper-Funktion). Selektion bedeutet Orientierung und Navigation. Da die Selektion nach dem Vier-Augen-Prinzip vorgenommen wird, wird der Manipulationsverdacht minimiert. Eine andere Folge der Selektion begründet die Agenda-Setting-Funktion der Massenmedien. Die Möglichkeit, über Aufmachung und Schlagzeilen die Themen auf der Tagesordnung der Menschen und in der Anschlusskommunikation zu bestimmen oder zu beeinflussen, ist von gesellschaftspolitischer Relevanz.

Bildungspotential Reflektionsmuster

Der Begriff Reflektionsmuster assoziiert eher ein physikalisches Phänomen. Meder verarbeitet mit diesem Ausdruck aber eine Idee von McLuhan, wonach der Inhalt eines Mediums ein anderes Medium sei. Diese Aussage ist in Bezug zu McLuhans Grundthese, dass das Medium die Botschaft sei, zu deuten. Was Meder unter Reflektionsmuster versteht und auf Zeitung zutrifft, erklärt sich durch folgende Feststellung:

> „Unsere Schriftsprache z.B. bricht die Zeit, indem sie das Vergehen und Entstehen oraler Sprachlichkeit aufhebt, indem sie die Auseinandersetzung mit dem Gedanken des anderen verlangsamt und rational sowie digital serialisiert." (Meder 2007, 69).

Gleichzeitig findet auch eine Individualisierung statt, weil man sich mit Gedanken und Aussagen anderer alleine an einem Ort befassen kann. Ein Relikt aus der Oralität stellt in der Zeitung das Forum dar. Im Forum, in der Gestalt von Leserbriefen, findet sich noch die Kommunikations- und Debattenkultur des Marktplatzes, der griechischen Agora bzw. des Forums, wieder. Die Zeitung reflektiert den Brief als räumliches und zeitliches Distanzmedium. Der Korrespondenz-Brief in der Gestalt der sogenannten Fugger-Zeitung zu Beginn des 16. Jh. verdeutlicht, wie Handelswege auch Kommunikationswege sind und welcher Zusammenhang zwischen wirtschaftlichem Erfolg und dem zeitlichen Besitz einer Nachricht besteht; ebenso die Korrelation zwischen Macht und dem Zustand der Informiertheit.

Das Flugblatt - durch die Bildlichkeit - und die Flugschrift - durch die beschleunigte und verlässliche Verbreitung von neuen Ideen - schufen einen neuen Typ von Öffentlichkeit, nämlich eine Medienöffentlichkeit. Der gesellschaftliche Wandel und der Medienwandel vollziehen sich komplementär. Die Flugschrift war das wichtigste Kampfmedium im Kampf um die politischen und religiösen Ordnungen in der Gesellschaft zu Beginn der Neuzeit. Mit dem gedrucktem Flugblatt als Nachrichtenmedium war es möglich, ein Massenpublikum über einen Massenmarkt zu erreichen. So kamen die Nachrichten auf die Straßen und die Gassen, auf die Plätze und die Höfe; d.h. alle Schichten der Gesellschaft wurden durch das neue Druckmedium erreicht. Das neue Nachrichtenmedium hatte also durch den neuen Informationsfluss eine sozial-integrative Wirkung in der Gesellschaft.

Im Jahre 1722 erscheint in Frankfurt am Main die ‚Wöchentlichen Frag- und Anzeigungs- Nachrichten‘. Mit dem Erscheinen dieser Druckschrift beginnt ein neuer Zeitungstyp: die sogenannten Intelligenzblätter. Gemeint ist damit die wörtliche Bedeutung von ‚intellegere‘, nämlich ‚Einsicht nehmen‘. Intelligenzblätter hatten zwei Funktionen: einmal Mittel zur Ankurbelung von Warenverkehr und Arbeitsmarkt und zum anderen waren sie Instrument der Kameralistik, d.h. amtliche Verlautbarungen und Bekanntmachungen. Dieser neue Zeitungstyp war also eine Mischform von amtlichen Nachrichten und Werbung. Intelligenzblätter hatten eine Servicefunktion und wirkten schichtenübergreifend sozialintegrativ. Dies wiederum war von besonderer Bedeutung für die Entstehung einer bürgerlichen Öffentlichkeit und Identität. Mit diesem Zeitungstyp wurde auch ein neues Finanzierungsmodell, das duale Prinzip, der Zeitung begründet: Bezugsgebühren (Abonnement) und Anzeigen. Neben ihrer Rolle als Nachrichten- und Meinungsträger erhielt die Zeitung mit den Intelligenzblättern eine dritte zentrale Aufgabe als Werbeträger.

Bildungspotential Zeichenfunktion

In der Zeitung werden digitale und analoge Zeichen verwendet, d.h. Schrift, Bilder und Text-Bild-Kombinationen. In Form von Buchstaben, Wörtern, Sätzen und Texten stehen Schriftzeichen stellvertretend für Gegenstände und Sachverhalte, Reales, Mögliches und Fiktionales. Das Digitale der Schriftzeichen liegt begründet in der Syntax, Semantik und Pragmatik der Zeichengebilde. Ihre Wirkmächtigkeit für Nutzer liegt in der Denotation, Konnotation und auch Assoziation. Das Analoge verweist auf sinnliche Erfahrungen und Empfindungen, auf Emotionales und Vorsprachliches. In der Zeitung kommen also Schriftzeichen vom Digitalen bis zum Analogen vor. Im Zeitungskopf steckt vor allem Analoges in den Schrifttypen, weil das Namenslogo einer Zeitung eine komprimierte Präsentation des Weltbildes der Zeitung, d.h. der Verlegers und Herausgebers, darstellt (vgl. Lutz 2012a, 201ff.). Zu den eigentlich analogen Zeichen in der Zeitung gehören aber die Bilder in Form von Fotos, Karikaturen und Infografiken. Damit die Assoziationen vom Leser nicht zu weit gespannt werden, werden Bilder in der Zeitung in der Regel noch mit Bildunter- bzw. -überschriften eindeutiger auf eine Interpretationsmöglichkeit eingegrenzt. Die Art und Weise der Strukturierung der Schriftzeichen verfolgt eine kommunikative Absicht und legt den Modus fest, wie der Text zu verstehen ist. Die Darstellungsformen in einem Medium machen nach Luhmann Kommunikation wahrscheinlicher, weil diese festen Formen durch Sozialisation und Erziehung gelernt worden sind. Leser rezipieren einen Text dann schon in einer ganz bestimmten Erwartungshaltung und können den Wahrheitsgehalt und die intendierte Wirklichkeitsdarstellung einschätzen. Die Folge ist, dass der Text so verstanden wird, wie er gemeint ist, so dass Kommunikation eindeutiger und schneller wird.

Die schriftlichen Darstellungsformen in der Zeitung lassen sich in drei Gruppen einteilen: Tatsachenbetonte bzw. informationsbetonte Formen (mit den journalistischen Textsorten Meldung, Nachricht und Bericht), meinungsbetonte Darstellungsformen (mit den journalistischen Textsorten Kommentar, Leitartikel, Rezension/Kritik und Glosse) und Mischformen (mit den journalistischen Textsorten Reportage und Feature). Das Interview ist eine Universalform und kann je nach Inhalt und Intention in allen Darstellungsformen vorkommen. Bei den Bildzeichen lässt sich auch eine Dreiteilung feststellen: Informationsorientiert sind Pressefoto und Infografik; meinungsorientiert ist die Karikatur und als Mischform gibt es das Symbolfoto und das Grafikdesign der Werbeanzeigen. Insgesamt kann das Layout einer Zeitung als Index-Zeichen für Glaubwürdigkeit und Seriosität in der Darstellung von Welt angesehen werden.

Zeichen in der Zeitung ermöglichen Kommunikation und Verständigung, Realitäts- und Wirklichkeitskonstruktion durch digitale und analoge Zeichen in der Öffentlichkeit. Selbst Begriffsbildung erfolgt öffentlich und kann als Denkwerkzeug zur öffentlichen Reflexion in der Gesellschaft über Dinge führen, die strittig sind und einer Problemlösung bedürfen. Es lässt zumindest hoffen, dass eine rationale, transparente und vernünftige Problemlösung möglich sein kann.

Bildungspotential Soziabilität

Medien stellen Öffentlichkeit her; was schon in dem Begriff Publizität als Wesensmerkmal der Zeitung zum Ausdruck kommt. Alles in der Öffentlichkeit steht in einem sozialen Beziehungsverhältnis. Zeitung bietet Dienstleistungs- und Unterhaltungsangebote und regt zur Anschlusskommunikation an. Publizität hat aber nicht nur die Funktion, damit etwas öffentlich wird, sondern soll Teilhabe und Teilnahme am politischen und gesellschaftlichen Leben ermöglichen. Das Anliegen einer Zeitung liegt nicht nur in der Verbreitung von Informationen, Nachrichten und Meinungen. Auch genügt es nicht, innovativer Werbepartner und moderner Dienstleister zu sein, sondern Aufklärung durch Information stellt von Anfang an das Leitmotiv der Zeitung dar. Aufklären über die Dinge der Welt, deren Ursachen und Zusammenhänge sollen in einer emanzipatorischen Absicht für die Bürgerinnen und Bürger verständlich dargestellt werden.
Was ist es wert, dass etwas Geheimes oder Privates in und an die Öffentlichkeit kommt? Während in einer absolutistischen Regierungsform der Gegensatz geheim/öffentlich galt, verwandelte sich dieser durch einen „Strukturwandel der Öffentlichkeit" (Habermas) zu privat/öffentlich einer demokratisch verfassten Gesellschaft. Die Zeitung trug wesentlich zu diesem Strukturwandel bei, weil die medial hergestellte Öffentlichkeit ein Machtfaktor in der gesellschaftlich-politischen Auseinandersetzung wurde. Die Zeitung wurde zum Geburtshelfer der demokratisch verfassten Gesellschaft. Als Beweis für die unterstützende Wirkung lässt sich anführen, dass die Pressegeschichte auch als die Geschichte der Zensur geschrieben werden kann. Wenn einem das klar wird, kann man die Bedeutung der Artikel im Grundgesetz zur Meinungs- und Pressefreiheit nicht hoch genug einschätzen; vor allem der Satz im Artikel 5 GG „Eine Zensur findet nicht statt."
In der Verwendung der Schriftzeichen als Information verwirklichen sich die Grundrechte des Grundgesetzes der BRD, nämlich Informations-, Meinungs- und Medienfreiheit. Informationsfreiheit meint ja eigentlich Informationsermittlungsfreiheit, d.h. die Möglichkeit der ungehinderten Recherche mit einem Informationsanspruch gegenüber staatlichen Organen und wichtigen gesellschaftlichen Organisationen und Institutionen bis zu einem Quellen- und Informantenschutz, das im Zeugnisverweigerungsrecht eines Journalisten zum Ausdruck kommt. Die Kehrseite zum Zeugnisverweigerungsrecht der

Medaille ‚Pressefreiheit' stellt die publizistische Sorgfaltspflicht dar. Die Verbreitung von Nachrichten und Meinungen in „Wort, Bild und Schrift" (GG Art. 5) impliziert nicht nur die journalistische Sorgfaltspflicht durch eine multiperspektivische Recherche unter dem Anspruch der Wahrhaftigkeit, sondern auch die Beachtung des Persönlichkeitsschutzes und der Privatsphäre. Die Verwendung von Schriftzeichen zum Zwecke der Information beinhaltet also den Anspruch auf Sachlichkeit und Wahrhaftigkeit.
Die Zeitung spricht den Menschen als Individuum an, weil jeder Leser die Zeitung selbst lesen muss bzw. kann; als Bürger, wenn es um die Beziehung zu Menschen in einer demokratisch verfassten Gesellschaft geht; als Subjekt (als Korrelationsbegriff zu einem Objekt), wenn es sich um Dinge der Erde und Sachprobleme der Welt handelt, und als Person, wenn er das Angebot der Zeitung nutzt, sich zu bilden in der Fülle des Lebens, welche die Zeitung jeden Tag frei Haus und während des *Zischup*-Projektes ins Klassenzimmer liefert. Damit die Komplexität des Lebens nicht mutlos und unfähig zum Handeln macht, benötigt das Individuum Kompetenzen zum Lesen und Verstehen der Zeitung. Wie Menschen sich die erforderlichen Kompetenzen aneignen können, soll im folgenden Kapitel aufgezeigt werden.

Zeitung als Bildungsaufgabe

Aus dem vorhergehenden Kapitel wird ersichtlich, in welch großer Zahl sich Aufgaben stellen können, um den Bildungsgehalt der Zeitung zu nutzen. Bildungsaufgabe Zeitung meint natürlich nicht, aus all dem eine Zeitungskunde zu entwickeln. Das wäre zu kurz gegriffen, das Ergebnis wären Aufgaben in Sinne einer materialen Bildung. Bildungsaufgabe Zeitung will Strukturmerkmale der Zeitung fruchtbar machen für eine Persönlichkeitsentwicklung in einer demokratisch verfassten Gesellschaft eingebettet in eine globalisierte Welt.
Wie der JIM-Studie zu entnehmen ist, beschäftigen sich nur 26 % der Jugendlichen in ihrer Freiheit täglich mit der Tageszeitung (vgl. JIM-Studie 2012, 12). Wenn also die Zeitung einen hohen Bildungsgehalt in einer demokratisch verfassten Gesellschaft hat und Jugendliche wenig Interesse an tagesaktuellen Nachrichten aufbringen, dann stellt die Tageszeitung als Unterrichtinhalt eine Herausforderung dar. Dieser Herausforderung hat sich die Badische Zeitung in Kooperation mit dem Institut für Medien in der Bildung der Pädagogischen Hochschule Freiburg mit den Projekt *Zischup* (vgl. www.zischup.de) gestellt.
Sechs Wochen lang erhalten Schülerinnen und Schüler der Klassen 8 und 9 der teilnehmenden Schulen aller Schularten jeden Tag im Unterricht die Badische Zeitung (BZ). Die BZ liefert einen Klassensatz in jede Klasse, so dass jeder Jugendlichen seine eigene Zeitung bekommt. Samstags und in den Fe-

rien landet die BZ bei den Jugendlichen zu Hause im Briefkasten. Die didaktische Herausforderung liegt in der Unterrichtsorganisation, weil jeden Tag nicht nur die Region, sondern die ganze Welt ins Klassenzimmer kommt. Da in der Sekundarstufe das Fachlehrerprinzip vorherrscht, kann die Fülle und Vielfalt an Information nur durch fächerübergreifenden Unterricht oder durch Lehrertandems bewältigt werden. Dies fordert eine hohe Kooperations- und Teamfähigkeit der teilnehmenden Lehrerinnen und Lehrer. Eltern und vor allem Großeltern werden über die Schülerinnen und Schüler in der Anschlusskommunikation durch Gespräche, Diskussionen oder Befragungen mit einbezogen, wie die Rückmeldeergebnisse aus Begleituntersuchungen zu den Pilotprojekten zeigen (vgl. Lutz 2012b). Während der Projektdauer haben die teilnehmenden Klassen die Möglichkeit, das Druckhaus mit der Druckerpresse, die in einem wasserlosen Offsetdruckverfahren die Zeitung in einem Vier-Farb-Druck in einer großen Auflage vervielfältig, zu erkunden. Ergänzt wird der Kontakt zur Zeitung durch den Besuch der Projektredakteurin in der Klasse an der Schule. Hier können die Jugendlichen alles fragen, was sie über und zur Zeitung wissen wollen. Zeitung wird also durch einen Menschen leibhaftig erfahrbar, der die Zeitung im Team mit anderen herstellt. Die Zeitung erhält ein menschliches Gesicht und einen Ansprechpartner. Der Besuch der Redakteurin soll die Schülerinnen und Schüler animieren, selbst journalistisch zu recherchieren und einen Text in einer passenden Textsorte zu schreiben, der dann online in der BZ veröffentlicht oder in der Printausgabe am Ende des Projektes abgedruckt wird. Die Jugendlichen sollen vor allem Themen aus ihrem eigenen Lebensumfeld und Interessengebiet thematisieren, recherchieren und publizieren. So kann man der Gefahr entgegenwirkten, dass das Projekt zur Information über Zeitung verkommt, anstatt Zeitung zu erfahren und gestalten.

Methodisch gestalten sich die ersten beiden Wochen eher analyseorientiert. Die Zeitung soll in einem ersten Zugang kennen gelernt und Strukturwissen mit Fachbegriffen über die Zeitung erarbeitet werden. Die darauf folgenden Wochen sind eher produkt- und produktionsorientiert ausgerichtet, um Handlungs- und Erfahrungswissen mit der Möglichkeit zur Individualisierung aufzubauen. Der Abschluss bildet dann eine Präsentation mit der Bewertung der Produkte und den dazu gehörenden Rechercheleistungen. Die Präsentation in der Öffentlichkeit erfolgt über Online- oder Printausgabe. Die Präsentation in der Schulöffentlichkeit ist nicht minder wichtig, weil sich die Jungjournalisten der Kritik ihrer Mitschülerinnen und Mitschüler stellen und so Verantwortung für Texte und Bilder übernehmen müssen.

Das nachfolgende Aufgabenblatt „*Zischup* – der Zeitung auf der Spur“ für die Schülerinnen und Schüler der teilnehmenden Klassen enthält eine Zusammenstellung möglicher Aufgaben zum selbstständigen Bearbeiten. Die

Zusammenstellung erhält ein Vielfaches von dem, was man in der Projektzeit bewältigen kann. Die Adressaten der Aufgabenvorschläge sind deshalb die Lehrerinnen und Lehrer, die dann ein maßgeschneidertes Aufgabenblatt für ihre konkrete Klasse anfertigen. Am Projekt teilnehmende Lehrerinnen und Lehrer können das Aufgabenblatt als Word-doc online im digitalen „Lehrerzimmer“, das passwortgeschützt ist, herunterladen und so schnell ihren didaktischen Anforderungen anpassen.

Eine weitere Aufgabenstellung im Rahmen des Zischup-Projektes wurde bereits veröffentlicht unter dem Titel ‚Bildlichkeit von Schrift – Zeitungsköpfe als dynamische Einheit von Information und Botschaft‘. Darin sollen Schülerinnen und Schüler lernen, wie Schrift als digitales Zeichen mit analogen Elementen durch die grafische Form angereichert wird, um eine bestimmte Weltsicht zum Ausdruck zu bringen (vgl. Lutz 2012a).

Die Schülerinnen und Schüler entfalten während des Zischup-Projektes in unterschiedlich vielen Feldern Aktivitäten, indem sie tätig sind durch: Wissen und Verstehen, Verhalten und Handeln, Auswählen und Gestalten, Anwenden und Analysieren, Vergleichen und Bewerten, Zuhören und Einmischen, Argumentieren und Entscheiden, Stellung nehmen und Standpunkte vertreten.

Nachfolgend nun das Aufgabenblatt für die Schülerinnen und Schüler in einem offenen projektorientierten Unterricht in den Klassen 8 und 9:

Zischup – Der Zeitung auf der Spur

In den nächsten Wochen werdet ihr euch intensiv mit der Zeitung befassen. Ihr werdet jeden Tag aktuelle Informationen aus der ganzen Welt und aus der Region Freiburg in der Badischen Zeitung lesen können. Alles, was täglich in der Zeitung steht, wird euch nicht interessieren. Aber einige Meldungen, Bilder oder Berichte werden eure Aufmerksamkeit erregen. Kein Mensch liest die Zeitung von vorn bis hinten. Viele fangen von hinten oder in der Mitte an, die Zeitung zu lesen. Die Fachleute nennen dieses Verhalten „selektives Lesen“. Das bedeutet, dass jede Leserin und jeder Leser immer nur das liest, d.h. das auswählt, was ihn gerade interessiert oder was er gerade interessant findet. Für die einen sind das die Todesanzeigen oder die Sonderangebote, für die anderen der Sport oder die Politik. Für wieder andere Film, Fernsehen, Handys oder Reisen. Für all die vielfältigen Wünsche, Bedürfnisse und Interessenslagen wird die Zeitung gemacht und vor allem schon so gestaltet, dass jede Leserin und jeder Leser schnell das findet, was für ihn von Bedeutung ist.

In den kommenden Wochen sollt ihr neue Erfahrungen mit der Zeitung machen und euer Wissen über Zeitung erweitern. Nicht nur wie man eine Zeitung liest oder für die Zeitung einen Artikel schreibt, sondern auch wer die Zeitung macht, wer sie druckt und wie sie in den Briefkasten kommt. Ihr könnt euch mit eigenen Augen überzeugen, welche Druckmaschinen benötigt werden und ob man für den Zeitungsdruck Wasser benötigt oder nicht. Natürlich könnt ihr eure Fragen auch persönlich der Redakteurin stellen, die zu euch in die Klasse kommt. Damit ihr gut auf den Besuch im Druckhaus der BZ und auf den Besuch der Redakteurin vorbereitet seid, sollt ihr in den kommenden Schulstunden und in der Hausarbeit Aufgaben aus dem Pflicht- und aus dem Wahlbereich bearbeiten. Einige Aufgaben sollen einzeln, andere in der Gruppe bearbeitet werden.

Folgende Aufgaben gehören in den **Pflichtbereich**:

- Lege ein Mappe (Schnellhefter) – man nennt dies auch ein Portfolio – an. Hefte alle deine Arbeiten, die du während des Projektes angefertigt hast, darin ab. Erstelle ein Inhaltsverzeichnis und gestalte die Mappe zeitungsgemäß, d.h. am Äußeren der Mappe sollte man schon erkennen, dass es hier um Zeitung geht.
- Gestalte einen neuen Zeitungskopf mit dem PC: Erfinde einen Namen, der jugendliche Leser anspricht, und gestalte ihn mit entsprechenden Schriftzeichen. Größe: DIN-A 4 Querformat.
- Lege eine Tabelle für die Wörter und Begriffe an, die du beim Lesen der Zeitung nicht verstehst bzw. die für dich neu oder fremd sind.
- Verfasse einen Artikel in einer journalistischen Textsorte (Bericht, Interview, Kommentar oder Erlebnisbericht [Reportage]; natürlich mit Bild/er) aufgrund eigener Recherche. (Protokoll der Recherchearbeit beifügen)
- Verfolge ein Thema in der BZ nach eigener Wahl über zwei Wochen hinweg. Schneide die Artikel aus und hefte/klebe sie mit Quellenangabe in das Portfolio. Schreibe nach den zwei Wochen zu diesem Thema einen Kommentar oder fertige eine „Pro und Kontra“-Tabelle mit den entsprechenden Argumenten an.
- Wähle ein Thema aus der BZ aus, das als Bericht/Reportage und als Kommentar [Tagesspiegel] in der Zeitung erschienen ist. Fertige eine Tabelle mit den Unterschieden zu den zwei Textsorten an (stichwortartig).
- Schreibe eine Meldung zu einem Bericht, d.h. verdichte den Bericht in eine Meldung. Oder: Schreibe zu einem Bericht ein Leserbrief und schicke ihn an die BZ.
- Wähle ein Thema (Meldung oder Bericht oder Reportage) aus der BZ aus, das in einem anderen Schulfach von Interesse und Bedeutung ist. Frage den/die Fachlehrer/in, ob du während der Stunde deine Mitschüler darüber informieren darfst. Fertige einen Stichwort-Merkzettel (Größe: Postkarte) für den Kurzvortrag an.

- Schlagzeilencocktail – phantasievoll gemixt: Sammle über eine längeren Zeitraum Schlagzeilen aus der Zeitung. Schneide die einzelnen Zeilen sinnvoll auseinander. Bilde aus den einzelnen Sinneinheiten neue humorvolle Schlagzeilen. Trage drei deiner Kreationen in der Vortragsstunde in der Klasse vor. Natürlich gut geübt und entsprechend betont; die Performance muss stimmen!
- Formuliere eine Frage, um sie zu stellen a) beim Besuch im Druckhaus der BZ und b) beim Besuch der Redakteurin in der Klasse.
- Schreibe jeweils nach dem Besuch die Antwort zu der Frage ins Portfolio.
- **Gruppenarbeit:** Bildet eine Dreier-Gruppe und gestaltet eine Zeitungsseite mit den Texten, die ihr selbst geschrieben habt. In einer Redaktionssitzung wird unter den Gruppenmitgliedern entschieden:

  a) welcher Zeitungskopf verwendet wird,

  b) welche Texte mit welcher Überschrift (Aufmacher und andere Überschriften) auf eurer Zeitungsseite „veröffentlicht“ werden (bei Bericht mit Fettgedrucktem und Unterzeile).

  c) wie die Seite gestaltet sein soll (Layout) und welche Bilder verwendet werden sollen,

  d) wie das IMPRESSUM für diese Seite aussieht.

  e) Größe: DIN-A 3, Hochformat, 4-spaltig, Schriftgröße bei Fließtext 9 Punkte, Schlagzeile, Unterzeile und Fettgedrucktes siehe BZ.
- **Gruppenarbeit:** Die Gruppe wählt ein Thema aus dem Wahlbereich aus und bearbeitet es als Gruppe, d.h. innerhalb der Gruppe sollen verschiedene Arbeitsaufträge verteilt werden. Das Gruppenergebnis wird als Lernplakat (DIN-A 1 oder DIN-A 0) gestaltet und der Klasse präsentiert.

Aufgaben aus dem **Wahlbereich**:

Die Zeitung …

- der/die Verleger/in und seine Mitarbeiter/innen (Organisation, Berufe).
- und ihre Kosten (Abonnement, Straßenverkauf, Werbung).
- und die Journalisten (Reporter, Redakteur, Korrespondent; Presserat).
- und ihre Quellen (Nachrichtenagenturen, Behörden, Bürger/innen …).
- und der Weg einer Nachricht (vom Ereignis zum Leser).
- und die Vielfalt der Anzeigen (Art und Absicht der Anzeigen).
- und die erste Seite (Layout und Bedeutung der ersten Seite).
- und ihre Texte: Information und Meinung (Beispiele und Absicht).
- und ihre Bilder: Foto, Infografik und Karikatur (Beispiele und Absicht).
- und die innere Struktur der Zeitung (Ressorts, Impressum).
- und die Berichterstattung über meinen Schul-, Wohnort oder Stadtteil.

– und der Vergleich mit anderen Tageszeitungen: Vergleicht ein Thema der BZ mit einer anderen Zeitung, wie diese das Thema darstellt (Umfang, Inhalt, wo platziert? Überschrift, Text, Bilder

Nun viel Spaß, Freude und Ausdauer beim täglichen Lesen der Zeitung, bei der Spurensuche und beim Gestalten der Zeitung wünschen
(BZ-Redakteurin), (PH-Dozent) und (Tandemleher/in)

Literatur

Blum, Joachim & Hans-Jürgen Bucher (1998): Die Zeitung: Ein Multimedium. Textdesign — ein Gestaltungskonzept für Text, Bild und Grafik. Konstanz: UVK Medien.

Edeler, Uwe-Carsten (1999): Anregungen für einen offenen, projektorientierten Deutschunterricht 7/8. Stuttgart: Klett.

Edelmann, Walter (1996): Lernpsychologie. Weinheim: Psychologie Verlags Union. 5. vollständig überarb. Auflage.

Ehlich, Konrad / Rehbein, Jochen (1986): Muster und Institution. Untersuchungen zur schulischen Kommunikation. Tübingen: Narr, 8ff.

Faulstich, Werner (1998): Medien zwischen Herrschaft und Revolte. Göttingen: Vandenhoeck & Ruprecht.

Faulstich, Werner (2002): Die bürgerliche Mediengesellschaft (1700-1830). Göttingen: Vandenhoeck & Ruprecht.

Girmes, Renate (2004): [Sich] Aufgaben stellen. Seelze (Velber): Kallmeyer.

Hauser, Thomas, Hans-Werner Huneke & Andreas Lutz (Hg.) (2008): Zeitung machen — Zeitung lesen. Journalismus und Didaktik im Gespräch. Freiburg: Rombach.

JIM-Studie 2012. Jugend, Information, (Multi-) Media. Basisstudie zum Medienumgang 12- bis 19-Jähriger in Deutschland. MpFS Stuttgart. Quelle: http://www.mpfs.de/fileadmin/JIM-pdf12/JIM2012_Endversion.pdf [Zugriff: 30.08.2013]

Lutz, Andreas (2012a): Bildlichkeit der Schrift – Zeitungsköpfe als dynamische Einheit von Information und Botschaft. In: Oomen-Welke, I. / Staiger, M. (Hg.): Bilder in Medien, Kunst, Literatur, Sprache, Didaktik. Freiburg: Filibachverlag. S. 197-208.

Lutz, Andreas (2012b): Zeitung in der Schule. Zwei Pilotprojekte mit der Badischen Zeitung. In. phfr. Zeitschrift der Pädagogischen Hochschule Freiburg. 2011/2+2012/1. S. 36-39.

Meder, Norbert (2007a): Der Lernprozess als performante Korrelation von Einzelnem und kultureller Welt. Eine bildungstheoretische Explikation des Begriffs. In: Spektrum Freizeit, Heft I & II, S. 119-136.

Meder, Norbert (2007b): Theorie der Medienbildung. Selbstverständnis und Standortbestimmung der Medienpädagogik. In: Sesnik, W. u.a. Jahrbuch Medienpädagogik – Standortbestimmung einer erziehungswissenschaftlichen Disziplin. Wiesbaden: VS Verlag. S. 55-73.

Rehbein, Jochen (1977): Komplexes Handeln. Elemente zur Handlungstheorie der Sprache. Stuttgart: Metzler.

Stöber, Rudolf (2005): Deutsche Pressegeschichte. Konstanz: UVK. 2., überarb. Aufl.

Thomas Raith

Von der Lernaufgabe zum Lernjob im Englischunterricht?

Individualisierter Unterricht mit Kompetenzrastern - eine fremdsprachendidaktische Betrachtung

Der Wegfall der verbindlichen Grundschulempfehlung für den Besuch der weiterführenden Schulen, die Umsetzung der UN-Behindertenrechtskonvention zur Inklusion und die Einführung der neuen Gemeinschaftsschulen sind Kennzeichen für einen Umbruch der Schülerzusammensetzung in den Sekundarstufen I in Baden-Württemberg. Das Thema Heterogenität bekommt durch diese Umstände eine aktuelle Dringlichkeit, gleichwohl es seit PISA ein zentraler Inhalt der pädagogischen Diskussion ist (Boller 2007; Köker 2010; Lehberger 2008). In der Unterrichtspraxis stehen Lehrerinnen und Lehrer zunehmend vor der Herausforderung, dass vorherrschende Unterrichtsmethoden, in denen Lerngruppen als grundsätzlich homogen betrachtet werden, nicht mehr umsetzbar sind. Zieht man noch in Betracht, dass das Sitzenbleiben abgeschafft werden soll und Schülerinnen und Schüler nicht mehr ohne weiteres aufgrund ihrer Leistungen zum Verlassen der Schule gezwungen werden können, so zeichnet sich ein Paradigmenwechsel im Schulsystem in Baden-Württemberg ab. Dieser Wechsel ist von der grün-roten Landesregierung bildungspolitisch durchaus gewollt. Der Bildungsplan 2015 sieht beispielsweise einen gemeinsamen Bildungsplan für alle weiterführenden Schulen vor und schafft damit die Voraussetzungen für durchgängig gemeinsames Lernen in allen Klassenstufen (Ministerium für Kultus, Jugend und Sport Baden-Württemberg 2012, S. 7). Die spannende Frage ist nun, inwieweit sich dieser Umbruch auf die Unterrichts- und Lernkultur in den Sekundarschulen auswirken wird. Der Beitrag untersucht erste Modelle, die in curricularen Handreichungen empfohlen werden. Es wird die Frage gestellt, wie sich Kompetenzverständnis, Kompetenzinhalte und Aufgabenformate mit Erkenntnissen der Fremdsprachenforschung und Fremdsprachendidaktik vereinbaren lassen.

Individualisierter Unterricht mit Kompetenzrastern in Baden-Württemberg

Vom Landesinstitut für Schulentwicklung in Stuttgart (künftig LS) wurden im Herbst 2012 Handreichungen veröffentlicht, in denen Empfehlungen zur Umsetzung von individualisiertem Unterricht mit Kompetenzrastern gegeben werden. An den neu eingerichteten Gemeinschaftsschulen wird schon nach diesem Modell unterrichtet. Im Kontext des Bildungsplans 2015 ist dies von besonderer Bedeutung, weil hieran zu sehen ist, wie kompetenzorientierter Unterricht unter dem Primat des gemeinsamen Lernens durch einen curricularen Rahmen gesteuert wird.

Bei der Lektüre der Handreichungen des LS fällt grundsätzlich auf, dass sich das Konzept des individualisierten Unterrichts sehr eng an dem Praxismaterial des Instituts Beatenberg (www.institut-beatenberg.ch) orientiert. Das wird unter anderem daran deutlich, dass sich Literaturhinweise zu Modellen individualisierten Lernens mit Kompetenzrastern fast ausschließlich auf Veröffentlichungen von Andreas Müller, den Leiter des Instituts Beatenberg, beziehen (Müller 2006, 2007; Müller 2009, 2010). Für die Antragstellung einer Gemeinschaftsschule wird vom Ministerium für Kultus, Jugend und Sport ein Schulprofil vorausgesetzt, das sich an individualisiertem Lernen mit Kompetenzrastern orientiert (Ministerium für Kultus, Jugend und Sport Baden-Württemberg 2013). Die Stabsstelle für Gemeinschaftsschulen, Schulmodelle und Inklusion (GSI) des Ministeriums verwendet in den Informationen über Gemeinschaftsschulen Originalmaterial des Instituts Beatenberg (Ministerium für Kultus, Jugend und Sport Baden-Württemberg 2012, S. 10). Es wird eine Dominanz des Materials aus Beatenberg deutlich, die sich damit begründen lässt, dass es sich um ein fächerübergreifendes Unterrichtskonzept handelt, das sich in der Praxis bewährt hat.

Kompetenzraster bilden in dem Modell des LS das zentrale Element für den individualisierten Unterricht und werden als „Kompass in der Lernlandschaft“ verstanden (Hartmann-Kurz; von Scholz; Stege 2012, S. 9). Im Aufbau orientieren sich die Raster an den Deskriptoren des Gemeinsamen Europäischen Referenzrahmens für Sprachen (GER) und übernehmen den Aufbau der Kompetenzbereiche, Kompetenzstufen und Kompetenzfelder bis hin zur Gestaltung der Niveaustufen von A1-C2 (Hartmann-Kurz; von Scholz; Stege 2012, S. 12).

Die in der Handreichung aufgezeigte Unterrichtskonzeption beruht auf Lernlandschaften, in denen Kompetenzraster, Lernerfolgslisten, Lernjobs und Wochenplaner wichtige Elemente darstellen (vgl. Abb.1). Kompetenzraster haben in individualisierten Lernlandschaften unterschiedliche Funktionen. Sie dienen zunächst als Diagnoseinstrument, um den Lernstand als Ausgangsbasis zu erheben, und stellen während des Lernwegs Lernfortschritte für jede Teilkompetenz fest. Darüber hinaus bestimmen Kompetenzraster auch die Inhalte der Lernjobs (Hartmann-Kurz; von Scholz; Stege 2012, S. 17), da sie meist einzelne Standards als Lerninhalt in den Vordergrund stellen.

Das Konzept des individualisierten Lernens mit Kompetenzrastern ermöglicht es, selbstgesteuertes Lernen so umzusetzen, dass eine gezielte und differenzierte Förderung der einzelnen Schülerin oder des einzelnen Schülers im Unterricht ermöglicht wird. Es erfordert einen gewissen Aufwand die Lernumgebungen daran anzupassen, aber es ist aufgrund seiner klaren Struktur und gleichzeitiger Flexibilität gut in Praxiskontexten zu implementieren. Diese Vorzüge scheinen das Modell aus Beatenberg bisher als Alleinstellungsmerkmal auszuzeichnen, weshalb es große Verbreitung in der Schulpraxis gefunden hat. Für den Englischunterricht wirft der Ansatz, wie er vom Institut Beatenberg und dem LS dargestellt wird, einige Fragen auf. Hier sollen der Kompetenzbegriff, die Kompetenzinhalte, und die Aufgabenformate einer genaueren fremdsprachendidaktischen Betrachtung unterzogen werden.

Der Kompetenzbegriff und Fremdsprachenlernen

Zunächst wollen wir den Kompetenzbegriff, der dem individualisierten Lernen mit Kompetenzrastern zugrunde liegt, untersuchen. Die allgemeine Handreichung des LS bezieht sich im Wesentlichen auf die Kompetenzdefinition der Bildungsstandards nach Weinert (Hartmann-Kurz; von Scholz; Stege 2012, S. 6). Der Teilband zu den gymnasialen Standards im Fach Englisch (bisher nur Klassenstufen 5/6) bezieht sich darüber hinaus auch auf das Kompetenzkonzept der Performanz nach Chomsky (Hoffmann; Hartmann-Kurz 2012, S. 20). Die Autorinnen beziehen Performanz auf den Umstand, dass ein Schüler oder eine Schülerin bei Kompetenztests situationsabhängig unterschiedliche Ergebnisse erzielen kann und, dass das Testverfahren nicht absolut zuverlässig ist. Diese Feststellung ist richtig, aber gibt das Konzept der Performanz nur verkürzt wieder. Nach Chomsky beinhaltet Kompetenz eine komplexe Tiefenstruktur, die durch die Oberflächenstruktur der Performanz nur unzureichend repräsentiert wird (Chomsky; Lang 1973). Demnach kann man von dem Handeln einer Person zwar auf einen Teil der Handlungskompetenz schließen, die Tiefenstruktur, und damit ganze Teilbereiche der Kompetenz, entziehen sich letztlich der Messbarkeit (Gillen 2006, S. 129). Das führt zu der grundsätzlichen Frage, in welchem Zusammenhang kompetentes Handeln und Kompetenzmessung im kompetenzförderlichen Englischunterricht stehen müssen. Im individualisierten Unterricht geben Kompetenzraster das Handeln der Schülerinnen und Schüler vor. Die Performanz, also die Oberflächenstruktur kompetenten Handelns, bestimmt bei dieser Vorgehensweise den Inhalt einer Lernaufgabe. Dieser

Rückschluss von Standardformulierungen auf Lerninhalte birgt die Gefahr, dass die komplexe Tiefenstruktur fremdsprachlicher Kompetenzentwicklung, und damit ganze Kompetenzbereiche, systematisch unberücksichtigt bleibt und sich einer gezielten Förderung entzieht.
Die Orientierung der Kompetenzentwicklung an messbaren Standards zeigt sich an der Unterteilung in Kompetenzbereiche, Teilkompetenzen und Niveaustufen die das Institut Beatenberg und das LS direkt vom Gemeinsamen Europäischen Referenzrahmen für Sprachen (künftig GER) übernommen haben. Hier wird mit dem GER ein Kompetenzbegriff begründet, der so dort nicht vorkommt. Die Standard-Deskriptoren sind als Beispiele gedacht, und haben weder einen normativen Anspruch, noch bilden sie die Komplexität fremdsprachlicher Kompetenzen umfassend ab (Vogt 2004). Allerdings wird dies in der Praxis oft anders gehandhabt und die Standards des GER werden meist unverändert übernommen, wie auch in der Handreichung des LS geschehen (Hoffmann; Hartmann-Kurz 2012, S. 23). Es ist bezeichnend, dass im GER vor der normativen Orientierung der Lernprozesse an isolierten Teilkompetenzen ausdrücklich gewarnt wird:

> The taxonomic nature of the Framework inevitably means trying to handle the great complexity of human language by breaking language competence down into separate components. This confronts us with psychological and pedagogical problems of some depth. Communication calls upon the whole human being. The competences separated and classified below interact in complex ways in the development of each unique human personality. As a social agent, each individual forms relationships with a widening cluster of overlapping social groups, which together define identity. In an intercultural approach, it is a central objective of language education to promote the favourable development of the learner's whole personality and sense of identity in response to the enriching experience of otherness in language and culture. It must be left to teachers and the learners themselves to reintegrate the many parts into a healthily developing whole. (Council of Europe 2010, S. 1).

Der GER macht deutlich, dass erst das Zusammenspiel der einzelnen Teilkompetenzen die komplexe Tiefenstruktur sprachlicher Kompetenzentwicklung ausmacht. Die Orientierung an einem Kompetenzbegriff, der Teilkompetenzen isoliert entwickelt, ist aus der Sicht des GER nicht gegenstandsangemessen.

Reduktion zentraler fremdsprachlicher Kompetenzbereiche

In den Leitgedanken des Bildungsplans Realschule Baden-Württemberg (2004) zum Kompetenzerwerb werden für jedes Fach übergeordnete Zielsetzungen des Kompetenzerwerbs genannt. Für das Fach Englisch werden die Sprachverwendung als *lingua franca*, die Erziehung zu weltoffenen und in-

terkulturell kompetenten Bürgerinnen und Bürgern, kommunikative Kompetenz, Medienkompetenz, und die Fähigkeit zu selbständigem intentions-, situations- und adressatengerechtem Handeln in der Fremdsprache als übergeordnete Handlungskompetenzen genannt (Ministerium für Kultus, Jugend und Sport Baden-Württemberg 2004, S. 72). Diese übergeordneten Handlungskompetenzen lassen sich unter dem Konzept der interkulturellen, kommunikativen Kompetenz zusammenfassen. Die Leitgedanken zum Bildungsplan im Fach Englisch stehen im Einklang mit dem GER, der interkulturelle kommunikative Kompetenz ebenfalls als übergeordnetes Ziel des Sprachenlernens in Europa beinhaltet (Council of Europe 2010, S. 4). In der Fachdidaktik hat sich dieses Leitkonzept für einen kompetenzorientierten Fremdsprachenunterricht in Europa inzwischen etabliert (Corbett 2003; Bredella 2007; Hu 2009; Byram 1997).
Wenn man den Versuch unternimmt, die Kompetenzbereiche der Kompetenzraster mit dem Bildungsplan 2004 zu vergleichen, so stellt man schnell fest, dass ganze Kompetenzbereiche in den Kompetenzrastern nicht zur Verfügung stehen. Die Kompetenzraster des Instituts Beatenberg verzichten etwa komplett auf Standards interkultureller kommunikativer Kompetenz (Institut Beatenberg 2012). Auch die Handreichung des LS für die Klassen 5-6 sieht dafür keine Standards vor und begründet das mit Platzmangel und Überforderung der Schülerinnen und Schüler (Hoffmann; Hartmann-Kurz 2012, S. 25). Die Begründung für das Weglassen gerade dieser komplexeren, aber doch übergeordneten Handlungskompetenzen, erscheint nicht schlüssig. Es werden zentrale Kompetenzkonzepte, die als Leitziel kompetenzorientierten Unterrichts curricular vorgegeben und fachdidaktisch etabliert sind, beiläufig als nebensächlich abgetan. Es kann vermutet werden, dass die Orientierung an den Deskriptoren des GER die Ursache dieser Reduktion ist. Die Standards für interkulturelle Kompetenzen etwa werden im GER begründet (Council of Europe 2010, S. 103), aber dort noch nicht in Deskriptoren aufgeführt. Eine von der Europäischen Kommission beauftragte Arbeitsgruppe hat sich aber gesondert mit Standardmodellen für interkulturelle Kompetenz befasst und dazu ergänzende Materialien zum GER veröffentlicht (Lenz; Berthele 2010; Byram u.a. 2009; Beacco u.a. 2010). Diese finden aber nur selten Beachtung, da in der Praxis oftmals schon bestehende Raster übernommen werden, wie hier in dem Fall die Kompetenzraster des Instituts Beatenberg.

Lernjob ist nicht gleich kompetenzförderliche Lernaufgabe

Das Fehlen komplexer Handlungskompetenzen in den vorherrschenden Unterrichtsmaterialien weist auf ein weiteres, grundsätzlicheres Problem hin. Die Orientierung der Lernaufgaben an einzelnen Bildungsstandards bedeutet eine Reduktion komplexer Kompetenzen auf einzelne Teilkompetenzen. Un-

ter allgemeindidaktischen unterrichtsökonomischen Gesichtspunkten kann diese Vorgehensweise gewünscht sein. Aus Sicht der Fremdsprachendidaktik und Fremdsprachenforschung muss diese Konzeption der Lernaufgaben kritisch betrachtet werden.
Der Frage, welche Kriterien eine gute Lernaufgabe im Fremdsprachenunterricht zu erfüllen hat, wurde in der internationalen Fremdsprachenforschung unter dem Begriff *task-based language learning* schon einige Aufmerksamkeit gewidmet. Dabei wurden Perspektiven des Spracherwerbs (Ellis 2008; Eckerth 2008) und der Fachdidaktik (D. Willis; J. Willis 2007; Nunan 2004) ausführlich erörtert und empirisch durch Unterrichtsforschung untersucht (Van den Branden 2006; Samuda; Bygate 2009). Im deutschsprachigen Kontext wurden in den letzten Jahren Ergebnisse der internationalen Lernaufgabenforschung des Fremdsprachenunterrichts an unsere schulischen Kontexte angepasst und entsprechende Modelle für die Unterrichtspraxis entwickelt (Müller-Hartmann; Schocker- von Ditfurth 2011; Legutke; Müller-Hartmann; Schocker- von Ditfurth 2009). Hallet hat einen Entwurf für kompetenzorientierten Englischunterricht vorgelegt, der sowohl curriculare Aspekte der Standardorientierung als auch grundlegende Erkenntnisse der fremdsprachlichen Lernaufgabenforschung berücksichtigt (Hallet; Krämer 2012; Hallet 2011). Mit dem Konzept der „komplexen Kompetenzaufgabe" beschreibt Hallet, wie sich fremdsprachliche Kompetenz in allen Teilkompetenzen am besten in konkreten, auf die Lebenswelt bezogenen Diskursen entwickeln lässt. Er legt Prinzipien zugrunde, die auf der Annahme beruhen, dass

> „auch ein ganzheitlicher, lernfördernder Englischunterricht die in den Bildungsstandards geforderten Kompetenzen implizit und allemal erreicht, ohne in einen *teaching-to-the-test*-Modus zu verfallen, dass er aber darüber hinaus weitaus komplexere Kompetenzen zu entwickeln vermag, die deutlich über die test- und messbaren hinausgehen." (Hallet 2011, S. 96).

Hallet (2011) nennt neun Kompetenzfördernde Prinzipien für den Englischunterricht:

> die Themen- und Inhaltsorientierung, die Handlungsorientierung, Text,- und Medienvielfalt, generisches Lernen, die besondere Bedeutung literarischer Texte, individuelles Problemlösen, soziale Interaktion und Aushandlung, classroom discourse und Veröffentlichung, Aufgabenorientierung.

Hallet und Krämer zeigen an konkreten Beispielen wie sich Lernaufgaben nach diesen Prinzipien entwickeln lassen (Hallet; Krämer 2012). In ähnlicher Weise haben Schocker und Müller-Hartmann ein Konzept für den kompetenzorientierten Fremdsprachenunterricht entwickelt, das sich an grundlegenden Erkenntnissen der Lernaufgabenforschung orientiert (Müller-Hartmann; Schocker-von Ditfurth 2011). In Zusammenarbeit mit dem IQB und erfahrenen Lehrkräften wurden für die Bildungsstandards in Klassenzimmern erprobte Lernaufgaben entwickelt, die im Laufe des Jahres 2013 veröffentlicht werden (Müller-Hartmann; Schocker 2013).

Aus den aufgabenorientierten Modellen der Fachdidaktik wird deutlich, dass sich Lernaufgaben an bedeutungsvollen und für die Schülerinnen und Schüler kulturell relevanten Inhalten orientieren, die Lerner dazu motivieren, sich in der Fremdsprache mitzuteilen. Gute Lernaufgaben weisen außerdem ein Mindestmaß an Komplexität auf und bieten den Lernern Gestaltungsfreiräume für kooperative Lösungswege. Die einzelnen Sprachfertigkeiten entwickeln sich in der Regel in einem gegenseitigen Wechselspiel der Bedeutungsaushandlung als *integrated skills* (Stork 2010; Oxford 2001). Das Aufgabenformat der Lernjobs unterscheidet sich in den meisten genannten Punkten deutlich von dem Konzept der kompetenzförderlichen Lernaufgabe. Lernjobs orientieren sich in erster Linie inhaltlich an sprachlichen Teilfertigkeiten, die geübt werden sollen. Inhalte sind hier zweitrangig und dienen als Mittel zum Zweck. Die in der Handreichung des LS aufgeführten Beispielaufgaben machen das deutlich. Der Lernjob zur Kompetenz „Lesen", Teilkompetenz „*Scanning*: Ich kann einem Text konkrete Informationen entnehmen", trägt den Titel der Kompetenz und wird mit Hinweisen zum Kompetenzinhalt eingeleitet (Hoffmann; Hartmann-Kurz 2012, S. 10). Der Lernjob besteht dann darin, mithilfe zur Verfügung gestellter sprachlicher Mittel, englische SMS-Botschaften zu verstehen. Der Kontext wird weder durch eine Pre-Task eingeführt noch knüpft die Aufgabe an andere bedeutungsvolle Zusammenhänge an. Dieses Beispiel ist kein Einzelfall. Die grundsätzliche inhaltliche Orientierung der Lernjobs an isolierten Standards ist charakteristisch und im System begründet. Solche isolierte Übungen einzelner Teilfertigkeiten, ohne Einbettung in einen sinnvollen inhaltlichen Kontext, sind unter spracherwerbstheoretischen Gesichtspunkten aber nicht kompetenzförderlich (Siepmann 2012, S. 37).

Fazit und Ausblick

Individualisiertes Lernen mit Kompetenzrastern zeichnet sich als ein Modell ab, das an Sekundarschulen in Baden-Württemberg im Kontext des Bildungsplans 2015 zunehmend umgesetzt wird. Gefördert durch curriculare Handreichungen und Schulungen, soll damit gemeinsames Lernen unter heterogenen Voraussetzungen ermöglicht werden. Die Konzepte „gemeinsames Lernen" und „individualisiertes Lernen" sind nicht nur in ihrer Begrifflichkeit widersprüchlich. Sie weisen auch auf eine Grundproblematik dieses allgemeindidaktischen Konzepts hin. Die Vorstellung, komplexe Handlungskompetenzen ließen sich individuell entwickeln, indem eine Schülerin oder ein Schüler die Performanz ihrer einzelnen Komponenten und Teilkompo-

nenten übt, hört sich zunächst verlockend an. Man benötigt dann nur Übungsaufgaben, die sich exakt an einzelnen Teilkompetenzen orientieren, und der gesamte Bildungsplan kann durch individuelle Lernwege selbstgesteuert und im eigenen Lerntempo abgedeckt werden. In dem Beitrag wurde deutlich, dass diese Reduktion komplexer Kompetenzprozesse weder möglich noch wünschenswert ist. Wir haben gesehen, dass die übergeordneten Zielkompetenzen des interkulturellen Lernens und der Diskursfähigkeit in der Fremdsprache in weiten Teilen in den Kompetenzrastern und damit in den Lernwegen der Schülerinnen und Schüler keine Berücksichtigung finden. Diese Kompetenzfelder lassen sich eben nicht ohne weiteres in messbare Standards zerlegen und dann in isolierten, geschlossenen Aufgaben üben. Dennoch sind sie zentraler Bestandteil fremdsprachlicher Bildung.
Weiterhin wurde gezeigt, dass aus Sicht der Fremdsprachenforschung das isolierte Üben von Teilfertigkeiten nicht automatisch deren kompetente Beherrschung bewirkt. Kompetenzförderliche Lernaufgaben in der Fremdsprache setzen vielmehr das gemeinsame Aushandeln, Fragen stellen und Interagieren über bedeutungsvolle Inhalte voraus, um sich Bedeutung zu erschließen. Lernaufgaben im individualisierten Fremdsprachenunterricht mit Kompetenzrastern sollten sich nicht an isolierten Output-Standards orientieren. Es gibt andere inhaltliche und strukturelle Orientierungsmöglichkeiten für Lernaufgaben, die weit besser in der Lage sind auch komplexe Handlungskompetenzen zu fördern, wie beispielsweise die Modelle von Hallet (2011) und Schocker & Müller-Hartmann (2011) zeigen. Hier gilt es, die vorhandenen Handreichungen und Materialien weiterzuentwickeln und dem Erkenntnisstand der Fremdsprachenforschung anzupassen. Der Ansatz des individualisierten Lernens darf dabei nicht dazu verleiten, die Spannung zwischen der individuellen Förderung einerseits, und des gemeinsamen Diskurses andererseits, einseitig aufzulösen.

Literatur

Beacco, Jean-Claude u.a. (2010). Guide for the development and implementation of curricula for plurilingual and intercultural education Council of Europe, Language Policy Division (Hrsg.).

Boller, Sebastian (2007). Heterogenität in Schule und Unterricht : Handlungsansätze zum pädagogischen Umgang mit Vielfalt. Weinheim: Beltz.

Van den Branden, Kris (2006). Task-based language education : from theory to practice. Cambridge [u.a.]: Cambridge Univ. Press.

Bredella, Lothar (2007). Fremdverstehen und interkulturelle Kompetenz. Tübingen: Narr.

Byram, Michael u.a. (2009). Autobiography of Intercultural Encounters. Council of Europe (Hrsg.).

Byram, Michael (1997). Teaching and assessing intercultural communicative competence. Multilingual Matters.

Chomsky, Noam; Lang, Ewald (1973). Aspekte der Syntax-Theorie. Suhrkamp.

Corbett, John (2003). An intercultural approach to English language teaching. Clevedon [u.a.]: Multilingual Matters.

Council of Europe (2010). Common European framework of reference for languages : learning, teaching, assessment Cambridge University Press.

Eckerth, Johannes (2008). Task-based language learning and teaching : theoretical, methodological, and pedagogical perspectives. Frankfurt am Main: Lang.

Ellis, Rod (2008). Task-based language learning and teaching. Oxford [u.a.]: Oxford Univ. Pr.

Gillen, Julia (2006). Kompetenzanalysen als berufliche Entwicklungschance. Ein Konzeption zur Förderung beruflicher Handlungskompetenz. Bielefeld: Bertelsmann.

Hallet, Wolfgang (2011). Lernen fördern: Englisch. Kompetenzorientierter Unterricht in der Sekundarstufe I. Seelze: Kallmeyer in Verbindung mit Klett Friedrich Verlag.

Hallet, Wolfgang; Krämer, Ulrich (Hrsg.). (2012). Kompetenzaufgaben im Englischunterricht. Grundlagen und Unterrichtsbeispiele. Seelze: Kallmeyer in Verbindung mit Klett Friedrich Verlag.

Hartmann-Kurz, Claudia; von Scholz, Andreas; Stege, Thorsten (2012). Mit Kompetenzrastern dem Lernen auf der Spur. Landesinstitut für Schulentwicklung Stuttgart (Hrsg.). Stuttgart.

Hoffmann, Sybille; Hartmann-Kurz, Claudia (2012). Kompetenzraster als Instrument zur individuellen Förderung mit gymnasialen Standards, Teilband Englisch. Landesinstitut für Schulentwicklung, Stuttgart (Hrsg.).

Hu, Adelheid (2009). Interkulturelle Kompetenz und fremdsprachliches Lernen: Modelle, Empirie, Evaluation. Tübingen: Narr.

Institut Beatenberg (2012). Alle Kompetenzraster. Online im Internet: http://www.institut-beatenberg.ch/images/pdf/kompetenzraster/kompetenzraster.pdf (Zugriff am: 25.02.2013).

Köker, Anne (2010). Herausforderung Heterogenität: Ansätze und Weichenstellungen. Bad Heilbrunn: Klinkhardt.

Legutke, Michael; Müller-Hartmann, Andreas; Schocker- von Ditfurth, Marita (2009). Teaching English in the primary school. 2. Aufl. Stuttgart: Klett.

Lehberger, Reiner (2008). Schüler fallen auf: heterogene Lerngruppen in Schule und Unterricht. Bad Heilbrunn: Klinkhardt.

Lenz, Peter; Berthele, Raphael (2010). Assessment in plurilingual and intercultural education Council of Europe Language Policy Division (Hrsg.).

Ministerium für Kultus, Jugend und Sport Baden-Württemberg (2013). Gemeinschaftsschule in Baden-Württemberg. Handreichung zur Beantragung einer Gemeinschaftsschule. .

Ministerium für Kultus, Jugend und Sport Baden-Württemberg (2012). Gemeinschaftsschule-Schule für die Zukunft. Vielfalt macht schlauer. Online im Internet: https://anmelden.km-bw.de/servlet/PB/show/1389253/GMS_Prsentation_2013-01-27_Internet.pdf (Zugriff am: 24.02.2013).

Ministerium für Kultus, Jugend und Sport Baden-Württemberg (Hrsg.). (2004). Bildungsplan 2004 – Realschule.

Müller, Andreas (2006). Eigentlich wäre Lernen geil : wie Schule (auch) sein kann: Alles ausser gewöhnlich. 1. Aufl. Bern: h.e.p.-Verl.

Müller, Andreas (2007). Erfolg! Was sonst? : Generierendes Lernen macht anschlussfähig; oder: Bausteine für Lerncoaching und eine neue Lernkultur. 2. Aufl. Bern: hep-Verl.

Müller, Andreas (2009). Der Mensch ist lernfähig aber unbelehrbar. LernCoaching und eine neue Lernkultur. Online im Internet: http://www.schulaemter-bw.de/servlet/PB/show/-1259962/ssa-ds_tagung_vortrag_ (Zugriff am: 06.02.2013).

Müller, Andreas (2010). Kompetenzraster - eine neue Form der Leistungsbewertung. Online im Internet: http://www.toolbox-bildung.de/fileadmin/user_upload/Bausteine_Schule/ - Beatenberg/Baustein_Kompetenzraster_Beatenberg.pdf (Zugriff am: 02.06.2013).

Müller-Hartmann, Andreas; Schocker, Marita (2013). Praxiserprobte Lernaufgaben für die Sekundarstufe I. Braunschweig: Diesterweg.

Müller-Hartmann, Andreas; Schocker-von Ditfurth, Marita (2011). Task-Supported language learning. Paderborn: Schöningh.

Nunan, David (2004). Task-based language teaching. 1. publ. 2004 4th printing 2009. Cambridge: Cambridge Univ. Pr.

Oxford, Rebecca (2001). Integrated Skills in the ESL/EFL Classroom. In: ESL Magazine, 4 (2001), 1, S. 18-20.

Samuda, Virginia; Bygate, Martin (2009). Tasks in second language learning. 1. publ., [repr.]. Houndmills [u.a.]: Palgrave Macmillan.

Siepmann, Dirk (2012). In: Hallet, Wolfgang; Krämer, Ulrich (Hrsg.). Kompetenzaufgaben im Englischunterricht. Grundlagen und Unterrichtsbeispiele. Seelze: Kallmeyer in Verbindung mit Klett Friedrich Verlag, S. 30-44.

Stork, Antje (2010). Integrated skills. In: Hallet, Wolfgang (Hrsg.). Handbuch Fremdsprachendidaktik. 1. Aufl. Seelze-Velber: Klett, Kallmeyer, S. 100-103.

Vogt, Karin (2004). Der Gemeinsame Europäische Referenzrahmen für Sprachen: Inhalte, Ziele, Diskussion. In: Der Fremdsprachliche Unterricht. Englisch, 38 (2004), 69, S. 48-51.

Willis, Dave; Willis, Jane (2007). Doing task-based teaching. 1. publ. Oxford [u.a.]: Oxford University Press.

Nicola Brauch

Lernaufgaben im kompetenzorientierten Geschichtsunterricht

Überlegungen zur geschichtsdidaktischen Füllung eines allgemeindidaktischen Aufgabenmodells

Einleitung - Lernaufgaben im Geschichtsunterricht

Lernaufgaben sind erst in jüngster Zeit zum Gegenstand geschichtsdidaktischer Überlegungen geworden (Gautschi 2009). Es lässt sich darin auch eine Auswirkung der Debatte um die Kompetenzorientierung im Geschichtsunterricht sehen, die auf empirisch feststellbaren Lernergebnissen des Unterrichts fokussiert. Dass Schüler im Geschichtsunterricht etwas lernen, wurde lange Zeit nicht in Frage gestellt. Das änderte sich, als die Ergebnisse empirischer Vergleichsstudien die geringe Nachhaltigkeit und vor allem die nahezu nicht vorhandene Fähigkeit von Schülerinnen und Schülern zu Tage brachten, eigenständige historische Erzählungen zu unterrichtlich vermittelten Inhalten zu entwickeln. Die Erforschung der Ursachen für das darin manifestierte Ausbleiben nachhaltigen faktualen, prozeduralen und epistemischen Wissens im Anschluss an Geschichtsunterricht führt zu der Frage, welche Möglichkeiten die Lehrperson den Heranwachsenden bereit stellt, um solches Wissen zu generieren. Damit ist die Frage nach der Konzeptionslogik der Lernaufgaben im Fach Geschichte gestellt. Wenn Kompetenzorientierung im Geschichtsunterricht bedeutet, dass Schülerinnen und Schüler historisches Denken lernen und dabei Wissen aggregieren, dann ist damit der domänenspezifische Fixpunkt für die Logik von Lernaufgaben in Geschichte benannt. Die Frage lautet dann, wie sich Lernprozesse initiieren lassen, die faktuales, prozedurales und epistemisches Wissen gleichermaßen in den Blick nehmen. Der Ausgangspunkt solcher Lernprozesse, so wird im folgenden Beitrag argumentiert, sollten domänenspezifische Problemstellungen mit gesellschaftlicher und anthropologischer Relevanz sein. In authentischen fachlichen Problemen spiegeln sich - einem Brühwürfel gleich – epistemische Prinzipien ebenso wie faktuale und interpretative Kontexte eines Faches, die zur Problemlösung vonnöten sind. Diesen Ausgangspunkt wählen auch Sigrid Blömeke und Kollegen (2006 sowie Tulodziecki, Herzig & Blömeke 2009) für die Entwick-

lung eines allgemeindidaktischen Aufgabenmodells, das im Folgenden auf seine domänenspezifischen Anschlüsse für den Geschichtsunterricht untersucht werden wird. Dieses Modell eignet sich, neben dem gemeinsamen Ausgangspunkt bei einer fachlichen Problemstellung, deshalb zur fachdidaktischen Operationalisierung, weil es konkrete didaktische Gütekriterien für lernprozessanregende Aufgaben benennt.
In diesem Beitrag argumentiere ich, dass vor allem folgende drei Gütekriterien des allgemeindidaktischen Modells domänenspezifischer didaktischer Entscheidungen bedürfen: Erstens die gesellschaftliche Relevanz des auszuwählenden Bildungsinhalts, zweitens der Neuigkeitswert des Lerngegenstandes und drittens das Potential der Lernaufgabe zum Erwerb von Problemlösungs-Fähigkeiten. Alle drei Kriterien beziehen sich auf das Ziel der kognitiven Aktivierung von Lernenden an der Sollbruchstelle zwischen historischen Konzepten des Alltages und den Konzepten der Geschichtswissenschaft. Im Folgenden skizziere ich kurz das Kompetenzmodell historischen Denkens, auf das ich mich für die Entwicklung einer Konzeptionslogik von Lernaufgaben beziehe, und operationalisiere im Anschluss die drei allgemeindidaktischen Gütekriterien am Beispiel des curricularen Gegenstandes „Nationalsozialismus und Zweiter Weltkrieg".

Kompetenzorientierung als Ausgangspunkt von Lernaufgaben

Seit 2003 entwickelte ein Team von Geschichtsdidaktikern aus dem deutschen Sprachraum ein „Kompetenzstrukturmodell historischen Denkens" (Körber et al. 2007), das historisches Lernen in Schulen als Beitrag zur Erziehung Heranwachsender zu mündigen Bürgern argumentiert. Das Modell setzt beim Geschichtsbewusstsein des Individuums an und zielt auf eine Veränderung des Handelns durch die Re-Organisation von Geschichtsbewusstsein. Die Auswahl der exemplarischen Lerngegenstände, so die Logik des Modells, erfolgt an ebendieser Schnittstelle, an der die Vorprägung von Geschichtsbewusstsein auf gesellschaftlich und anthropologisch relevante Grundfragen trifft. Ein Beispiel: Das historische Phänomen des Rittertums gehört zu den stabilen Vorprägungen von Geschichtsbewusstsein im Kindes- und Jugendalter. Jugendliche sind in der Lage, alltagsförmige historische Fragen dazu zu entwickeln und ihre Vorstellungen explizit zu machen. Daraus ergibt sich der Ansatzpunkt für die geschichtswissenschaftliche Frage nach der Entwicklung des Rittertums im Verlauf des Mittelalters und seiner Funktion im Wandel der mittelalterlichen Gesellschaftsordnung. Die fachlichen Konzepte, die zur Analyse des Problems „Entwicklung des mittelalterlichen Rittertums" vonnöten sind, gehören in den Kontext der Entwicklung und unterschiedlichen Ausprägung der Feudalherrschaft. Deren Bedeutung wird in der aktuellen mediävistischen Forschung kontrovers diskutiert.

Die Re-Organisationsleistung besteht darin, die eigenen Ritterbilder auf Basis der fachlichen Konzepte zu hinterfragen und die eigene Erzählung über Ritter zu korrigieren. Dieses Ziel nennt das Kompetenzstrukturmodell „**F**örderung **u**nd **E**ntwicklung **r**eflektierten und selbst-reflexiven Geschichtsbewusstseins". Das Modell beinhaltet vier Kompetenzbereiche. Vereinfacht gesagt, geht es von der Fragekompetenz aus und gelangt über die Analyse der historischen Frage mit Hilfe der Methoden- und Sachkompetenz zu einer neuen Orientierung über das eigene historische Denken. Damit ist der erkenntnistheoretische Prozess durch dekliniert. Der Prozess von der Frage, über die Analyse, zur Synthese und schließlich der Re-Organisation von Geschichtsbewusstsein, bilden das Rückgrat von Lernaufgaben im Geschichtsunterricht. Deren Konzeption unterliegt entsprechend dem Kriterium, dass Schülerinnen und Schüler der erkenntnistheoretische – epistemische – Prozess bewusst nachvollziehbar und für das eigene Involvieren eröffnet wird: Ein aus dem Alltag generiertes fachliches Problem wird aufgegriffen, curricular reformuliert und durch die Bereitstellung geeigneter Materialien und Interventionen für die Schüler erschließbar gemacht. Ziel ist die Bereitstellung mehrerer fachlich valider Lösungsansätze durch die Lehrkraft, die es den Schülern ermöglichen, die epistemischen Prinzipien der jeweiligen Disziplin zu erkennen und selbst anwenden zu können. In Geschichte bedeutet das, dass Schülerinnen und Schüler eigenständige Narrationen zu einer relevanten fachlichen Problemstellung erstellen, indem sie auf die zentralen historischen Konzepte Zeit, Raum, Akteure und Strukturen am historischen Einzelfall zurückgreifen und diesen vor dem größeren Zusammenhang des historischen Geschehens diskutieren und bewerten können. Dabei hängt alles davon ab, ob die Lernaufgabe geeignet ist, Schülerinnen und Schüler in diese Art des historischen Denkens kraft kognitiver Aktivierung zu involvieren. Wenn eine historische Problemstellung Lernenden als relevant vermittelbar ist (Kriterium 1), das zu analysierende Material vorgängiges Geschichtsbewusstsein mit Unbekanntem konfrontiert (Kriterium 2) und schließlich die eigenständige und diskursive Erarbeitung verschiedener Lösungswege durch das Material ermöglicht wird (Kriterium 3), dann erfüllt die Lernaufgabe zumindest die kognitiven Anforderungen, um zum Ausgangspunkt eines erfolgreichen Lernprozesses werden zu können. Im Zentrum fachdidaktischer Reflexion stehen damit die Auswahlprozesse hinsichtlich des Inhalts der Problemstellung, der Material-Zusammenstellung für die Analyse durch den Lernenden und der Impuls zum Abschluss des Lernprozesses, eine diskursive historische Narration auf Basis des bearbeiteten Materials zu erstellen.

Fachspezifische Validierung der Lernaufgabe

Das Modell der „Lernprozessanregenden Aufgaben" (LPA-Modell) nach Blömeke und Kollegen unterscheidet sieben Merkmale für die didaktische Überprüfung von Lernaufgaben: 1. Thematisierung gesellschaftlicher Grundfragen, 2. Neuigkeitswert, 3. Förderung von Problemlöse-Lernen, 4. Chance auf Bewältigung, 5. Möglichkeit der inneren Differenzierung, 6. Erfordernis kognitiver Leistungsbereitschaft und schließlich 7. Erfordernis sozialer Interaktion.

Ich argumentiere, dass die Aspekte eins bis drei: Thematisierung gesellschaftlicher Grundfragen, Neuigkeitswert und Problemlöse-Lernen, spezifisch fachdidaktische Entscheidungen an der Schnittstelle zur Fachwissenschaft erfordern (Tabelle 1). Im Unterschied dazu bedarf es für die Entscheidungen der Aspekte vier bis sieben der Überprüfung dieser fachdidaktischen Vorentscheidungen im Lichte der kognitionspsychologischen Lehr-Lernforschung.

Wenn es mittelfristig möglich sein soll, die Passung von Lernaufgaben und Kompetenzmessung empirisch zu testen, dann ist es von Interesse, welches allgemeindidaktische Gütekriterium welchen Kompetenzbereich historischen Denkens adressiert. Dabei fällt auf, dass sich die ersten beiden Gütekriterien auf unterschiedliche Kompetenzbereiche beziehen lassen. Die Relevanz des Inhalts (Kriterium 1) für den Lernenden als Mitglied der Gesellschaft fokussiert auf die Befähigung zur Bewältigung des Alltags (Hartig & Klieme 2008) und zielt damit auf die Orientierungskompetenz. Hier ist der Ansatzpunkt die Vorprägung des Geschichtsbewusstseins durch alltagsförmiges historisches Denken. Der Neuigkeitswert des Lerngegenstandes (Kriterium 2) verlangt im Unterschied dazu die geschichtswissenschaftliche Expertise für die Konzeption der Lernaufgabe. Das für das dritte Kriterium (Problemlösungs-Fähigkeit) notwendige Moment der kognitiven Verunsicherung, wird hier grundgelegt. Erst die Gewährleistung des Neuigkeitswertes ermöglicht den Konzeptwechsel zu fachlichem historischem Denken. Daher ist dieses Kriterium für eine valide Kompetenzmessung im Bereich der Frage-, Methoden- und Sachkompetenz zentral.

Aus diesen Überlegungen heraus wird deutlich, dass die beiden ersten Kriterien systematisch zusammengehören, denn sie zielen auf die fachdidaktische Entscheidung für den exemplarischen fachlichen Inhalt, der in der Lernaufgabe im Zentrum stehen soll. Ich subsumiere daher in diesem zweiten Abschnitt des Beitrages die Kriterien 1 (Relevanz) und 2 (Neuigkeitswert) unter dem Anspruch der fachspezifischen Validierung einer Lernaufgabe im Fach Geschichte. Das dritte Kriterium (Fördern von Problemlösungs-Fähigkeiten) unterscheidet sich davon, weil es die Perspektive des intendierten Lernerfolges beleuchtet. Dieser Punkt wird daher im abschließenden dritten Teil des Beitrags diskutiert.

Kriterium 1: Gesellschaftliche Relevanz und die Förderung historischer Orientierungskompetenz

„Was hat denn das mit uns zu tun?" ist ein weit verbreiteter Satz, wenn in der Öffentlichkeit über Geschichtsunterricht und die dort vermittelten Inhalte gesprochen wird. Inhalte und Lernformen des Geschichtsunterrichts verblassen angesichts anderer historischer Vermittlungsformen, die in der populären und teilweise auch politisch intendierten Geschichtskultur geboten werden. Vorstellungen, Wissen und Haltungen zu historischen Themen und Fragestellungen beziehen Heranwachsende nicht aus dem Geschichtsunterricht, sondern aus der Rezeption dieser anderen Formen historischer Erzählungen (von Borries 2009). Wenn Geschichtsunterricht Jugendliche dazu befähigen soll, mit historischen Erzählungen kritisch umzugehen und sich selbst ein begründetes historisches Urteil zu bilden, dann besteht die überwölbende Problemstellung jeden Geschichtsunterrichts darin, Schülerinnen und Schülern erstens das fachliche Handwerkszeug zur historischen Kritikfähigkeit und zweitens solides Wissen über die wissenschaftliche Rekonstruktion vergangener Zeiten an die Hand zu geben. Die Auswahl der exemplarischen Problemstellungen, an denen Lernende das spezifisch historische Denken lernen, ist aus Gründen der Motivation und der Nachhaltigkeit des Lernerfolgs zentral. Domänenspezifisch geht es hier um die historische Orientierungskompetenz, die Schülerinnen und Schüler dann ausprägen, wenn sie am Ende eines Problemlösungsprozesses zu neuen Perspektiven hinsichtlich ihrer Selbst- und Fremdwahrnehmung gelangen.

Diese Veränderung zeigt sich in der fachlichen Präzisierung historischer Werturteile. Historische Werturteile, im Sinne der akademischen Disziplin Geschichte, beziehen sich auf die Rekonstruktion historischer Wirklichkeit, welche die Geschichtswissenschaft im Spannungsfeld von Quellenlage und Interpretationsmöglichkeiten generiert. Ein Beispiel für ein historisches Werturteil ist etwa die Aussage „Hitler hatte schon vor 1933 einen Masterplan für die Ermordung der europäischen Juden in der Schublade, den er dann nach und nach umsetzte." Dieses Beispiel lässt sich als gesellschaftlich relevanter Bildungsinhalt argumentieren, weil die Frage nach den Bedingungsmöglichkeiten der Entstehung massenhafter Gewalt eine gesellschaftliche und anthropologische Grundfrage thematisiert. Sie ist damit als Ausgangspunkt für die Entwicklung einer Lernaufgabe im Geschichtsunterricht geeignet.

Zur Befähigung Heranwachsender für die reflektierte und selbst-reflexive Teilhabe an Diskursen dieser Art, ergeben sich für die Konzeption von Lernaufgaben spezifische Herausforderungen im Sinne des ersten Gütekriteriums (Tabelle 1).

Tab. 1: Gesellschaftliche Relevanz des historischen Bildungsinhalts der Lernaufgabe

Didaktisches Merkmal	Fachdidaktische Entscheidungen	Geschichtsdidaktische Entscheidung
Aspekt 1 Exemplarische Erschließung eines gesellschaftlich relevanten Bildungsinhalts	A. Thematisierung einer gesellschaftlichen Grundfrage	A. Gegenwarts-Analyse und Curriculare Synthese (Brauch 2010): Identifizierung gesellschaftlich-anthropologischer Grundfragen mit geschichtswissenschaftlichen Implikationen ⇨ Auf welche Ursachen und Handlungsmuster lassen sich historische Prozesse von Massengewalt, wie der Holocaust, zurückführen?
	B. Thematisierung einer gesellschaftlich relevanten Methode	B. Diskurs-Orte und ihre konventionellen Ausdrucksformen zur Verhandlung normativer Haltungen. ⇨ Geschichtskulturelle Methode der Zeitzeugenbefragung am Beispiel des Anne Frank Tagebuches

Das erste Güte-Kriterium erfordert die „exemplarische Erschließung eines gesellschaftlich relevanten Bildungsinhalts“. Damit ist die Frage nach der gesellschaftlichen Relevanz dessen gestellt, was im Geschichtsunterricht vermittelt wird.

A. Thematisierung einer gesellschaftlichen Grundfrage über die historischen Akteure

Fachdidaktisch stellt sich die permanente Aufgabe der Gegenwartsanalyse in Bezug auf diejenigen gesellschaftlichen Grundfragen, die für die Lernenden unmittelbar, aber auch mittelbar von Relevanz zur Bewältigung ihres Alltages als mündige Bürger sein und werden könnten. Die Identifikation von gesellschaftlichen Grundfragen mit historischen Implikationen fällt im Fach Geschichte nicht schwer. Die damit zusammenhängenden fachwissenschaftlichen Diskurse an der Schnittstelle zum Curriculum ausfindig zu machen, ist jedoch eine umso größere Herausforderung für Lehrkräfte, je weiter sie sich von den entsprechenden Diskursen der Geschichtswissenschaft im Laufe ihres Berufslebens entfernen. Für die empirisch forschende Geschichtsdidaktik ergibt sich daraus die Aufgabe, exemplarische Lernaufgaben zu konzipieren und in ihren Wirkungen gemeinsam mit den Lehrkräften im Feld zu überprüfen.

An dem curricular relevanten Thema „Nationalsozialismus und Zweiter Weltkrieg" lässt sich die Schnittstelle zur gesellschaftlichen Relevanz besonders deutlich aufweisen. Der Nationalsozialismus prägt die Programmgestaltung der Fernsehkanäle, ebenso wie die Titel anderer populärer historischer Erzählformate. Dabei besteht in der Holocaust-Forschung ein Einvernehmen darüber, dass die hier beobachtbare Engführung auf Hitler und die „großen Männer", ebenso wie die moralisch übereindeutige Konnotierung zu falschen historischen Bewertungen des Geschehens führen. Dieser Befund spiegelt sich analog in den Ergebnissen, die empirische Untersuchungen zu Wissen, Vorstellungen und Haltungen Jugendlicher zu Tage bringen (Zülsdorf-Kersting 2009). Die fachliche Schlussfolgerung, die sich daraus ableiten lässt, besteht in der horizontalen und vertikalen Erweiterung des Personenkreises, der am historischen Geschehen beteiligt war. Die Geschichtswissenschaft beschäftigt sich daher in den letzten Jahrzehnten mit „Akteursforschung". Im Folgenden argumentiere ich das Tagebuch der Anne Frank (Frank 1946, Frank & Pressler 2009) als historische Quelle, deren Entstehungsbedingungen und Inhalte eine solche Erweiterung des Personenkreises unterhalb der Führungsriege des NS Regimes in Deutschland eröffnet und zugleich zur Überprüfung generalisierender Narrative zur NS Zeit geeignet scheint.

B. Thematisierung einer gesellschaftlich relevanten Methode: Hinterfragung geschichtskultureller Diskurse

Unser Alltag ist durchdrungen von historischen Themen und Bewertungen. Damit verbunden sind im Wesentlichen zwei gesellschaftlich relevante Methoden: erstens die Annoncierung historischer „Themen" als Gegenstand von „Allgemeinbildung". Das Fernseh-Quiz, Sachbücher und Dokumentationen sind gängige Methoden, deren sich Gesellschaft bedient, wenn es um Geschichte im Sinne von Faktenwissen geht. Wann lebte Karl der Große, wie lange dauerte das „Dritte Reich", wie lebten die Ritter im Mittelalter – über Fragen wie diese macht sich schlau, wer sich an solchen Wissensforen beteiligen möchte. Im Unterschied zur Methode des Wissens-Tests funktionieren historische Bewertungen im öffentlichen, wie privaten Diskurs als Argumentationshilfen. Faktuales Wissen gelangt hier zur Anwendung für die prozedurale historische Begründung politischer Entscheidungen oder Bewertungen.

Nur der zweite Fall kann als Vorform historischen Denkens im Sinne der Geschichtswissenschaft bewertet werden. Aus diesem Grund beinhaltet die Thematisierung einer gesellschaftlich relevanten Methode im Geschichtsunterricht die Diskrepanz zwischen dem alltäglichen Konzept „historisches

Wissen“ (Wissens-Test) und dem domänenspezifischen epistemologischen Prinzip, nach dem erst dort historisches Wissen greifbar wird, wo ein zeitlich terminierter Prozess auf Basis von Quellen nach seinen Ursachen und Wirkungen untersucht wird (Van Drie & Van Boxtel 2009). Während für das Alltags-Konzept die Frage „Von wann bis wann dauerte der Zweite Weltkrieg?“ bereits eine historische Fragestellung darstellt, müsste diese Frage im Fach Geschichte so umformuliert werden, dass die Antwort darauf den Rekurs auf Zäsuren im Kriegsverlauf und deren Gründe erforderlich machte. Zentral ist die exemplarische Rückbindung an die historisch-empirische Rekonstruktion von Ereignissen und deren Zusammenhang mit Personen sowie deren Handlungsoptionen und Entscheidungen. Wenn am Beginn einer Lernaufgabe die Frage steht „Warum entschieden sich Churchill und Roosevelt im Januar 1943 dafür, zunächst Italien und dann erst Deutschland direkt anzugreifen?“, ermöglicht die Lehrkraft den Schülerinnen und Schülern den Einblick in die Offenheit des historischen Moments und die Multiperspektivität der Bewertung dieses Moments durch die Beteiligten. Geschichte verliert damit, die im Alltags-Konzept enthaltene Teleologie eines Geschehens, das im Nachhinein als immer schon „fertige“ Erzählung erscheint. Indem Schülerinnen und Schülern bewusst wird, dass Geschichte gleichsam „geronnene Gegenwart“ ist und die Menschen vergangener Zeiten ihr Handeln an mehr oder weniger plausiblen Zukunftsszenarien orientierten, erfahren sie sich selbst als historische Akteure.

Das Aufgreifen des Unterschieds zwischen der gesellschaftlichen Methode „Wissens-Test“ und der geschichtswissenschaftlichen Methode, historisches Wissen auf Basis von Quelle und Interpretation zu generieren, führt zur Erweiterung faktualen, prozeduralen und epistemischen Wissens. Dabei kann die gesellschaftliche Methode historischer Interpretation, wie sie in Dokumentationen und anderen objektivierenden Formaten durchgeführt wird, zur Unterrichtsmethode werden. Denn Schülerinnen und Schüler können das Ergebnis einer kritischen Überprüfung ihrerseits in populären Formaten, wie Expertenrunden oder Zeitungsbeiträgen, narrativieren.

Ziel der Lernaufgabe: Förderung historischer Orientierungskompetenz

Schülerinnen und Schüler werden über die Auswahl des empirisch-historischen Beispiels der Anne Frank mit Biographien konfrontiert, die sich nicht immer eindeutig moralisch zuordnen lassen. Perspektivenübernahme zielt im Geschichtsunterricht aber nicht auf die a-historische Scheinfrage „Wie hättest Du dich verhalten?“. Vielmehr geht es um die Sichtbarkeit der Akteure und deren Überlegungen angesichts ihrer Situation, also um die Offenheit des historischen Moments und der zu diesem Zeitpunkt sichtbaren Handlungsoptionen. Heranwachsende erhalten so über das Moment der Empathie die Möglichkeit zu erkennen, dass menschliches Handeln, genauso wie auch der Zufall, Geschichte schreiben kann und von Nachgeborenen unterschiedlich interpretiert wird. Das Relevanz-Kriterium bedarf der Empathie, weil sich nur so Relevanz für den Lernenden erschließen kann. Im Geschichtsunterricht dient dieses Moment als Initiation für die intrinsische Motivation historischer Fragestellungen. Empathie im Fach Geschichte lässt sich als Aktivator kognitiver Lernprozesse beschreiben, nicht aber als Ziel des Lernprozesses. Vielleicht liegt in dieser Trennung eine der schwierigsten Herausforderungen im Geschichtsunterricht, denn moralische Empathie führt sehr schnell zu normativen Werturteilen, die den Zugang zur Überprüfung historischer Evidenz und die Berücksichtigung von Multiperspektivität häufig eher verstellen als fördern.

Kriterium 2: Neuigkeitswert und die Förderung historischer Fragen, Methoden- und Sachkompetenz

Wenn das Thema „Nationalsozialismus und Zweiter Weltkrieg" am empirischen Beispiel der Anne Frank als gesellschaftlich und anthropologisch relevant argumentiert werden kann, so ist im zweiten Zuge die Frage zu stellen, inwieweit es die kognitive Hürde eines Abstandes zwischen Vorwissen und neu zu erwerbendem Wissen bereit stellt. Die alltägliche Präsenz von Anne Frank als erinnerungskulturelle Erzählung, ist entweder bereits im Geschichtsbewusstsein Lernender vorhanden oder lässt sich sehr niederschwellig herstellen. Der Neuigkeitswert besteht in diesem speziellen Falle darin, eine vorgeblich „bekannte" Erzählung in den Mittelpunkt des Lernprozesses zu stellen und in neue, unbekannte Kontexte zu stellen. Neben der Quellen-Interpretation, um die es hier geht, kann auch das Thema einer Problemstellung sogleich relevant und unbekannt sein, wie zum Beispiel viele Themen der außerdeutschen Geschichte. Schließlich sind verschiedene Bewertungen einer historischen Epoche geeignet, das Neuigkeits-Kriterium zu erfüllen.

Im Falle des Anne Frank Tagebuches liegt der Neuigkeitswert in den Ergebnissen, der erst seit kurzer Zeit neu perspektivierten Rekonstruktion der deutschen Besatzungszeit in den Niederlanden (Happe 2012). Im Anschluss an diese und andere Arbeiten zur Rekonstruktion der besetzten Länder Westeuropas entwickelte die Geschichtswissenschaft neue Methoden zu deren Bewertung, wie diejenige des Vergleichs der Überlebenschancen von Juden (Griffion & Zöller 2011). Schülerinnen und Schüler erweitern ihr Wissen in regionaler Hinsicht und gewinnen Einblick in die Grenzen des Konzepts der „Repräsentativität" historischer Akteure, die im Nachhinein zu Gruppen (z.B. Täter – Opfer) zusammengeführt werden. Tabelle 2 fasst die fachdidaktischen Entscheidungen für die neu zu erschließenden Lerninhalte in den Begrifflichkeiten des LPA Modells noch einmal zusammen.

Tab. 2: Geschichtswissenschaftlicher Neuigkeitswert der Lernaufgabe

Didaktisches Merkmal	**Fachdidaktische Entscheidungen**	**Geschichtsdidaktische Entscheidung**
Aspekt 2 Neuigkeitswert	A. Unbekannter bereichsspezifischer Inhalt	A. Unbekannter geschichtswissenschaftlicher Inhalt ⇨ Die Niederlande unter deutscher Besatzung und das Anne Frank Tagebuch als historische Quelle
	B. Unbekannte bereichsspezifische Methode	B. Unbekannte geschichtswissenschaftliche Methode ⇨ Transnationaler Vergleich: Viktimisierungszahlen, in den von Deutschland besetzten Gebieten West- und Osteuropas

Das Kriterium des Neuigkeitswertes ist geeignet, den Konzeptwechsel zwischen alltagsförmigem und wissenschaftlichem historischem Denken einzuleiten. Wenn das Thema der Problemstellung von den Schülerinnen und Schülern als relevant erkannt ist, dann lassen sich mit der Einführung der neuen Inhalte die alltagsförmigen historischen Fragen zu geschichtswissenschaftlichen Fragen transformieren. Im Bewusstwerden des Unterschiedes erschließt sich epistemisches Wissen um die Natur des Faches. Um den Fragestellungen fachlich auf den Grund zu gehen, bedarf es schließlich der Aneignung fachlicher Konzepte in Gestalt von Quellen, Interpretationen und Fachvokabular. Die Lernaufgabe adressiert eine historische Fragestellung als den historischen Lernprozess initiierendes Problem.

A. Unbekannter geschichtswissenschaftlicher Inhalt

„Unbekannte Inhalte“ bestehen im Fach Geschichte nicht notwendig darin, die nächste chronologische Epoche zu beginnen. Sie sind vielmehr darauf bezogen, welche exemplarischen Inhalte sich mit gesellschaftlich relevanten Diskursen verbinden lassen, und die bereichsspezifisch bereits bekannten Inhalte gleichermaßen zu verunsichern, zu verändern und zu erweitern. In der Diktion des FUER Modells handelt es sich bei diesem Ziel um die Einsichtnahme in den Konstruktcharakter von Geschichte. Im oben gewählten Beispiel besteht die Verunsicherung darin, dass die Niederlande unter deutscher Besatzung als Kontext der Biographie der Anne Frank thematisiert werden. Das Beispiel verdeutlicht einmal mehr, dass die Akteure in der deutschen Administration die verschiedenen niederländischen Strukturen, die niederländische Gesellschaft und Privatpersonen in ganz unterschiedlicher Weise auf diesen neuen Zustand im Mai 1940 reagierten und in unterschiedlicher

Weise Einfluss auf das Schicksal von Anne Frank nehmen konnten. Durch die Konfrontation mit den zeitgleich einsetzenden Gewaltexzessen im Osten und der Dynamik des Holocaust gewinnt das Geschehen globalen Charakter, in dem Anne Frank ein ganz spezifisches Schicksal erfährt, das sich von demjenigen anderer Verfolgter unterscheidet. Neu daran ist die Überschreitung des statischen Opfergedankens, für den die Anne Frank der Erinnerungskultur nicht selten zur Ikone erstarrt.

B. Unbekannte bereichsspezifische Methode

Das Aufbrechen der vorgeblich gleichförmigen Schicksale der ermordeten Juden Europas unter dem Opferbegriff, führt zur Methode des transnationalen Vergleichs. Dabei ist im Falle der Anne Frank und ihres Kontextes der besetzten Niederlande auffällig, dass die hier verfolgten Juden im Vergleich zu Frankreich viel geringere Überlebenschancen hatten. Die Holocaust-Forschung diskutiert, ob das an der Art der Administration gelegen haben könnte, ob die gesellschaftlichen Voraussetzungen andere waren oder ob sich diese Beobachtung letztlich auf überwiegend arbiträre personelle und strukturelle Bedingungen zurückführen lassen könnte (Griffioen & Zöller, 2011). Es handelt sich dabei um eine authentische historische Fragestellung, die sich im Vergleich der Viktimisierungszahlen in statistischer oder kartographischer Form auch Schülerinnen und Schülern sehr leicht erschließt. Authentisch bedeutet auch, dass die Forschung dazu keine einheitliche Bewertung äußert und die Lernenden sich in exemplarischer Weise in diesen Diskurs mit hineinnehmen lassen können.

Ziel der Lernaufgabe: Förderung historischer Frage-, Methoden- und Sachkompetenz

In der Auswahl historischer Erzählungen aus Geschichtskultur und Geschichtswissenschaft, die Lernende dazu anregen, selbständig Fragen zu formulieren, liegt das initiatorische Moment für die Anregung historischer Denkprozesse (Schreiber 2008, Van Drie & Van Boxtel, 2008). Indem sich bei der Analyse der Lernaufgabe stets neue Fragen ergeben, aggregiert der Lernende umso mehr faktuales und prozedurales Wissen, je mehr Antwortoptionen das bereit gestellte Material ermöglicht. Die Rückbindung und Einordnung des empirischen Einzelfalles an die fachliche Rekonstruktion des Gesamtgeschehens ermöglicht die Narrativierung des Themas „Nationalsozialismus und Zweiter Weltkrieg“. Die Grenzen der Generalisierbarkeit historischer Einzelfälle eröffnet Einblicke in das epistemische Prinzip der Multiperspektivität und Subjekthaftigkeit aller historischen Erzählungen.

Kompetenzdidaktische Validierung der Lernaufgabe

Die Problemstellung historischer Lernaufgaben besteht darin, mikrohistorische Beispiele in den Kontext makrohistorischer Zusammenhänge zu stellen und sich darüber die fachlichen Konzepte anzueignen, deren es zur diskursiven Lösung der Lernaufgabe bedarf. (Tabelle 3).

Tab. 3: Förderpotential für die Kompetenzen historischen Denkens durch die Lernaufgabe

Didaktisches Merkmal	**Fachdidaktische Entscheidungen**	**Geschichtsdidaktische Entscheidung**
Aspekt 3 Förderung von Problemlösefähigkeit	A. Offenheit der Ausgangssituation	A. Offene geschichtswissenschaftliche Bewertungsfrage Beispiele ⇨ Wie kam es zur Durchführung des Massenmordes an den europäischen Juden? ⇨ Das Beispiel Anne Frank
	B. Zahl der Lösungswege	B. Konkurrierende Beurteilungen des fachlichen Problems durch mindestens zwei Historiker oder historische „Schulen" Beispiele ⇨ Hitler hatte einen „Masterplan" und setzte ihn durch (Intentionalistische Bewertung) ⇨ Strukturen und Kriegsgeschehen führten zur Dynamisierung der Gewalt (Strukturalisten) ⇨ Überprüfung verschiedener Akteure aus dem Kontext des Anne Frank Tagebuches
	C. Offenheit der Zielsituation	C. Das zur Verfügung gestellte Material zur Analyse des Problems ermöglicht mehrere diskursive Lösungswege. Beispiele: ⇨ Zwei verschiedene generalisierende Narrative zur Geschichte des Holocaust ⇨ Unterscheidung zwischen Repräsentativität und Exemplarizität von Akteuren ⇨ Überprüfung am Beispiel der Debatte um die „Repräsentativität" Anne Franks für die Opfer des Holocaust

Das dritte Kriterium zielt auf den intendierten Lernerfolg und unterscheidet sich daher von den beiden anderen inhaltsbezogenen Kriterien. Während die Frage nach Relevanz und Neuigkeitswert zunächst eine geschichtsdidaktische Begründung des Inhalts der Problemstellung für die Lernaufgabe erfordert, geht es bei der Frage nach deren Förderpotential um die theoretische Vorbereitung der empirischen Überprüfung. Wenn Kriterium 1 und 2 erfüllt sind, dann liegt das Problem für die Initiation der Lernaufgabe, sowie deren Strukturierung durch Impulse und Unterrichtsmaterial vor. Daher zeigt sich in der Durchdeklinierung der Erfordernisse des dritten Kriteriums die Tragfähigkeit der zuvor getroffenen Entscheidungen. Hier zeigt sich, ob die Aufgabe alle vier Kompetenzbereiche historischen Denkens zu fördern geeignet ist, um so Schülerinnen und Schülern die Ausprägung eines reflektierten und selbstreflexiven Geschichtsbewusstseins zu ermöglichen.

Das dritte Kriterium guter Lernaufgaben für den Geschichtsunterricht mag zugleich das ungewöhnlichste für ein herkömmliches Verständnis historischen Lernens sein. Denn bislang ist es nicht üblich, von historischen Problemen zu sprechen, sondern von historischen Themen oder Inhalten. Für die Konzeption der Aufgabe bedarf es seitens der Lehrkraft der problemorientierten Formulierung für die Überschrift der Lernaufgabe (A Offenheit der Ausgangssituation). Sie ist damit in ihrer fachdidaktischen Kompetenz gefordert, während sie bei der Bereitstellung des Materials und der Strukturierung der Erschließungsaufgaben (B Anzahl der Lösungswege) auf ihre fachwissenschaftliche Expertise angewiesen ist. Im Unterschied zu deskriptiven Lernaufgaben, erfordert dies die professionelle Kompetenz, mehrere Möglichkeiten zur Narrativierung der Antwort auf die historische Fragestellung der Lernaufgabe in den Blick zu fassen und selbst exemplarisch auf Basis der ausgewählten Materialien durchzuführen (C Offenheit der Zielsituation).

Im Dreiklang der Offenheit des Ausgangs, der Lösungswege und der Zielsituation findet sich die Spannung zwischen den historischen Erzählungen wieder, die in einer Zeit und in einer Gesellschaft als die „richtigen" anerkannt werden und die Tatsache, dass diese Erzählungen einem steten Prozess der Veränderung unterliegen. Dies zu erkennen und den Ursachen des Wandels auf den Grund zu gehen, beschreibt das Ziel historischen Lernens im Sinne der Kompetenzorientierung: die Ausprägung reflektierten und selbstreflexiven Geschichtsbewusstseins als Folge von Lernaufgaben im Geschichtsunterricht. Das Modell der lernprozessanregenden Aufgaben ist aus geschichtsdidaktischer Perspektive dazu geeignet, die Passung von geschichtswissenschaftlicher und kompetenzdidaktischer Validierung für die Konzeption von Lernaufgaben zu systematisieren. Mittelfristig könnte hier – unter Einbeziehung der hier nicht besprochenen lernpsychologischen Kriterien – die Chance für Reliabilitätsprüfungen sowohl der Lernaufgaben als auch der Lernerfolgskontrolle liegen.

Literatur

Blömeke, Sigrid u.a. (2006): Analyse der Qualität von Aufgabenaus didaktischer und fachlicher Sicht. Ein allgemeines Modell und seine exemplarische Umsetzung im Unterrichtsfach Mathematik. In: Unterrichtswissenschaft 34 (4). S. 330-357.

Borries, Bodo von (2004): Moralische Aneignung und emotionale Identifikation im Geschichtsunterricht. In: Meseth, Wolfgang / Proske, Matthias / Radtke, Frank-Olaf (Hg.): Schule und Nationalsozialismus. Anspruch und Grenzen des Geschichtsunterrichts. Frankfurt.

Brauch, Nicola (2010): Nachhaltiges historisches Lernen als Gegenstand empirischer Lehr/Lernforschung. Ein Rückblick auf den Tagungssommer 2009 In: Zeitschrift für Geschichtsdidaktik. Göttingen, S. 143-159.

Brauch, Nicola (2011): How do we assess future history teachers' competencies in the didactical reasoning of social science education? Investigation of a coding schemes' functionality developed for the competency analysis in history teacher education. In: Journal for Social Science Education 3-2011 (Social Science Literacy and Learning II, http://www.jsse.org/2011/2011-3).

Frank, Otto H. (1946): Anne Frank Tagebuch. Frankfurt.

Frank, Otto H. / Pressler, Mirjam (2009): Anne Frank Tagebuch. Frankfurt.

Gautschi, Peter (2009): Guter Geschichtsunterricht. Grundlagen, Erkenntnisse, Hinweise. Schwalbach.

Happe, Katja u.a. (2012): Die Verfolgung und Ermordung der europäischen Juden durch das nationalsozialistische Deutschland 1933-1945. Band 5: West- und Nordeuropa 1940-Juni 1942. Berlin.

Hartig, Johannes / Klieme, Eckhard / Leutner, Detlev (2008): Assessment of competencies in Educational Contexts. Göttingen / Cambridge.

Körber, Andreas / Schreiber, Waltraud / Schöner, Alexander (2007): Kompetenzen historischen Denkens. Ein Strukturmodell als Beitrag zur Kompetenzorientierung in der Geschichtsdidaktik, Neuried.

Schreiber, Waltraud. (2008): Ein Kompetenz-Strukturmodell historischen Denkens. In: Zeitschrift für Pädagogik, 54/2, 198-212.

Tulodziecki, Gerhard / Herzig, Bardo / Blömeke, Sigrid (2009): Gestaltung von Unterricht. Eine Einführung in die Didaktik. Bad Heilbrunn.

Van Drie, Jan / van Boxtel, Carla (2008): Historical reasoning: Towards a framework for analyzingstudent's reasoning about the past. In: Educational Psychology Review 20(2), S. 87-110.

Zülsdorf-Kersting, Meik (2007): Sechzig Jahre danach: Jugendliche und Holocaust. Eine Studie zur geschichtskulturellen Sozialisation. Münster.

Christian Heuer

Geschichtsunterricht anders machen – Zur Aufgabenkultur als Möglichkeitsraum[1]

In die geschichtsdidaktische Diskussion um eine fachspezifische Aufgabenkultur ist seit knapp drei Jahren Bewegung gekommen. Die Rede vom „Neuland“, das dringend beackert werden müsste (vgl. Pandel 2005, S. 58), trifft gegenwärtig auf den ersten Blick nicht mehr zu. So liegen mittlerweile vereinzelt theoretische (Heuer 2011a; Wenzel 2012), pragmatische (Heuer 2012b; Kühberger/Windischbauer 2012) und empirische Arbeiten (Waldis/Hodel/Fink 2012; Mägdefrau/Michler 2012) vor, die sich den Gelingensbedingungen historischen Lernens in Bezug auf Aufgabenformate eigens widmen.

Trotz dieser Forschungsanstrengungen fällt auf, dass sich die Arbeiten zumeist auf die Konstruktion und die Evaluation von so genannten Lernaufgaben beschränken. Darunter werden Aufgabenformate verstanden, die längerfristig angelegt sind und auf das selbstständige historische Erzählen der Lernenden abzielen. Bei Lernaufgaben handelt es sich dabei um situierte Aufgabenformate, die problemorientiert und offen konzipiert sind und für die sich einzelne Gütekriterien definieren lassen (vgl. Heuer 2011b, S. 447f.). Die Einbettung dieser Lernaufgabenformate in eine fachspezifische Aufgabenkultur, zu der eben nicht allein die zugrunde liegenden Aufgabentexte zählen, fristet dagegen immer noch ein Schattendasein, wird im besten Fall zwar mitgedacht, jedoch in der Regel nicht eigens thematisiert. Aber ein Geschichtsunterricht, in dem Schülerinnen und Schüler „mindestens eine Minute“ (Waldis/Hodel/Fink 2012, S. 145) zwar an Lernaufgaben arbeiten, schöpft noch lange nicht die Möglichkeiten eines kompetenzorientierten Geschichtsunterrichts aus.

Zieht man die bisherigen empirischen Befunde zur Gestaltung „guten“ Geschichtsunterrichts heran, dann scheint die Fixierung auf Lernaufgaben und die daraus resultierende Schieflage nicht weiter zu verwundern. Sind es doch gerade die Aufgabenformate, die als „Rückgrat“ (Barricelli/Gautschi/Körber 2012, 231) des kompetenzorientierten Geschichtsunterrichts ausgemacht wurden:

---

[1] Bei dem vorliegenden Beitrag handelt es sich um die überarbeitete Fassung eines 2012 erschienenen Beitrags vgl. Heuer 2012a.

> „Entscheidend für gute Geschichtslektionen sind fachspezifisch bedeutsame Lernaufgaben, die einen Bezug zu den Lernenden anbieten und sie zu historischem Erzählen anregen.“ (Gautschi 2009, S. 254).

Aber neben dieser empirischen Perspektive auf einen gelingenden Geschichtsunterricht, die in erster Linie den „Output“ registriert, gibt es auch eine normative Perspektive, aus der heraus die Frage gestellt werden muss, unter welchen Bedingungen wir heute und für die Zukunft wollen, dass sich Schülerinnen und Schüler überhaupt mit Geschichte beschäftigen sollen?
Das zeitgeistige Suffix „-kultur“ legitimiert sich meiner Meinung also erst dann, wenn man den Blick auf die Prozessstruktur von Geschichtsunterricht selbst legt und Aufgabenformate eben in diesem Zusammenhang verhandelt. Die Rede von einer neuen Aufgabenkultur impliziert deswegen auch die Fragen nach den verschiedenen Dimensionen der Organisation, der Methodik und der Inhaltsauswahl. Eine neue Aufgabenkultur historischen Lernens impliziert zwangsläufig auch eine andere Form der Leistungsbewertung im Geschichtsunterricht. Lernweg und Lernerfolg können dann nicht mehr getrennt voneinander betrachtet werden. Leistung, im Sinne eines pädagogischen Leistungsverständnisses, ist als die Leistung eines Einzelnen unter Beachtung seiner individuellen Lernvoraussetzungen anzuerkennen, vollzieht sich in sozialen Bezügen und ist als solche gemeinsam mit den Beteiligten zu bewerten. Im Kontext einer kompetenzorientierten Aufgabenkultur historischen Lernens, die das eigenständige historische Fragen und Erzählen der Schülerinnen und Schüler zum Ziel hat, muss sich die Leistungsbeurteilung aus den drei Modi der Diagnose, der Evaluation und der Leistungsmessung ergeben (vgl. Adamski/Bernhardt 2012, S. 404).
Was bislang klar geworden sein sollte ist, dass wer von Lernaufgaben spricht, vom Aufgabenkontext, also vom Design des Geschichtsunterrichts selbst und vom Lehrer- und Schülerhandeln nicht schweigen darf. Ja, letztlich beinhaltet die Rede von einer neuen Aufgabenkultur historischen Lernens neben der Reflexion tradierter Unterrichtsskripte im Geschichtsunterricht, aus systemischer Perspektive auch die Diskussion der Gestaltung von Unterricht und Schule im Allgemeinen. In was für einer Schule, in was für einem Geschichtsunterricht sollen die Schülerinnen und Schüler was und wie historisch lernen? Diskutiert man diese Fragen jedoch nicht, bleibt die Rede von einer fachspezifischen Aufgabenkultur historischen Lernens lediglich eine modische Floskel, die sich gut verkaufen lässt.
Versteht man historisches Lernen in erster Linie als menschliche Grunderfahrung und begreift man Geschichtsunterricht als offene Erzählveranstaltung, dann ist es zwingend erforderlich Fragen nach der Gestaltung von Geschichtsunterricht, also nach der Einbettung einzelner Lernaufgabenformate zu stellen und Antworten darauf zu geben. Wenn im Geschichtsunterricht das

selbstständige historische Erzählen im Zentrum stehen soll, dann braucht es eine lernseitige Orientierung des Geschichtsunterrichts selbst. Dann ist Unterricht nämlich mehr als das, was der Lehrer oder die Lehrerin in das Unterrichtsgeschehen einbringt und das, was dadurch beim Schüler und der Schülerin ausgelöst wird (vgl. Gruschka 2011, S. 36). Ob für Schülerinnen und Schüler etwas zu einer Aufgabe wird, die sie sich stellen und die sie sich annehmen, hängt in erster Linie von der Aufgabenkultur im Unterricht ab. Damit historisches Lernen gelingt, reicht es demnach nicht aus, krampfhaft Gegenwartsbezüge zu konstruieren oder scheinbar wichtige Themen schülerorientiert zu unterrichten. Schülerinnen und Schülern müssen merken, dass historisches Lernen etwas mit ihnen zu tun hat und, dass das, was im Unterricht passiert und man von ihnen erwartet, konkrete Fragen sind, die in Zusammenhang mit ihrem gegenwärtigen und zukünftigen Leben stehen (Girmes 2003, S. 9f.). Bei diesem „Lernen als Antwort" geht es in erster Linie „darum zu zeigen, wer man ist und wo man steht" (Biesta 2008, S. 189). Den Ausgangspunkt stellen also historische Fragen dar, deren Beantwortung – wir reden vom Geschichtsunterricht – nur narrativ erfolgen kann. Das ist das Zentrum des Geschichtsunterrichts, nämlich die Beantwortung historischer Fragen durch historisches Erzählen. Geschichtsunterricht ist dann der Ort, an dem zusammen gekommen wird, um mit- und füreinander historisch zu erzählen. Das meint aber nicht zuletzt, dass mithilfe der im Geschichtsunterricht behandelten Inhalte von den Schülerinnen und Schülern selbst Bezüge zwischen den verhandelten Inhalten und außerschulischen Zusammenhängen hergestellt werden müssen. Angesichts der Vielfalt möglicher historischer Erzählungen in unseren „gebrochenen Zeiten" (Barricelli 2011, S. 15) der Gegenwart, kann es im Geschichtsunterricht nicht mehr ausschließlich darum gehen, den einheitlichen Kern gesicherter historischer Fakten heraus zu arbeiten, sondern vielmehr muss es darum gehen, diese Vielfalt und Offenheit zu fördern und sie unterrichtspragmatisch zu wenden. So wenig wie Kompetenzen historischen Denkens gelehrt werden können, so wenig lässt sich eben auch historische Bildung herstellen. Sie lässt sich lediglich provozieren. Denn versteht man historische Bildung als eine nicht-herstellbare reflexive Selbstverortung von Individuen in Zeit und Raum, die sich im historischen Erzählen vollzieht, dann ergibt sich daraus die geschichtsdidaktische Frage nach der Lebensbedeutsamkeit historischen Lernens. Wie kann es im Geschichtsunterricht gelingen, den verantwortungsvollen Umgang mit dem Anderen vor dem Hintergrund der Anerkennung authentischer Verschiedenheit und der Pluralität diverser Geschichtsbilder unter transkultureller Perspektive zu befördern? Und dies ohne die ständige Angst vor dem Verlust des Ganzen, ohne in den Gestus der Moderne zu verfallen, letztendlich Einheit herstellen

zu wollen, ohne uns permanent dagegen zu wehren, dass die Welt in verschiedene Fragmente zerfällt.
Die Realisierung einer neuen Aufgabenkultur, eines offenen und erzählenden Geschichtsunterrichts, setzt also immer schon die Reflexion des gegenwärtigen Status quo voraus. Es geht einmal mehr um das „kritische [ ] Neubedenken [ ]“ (Lucas 1985, S. 20) von Schule im Allgemeinen und vom Geschichtsunterricht im Speziellen. Die Geschichtstheoretiker Alun Munslow, Sue Morgan und Keith Jenkins zitieren im Zusammenhang mit der Vielfalt historischer Erzählungen zu Beginn des 21. Jahrhunderts, gleich zu Beginn ihrer Einleitung Jacques Derrida: „To be true to what you follow you have to interrupt the following.“ (Jenkins/Morgan/Munslow 2007, S. 1). In dieser Perspektive sollte es auch für die Geschichtsdidaktik nicht darum gehen, den fachspezifischen Bestand zu wahren, sondern vielmehr darum, Gelungenes zu stärken, Traditionen zu überdenken und tradierte Ansätze zu entwickeln und weiter zu denken. Wir sollten also anfangen nicht nur zu postulieren, dass es im Geschichtsunterricht darum gehen sollte „Geschichte zu denken“, sondern wir sollten als Praktiker und Theoretiker beginnen, Geschichtsunterricht selbst neu zu denken, diesen anders zu gestalten, zu erforschen und davon wiederum zu erzählen. Die Etablierung einer neuen Aufgabenkultur stellt dabei einen zentralen Schritt dar und stellt einen Möglichkeitsraum zur Verfügung, der noch lange nicht durchquert, ja vielleicht sogar noch überhaupt nicht betreten wurde.

Entdecken, Arrangieren, Erzählen - Von den Lernaufgaben zur Aufgabenkultur

Blickt man auf die wenigen empirischen Ergebnisse zum Komplex der Lernaufgaben im Geschichtsunterricht, dann muss man einmal mehr konstatieren, dass deren Einsatz im alltäglichen Geschichtsunterricht lediglich marginal ist. Trotz aller Kompetenzdiskussionen der letzten Jahre innerhalb der Geschichtsdidaktik, steht der Wissenserwerb im Sinne eines stofforientierten Zugangs immer noch im Zentrum des alltäglichen Geschichtsunterrichts. Der „Geschichtsunterricht ohne Geschichte“, wie ihn Holger Thünemann noch vor kurzem skizzierte (Thünemann 2010, 50), feiert auch noch gegenwärtig fröhliche Urstand in den Klassenzimmern, wenn man sich die mittlerweile vorliegenden Transskripte von einzelnen Geschichtsstunden genauer ansieht (vgl. Meyer-Hamme/Thünemann/Zülsdorf-Kersting 2012, S. 240ff.) oder wenn man über die subjektiven Theorien einzelner Lehrerinnen und Lehrer liest (vgl. Hauschke 2012, S. XXX). Die Arbeit an individualisierenden Lernaufgaben – und dass ist in dieser Konsequenz dann auch nicht weiter verwunderlich – stellt lediglich ein Randphänomen dar (vgl. Mägdefrau/Michler 2012 und Waldis/Hodel/Fink 2012, 154).

Nun gut, könnte der Praktiker sagen. Geschichtsunterricht ist mehr als die Arbeit an Aufgaben. Trotzdem stellen die einzelnen Lernaufgabenformate ein zentrales Element eines guten, im Sinne eines erzählenden Geschichtsunterrichts dar. Denn die dem Geschichtsunterricht zugrunde liegenden Aufgabenformate, sind der „Schlüssel" für die Gestaltung eines kompetenzorientierten Geschichtsunterrichts (vgl. Günther-Arndt 2007, S. 18), was sich mittlerweile auch mit aller Vorsicht empirisch belegen lässt (vgl. Waldis/Hodel/Fink 2012, S. 154). Und gerade darum geht es im Geschichtsunterricht ja in erster Linie: Die narrative Kompetenz der Schülerinnen und Schüler zu fördern, sie also dazu anzuregen und zu befähigen, eigenständig historisch zu erzählen (vgl. Barricelli 2012, S. 256).

Mit dem Begriff der narrativen Kompetenz wird innerhalb der Geschichtsdidaktik die fachspezifische Fähigkeit bezeichnet, aus zeitdifferenten Ereignissen durch den Prozess der historischen Sinnbildung, Geschichte erzählen und verstehen zu können (vgl. Pandel 2005, S. 36ff.). Die Sinnbildung liegt dabei in der kohärenten Verknüpfung von ursprünglich isolierten Sachverhalten (Ereignissen, Prozessen und Sachverhalten) zu einer sinnvollen Erzählung. Sinnvoll ist eine historische Erzählung dann, wenn sie empirisch, normativ und narrativ triftig ist (vgl. Rüsen 1997, S. 57ff.).

Für die Förderung der narrativen Kompetenz durch Aufgabenformate im Geschichtsunterricht bedeutet dies, dass Schülerinnen und Schüler durch die konkreten Lernaufgaben dazu herausgefordert werden müssen, bereits vorhandene Geschichte(n) in neue Erzählungen zu transformieren, d.h. in neue Erzählzusammenhänge zu stellen (vgl. als Beispiel Heuer 2012b) bzw. auf der Grundlage von Quellen und Darstellungen, historische Erzählungen zu produzieren. Schülerinnen und Schüler müssen dazu die vorhandenen Quellen und Darstellungen verstehen, d.h. sie müssen sie interpretieren, sich dann für eine neue Auswahl entscheiden und diese begründen, eine neue Geschichte erzählen und diese dann wiederum zur Diskussion stellen. Die „Wahrheit" der so entstandenen historischen Erzählungen liegt dann in der Anerkennung durch andere Erzähler begründet. Historische Erzählungen sind somit Vorschläge, „um über die Qualität des einen oder anderen Vorschlags urteilen zu können und um neue Gesichtspunkte für eine verbesserte Interpretation bereitzustellen." (Goertz 2001, S. 40).

Es geht dann in erster Linie um die Transformation von vorhandenen Wissensbeständen in neue Repräsentationsformen. Diese zentralen Bestandteile von Lernaufgaben lassen sich mit den Begriffen Entdecken, Arrangieren und Erzählen umschreiben. Damit stehen solche Lernaufgabenformate im engen Zusammenhang mit den Konzepten des entdeckend-forschenden Lernens und dem problemorientierten Ansatz im Geschichtsunterricht, wie sie beide seit

den frühen siebziger Jahren für den Geschichtsunterricht entwickelt wurden (vgl. Henke-Bockschatz 2004; Hensel-Grobe 2012).
Damit das gemeinsame historische Erzählen im Geschichtsunterricht aber gelingen kann, müssen die einzelnen Aufgabenformate in den Kontext einer umfassenderen Lernumgebung integriert werden. Mit diesem Begriff sollen die didaktischen Aufbereitungen des jeweiligen Unterrichtsinhaltes verstanden werden. Dazu zählen neben den konkreten Lernaufgabenformaten insbesondere das Angebot an unterschiedlichen Quellen und Darstellungen, die Strukturierung der Unterrichtskommunikation zwischen den beteiligten Lehrern und Schülern und die Organisation des Geschichtsunterrichts selbst. Für dieses Zusammenspiel wurde in den letzten Jahren der Begriff der „Aufgabenkultur" eingeführt. Vereinfacht ist mit dem Begriff „die Art und Weise, wie Lehrende und Lernende mit Aufgaben im Unterricht umgehen" (Bohl/Kleinknecht 2009, 331), gemeint. Damit einher geht die Annahme, dass für erfolgreiche Lernprozesse, neben der inhaltlichen Qualität der Aufgabenformate (Aufgabentext), es entscheidend darauf ankommt, wie Lehrende und Lernende gemeinsam im Unterricht die Aufgabenformate durch ihr Handeln verändern und mit den Aufgaben arbeiten (Aufgabenkontext). Die Arbeit an Lernaufgaben im Geschichtsunterricht impliziert demnach, neben dem Element der Aufgabenformulierung, eben auch die Elemente der Aufgabeneinführung, Aufgabenbearbeitung und Aufgabenevaluation.
Innerhalb der Lernaufgabenformate lassen sich eine Reihe von Abstufungen skizzieren, bzw. einzelne Aufgabentypen charakterisieren. So z.B. Übungsaufgaben, Anwendungsaufgaben und Gestaltungsaufgaben (vgl. Tulodziecki/Herzig/Blömeke 2004, 83). Innerhalb der Geschichtsdidaktik hat Birgit Wenzel unlängst die Einteilung in „durchstrukturierte", „anstrukturierte" und „offene" Aufgaben vorgeschlagen (vgl. Wenzel 2012, 27f.). Diese Aufgabenformate unterscheiden sich hinsichtlich ihrer Bearbeitungszeit, ihren Graden der Offenheit und ihrem zugrunde liegenden Erwartungsrahmen. Legt man die vorgeschlagene Gliederung von Geschichtsunterricht in vier verschiedene Unterrichtsformen zugrunde (vgl. Gautschi 2009, 73f.), dann lassen sich einzelne Grade der Offenheit von Aufgabenkulturen im Geschichtsunterricht wie folgt differenzieren.

Tab. 1: Graduierung von Lernaufgaben
(vgl. Maier u.a. 2010; Schratz/Westfall-Greiter 2010, 60)

Entdecken lassender Geschichtsunterricht	Die im Unterricht zu bearbeitenden Lernaufgaben werden von den SuS selbst gewählt und gestellt. Sie arbeiten an den Aufgaben ohne Anleitung und ohne Lösungsansätze, auch ohne Bezug auf transparente Kriterien der Leistungsbewertung (Kompetenzraster).
Aufgabenbasierter / Entdecken lassender Geschichtsunterricht	Die im Unterricht zu bearbeitenden Lernaufgaben sind den SuS nicht vertraut. Sie arbeiten an den Aufgaben ohne Anleitung und ohne Lösungsansätze, jedoch mit Bezug auf transparente Kriterien der Leistungsbewertung (Kompetenzraster). Im Vordergrund steht das metakognitive, konzept- und prozedurale Wissen. Die Aufgaben weisen einen unklaren Anfangszustand auf und erlauben mehrere Lösungswege. (ungenau definierte und divergente Aufgaben; weiter Transfer; Bewerten und Erschaffen).
Aufgabenbasierter Geschichtsunterricht	Die im Unterricht zu bearbeitenden Lernaufgaben sind den SuS nicht vertraut. Sie arbeiten an den Aufgaben jedoch mit Hinweisen auf mögliche Lösungsansätze und mit Bezug auf transparente Kriterien der Leistungsbewertung (Kompetenzraster). Im Vordergrund stehen Elemente prozeduralen Wissens und des Konzeptwissens. Die Aufgaben weisen einen klaren Anfangszustand auf, fordern aber divergente Lösungen (Definierte und divergente Aufgaben; naher Transfer; Anwenden und Analysieren).
Erarbeitender Geschichtsunterricht	Die im Unterricht zu bearbeitenden Lernaufgaben sind den SuS vertraut. Sie enthalten explizite Hinweise auf die den SuS bereits bekannten Bearbeitungsschritte beim Lösen der Aufgaben. Im Vordergrund stehen deklarative und prozedurale Wissensbestände. Die Aufgaben weisen einen klaren Anfangszustand auf, erlauben aber divergente Lösungen (Definierte und divergente Aufgaben; minimaler Transfer; Erinnern und Verstehen)
Darbietender Geschichtsunterricht	Die im Unterricht zu bearbeitenden Lernaufgaben sind den SuS vertraut. Sie enthalten explizite Hinweise auf die einzelnen Bearbeitungsschritte und verlangen in erster Linie die Reproduktion von tradierten Wissensbeständen (deklaratives Wissen). Die Aufgaben weisen einen klaren Anfangszustand auf und verlangen eine „richtige“ Lösung (Definierte und konvergente Aufgaben; kein Transfer; Erinnern).

Dabei geht es für die Lehrerin und den Lehrer um die Erarbeitung und Bereitstellung von differenzierten und individualisierenden Lernarrangements, die die Schülerinnen und Schülern zum selbstständigen Umgang und der Begegnung mit Quellen und Darstellungen der Vergangenheit und Gegenwart auffordern, um dadurch historische Fragestellungen zu evozieren und individuelle Lösungen in Form der historischen Erzählung zu ermöglichen. Diese Lernarrangements stellen geöffnete Lernangebote für Schülerinnen und Schüler dar, die Möglichkeiten zum eigenständigen historischen Erzählen eröffnen. In einem solchen offenen und erzählenden Geschichtsunterricht sind die Lehrerinnen und Lehrer dann aber nicht mehr die „souveränen Bescheidwisser" (Rumpf 2010, S. 220), die den Schülerinnen und Schülern die vergangene Welt erklären, wie sie einmal gewesen ist, sondern die Lehrerinnen und Lehrer müssen zunächst dafür Sorge tragen, dass solche auf Förderung der narrativen Kompetenz ausgerichteten Lernprozesse initiiert und die Herausforderung des gemeinsamen Erzählens angenommen und aufrecht erhalten werden. Für die Lehrerinnen und Lehrer – und selbstverständlich auch für die universitäre Geschichtsdidaktik – geht es darum Aufgabenformate einzusetzen und zu entwickeln, die „die Fähigkeit befördern historisch zu fragen" (Hasberg 2012, S. 144) und bei denen die Antworten in Form von historischen Erzählungen gegeben werden müssen. In einer solchen Aufgabenkultur geht es dann vor dem Hintergrund eines gemeinsam gestalteten „Kontext der Anerkennung" (Keupp 2005, S. 70) – in dem die heterogenen Erzählungen Gehör finden und ernstgenommen werden – um die Bereitstellung herausfordernder Aufgaben, um die Herstellung und Aufrechterhaltung von Kommunikations- und Erzählzusammenhängen und in der letzten Konsequenz um die gemeinsame Gestaltung von Geschichtsunterricht selbst (vgl. Heuer 2010, S. 94f.).

Aufgabenkultur als Möglichkeitsraum

Was in der Vergangenheit weitgehend fehlte und – zieht man die bisherigen empirischen Ergebnisse heran – nach wie vor fehlt, ist die produktive Verwendung der behandelten Wissensinhalte durch die Schülerinnen und Schüler selbst. Schülerinnen und Schüler brauchen historisches Wissen. Das ist trivial. Aber historisches Wissen ist immer narratives Wissen (vgl. Barricelli 2008, 7f.). Historisch gelernt wird somit nicht dann, wenn die Schülerinnen und Schüler tradierte Geschichten reproduzieren, sondern wenn sie die Wissensinhalte in eigene historische Erzählungen für jemand transformieren. Dazu müssen die Schülerinnen und Schüler diese Wissensbestände produktiv und konstruktiv verwenden, also in neue Erzählzusammenhänge stellen. Schülerinnen und Schüler müssen dazu die vorhandenen Quellen und Darstellungen verstehen, d.h. sie müssen sie interpretieren, sich dann für eine neue Auswahl entscheiden und diese begründen, eine neue und andere Geschichte erzählen und diese dann zur Diskussion stellen, denn Geschichte ist kulturelle Praxis, wird also immer für jemanden erzählt. Natürlich ist klar, dass es sich bei einem solchen Geschichtsunterricht um einen in höchstem Maße individualisierten Geschichtsunterricht handelt. Niemand erzählt die gleiche Geschichte! Und doch braucht es den gemeinsamen verbindlichen Rahmen und die Regeln der Triftigkeiten, ohne den die jeweiligen historischen Erzählungen beliebig werden würden. Geschichte als kulturelle Praxis ist so immer abhängig vom jeweiligen Erzählkontext, also vom jeweils Anderen, der bestätigen, anzweifeln, verneinen und widerlegen kann und soll, „um in Feed-back-Schleifen die Qualität und Akzeptanz der Deutung zu ermitteln" (Schmidt 2003, S. 51). Somit steht die intendierte Individualisierung historischen Lernens nicht dem Geschichtsunterricht im Klassenverband diametral gegenüber, sondern konstruiert konsequent den Klassenverband als Diskurs- und Erzählgemeinschaft immer wieder neu.

An die Stelle der tradierten Vermittlungsdidaktik tritt dann die „Ermöglichungsdidaktik" (van Norden 2012, S. 12). Die Entwicklung und Implementierung einer zeitgemäßen Aufgabenkultur historischen Lernens stellt so dann einen Möglichkeitsraum zur Verfügung, um Geschichtsunterricht gemeinsam anders zu gestalten. Diese Entwicklung und Erprobung verläuft für die Lehrerinnen und Lehrer aber *on the job* und fordert ihr Professionsverständnis permanent heraus. Eine neue Aufgabenkultur historischen Lehrens und Lernens ist also selbst immer zugleich auch herausfordernde Lernaufgabe für die Lehrerinnen und Lehrer selbst und gehört so zum berufsbiographischen Projekt „Geschichtslehrer/Geschichtslehrerin" unweigerlich hinzu.

Literatur

Adamski, Peter/Bernhardt, Markus: Diagnostizieren – Evaluieren – Leistungen beurteilen. In: Barricelli, Michele/Lücke, Martin (Hrsg.): Handbuch Praxis des Geschichtsunterrichts. Bd. 2. Schwalbach/Ts. 2012, S. 401-435.

Barricelli, Michele/Gautschi, Peter/Körber, Andreas: Historische Kompetenzen und Kompetenzmodelle. In: Barricelli, Michele/Lücke, Martin (Hrsg.): Handbuch Praxis des Geschichtsunterrichts. Bd. 1. Schwalbach/Ts. 2012, S. 207-235.

Barricelli, Michele: Narrativität. In: Barricelli, Michele/Lücke, Martin (Hrsg.): Handbuch Praxis des Geschichtsunterrichts. Bd. 1. Schwalbach/Ts. 2012, S. 255-280.

Barricelli, Michele: Vielfältiges Erinnern und kreatives Vergessen. Geschichte, Geschichtsbewusstsein und historisches Lernen in gebrochenen Zeiten. In: Barricelli, Michele/Becker, Axel/Heuer, Christian (Hrsg.): Jede Gegenwart hat ihre Gründe. Geschichtsbewusstsein, historische Lebenswelt und Zukunftserwartung im frühen 21. Jahrhundert. Schwalbach/Ts. 2011, S. 15-42.

Barricelli, Michele: Historisches Wissen ist narratives Wissen. In: Ders./Hamann, Christoph/-Mounajed, René/Stolz, Peter (Hrsg.): Historisches Wissen ist narratives Wissen. Aufgabenformate für den Geschichtsunterricht in den Sekundarstufen I und II. Potsdam u.a. 2008, S. 7-12.

Biesta, Gert: Wider das Lernen. Die Wiedergewinnung einer Sprache für Erziehung im Zeitalter des Lernens. In: Vierteljahrschrift für wissenschaftliche Pädagogik 84 (2008) 2, S. 179-194.

Bohl, Thorsten/Kleinknecht, Marc: Aufgabenkultur. In: Blömeke, Sigrid u.a. (Hg.): Handbuch Schule. Theorie-Organisation-Entwicklung. Bad Heilbrunn 2009, S. 331-334.

Gautschi, Peter: Guter Geschichtsunterricht. Grundlagen, Erkenntnisse, Hinweise. Schwalbach/Ts. 2009.

Girmes, Renate: Die Welt als Aufgabe? Wie Aufgaben Schüler erreichen. In: Friedrich Jahresheft XXI (2003), S. 6-11.

Goertz, Hans-Jürgen: Unsichere Geschichte. Zur Theorie historischer Referentialität. Stuttgart 2001.

Gruschka, Andreas: Verstehen lehren. Ein Plädoyer für guten Unterricht. Stuttgart 2011.

Günther-Arndt, Hilke: Umrisse einer Geschichtsmethodik. In: Dies. (Hrsg.): Geschichtsmethodik. Praxishandbuch für die Sekundarstufe I und II. Berlin 2007, S. 9-24.

Hasberg, Wolfgang: Analytische Wege zu besserem Geschichtsunterricht. Historisches Denken im Handlungszusammenhang Geschichtsunterricht. In: Meyer-Hamme, Johannes/Thünemann, Holger/Zülsdorf-Kersting, Meik (Hrsg.): Was heißt guter Geschichtsunterricht? Perspektiven im Vergleich. Schwalbach/Ts. 2012, S. 137-160.

Hauschke, Lisa Marie: Empirische Untersuchungen zur Relevanz historischer Fragen im Geschichtsunterricht aus Lehrerperspektive. Berlin/Münster 2012.

Henke-Bockschatz, Gerhard: Forschend-entdeckendes Lernen. In: Mayer, Ulrich/Pandel, Hans-Jürgen/Schneider, Gerhard (Hrsg.): Handbuch Methoden im Geschichtsunterricht. Schwalbach/Ts. 2004, S. 15-29.

Hensel-Grobe, Meike: Problemorientierung und problemlösendes Denken. In: Barricelli, Michele/Lücke, Martin (Hrsg.): Handbuch Praxis des Geschichtsunterrichts. Bd. 2. Schwalbach/Ts. 2012, S. 50-63.

Heuer, Christian: Zur Aufgabenkultur im Geschichtsunterricht. In: Keller, Stefan/Bender, Ute (Hrsg.): Aufgabenkulturen. Fachliche Lernprozesse herausfordern, begleiten, reflektieren. Seelze 2012a, S. 100-112.

Heuer, Christian: Varusschlacht(en). Erzählungen der clades variana. In: Geschichte lernen (2012b) 145, S. 48-54.

Heuer, Christian 2011a: „Gemeinsam erzählen" – Offener Unterricht, Aufgabenkultur und historisches Lernen. In: Barricelli, Michele/Becker, Axel/Heuer, Christian (Hrsg.): Jede Gegenwart hat ihre Gründe. Geschichtsbewusstsein, historische Lebenswelt und Zukunftserwartung im frühen 21. Jahrhundert. Schwalbach/Ts. 2011a, S. 43-58.

Heuer, Christian: Gütekriterien für kompetenzorientierte Lernaufgaben im Geschichtsunterricht. In: Geschichte in Wissenschaft und Unterricht 62 (2011b), S. 443-458.

Heuer, Christian: Für eine „neue" Aufgabenkultur – Alternativen für historisches Lehren und Lernen an Hauptschulen. In: Zeitschrift für Geschichtsdidaktik 9 (2010), S. 79-97.

Jenkins, Keith/Morgan, Sue/Munslow, Alun: Introduction. On fidelity and diversity. In: Dies. (Hrsg.): Manifestos for History. London/New York 2007, S. 1-11.

Keupp, Heiner: Die Reflexive Modernisierung von Identitätskonstruktionen: Wie heute Identität geschaffen wird. In: Hafeneger, Benno (Hrsg.): Subjektdiagnosen. Subjekt, Modernisierung und Bildung. Schwalbach 2005 (= Politik und Bildung; Bd. 33), S. 60-91.

Kühberger, Christoph/Windischbauer, Elfriede: Individualisierung und Differenzierung im Geschichtsunterricht. Offenes Lernen in Theorie und Praxis. Schwalbach/Ts. 2012.

Lucas, Friedrich J.: Geschichte als engagierte Wissenschaft. Zur Theorie einer Geschichtsdidaktik. Hg. V. Ursula A. J. Becher u.a. Stuttgart 1985.

Mägdefrau, Jutta/Michler, Andreas: Individualisierende Lernaufgaben im Geschichtsunterricht. Eine empirische Untersuchung zur Rolle von Schulbuchaufgaben und Eigenkonstruktionen der Lehrkräfte. In: Zeitschrift für Geschichtsdidaktik 11 (2012), S. 208-232.

Maier, Uwe u.a.: Ein allgemeindidaktisches Kategoriensystem zur Analyse des kognitiven Potenzials von Aufgaben. In: Beiträge zur Lehrerbildung 28 (2010) 1, S. 84-96.

Meyer-Hamme, Johannes/Thünemann, Holger/Zülsdorf-Kersting, Meik (Hrsg.): Was heißt guter Geschichtsunterricht? Perspektiven im Vergleich. Schwalbach/Ts. 2012.

Pandel, Hans-Jürgen: Geschichtsunterricht nach PISA. Kompetenzen, Bildungsstandards und Kerncurricula. Schwalbach/Ts. 2005.

Rumpf, Horst: Unterricht ist etwas anderes als die Weitergabe von Fertigfabrikaten. Ein Beitrag zur phänomenologischen Kritik an technokratischen Vorstellungen vom Menschenlernen. In: Vierteljahrschrift für wissenschaftliche Pädagogik 86 (2010) 2, S. 219-227.

Schmidt, Siegfried J.: Geschichten und Diskurse. Abschied vom Konstruktivismus. Reinbek bei Hamburg 2003.

Schratz, Michael/Westfall-Greiter, Tanja: Schulqualität sichern und weiterentwickeln. Seelze 2010.

Thünemann, Holger: Geschichtsunterricht ohne Geschichte? Überlegungen und empirische Befunde zu historischen Fragen im Geschichtsunterricht und im Schulgeschichtsbuch. In: Handro, Saskia/Schönemann, Bernd (Hrsg.): Geschichte und Sprache. Berlin 2010, S. 49-59.

Tulodziecki, Gerhard/Herzig, Bardo/Blömeke, Sigrid: Gestaltung von Unterricht. Eine Einführung in die Didaktik. Bad Heilbrunn 2004.

Van Norden, Jörg: Der narrative Konstruktivismus als Paradigmenwechsel. In: Historische Sozialkunde (2012) 2, S. 9-14.

Waldis, Monika/Hodel, Jan/Fink, Nadine: Lernaufgaben im Geschichtsunterricht und ihr Potential zur Förderung historischer Kompetenzen. In: Zeitschrift für Didaktik der Gesellschaftswissenschaften 3 (2012) 1, S. 142-157.

Wenzel, Birgit: Aufgaben(kultur) und neue Prüfungsformen. In: Barricelli, Michele/Lücke, Martin (Hrsg.): Handbuch Praxis des Geschichtsunterrichts. Bd. 2. Schwalbach/Ts. 2012, S. 23-36.

Teil 3: Interkulturelle und globale Perspektiven der Didaktik

Alfred Holzbrecher

Interkulturelles und Globales Lernen als didaktische Perspektive

Zum didaktischen Diskurs

Hans Joachim Roth konstatierte schon vor gut einem Jahrzehnt, dass interkulturelles Lernen „kein oder kein wesentliches Thema allgemeindidaktischer Lehr- und Standardwerke" ist und ebenso wenig in den gängigen Konzepten der Schultheorie vorkommt (Roth 2000: 16). Mehr als zehn Jahre später sollte er immer noch Recht behalten. D.h. eine allgemeindidaktische Reflexion interkulturellen Lernens sieht sich mit dem Problem konfrontiert, dass sie sich nur sehr bedingt auf eine historische Diskurslinie beziehen und sich kritisch damit auseinandersetzen kann (vgl. Roth 2000; Nohl 2006). Internet-Recherchen zeigen, dass didaktische Publikationen interkulturellen und globalen Lernen derzeit v.a. aus den Fachdidaktiken kommen. Ebenso ist auffällig, dass ein Verständnis von interkulturellem Lernen dominiert, das eng mit der Anwesenheit von Kindern und Jugendlichen mit Migrationsgeschichte im Unterricht verknüpft, teilweise sogar darauf beschränkt ist. Möglicherweise ist die Dominanz eines solchen - m.E. verengten -Verständnisses eine Ursache dafür, dass das Thema in der Allgemeinen Didaktik als zentrale Perspektive der Schulpädagogik (noch) nicht angekommen ist.
Andererseits ist erkennbar, dass der in den letzten Jahren verstärkt geführte Diskurs um Heterogenität in Schule und Unterricht auch eine Akzentuierung „kultureller" Verschiedenheit einbezieht (vgl. Warzecha 2003), d.h. dass ein didaktischer Umgang mit *diversity* in all ihren Erscheinungsformen (vgl. Al-

ters-, Geschlechts-, Leistungsheterogenität) auch kulturelle Differenz mit reflektiert.

So legitim und notwendig dieser Diskurs ist, er wäre verkürzt ohne eine Berücksichtigung internationaler makrostruktureller Rahmenbedingungen, wie sie in der Chiffre „Globalisierung" zu erfassen versucht werden: Notwendig erscheint, Schule im Kontext der „Weltgesellschaft" (vgl. Lang-Wojtasik in diesem Band) neu zu denken, d.h. didaktische Entscheidungen schultheoretisch zu fundieren.

Mit den folgenden Ausführungen soll versucht werden, zum einen mit Blick auf die fachdidaktischen Diskurse zum interkulturellen und globalen Lernen die Notwendigkeit allgemeindidaktischer Perspektiven zu begründen, zum anderen den Diskurs um die allgemeindidaktische Konzeptentwicklung mit den hier vorgeschlagenen Schlüsselbegriffen anzuregen und didaktisches Planungshandeln offen zu halten für die Einbeziehung empirischer Forschungsergebnisse. Angesichts der notwendigen Breite des Spektrums interkultureller Perspektiven bei der Gestaltung von Unterrichts- und Schulentwicklung wird im Folgenden ein Ansatz entwickelt, das komplexe interkulturelle Feld mit „zentrierenden Begriffen" zu ordnen, um damit ein „heuristisches Instrument zu gewinnen: Die vorgeschlagenen Leitbegriffe *Weltwärts, Kultur, Werte, BürgerGesellschaft, Diversität der Lebenswelten, Kommunikation* und *Bilder vom Fremden* werden stark sachbezogen konzipiert, jedoch ist es ein wesentlicher Gedanke der hier vertretenen Position, dass es im Lehr-Lern-Prozess um mehr als eine „Vermittlung" von Sachgegenständen geht: Gerade interkulturelles Lernen beinhaltet immer auch zugleich den Anspruch, „Nachhaltigkeit" auch zu einem zentralen Merkmal einer biografisch wirksamen Lerndynamik zu machen, die sich dadurch kennzeichnen lässt, dass sich das Subjekt selbst immer größere und komplexere Lernfelder aneignet und dabei zugleich mit „Entwicklungsaufgaben" (vgl. Trautmann 2004) auseinandersetzt. D.h. es gilt „interkulturelle Kompetenz" so zu denken, dass makrostrukturelle (Sach-)Perspektiven einerseits und das sich verändernde Lernsubjekt in seinem Handlungsraum andererseits als die beiden Pole des didaktischen Spannungsfelds profiliert werden. Der Blick auf die gesellschaftlich notwendigen bzw. wünschenswerten Lerninhalte wird also erweitert um die Lern- und Aneignungsaktivität des Subjekts vor dem Hintergrund seiner psychodynamisch grundierten Arbeit an altersabhängigen Entwicklungsaufgaben. Daraus ergibt sich folgende zentrale Fragestellung:

> Welche interkulturellen Kompetenzen sollen die SchülerInnen entwickeln, um sich in einer multikulturellen Lebensumwelt und in einer polyzentrischen Weltgesellschaft als handlungsfähige Subjekte erfahren zu können?

Didaktische Leitbegriffe interkulturellen und globalen Lernens

Vor dem Hintergrund der Kategorisierung didaktischer Konzepte durch Auernheimer (2003) sowie eigene Weiterführungen (Holzbrecher 2004; 2011) erscheint es angesichts der neueren fachdidaktischen Diskurse, der Entwicklungen in angrenzenden Bereichen wie auch angesichts vielfacher thematischer Übergänge und Schnittflächen angemessen, eine Kategorisierung der vorhandenen interkulturellen Konzepte nach „zentrierenden Begriffen" vorzunehmen, die eher als „thematische Kräftefelder" zu verstehen sind denn als klar abgrenzbare Kategorien. Ein solches Vorgehen lässt sich zum einen damit legitimieren, dass es zwischen mehreren didaktischen Konzepten größere Gemeinsamkeiten und Schnittflächen gibt, zum anderen soll der hier vorgenommenen Einteilung eine „heuristische" Funktion zukommen, dies in einem didaktischen Feld, das sich ständig weiter entwickelt. D.h. die folgenden Leitbegriffe sollen ermöglichen,

- die Breite des thematischen Spektrums und der Übergänge interkulturellen und globalen Lernens wahrzunehmen und zu erkennen, um sie für die Unterrichts- und Schulentwicklung fruchtbar werden zu lassen;
- Interkulturalität / Globales Lernen im Sinne von *diversity* als Querschnittsaufgabe aller Unterrichtsdisziplinen sowie als Querschnittsperspektive schulischer Lehr-Lern-Prozesse anzuerkennen;
- neue Themen, fachdidaktische Konzepte und methodische Ansätze zu generieren und

➢ *„Weltwärts" / Globalisierung*
➢ *Kultur*
➢ *Werte*
➢ *BürgerGesellschaft*
➢ *Diversität der Lebenswelten*
➢ *Kommunikation*
➢ *Bilder vom Fremden*

„Weltwärts" / Globalisierung

Folgt man dem allgemeinpädagogischen Ansatz von Christoph Wulf, bestimmen eine ganze Reihe von Spannungsfeldern weltweit die Bildungs- und Erziehungsprozesse, so etwa zwischen Globalem und Lokalem, Universalem und Singularem, Tradition und Moderne etc. (Wulf 2001: 183 ff.). Ökonomische, politische, kulturelle und soziale Prozesse einer immer stärker werdenden weltweiten Vernetzung („Globalisierung") stellen den Kontext für eine Suche nach Antworten des Bildungssystems auf die zentrale „Frage, wie mit lokalen, regionalen und nationalen Gemeinsamkeiten und

Unterschieden in den verschiedenen Erziehungssystemen umgegangen wird" (Wulf 2001: 174). Angesichts rasanter Prozesse der Globalisierung von Finanz- und Informationsströmen und der drohenden Gefahr, dass soziale Standards, das Recht auf humane Arbeits- und Lebensbedingungen, auf Bildung und die Einhaltung von Menschenrechten dem Diktat eines „Freien Markts" geopfert werden, muss Globales Lernen als angemessene Antwort der Pädagogik auf diese Herausforderungen betrachtet werden (vgl. Asbrand u. Scheunpflug 2005; Overwien u. Rathenow 2009). Seit wenigen Jahren beansprucht das Konzept der „Bildung für nachhaltige Entwicklung" (BNE) eine Verknüpfung dieser Handlungsebenen:

> „Ziel der BNE ist es, dass die Individuen Kompetenzen erwerben, um aktiv und eigenverantwortlich die Zukunft gestalten zu können. In diesem Zusammenhang spielen ebenso rationale, emotionale wie auch handlungsbezogene Komponenten und der Erwerb von Urteilsfähigkeit eine entscheidende Rolle. Bildung für nachhaltige Entwicklung (BNE) dient speziell dem Gewinn von Gestaltungskompetenz" (BNE 2012).

Didaktisch bedeutsam an diesem Ansatz ist ein konsequentes Mit-Denken der Perspektive des lernenden Subjekts bzw. dessen Gestaltungskompetenz. Im Sinne des skizzierten heuristischen Anspruchs des hier vertretenen didaktischen Konzepts ist es hilfreich, die vorliegenden Ansätze des Globalen Lernens und der BNE nach dem Kriterium zu unterscheiden, welche der folgenden perspektivischen Zugänge jeweils dominiert.

- *Problemorientierung:* Die zentrale Perspektive ist hier ein Sachthema, das eine kultur- und länderübergreifende Erarbeitung und Erkenntnisse über strukturelle Zusammenhänge ermöglicht.
- *Personen-, Subjektorientierung:* Didaktischer Kern dieses Ansatzes ist die Erfahrung, dass nachhaltiges Lernen meist über personale Identifikationsprozesse verläuft: Man möchte sich vergleichen mit anderen, einen Einblick in ihren Alltag bekommen, sich freuen oder Gefühle der Angst, Trauer oder Hoffnung mit ihnen teilen, d.h. empathisch den Anderen verstehen versuchen.
- *Produktorientierung:* Obst, Gewürze und andere Alltagsprodukte bieten ein großes didaktisches Potenzial, um sich einerseits Informationen über Produktionsbedingungen, Vertriebsstrukturen und geschichtliche Kontexte zu erarbeiten und andererseits ein kritisches und politisch fundiertes Konsumentenverhalten zu entwickeln.
- *Länderorientierung:* Der Vollständigkeit halber sei die vor allem aus der Geographiedidaktik kommende Orientierung an spezifischen Problemen bestimmter Länder genannt, die natürlich mit jeder der genannten Perspektiven kombinierbar ist.

Kultur

Metaphern und Begriffe evozieren Denkfiguren, d.h. innere Bilder („mentale Modelle"), die das Denken steuern. Wer von Kultur-„Kreisen" redet oder gar von einem „Zusammenprall der Kulturen", stellt sich Kulturen als *Kugeln* vor, die durch ein inneres „Gravitätszentrum" zusammen gehalten werden und deren äußere Grenzen klar definiert sind: Identitätskonstruktionen nach innen wie auch Abgrenzungen nach außen bedingen sich wechselseitig. Die Kreis- oder Kugelmetapher ist historisch auf die Zeit der (europäischen) Nationalstaatsbildung im 19. Jahrhundert zurückzuführen, in der „Nation" und „Kultur" eng miteinander verknüpft gedacht wurde, folglich auch mit den (damals) geografisch festgelegten Staatsgrenzen nach innen als „Gravitationszentrum" wirken sollten wie nach außen ihre klare (Identifikations-) Linie bekamen (vgl. Gogolin/Krüger-Potratz 2006: 114 ff., Meyer 1997: 116). Diese Metapher ist aus heutiger Sicht als „falsch" zu klassifizieren, weil sie zum einen wichtige historische Fakten ignoriert (vgl. etwa die historische Dynamik der Mittelmeerkultur/en in den vergangenen Jahrhunderten), zum anderen weil sie die Tatsache ausblendet, dass bei genauerer Betrachtung Vermischungen und Grenzüberschreitungen schon immer die Geschichte bestimmt haben. Aus politischen und pädagogischen Gründen muss diese „essentialistische" Denkfigur dekonstruiert werden, weil sie fundamentalistischen Weltbildern und den ihnen inhärenten Tendenzen zu einer politischen Instrumentalisierung von Kultur Vorschub leistet. Gegen einen solchen „Identitäts-Wahn" (Meyer 1997) erscheint es gesellschaftlich angemessener zu sein, Konzepte (und Metaphern) zu setzen, die es ermöglichen,

- kulturelle Produkte/Ausdrucksformen und Alltagspraxen (z.B. Sprachgebrauch, -stil, nonverbale Kommunikation, Literatur/Musik/Kunst) als symbolische Manifestationen von historisch-gesellschaftlich bedingten Wahrnehmungs- und Deutungsmustern zu „lesen", die den Mitgliedern einer Gesellschaft als Orientierung in ihrer Welt dienten und dienen;
- „Kultur" als dynamisches, von politischen Interessen und Machtstrukturen geprägtes Konzept zu hinterfragen und auf dieser Grundlage
- interkulturelle Pädagogik als Beitrag zu einem Leben in globalisierten und polyzentrischen Gesellschaften mit den ihnen eigenen Differenz-, Fremdheits- und Ambivalenzerfahrungen zu konzipieren.

Mit Blick auf die Dynamik gegenwärtiger Kulturen dürfte die Metapher des *„Gewebes"* realitätsgerechter sein (vgl. Meyer 1997: 115), das an unterschiedlichen Orten je spezifische Verdichtungen, jedoch in der Regel Vermischungen und ineinander übergehende Schichten aufweist. Mit einem solchen Fokus kommt die Tatsache, dass unser Alltag, unsere Städte und Regionen in grundlegender Weise multikulturell sind, ebenso zum Vorschein, wie eine

Kritik von (politisch motivierten) Homogenitätsfiktionen von „Kultur" möglich wird.

Dem Leitbegriff Kultur ist aus didaktischer Perspektive zunächst der große Bereich des *Weltkulturerbes* (vgl. UNESCO 2002) zuzuordnen, dessen interkulturell-didaktische Potentiale im Horizont von Allgemeinbildung erst im Ansatz entdeckt worden sind: In diesem Feld ist die kulturelle Imprägnierung der Gestaltung von Landschaften, Architektur, Technik oder etwa von Lebensweisen (Wohnkulturen, Ess- und Trink- bzw. Genusskulturen, Beziehungsmuster, Sozialstrukturen etc.) international vergleichend wahrzunehmen, Gemeinsamkeiten und Unterschiede zu erarbeiten und in historisch diachroner Perspektive vielfältige Wechselwirkungen, Vermischungen und Übergänge von Kultur(en) erkennbar zu machen. Normalitätsvorstellungen „des Eigenen" können angesichts der Relativität kultureller Ausdrucksformen und Deutungsmuster zur Lerngelegenheit werden, weil sich Selbst-Verständlichkeiten verflüssigen und damit der Blick frei wird auf die kulturelle Gebundenheit und Konstruktivität der eigenen wie der Wahrnehmungsperspektive des Anderen.

Kulturelle Bildung ist zweiter großer Themenbereich, der dem Leitbegriff Kultur zuzuordnen ist. Er kann als Sammelbegriff für eine kreativ-ästhetische pädagogische Arbeit gesehen werden, die - aus der außerschulischen Pädagogik kommend - zunehmend die schulische Lernkultur zu verändern beginnt, insbesondere in Ganztagschulen. Mit Blick auf die Potentiale kultureller Bildung, etwa einer expliziten Einbeziehung bildungsbenachteiligter SchülerInnen (vgl. Maedler 2008) oder der Fokussierung auf das didaktische Prinzip der Subjektorientierung, dürfte es eine große Anschlussfähigkeit an die Didaktik und Methodik der Interkulturellen Pädagogik geben. Schule als Ort kultureller und interkultureller Bildung zu gestalten, könnte dann bedeuten, Zwischen-Räume und Ambivalenzen als aktive und kreative Gestaltungsaufgabe wahrzunehmen, als überschaubaren Ort, an dem personale und soziale Identitäten als Suchprozess ermöglicht werden (vgl. Holzbrecher 2004: 135 ff.). Von Kultur zu sprechen, beinhaltet in grundlegender Weise, eine Sensibilität zu entwickeln für die Fallstricke kulturalisierender Deutungsmuster auf Schüler- wie auf Lehrerseite. Auch wenn in der Unterrichtsarbeit „Kultur" selbst vergleichsweise selten zum Unterrichtsthema gemacht wird, imprägniert das oben skizzierte Verständnis von Kultur die Deutungs- und Handlungsmuster der Lehrenden wie der Lernenden. Die vielfältigen und seit vielen Jahren artikulierten Warnungen der Interkulturellen Pädagogik vor kulturellen Zuschreibungen, die zwangsläufig blind machen für andere - geschlechts- oder entwicklungsspezifische - Lesarten pädagogischer Situationen, lassen sich zugespitzt im „Abschied von der Interkulturellen Pädagogik" (Hamburger 2009) formulieren: Gefordert wird eine „reflexive Interkulturalität“ (ebd.: 127), in der kulturelle Differenzen nicht fraglos und primär über interindividuelle gesetzt werden, weil sie als unreflektierte Deutungsmuster - entgegen den wohlmeinenden Absichten - faktisch eher zu „Verstrickungen in der pädagogischen Praxis“ (ebd.: 138) beitragen. Angesichts der - auch in Pädagogenkreisen - verbreiteten kulturalisierenden Deutungsmuster gilt es also den Kultur- und damit den Identitätsbegriff historisch zu dekonstruieren und deren Reflexion zum Bestandteil pädagogischer Professionalitätsentwicklung zu machen.

Werte

Von recht zentraler Bedeutung im interkulturellen Feld ist das Spannungsfeld zwischen Kulturrelativismus und Universalismus. *Universalistische Ansätze* beinhalten tendenziell evolutionär begründete Entwicklungsskalen - und damit fast zwangsläufig die Vorstellung von der Höher*wertigkeit* dessen, der sich selbst an deren oberem Ende situiert. Bezogen auf die Schule ist festzustellen, dass sie aus ihrer Geschichte heraus einen universalistischen Anspruch entwickelt hat (vgl. Gogolin 1994), dem eine homogenisierende Wirkung zugesprochen werden kann: Der historisch tradierte und an einer unhinterfragten Norm orientierte Leistungsbegriff impliziert im Blick auf die Heterogenität der lernenden Subjekte eine klare Defizitperspektive.
Mit *kulturrelativistischen Ansätzen* wird dagegen vor dem Hintergrund des Postulats der Gleichwertigkeit der Kulturen die Einsicht in die Zwangsläufigkeit ethnozentrischer Sichtweisen gefordert, was gleichzeitig ein Erkennen der Begrenztheit der eigenen Wahrnehmung und des Verstehens beinhaltet (vgl. Nieke 2008). Weniger in gemeinsamen Normen, sondern im Bewusstwerden der eigenen Kultur und in der sensiblen Wahrnehmung des Anderen ließen sich Verbindungswege zwischen den Kulturen herstellen. Zu betonen gelte es die historische Bedingtheit der jeweiligen Perspektiven, zu kritisieren die Vorstellung, es gäbe irgendeinen Standpunkt, von dem aus für alle Menschen gültige Aussagen gemacht werden könnten (vgl. Kiesel 1996: 118 ff.).
Aus philosophischer wie aus erziehungswissenschaftlicher Perspektive erscheinen die beiden Positionen scharf konturiert bzw. abgrenzbar. In der pädagogischen Praxis dürfte es dagegen weniger um ein Entweder-Oder gehen, sondern darum, die Positionen als Spannungsfeld zu begreifen und nicht in unter-komplexer Weise aufzulösen. Erkennbar wird dieses Spannungsfeld bei wertebezogenen Fragen zur (Allgemein-) Gültigkeit von Verhaltensnormen (z.B. Teilnahme muslimischer Mädchen beim Schwimmunterricht oder auf Klassenfahrten), in Fragestellungen der Interkulturellen Philosophie ebenso wie beim Interreligiösen Lernen (vgl. Schreiner u.a. 2005). Vor allem bei solchen religiösen Orientierungen, die traditionell geprägt sind bzw. sich ahistorisch auf ihre jeweilige, unantastbare „Offenbarung“ berufen, dürfte eine

Haltung des Respekts auf der Basis der Anerkennung der Gleich-Wertigkeit des Anderen schwer zu leisten sein.

BürgerGesellschaft

Mit diesem Leitbegriff werden didaktischen Konzepte erfasst, die expliziter als andere politisches Lernen zum Gegenstand haben, allen voran

- Lernen für Europa
- Antirassistische Erziehung, Aufklärung und Ideologiekritik
- Demokratie- und Menschenrechtserziehung.

Unverkennbar ist sicherlich das politische Bemühen, mit dem pädagogischen Konzept *Lernen für Europa* (vgl. Weißeno 2004) zur Entwicklung einer „europäische Identität" beizutragen: Ein Identitätsgefühl entsteht zum einen durch Selbstvergewisserung gemeinsamer Werte, zum anderen durch Abgrenzung von denjenigen, die diese Werte nicht teilen. Dies zeigt sich etwa im Zusammenhang mit der Erweiterung der Europäischen Union in Richtung Osteuropa oder Türkei. Dem Diskurs über das, was „Europa" ausmacht, dürfte aus dieser Sicht an sich schon interkulturelle Qualität zukommen: Sind die derzeitigen geografischen Grenzlinien entscheidend? Oder muss „Europa" eher als Kulturraum verstanden werden, dessen Grenzen eher verschwimmen bzw. schon immer von historischen Entwicklungen und politischen Machtinteressen geprägt waren? Es könnte das Bewusstsein entwickelt werden, dass das Feld von Migration, kultureller Austausch und eine Vermischung von „Kulturen" zum zentralen Kennzeichen europäischer Geschichte gehört. Die Entdeckung der vielfältigen und wechselseitigen Einflüsse, ob im Bereich der Alltags- und Esskulturen oder in dem der Wissenschaften (Mathematik, Philosophie), lässt erkennbar werden, dass Homogenitätsvorstellungen von „Kultur" eher politisch und psychologisch motiviert sind, jedoch nur wenig mit der Realität zu tun haben.

Barbarei wuchs immer dort, wo Fremdes ausgegrenzt wurde. Positiv und verallgemeinernd formuliert, belegt die europäische Geschichte, dass die Begegnung und Auseinandersetzung mit dem Fremden als Bedingung für die Entwicklung einer Zivilgesellschaft verstanden werden kann: Verwandlungen, Grenz-Übergänge und die Gestaltung von Spannungsverhältnissen sind bei genauerer Betrachtung eine wesentliche Bedingung für die Humanisierung politischer Beziehungen und menschlicher Umgangsformen. Mit der Entwicklung der Zivilgesellschaft werden – auf der Basis der Aufklärung – zentrale Werte der europäischen Ideengeschichte angesprochen, die sich u.a. mit den Begriffen Gleichheit, Solidarität, Bürger- und Menschenrechte umschreiben lassen. „Lernen für Europa" beinhaltet also die Kritik eines religiös und/oder politisch legitimierten Fundamentalismus' sowie einen Kampf gegen die Diskriminierung von Minderheiten als Basis demokratischer Gesellschaften.

Mit dieser groben Skizze wird deutlich, dass „Lernen für Europa“ kein affirmatives „Multi-Kulti“-Konzept darstellt, das in Projektwochen und auf Straßenfesten beschworen werden kann. Vielmehr handelt es sich um die Arbeit an und mit den Zumutungen historischer Brüche und Ambivalenzerfahrungen, um kleine Begegnungen und Konflikte mit der Partnerschule ebenso wie um die gemeinsame Aufarbeitung historischer Zusammenhänge, von den Epochen kolonialistischer Expansion, deren Weiterleben in weltwirtschaftlichen Strukturen bis zu den andauernden Kämpfen um eine Bürgergesellschaft.

Mit seinem Aufsatz „Erziehung nach Auschwitz“ forderte Theodor W. Adorno (1971 [1966]) dazu auf, über die Mechanismen aufzuklären, die den Nationalsozialismus ermöglicht haben. Dies bedeutet vor allem eine Aufarbeitung strukturell bedingter Herrschaftsverhältnisse (vgl. Kolonialismus) und Rassismus, identifiziert als Herrschaft legitimierende Ideologie, die in offener oder versteckter Form zu einer institutionellen Diskriminierung von Minderheiten geführt hat. Das Konzept der *Antirassistischen Erziehung* entstand in Großbritannien und hat durch die Schärfe der ideologiekritischen Auseinandersetzung zu einer Selbstvergewisserung der Interkulturellen Pädagogik geführt (vgl. Lueddecke u.a. 2001; Rinke 2000). Richten sich Aufklärung und Ideologiekritik auf die analytische Erkenntnis von strukturellen gesellschaftlichen Zusammenhängen, der sozialpsychologischen Dynamik rassistischer, antisemitischer und fremdenfeindlicher Einstellungen sowie der historischen Bedingtheit des ethnozentrischen Blicks, legen die Vertreter dieses Konzepts auch großen Wert auf die Selbstreflexion und die spielerische Veränderung dieser biografisch und lebensweltlich bedingten Wahrnehmungsmuster.

Menschenrechtspädagogik lässt sich im Anschluss an Lenhart (2006) im Schnittfeld zwischen politischer Bildung und Werteerziehung verorten, dies mit interkulturellen und international vergleichenden Perspektiven: In vielen Ländern des Globus werden von den beteiligten Parteien religiös legitimierte Macht- und Geltungsansprüche in Stellung gebracht. Nicht zuletzt resultierend aus den Wunden des Kolonialismus artikulieren marginalisierte Gruppen weltweit ihre Interessen, fordern Wertschätzung ihrer Traditionen – und kommen damit in Konflikt mit anderen (Partikular-)Interessen oder auch mit dem universalistischen Anspruch der Menschenrechte, wie er von den UN proklamiert wird.

Diversität der Lebenswelten

Traditionelle Institutionen - wie etwa die Schule - tun sich schwer im Umgang mit der kulturellen, geschlechtlichen, religiösen, alters- und entwicklungsbedingten oder auch leistungsbezogenen Vielfalt der lernenden Subjekte. Darin spiegelt sich letztlich auch, wie die Gesellschaft mit Minderheiten umgeht, - ob von ihnen erwartet wird, sich an eine Norm („Leitkultur“) anzupassen - bei einer Sanktionierung abweichenden Verhaltens, oder inwiefern ihnen auch in der Alltagspraxis das demokratisches Grundrecht zugestanden wird, ihre eigenen („bunten“) Lebensentwürfe als Subjekte und als Gruppe zu entwickeln: Normorientierung vs. selbstbestimmtes Lernen und Leben. *Diversität der Lebenswelten* als interkulturell-didaktischer Leitbegriff kann zunächst in historischer Perspektive entfaltet werden:

Zentraler Ansatz des Konzepts *Ethnische Spurensuche in Geschichte und Gegenwart* ist das Anliegen, „Zeichen der Gegenwart“ auf ihre geschichtliche Tiefenstruktur hin zu befragen, um zu entdecken, dass multikulturelle Vielfalt und Migration nichts Exotisches und Neues, sondern seit Jahrhunderten ein zentrales Kennzeichen europäischer Geschichte sind. Solche Zeichen können im weitesten Sinne sein:

- Orte der Erinnerung (Kriegsorte, Friedhöfe, Denkmäler)
- Feier- und Gedenktage (vgl. multikulturelle Wurzeln „christlicher“ Feiertage)
- Sprache (vgl. Herkunft der Familiennamen, Wanderung von (Fremd-) Wörtern)
- Ikonische Zeichen (Bilder/Fotos: „Fremde/s“ in der Familiengeschichte, in der Geschichte des eigenen Ortes, Stadtteils etc.)
- Rituale und Gesten (vgl. Begrüßungs-, Abschieds-, Fest- oder Trauerrituale)
- Symbole und ihre Bedeutung für die Konstruktion sozialer Identitäten (vgl. Kopftuch-Sprache, gruppen- und jugendspezifische Bekleidung etc.).

Zum Lerngegenstand wird die kulturelle Relativität (im Wortsinn: Rückbezüglichkeit) und der gesellschaftliche Konstruktionscharakter von Symbolen, Traditionen und „Kultur“ ebenso wie die Erkenntnis, dass diese Bedeutungszuschreibungen nicht statisch, sondern in grundlegender Weise von Migrationen gekennzeichnet sind. So wie der Ethnologe sich der Eigenlogik einer fremden Kultur nähert, ist ein Konzept eines nicht-vereinnahmenden Verstehens zu entwickeln, das eine „Pendelbewegung zwischen den Kulturen“ (Erdheim 1990, S.XIII) ermöglicht. Dieses Professionalitätsmerkmal eines Ethnologen kann für pädagogische Settings als „Lernen in Zwischenräumen“ (Holzbrecher 1997; 2004; 2011) übersetzt werden: Der oder das Andere wird zum Gegenstand, *indem* die Beziehung zwischen dem Forscher und seinem Objekt bzw. zwischen dem betrachtenden Subjekt und dem Anderen in den Mittelpunkt des Interesses gerückt wird. Damit wird nicht nur das Fremde zum Gegenstand interkulturellen Lernens, sondern dieses erfasst ganz wesentlich auch die eigenen Deutungsmuster, mit denen das Fremde wahrgenommen wird: Die Widerständigkeit des Fremden wird so zur Lerngelegenheit über die eigenen Konstruktionen von Wirklichkeit.

Kommunikation

Interkulturelle Kontakte realisieren sich im Raum sprachlicher und nichtsprachlicher Zeichen. Die Wörter wie auch die Gesten, die wir wahrnehmen, rühren an unbewusste, emotional hoch besetzte Erfahrungen und Gefühlswelten. Sie beinhalten die Essenz dessen, was wir als „kulturelle Identität" bezeichnen. Diese Gemengelage macht Kommunikation im Allgemeinen und interkulturelle Kommunikation im Besonderen so störungsanfällig. Der interkulturell didaktische Ansatz ist daher in einem umfassenden Sinn allgemeinbildend (vgl. Klafki 1998). Seine zentralen Profilmerkmale sind:

- Verständnis von *Sprache als Medium der persönlichen und kollektiven Identitätskonstruktion*: Die Erfahrung von Zugehörigkeit in einem vertrauten Raum und das Sich-heimisch-Fühlen („Identität") erfolgen wesentlich über das Medium Sprache, eben weil in ihr spezifische kulturelle Erfahrungen verdichtet erscheinen. Interkulturelles Lernen findet statt, wenn eben diese Codes erkennbar werden, die Codes der eigenen Sprache und Gesten wie auch die der Menschen aus fremden Kulturräumen (vgl. „language awareness"). Die pädagogische Bedeutung dieses Ansatzes zeigt sich nicht nur in den modernen Fremdsprachendidaktiken, sondern auch im Umgang mit den Sprachen der Zuwanderer, deren soziale und personale Identität sich im Medium ihrer Sprache bildet und die über die Wertschätzung ihrer Herkunftssprache die so bedeutsame Erfahrung von gesellschaftlicher Zugehörigkeit machen können (vgl. Reich 2000, Oomen-Welke 2008).
- *Nonverbale Aspekte interkultureller Kommunikation* (vgl. Apeltauer 1995): Ob als Vorbereitung einer internationalen Jugendbegegnung oder als Rückblick auf eine misslungene Kommunikation im Betrieb, die Sensibilisierung für die kulturelle Codierung von Gesten, Körperhaltungen oder Begrüßungsritualen erscheint unabdingbar in einer globalisierten Gesellschaft, eben weil der Kontakt zwischen Kulturen vermutlich in erster Linie von der Deutung nichtsprachlicher Zeichen bestimmt ist.
- Mehrsprachigkeit als Entwicklungsperspektive: Jenseits der Debatte um den Sinn eines „muttersprachlichen Unterrichts" gilt für Lernende mit Migrationshintergrund: Das Erlernen mehrerer Sprachen ist eine notwendige Entwicklungsperspektive, und zwar nicht nur das Erlernen der Weltsprachen Englisch oder Französisch, sondern auch die der (z.B. türkischen) Nachbarn.

- Welt-Literatur: Während die aktuellen interkulturellen Diskurse in den sprachlichen Fächern eher sprachdidaktisch orientiert sind, gilt es in gleicher Weise den sehr großen Bereich der Literatur für den interkulturellen Unterricht (wieder) zu erschließen, und zwar sowohl den der „Migrantenliteratur", der interkulturellen Kinder- und Jugendliteratur als auch die Literaturen Afrikas , Asiens und Lateinamerikas (vgl. litprom 2012).

Bilder vom Fremden

Bevor wir fremden Personen begegnen, sind schon die Bilder da, Bilder aus der eigenen Lebensgeschichte, aus Kinderbüchern, Filmen, aus der Tagespresse oder aus Geschichten, die die Wahrnehmung und Wirklichkeitskonstruktion mit all ihren Gefühlsqualitäten nachhaltig eingefärbt haben. Neben lebensweltlichen Einflüssen sind noch kulturgeschichtlich bedingte Deutungsmuster wirkungsmächtig, die ihre Dynamik aus dem „gesellschaftlich unbewusst Gemachten" (Erdheim 1990) erhalten. Bei diesem Leitbegriff geht es um didaktische Konzepte, die eine Artikulation derartiger Bilder für bedeutsam halten, um sie kommunizierbar und veränderbar zu machen: Was wird in welcher Weise als „fremd" wahr-genommen? Macht es Angst oder löst es Faszination aus? Wie weit lasse ich die Befremdung zu? Wo ziehe ich die Grenze, um mein Selbst- und Weltbild, meine Identitätskonstruktion zu sichern? Diese Fragen verweisen auf die Selbstwahrnehmung in kommunikativen Prozessen und lassen die projektiven Anteile des Beobachters erkennen, die Bestandteile seines Bildes vom Fremden sind.
Darüber hinaus kann als didaktisch relevanter Problembereich (z.B. im sozialwissenschaftlichen Unterricht) die mediale Konstruktion von Selbst- und Fremdbildern analytisch erschlossen werden – etwa bezogen auf die Epoche des Kolonialismus, auf Exotikphantasien und deren Verhältnis zur gesellschaftlichen Realität oder auch auf kulturell unterschiedliche Konzepte von *Zeit*. Hier kann vor allem eine kreative, erlebnis- und wahrnehmungsorientierte Bildungsarbeit vorbewusste Vorstellungsbilder „zur Sprache" bringen, die Fähigkeit zur Selbstreflexion entwickeln helfen und erkennen lassen, dass Fremdheit eine biografisch und gesellschaftlich bedingte Konstruktion ist, die im „Habitus der Annäherung" verändert werden kann.
Die bislang skizzierten Schlüsselbegriffe zielen vor allem darauf, interkulturelles und globales Lernen als grundlegende *thematische* Perspektive bzw. didaktische Horizonterweiterung zu verstehen. „Quer" dazu können didaktische Prinzipien ermöglichen, noch stärker die Lernenden als Subjekte mit einzubeziehen:

Didaktische Prinzipien

Das in der didaktischen Literatur fest verankerte Prinzip der Lernerorientierung wird hier erweitert und begrifflich geschärft durch das der *Subjektorientierung*. Ein anspruchsvolles Konzept beinhaltet einerseits den Blick auf die gesellschaftlichen Rahmenbedingungen sowie die in die Organisationen eingeschriebenen Machtstrukturen, welche die Lern- und Entwicklungsmöglichkeiten der Subjekte beeinträchtigen oder schädigen. Andererseits relativiert Subjektorientierung die Fixierung auf den zu vermittelnden Stoff und inhaltsbezogene Standards, weil die Potenziale und Ressourcen der lernenden Subjekte zur Bezugsgröße der pädagogischen Arbeit werden.

Bildungssprache für alle

Im semantischen System einer Sprache sind historische, gesellschaftliche und kulturelle Erfahrungen verdichtet, wie sich auch in der Alltagssprache etwa milieuspezifische Deutungsmuster zeigen. Eine *Wertschätzung der Sprachenvielfalt* im Einwanderungsland Deutschland beinhaltet die Anerkennung der Potenziale, die in den Sprachen liegt. Die (Familien-)Sprache dient als emotional und sozial bedeutsame Ressource, als Grundlage für die Entwicklungs- und Lernfähigkeit, als Medium der sozialen (Selbst-) Konstruktion des Lernenden. Deren gesellschaftliche Anerkennung bietet die Chance für die Erfahrung von Zugehörigkeit und gesellschaftlicher Teilhabe.
Eine schulische Wertschätzung der Sprachenvielfalt, etwa in Form eines breiten schulischen Sprachenangebots oder sprachenvergleichender Unterrichtsarbeit (vgl. Oomen-Welke 2007), dürfte wesentlich zu dieser Erfahrung „dazuzugehören" beitragen. Umgekehrt wird eine fehlende oder verweigerte Anerkennung das Gefühl verstärken, zu den Verlierern des Bildungssystems zu gehören. Warum sollte man sich dann noch anstrengen?

„Durchgängige Sprachbildung"

Mit diesem Konzept wurde im BLK-Modellprogramm „Förderung von Kindern und Jugendlichen mit Migrationshintergrund" (FörMig) ein Ansatz entwickelt, der als bedeutsame Herausforderung für die Lernenden, für die Lehrer/innen und für die Fachdidaktiken gesehen werden kann. Aus der Projektarbeit an sieben deutschen Modellschulen entstanden sechs „Qualitätsmerkmale für den Unterricht", d.h. „Eigenschaften, die bei der Umsetzung eines bildungssprachförderlichen Unterrichts sinnvoll und notwendig sind" (Gogolin u.a. 2010: 4):

1. Die Lehrkräfte planen und gestalten den Unterricht mit Blick auf das Register Bildungssprache und stellen die Verbindung von Allgemein- und Bildungssprache explizit her.

2. Die Lehrkräfte diagnostizieren die individuellen sprachlichen Voraussetzungen und Entwicklungsprozesse.
3. Die Lehrkräfte stellen allgemein- und bildungssprachliche Mittel bereit und modellieren diese.
4. Die Schülerinnen und Schüler erhalten viele Gelegenheiten, ihre allgemein- und bildungssprachliche Fähigkeiten zu erwerben, aktiv einzusetzen und zu entwickeln.
5. Die Lehrkräfte unterstützen die Schülerinnen und Schüler in ihren individuellen Sprachbildungsprozessen.
6. Die Lehrkräfte und die Schülerinnen und Schüler überprüfen und bewerten die Ergebnisse der sprachlichen Bildung. (Gogolin u.a. 2010: 4-6)

Aufgabenorientierung

Die (Neu-)Entwicklung von Aufgaben bezieht sich zum einen auf Inhaltsentscheidungen (vgl. interkulturelle und globale Perspektiven im Lernprozess), zum anderen auf ein Aufgabendesign, das dem Anspruch einer möglichst hohen Passung zu den Lernvoraussetzungen der Schüler/innen Rechnung trägt. Über eine Förderung von „benachteiligten" Schülerinnen und Schülern hinaus geht es in einer individualisierenden Lernkultur um *Förderung als Grundorientierung* jeglicher pädagogischen Arbeit in der Schule, d.h. nicht nur für diejenigen, bei denen Defizite festgestellt werden. Mit Blick auf alle Lernenden wäre es eine bedeutsame didaktische Entwicklungsaufgabe interkulturellen und globalen Lernens, nach Aufgabenkonzepten zu suchen, die es ermöglichen zu diagnostizieren, auf welche Weise Schüler/innen unter den Bedingungen einer multikulturellen und globalisierten Gesellschaft ihre Identität konstruieren, inwiefern sie diese Lebenswelt als *widerständig* wahrnehmen und welche Strategien sie entwickeln, sich diese Welt anzueignen. Neigen sie etwa zu vereinfachenden Weltbildern, in denen die Komplexität der Realität und Ambivalenz geleugnet werden? Oder gelingt es ihnen, sich als selbstbewusste, handlungsfähige Subjekte in einer sich verändernden Welt zu „konstruieren", sich aus dem globalisierten Markt der Kulturindustrie ein Bild von sich selbst zu „basteln"?

Perspektivität der Wahrnehmung

Der Interkulturellen Pädagogik wurde und wird vorgeworfen, sie befördere schon durch ihre Bezeichnung kulturalistische Deutungsmuster und damit eine Reduktion migrationsgesellschaftlicher Verhältnisse (vgl. Mecheril u.a. 2010:62 ff.). Wenn das Deutungsmuster „kulturelle Unterschiede" als nicht weiter reflektierte Setzung seine Wirkung entfaltet, kommt ein verengtes, weil meist auf nationalstaatliche Grenzen sich beziehendes Kulturverständnis zum Tragen, das der Realität nicht gerecht wird (Hamburger 2009: 140).

Darüber hinaus, so Hamburger, bewirkt eine generalisierte „interkulturelle Aufmerksamkeit“, dass „Fremdheit“ eben dadurch erst konstruiert und verstärkt wird, statt sie als normalen Bestandteil moderner, pluraler Gesellschaften wahrzunehmen (ebd.: 131), deren Vielfalt und Heterogenität sich mit anderen Differenzlinien anders, mehrperspektivischer und damit differenzierter beschreiben lassen. *Wertschätzung der Lernenden* beinhaltet also, eine Vielfalt von Differenzlinien und Verschiedenheit als didaktische und pädagogische Ressource wahrzunehmen. *Reflexive Interkulturalität* bedeutet für Franz Hamburger nicht nur das Nachdenken darüber, wann und unter welchen Bedingungen es angebracht ist (oder nicht), „Kulturelles“ zu thematisieren, d.h. Unterscheide fest-zu-stellen. Reflexiv bearbeitet werden müssen auch die theoretischen Grundlagen des Konzepts sowie seine (oft unbeabsichtigten) Folgen (vgl. Hamburger 2009: 129).
Die Widerstände, neue Sichtweisen zu entwickeln und mehrere Lesarten zuzulassen, sind vermutlich damit erklärbar, dass nicht nur vertraute „Wahrheiten“ aufgegeben werden müssten, sondern damit auch eine Kränkung des Selbst verbunden wäre, die daraus resultiert, dass man nicht (mehr) im Mittelpunkt steht. So schmerzhaft eine solche „Dezentrierung“ ist, so notwendig erscheint es anzuerkennen, dass wir nicht mehr in einer uni- oder bipolaren Welt leben: Es entwickelt sich eine polyzentrische Weltordnung, die auf weltpolitischer Ebene neue Formen der Kooperation notwendig macht.

Literatur

Adorno, Theodor W. (1971): Erziehung nach Auschwitz [1966], in: ders.: Erziehung zur Mündigkeit, Frankfurt a.M.

Apeltauer, Ernst (1995): Nonverbale Aspekte interkultureller Kommunikation, in: Heinz S. Rosenbusch (Hrsg): Körpersprache in der schulischen Erziehung. Pädagogische und fachdidaktische Aspekte nonverbaler Kommunikation, Baltmannsweiler, S.100-165.

Asbrand, Barbara (2009): Wissen und Handeln in der Weltgesellschaft. Eine qualitativ-rekonstruktive Studie zum Globalen Lernen in der Schule und in der außerschulischen Jugendarbeit, Münster.

Auernheimer, , Georg (2003), Einführung in die Interkulturelle Pädagogik, Darmstadt.

BNE (2012): http://de.wikipedia.org/wiki/Bildung_für_nachhaltige_Entwicklung.

Erdheim, Mario ([3]1990): Die gesellschaftliche Produktion von Unbewußtheit. Eine Einführung in den ethnopsychoanalytischen Prozeß [1984], Frankfurt a.M.

Gogolin, Ingrid (1994): Der monolinguale Habitus der multilingualen Schule, Münster.

Gogolin, Ingrid/Lange, Imke/Hawighurst, Britta/Bainski, Christiane/Heintze, Andreas/Rutten, Sabine/Saalmann, Wibke (2010): Durchgängige Sprachbildung. Qualitätsmerkmale für den Unterricht, Hamburg (http://www.blk-foermig.uni-hamburg.de/web/de/all/mat/hand/index.-html.

Gogolin, Ingrid/Krüger-Potratz, Marianne (2006): Einführung in die Interkulturelle Pädagogik, Opladen.

Hamburger, Franz (2009): Abschied von der Interkulturellen Pädagogik. Plädoyer für einen Wandel sozialpädagogischer Konzepte, Weinheim/München.

Holzbrecher, Alfred (1997): Wahrnehmung des Anderen. Zur Didaktik interkulturellen Lernens, Opladen.

Holzbrecher, Alfred (2004): Interkulturelle Pädagogik, Berlin.

Holzbrecher, Alfred (Hrsg.)(2011): Interkulturelle Schule – eine Entwicklungsaufgabe, Schwalbach/Ts.

Kiesel, Doron (1996): Das Dilemma der Differenz. Zur Kritik des Kulturalismus in der Interkulturellen Pädagogik, Frankfurt a.M.

Klafki, Wolfgang (1998): Schlüsselprobleme der modernen Welt und die Aufgaben der Schule – Grundlinien einer neuen Allgemeinbildungskonzeption in internationaler/interkultureller Perspektive. In: Gogolin, Ingrid/Krüger- Potratz, Marianne/Meyer, Meinert (Hrsg.): Pluralität und Bildung, Opladen, S. 235-249.

Lenhart, Volker ([2]2006): Pädagogik der Menschenrechte, Wiesbaden.

litprom (2012): Gesellschaft zur Förderung der Literatur aus Afrika, Asien und Lateinamerika (www.litprom.de).

Lüddecke, Julian/Kloeters, Uli/Quehl, Thomas (2001): Interkulturelle und antirassistische Erziehung in der Schule, Duisburg (http://www.aric-nrw.de/de/docs/pdf/Lehrerhandbuch_-Auszug.pdf).

Maedler, Jens (Hrsg.) (2008). TeilHabeNichtse. Chancengerechtigkeit und kulturelle Bildung, München.

Mecheril, Paul/Castro Varela, María do Mar/ Dirim, Inci/ Kalpaka, Annita/ Melter, Claus (2010): Migrationspädagogik, Weinheim/Basel.

Meyer, Thomas (1994): Die Transformation des Politischen, Frankfurt/M.

Meyer, Thomas (1997): Identitätswahn. Die Politisierung des kulturellen Unterschieds, Berlin.

Nieke, Wolfgang ([3]2008): Interkulturelle Erziehung und Bildung. Wertorientierungen im Alltag, Opladen.

Nohl, Arnd-Michael (2006): Konzepte interkultureller Pädagogik, Bad Heilbrunn.

Oomen-Welke, Ingelore (2007): Der Sprachenfächer (Bd. 1: Höflichkeit; Bd. 2: Personennamen; Bd. 3: Internationale Wörter), Freiburg.

Oomen-Welke, Ingelore (2008): Deutschunterricht in der multikulturellen Gesellschaft, in: Kämper-van den Boogaart, Michael (Hrsg.). Deutschdidaktik. Leitfaden für die Sekundarstufe I und II, Berlin, S.72-85.

Overwien, Bernd/Rathenow, Hanns-Fred (Hrsg.) (2009): Globalisierung fordert politische Bildung. Politisches Lernen im globalen Kontext, Opladen/Farmington Hills.

Reich, Hans H. (2000): Deutsch: Sprache, in: Reich, Hans H./Holzbrecher, Alfred/Roth, Hans-Joachim (Hrsg.): Fachdidaktik interkulturell. Ein Handbuch, Opladen, S.235-256.

Rinke, Kuno (2000): Politische Bildung, in: Reich, Hans. H./Holzbrecher, Alfred/Roth, Hans-Joachim (Hrsg.) (2000): Fachdidaktik interkulturell. Ein Handbuch, Opladen, S.93- 129.

Roth, Hans-Joachim (2000): Allgemeine Didaktik, in: Reich, Hans H./Holzbrecher, Alfred/Roth, Hans-Joachim (Hrsg.): Fachdidaktik interkulturell. Ein Handbuch, Opladen, S.11-54.

Schreiner, Peter/Sieg, Ursula/Elsenbast, Volker (Hrsg.) (2005): Handbuch Interreligiöses Lernen, Gütersloh.

Trautmann, Matthias (Hrsg.) (2004): Entwicklungsaufgaben im Bildungsgang, Wiesbaden.

UNESCO (2002): Natur und Kultur. Ambivalente Dimensionen unseres Erbes – Perspektivenwechsel, Bonn.

Warzecha, Birgit (Hrsg.) (2003): Heterogenität macht Schule. Beiträge aus sonderpädagogischer und interkultureller Perspektive, Münster.

Weißeno, Georg (Hrsg.) (2004): Europa verstehen lernen : eine Aufgabe des Politikunterrichts, Schwalbach/Ts.

Wulf, Christoph (2001): Einführung in die Anthropologie der Erziehung, Weinheim.

Gregor Lang-Wojtasik

Schultheorie in der Weltgesellschaft. Implikationen für Erziehungswissenschaft und Pädagogik

Vorbemerkungen

Im folgenden Aufsatz wird zunächst der Terminus Weltgesellschaft in seiner gesellschaftstheoretischen Bedeutung skizziert und werden damit verbundene Lernherausforderungen formuliert. Im Anschluss daran wird Schule als Refugium und Ermöglichungsort für weltgesellschaftliche Inklusion beschrieben. Damit sind Implikationen für Erziehungswissenschaft und Pädagogik verbunden.

Weltgesellschaft

> These 1: Nationale Gesellschaften werden am Beginn des 21. Jahrhunderts mit vielfältigen Transformationsprozessen konfrontiert, womit Herausforderungen auch für das menschliche Lernen verbunden sind.

Das in der europäischen Moderne beginnende Phänomen zunehmender funktionaler Differenzierung kann am Beginn des 21. Jahrhunderts als Entwicklung zur Weltgesellschaft beschrieben werden. Alles ist weltweit in verschiedenen Formen vernetzt und kommunikativ erreichbar. Gesellschaftliche Probleme und Herausforderungen lassen sich nur noch im Welthorizont betrachten und bearbeiten (Luhmann 1984; 1997; im Folgenden: Scheunpflug/Hirsch 2000; Treml 2000, S. 250ff; Scheunpflug 2003a; b; Lang-Wojtasik 2008; 2011b; c).

Diese Weltgesellschaft ist durch Variationsreichtum gekennzeichnet. Was bedeutet eine solche Beschreibung für das Nachdenken über institutionalisierte Lernmöglichkeiten?

Es wird wahrnehmbar, dass der sicher geglaubte räumliche Referenzrahmen nationaler Gesellschaften als *entgrenzt* erscheint. Sichtbar werden Prozesse einer ‚*Glokalisierung*' (Robertson 1998), also parallele Entwicklungen globaler und lokaler Entwicklungen, die sich jenseits nationaler Begrenzungen in grenzüberschreitenden Netzwerkstrukturen ereignen (Castells 2002) und in denen sich „Partikularismus und Universalismus in der Moderne" (Robertson

1998, S. 207) gegenseitig durchdringen. Nationalstaaten werden in dieser Perspektive zu *regionalen Differenzierungen der Weltgesellschaft*.
Für das menschliche Lernen bedeutet dies: Es geht um den Umgang mit der Spannung zunehmender *Offenheit* von Weltgesellschaft (Entgrenzung der Nationalgesellschaft) und erhoffter *Begrenzung* durch Nationalgesellschaft oder lokale Ausdifferenzierungen (räumlich). In welchen räumlichen Kontexten gibt es Möglichkeiten des Lebens und Lernens?
In dieser Weltgesellschaft scheinen sich die vor Jahrzehnten prognostizierten *sachlich*en Befürchtungen der ‚Grenzen des Wachstums' (Meadows et al. 1972) nicht nur weitgehend zu bestätigen, sondern in verschärfter Form darzubieten (Randers 2012). Es geht um Problemlagen, die ein menschenwürdiges Leben und das Überleben der Menschheit als Ganzes in Frage stellen. Die damit verbundenen Zusammenhänge sind von einer hohen *Komplexität* gekennzeichnet und es erscheint als immer schwieriger, sich angesichts einer größer werdenden Informationsflut begründet für oder gegen etwas zu entscheiden. Somit steigt auch die Wahrnehmung von *Kontingenz*. Denn alles kann sich auch anders entwickeln, als es im Moment der Entscheidung gedacht wird; obwohl bewusst ist, dass auch eine andere Entscheidung möglich gewesen wäre. Dies ist folgenreich nicht nur für Einzelpersonen, sondern vor allem auch für ein Nachdenken über das Programm einer nachhaltigen Welt, das intra- und intergenerationelle Gerechtigkeit in internationaler Perspektive einschließt. Denn die Beurteilung eigenen Verhaltens (Selbst- und Mitbestimmung) sowie die Legitimation von Solidarität und Gerechtigkeit sind mit neuen Maßstäben, Verstehenshorizonten und Handlungsoptionen konfrontiert.
Für das menschliche Lernen bedeutet dies, den Umgang mit *Wissen* und *Nichtwissen* in einer immer komplexer werdenden Gesellschaft und damit zusammenhängenden Legitimationsproblemen auszuhalten: Welches Wissen ermöglicht eine sichere Anschlussmöglichkeit an kommende Entwicklungen und wie relevant wird das, was ich nicht weiß?
In einer *zeitlich*en Perspektive ist eine *Gleichzeitigkeit ungleichzeitiger Prozesse* wahrnehmbar, die auch als „Schrumpfung der Zeit" (UNDP 1999, S. 1) beschrieben worden ist. Denn die existierenden Zeitzonen der Welt können unproblematisch durch die modernen Kommunikationsmittel überwunden werden. Diese *‚Entzeitlichung'* wird deutlich in der Parallelisierung lokal zeitversetzter Ereignisse (z.B. Schreiben und Empfangen einer Email), was zu neuen Herausforderungen hinsichtlich der Erwartungen beteiligter Kommunikant/innen führt. Darin liegen Chancen und Grenzen gleichermaßen. Z.B. bietet diese Parallelisierung eine Beschleunigung von Warenabläufen etwa im Fairen Handel. Gleichzeitig sind damit veränderte Erfordernisse an die anthropologisch gegebenen Möglichkeiten gestellt, mit Zeit im lokalen

Kontext umzugehen (z.B. bezüglich erwarteter Reaktionen auf gesendete Nachrichten).[1] Zudem erleben wir einen *beschleunigten Sozialen Wandel*, der sowohl Motor als auch Folge fundamentaler Transformationsprozesse ist. Dieser ist schneller geworden als die Zeitspanne eines Generationswechsels; Menschen der älteren Generation können sich nicht selbstverständlich darauf verlassen, dass ihr in der Jugendzeit grundlegend erworbenes Wissen ausreicht, um mit der jüngeren Generation in einen erfolgversprechenden Dialog zu treten. Damit sind Konsequenzen für Wertkonflikte zwischen Alt und Jung verbunden, die an verschiedenen Orten der Welt als Auseinandersetzung zwischen Modernität und Traditionalität zutage treten. Dies bedeutet auch eine stärkere Verunsicherung für die Legitimation des Handelns im Jetzt mit Blick auf eine unverfügbare offene Zukunft.

Für Menschen bedeutet dies, den Umgang mit *Gewissheit* und *Ungewissheit* (zeitlich) aushalten zu lernen: Welche Gewissheit lässt sich angesichts von Entzeitlichung und beschleunigtem Sozialen Wandel für eine immer unverfügbarer und ungewisser erscheinende Zukunft annehmen?

Aus einem *sozial*en Blickwinkel wird wahrnehmbarer, dass das *Individualisierung*serfordernis der europäischen Aufklärung die dahinter liegende Semantik massiv herausfordert. Denn die angenommene Notwendigkeit einer individualisierten Gesellschaft bedeutet in der Konsequenz die Zunahme von *Pluralität* – je individueller jeder Einzelne gedacht werden kann, um so vielfältiger werden die gedachten Möglichkeiten der Freiheit! Gleichzeitig gibt es weltweit vertraute Bezugspunkte einer vereinheitlichten Kultur verschiedener Großstädte und Lebenswelten. Der Unterschied von Vertrautheit und Fremdheit wird somit zunehmend nicht mehr räumlich, sondern vielmehr sozial wirksam; als Ausdruck sozialer Ausdifferenzierung oder Fragmentierung. Letztlich geht es um den Unterschied zwischen Privilegierten und Nicht-Privilegierten.

Für das menschliche Lernen bedeutet dies eine Konfrontation mit einem veränderten Umgang von *Vertrautheit* und *Fremdheit* (sozial): Welche individuellen und pluralen Lebensentwürfe sind vertraut oder fremd und warum ist dies so?

Im Sinne Globalen Lernens (Lang-Wojtasik 2003; 2010) – als „pädagogische[r] Reaktion auf die Entwicklungstatsache der Weltgesellschaft" (Scheunpflug/Schröck 2002, S. 10) – geht es um Bildungsofferten, die Menschen in ihrer anthropologisch begründeten Suche nach *Sicherheit* Optionen zum Umgang mit *Unsicherheit* in einer riskant erscheinenden und variationsreichen Welt anbieten, verantwortliches Handeln in der Weltgesellschaft er-

---

[1] Bei alledem darf nicht vergessen werden, dass die Möglichkeit virtueller Teilhabe nach wie vor weltweit sehr ungleich verteilt ist (Jäger 2004, S. 72).

möglichen und dies im Leitbild der *Nachhaltigkeit* – inklusive intra- und intergenerationeller Gerechtigkeit – zu verorten.
Dazu brauchen Lernende *Fakten*wissen, mit dem sie sich *Orientierung* in der Unübersichtlichkeit der Weltgesellschaft verschaffen können, um mögliche *Handlungs*optionen für gesellschaftliche Veränderungsprozesse anzustoßen (Lang-Wojtasik 2010).
Im Folgenden wird zu beschreiben versucht, inwieweit die Schule der Moderne eine besondere Möglichkeit bietet, mit den beschriebenen Herausforderungen unter ‚herabgesetztem Risiko des Scheiterns' (Scheunpflug 2001, S. 245) umgehen zu lernen; also nach Optionen Ausschau zu halten, mit denen Fakten, Orientierung und Handlung für Lernende in einen nachhaltigen und handhabbaren Zusammenhang gebracht werden können.

Schule als Refugium und Ermöglichungsort weltgesellschaftlicher Inklusion

> These 2: Die Schule der Moderne ist ein Refugium, in dem über Optionen für Lernen und Bildung ein inklusiver Anschluss an eine variationsreiche Weltgesellschaft geschaffen werden kann.

Inklusion (Luhmann 1997, S. 618 – 634) wird hier verstanden als Einschließung. Diese wird in der funktional differenzierten Weltgesellschaft als Möglichkeit für alle Personen unterstellt. Damit wird darauf verwiesen, dass Individuen als Personen potenziell an allen funktionalen Teilsystemen teilhaben können (ebd., S. 625), womit auf die erhoffte Würdigung des Individuums mit seinen vielfältigen gesellschaftlichen Verortungen, Vernetzungen und Potenzialen im größeren Ganzen hingewiesen wird (Schwarz 2009). *Exklusion* bezieht sich demgegenüber auf die Ausschließung aus einem Funktionssystem, die dann sichtbar wird, wenn die erhoffte Semantik reflexiv an realen Entwicklungen gemessen wird; z.B. bei Betrachtung des Verhältnisses von Armut und Reichtum der weltweiten Megastädte.
Das expansive Bildungssystem der Moderne, mit dem eine Beschulung der Gesamtbevölkerung angestrebt wird, ist ein Beispiel für eine generalisierte Inklusion in das Erziehungssystem und von der Schule als Institution wird hier eine spezifische Inklusionsoption angenommen. Allerdings erfährt diese Inklusionsannahme eine Einschränkung durch Strukturen von Organisationen. Diese exkludieren in einem allgemeinen Sinne bestimmte Personenkreise durch ihre formale Mitgliedschaftsstruktur.
Als Quintessenz des schultheoretischen Diskurses im deutschsprachigen Raum kann man festhalten: Eine Schule wird als eine Einrichtung beschrieben, in der die heranwachsende Generation in einem vom Alltag abgegrenzten Lebensraum durch professionelle Kräfte zu Lernprozessen angeregt wer-

den soll. Damit wird davon ausgegangen, eine Basis für den Erhalt und die Weiterentwicklung von Gesellschaft schaffen zu können (Lang-Wojtasik 2009b; Lang-Wojtasik 2008).
In diesem Verständnis von Schule stecken verschiedene Annahmen und Hoffnungen, die an die Schule als Institution, Organisation, Interaktionsort und internationales Phänomen im nationalen Rahmen gestellt werden. Im Folgenden seien daher die zentralen Aspekte von Schultheorie mit einem Schwerpunkt im deutschsprachigen Raum skizziert.
Die Schule ist eine *Institution* im sozialen Wandel, in der der Erhalt und die Weiterentwicklung von Gesellschaft und Kultur (*Re-Produktion*) erhofft werden. Angenommen wird auch, dass über schulische Kulturalisation und Sozialisation (*Scolarisation*) eine Persönlichkeitswerdung ermöglicht und so eine Integration in Gesellschaft wahrscheinlich wird. Gleichzeitig ist anerkannt, dass Selektion stattfindet, die sich in der Spannung anzustrebender *Chancengleichheit* und praktizierter *Auslese* ereignet. Dies ist ein zentraler Aspekt, an dem Schulkritik und Forderungen nach Reformen von Schule ansetzen (Lang-Wojtasik 2008, S. 131 – 143).
Die Schule ist eine *Organisation*, die einen Umgang mit Wissen und Entscheidung ermöglichen soll. Durch *Lernorganisation* wird ein Wissenszuwachs für Qualifikation erhofft, um an die Gesellschaft anschlussfähig zu werden. Durch Verwaltungsorganisation wird eine spezifische formelle *Struktur* angestrebt, in der *zweckrationale* Entscheidungen prägend sind, die z.B. die Mitgliedschaft in dieser Organisation regeln (Schüler/innen und Lehrkräfte). Die Unterrichtsorganisation ist durch Standardisierung und Homogenisierungstendenzen geprägt, um die Gleichheit aller angesichts ihrer Heterogenität durchsetzen zu können. *Äußere Schulentwicklung* lässt sich auf die Formel ‚lernende Organisation' zuspitzen, womit eine Veränderung der organisatorischen Rahmenbedingungen hin zu mehr Autonomie gemeint ist (ebd., S. 120 – 131).
Die Schule ist ein *Interaktionsort*, in dem die *Bildung und Mündigkeit* aller Lernenden im konkreten Tun gefördert werden soll. Dies wird als möglich angesehen, weil die Schule als *Schutz- und Schonraum* betrachtet wird; Abschottung gegen das ‚wirkliche Leben' und reduzierte Integration dieses Lebens in pädagogischem Sinne. Damit wird ein Rahmen geschaffen, in dem eine *Zertifizierung* von Lernzuwächsen und eine *Zuteilung* ‚kulturellen Kapitals' trotz Heterogenität der Lernenden möglich ist. *Innere Schulentwicklung* konzentriert sich auf diese Aspekte von Schule. Zentral ist hier z.B. die Forderung nach einer ‚neuen Lernkultur' (ebd., S. 143 – 152).
Die Schule ist darüber hinaus mit *Internationalisierungstendenzen* konfrontiert, die als Herausforderung an das nationale Bildungswesen gestellt werden (ebd., S. 94 – 120). Zunächst ist offensichtlich, dass sich die Idee einer All-

gemeinbildenden Schule weltweit *ideengeschichtlich* verbreitet hat (Universalisierung der Schule in der Moderne). Gleichzeitig ist auch erkennbar, dass die Verbreitung von Schulen sich realgeschichtlich regional sehr unterschiedlich darstellt (Adick 1992; Lenhart 2000; Meyer/Ramirez 2005). Im UNESCO-Education-For-All-Bericht von 2010 ist zu lesen, dass auch im Jahr 2015 56 Millionen Kinder keinen Zugang zur Schule haben werden, 759 Millionen Erwachsene nicht werden lesen und schreiben können und zwei von drei erwachsenen Analphabeten Frauen sein werden (UNESCO 2010; Datta/Lang-Wojtasik 2010). Mit der ideengeschichtlichen Verbreitung der Schule geht auch eine *Generalisierung der Bildungssemantik und -theorie* einher, wie sie im Delors-Bericht (Deutsche UNESCO-Kommission 1997) oder den internationalen Schulleistungsvergleichsuntersuchungen prominent sind (stellvertretend für andere: Klieme et al 2010). Die realgeschichtliche Verbreitung der Massenbildung wird in einer *Expansion der modernen Schule* deutlich, die in Deutschland ab den 1970er Jahren massiv wirksam wird (Baumert/Cortina/Leschinksy 2008, S. 76ff). Im deutschsprachigen Kontext wird die Frage des Zusammenhanges von *nationaler Schule und Migration* spätestens ab den 1960er/1970er Jahren wahrnehmbar, als die Kinder der Arbeitsmigranten v. a. aus den 1950er Jahren in den deutschen Schulen auftauchten (Schmidtke 2005). Zudem gibt es Tendenzen, dass die alte sozialreformerische Forderung nach Bildung für alle – zuletzt bestärkt in Jomtien (1990) und Dakar (2000) - zunehmend auch ökonomisch interpretiert wird, um das ‚Humankapital' von Menschen (Giesecke 2005) für den gesellschaftlichen Fortbestand zu sichern.

Zusammenfassend soll festgehalten werden: Schule kann als eine gegenüber weltgesellschaftlicher Umwelt räumlich, sachlich, zeitlich und sozial abgegrenzte Einrichtung beschrieben werden, in der ein dosiertes Einüben in die Herausforderungen der variationsreichen Weltgesellschaft als möglich angesehen wird.

Was bedeutet dies für den Umgang mit den beschriebenen Lernherausforderungen?

Schultheoretisch lassen sich vier zentrale Aspekte schulischer Funktionalität hervorheben, die Offerten für ein Nachdenken über Schule in der Weltgesellschaft bieten:

Begrenzung und Strukturierung

In der Spannung von *Offenheit* angesichts entgrenzter Weltgesellschaft und als notwendig wahrnehmbarer *Begrenzung* durch regionale und lokale Ausdifferenzierungen ist zu unterstreichen, dass Schule *räumlich* über eine *relative Autonomie zwischen Weltgesellschaft* und dem Nationalstaat als *regionaler Differenzierung* dieser Weltgesellschaft verfügt. Dies bezieht sich einerseits auf die Reproduktion von Gesellschaft (Sozialisation und Kulturalisation) und andererseits auf die Personalisation (Entfaltung von Mündigkeit). In diesem Zusammenhang stellt sich z.B. die Frage nach einer funktionalen Äquivalenz non-formaler Bildungsangebote oder informeller Lerngelegenheiten neu. Im Umgang mit wahrgenommener Entgrenzung kann Schule durch räumliche Begrenzung in ihrer Eigenlogik (organisatorisch und pädagogisch) Interaktionsräume *strukturieren*, womit einerseits die erhoffte gesellschaftliche Reproduktion und andererseits die Erweiterung des personalen Horizonts wahrscheinlich werden. Dieser abgrenzende Rahmen hat auch eine Bedeutung in sachlicher, zeitlicher und sozialer Perspektive.

Entscheidungs- und Anschlussmöglichkeiten

Im Umgang mit *Wissen* und *Nichtwissen* angesichts zunehmender Komplexität und Kontingenz ist es *sachlich* bedeutsam, dass es in der Schule als möglich und notwendig angenommen wird, eine *begründete Auswahl schulischer Inhalte* vornehmen zu können, um die Fülle potenzieller Themen zu reduzieren und als Lern- und Bildungsofferten anzubieten. In einer Weltgesellschaft ist zunächst wahrnehmbar, dass eine größere Variationsvielfalt verfügbarer Informationen vorhanden ist, was das Erfordernis der selektiven Reduktion als noch notwendiger erscheinen lässt. Sichtbar wird vor diesem Hintergrund die Bedeutungszunahme des Nichtwissens und damit auch die zunehmende Legitimationsproblematik zu treffender Entscheidungen; will man nicht in einem ‚anything goes' aufgehen. Lehr- oder Bildungspläne werden in diesem Zusammenhang zu ‚Kontingenzformeln', mit denen Ermöglichungsräume abgesteckt werden können. Vor diesem Hintergrund erscheint es logisch, wenn sich die Schule in der Weltgesellschaft auf den Erwerb von Grundbildung und Basiskompetenzen konzentriert und darauf aufbauend variable Problemerweiterungen – z.B. Querschnittsthemen der Weltgesellschaft – in Möglichkeitshorizonten generiert. Um sich in der Fülle von Informationen orientieren zu können, braucht es eine Stärkung von Mündigkeit und kritischer Urteilsfähigkeit, die sich anhand vielfältiger Informationen und Themen schärfen kann. Erziehung zur Bildung im Kantschen Sinne wird so erneut zum Programm einer zukunftsfähigen Schule.

Orientierung und Rhythmisierung

Zum Umgang mit *Gewissheit* und *Ungewissheit* angesichts von *Entzeitlichung* und *beschleunigtem Sozialen Wandel* bietet die Schule durch ihre zeitliche Struktur Orientierungsoptionen. Denn Schule wird spätestens seit der europäischen Aufklärung in der Spannung von *Erhalt und Veränderung* verortet; in der Vergangenheit Bewährtes soll als Tradition gewürdigt und

gleichzeitig sollen Optionen zur Veränderung für eine offene Zukunft als Weiterentwicklung von Gesellschaft geschaffen werden.
Die zeitliche Begrenzung und Rhythmisierung von Zeit schafft Möglichkeiten, um die Differenz von Weltzeit (Vergangenheit, Gegenwart und Zukunft) sowie regionaler bzw. lokaler Zeit ausgewählt erfahrbar zu machen. Damit wird es möglich, eine orientierende Auseinandersetzung mit offener und grenzüberschreitender Zukunft anzubieten und gleichzeitig Legitimationen für Wertentscheidungen – etwa im intergenerationellen Austausch – nachvollziehbar zu machen.

Entfaltung und Optionen

Der Umgang mit *Vertrautheit* und *Fremdheit* stellt sich angesichts einer Zuspitzung des Individualisierungserfordernisses der europäischen Aufklärung (Freiheit und Gleichheit) neu, da damit eine immer wahrnehmbarere Pluralisierung der *Entfaltung* individueller Lebensentwürfe verbunden ist; Freiheit wird zur Ermöglichung des Andersseins und Gleichheit schafft eine Basis für Vergleichbarkeit von Verschiedenen. Dies lässt sich als ‚plurale Individualisierung' zuspitzen, womit darauf verwiesen wird, dass jeder Mensch gleich verschieden sein kann und darf.
Um damit umzugehen, wird von der Schule angenommen, dass in ihr vor dem Hintergrund sozialer Homogenität *Optionen* für die individuelle Realisierung von Chancengerechtigkeit trotz sozialer Heterogenität eröffnet werden können. Denn durch soziale Begrenzung wird ein Rahmen geschaffen, in dem plurale Lebensentwürfe ihren Platz haben und gewürdigt werden können (Bindung in Vielfalt). Die damit angedeutete Bedingung der Möglichkeit sozialer Lernerfahrungen eröffnet alternative Reflexionsoptionen zum Umgang mit Vertrautheit und Fremdheit.
Zusammenfassend lässt sich bezüglich der Funktionalität von Schule festhalten:
Schule ist *räumlich* gegenüber einer variationsreichen Weltgesellschaft abgegrenzt, in die sie inkludieren soll. Denn durch diese Begrenzung ist ein Umgang mit der wahrnehmbaren Entgrenzung regionaler Differenzierungen (Nationalstaat) wahrscheinlich. In der Konsequenz wird es *sachlich* möglich, eine erlebte Informationsvielfalt (Komplexität) zu begrenzen und begründete Entscheidungen für oder gegen etwas (Kontingenz) treffen zu können. Durch *zeitliche* Struktur und Rhythmisierung wird ein Kontext geschaffen, in dem lokal oder regional eine orientierende Auseinandersetzung mit Weltzeit (Bedeutung der Vergangenheit für eine offene Zukunft in der Gegenwart) und Entzeitlichung denkbar ist. Schließlich ermöglicht die Begrenzung *sozial*er Interaktionen die reflektierte Auseinandersetzung mit gelebter Vielfalt, in der jedes Individuum in seiner Personalität gewürdigt werden kann.

Die Schule wird so funktional zu einem Refugium – also einem prominenten Zufluchts- und Rückzugsort –, in dem eine dosierte lern- und bildungsbezogene Auseinandersetzung mit dem Variationsreichtum der Weltgesellschaft als möglich angesehen wird, ohne ein grundsätzliches Scheitern – angesichts wahrgenommener Unüberschaubarkeit – befürchten zu müssen.
Möglicherweise kann diese Deskription auch als ein Mythos betrachtet werden, den die Schule seit ihrer Erfindung umgibt. Diese insbesondere aus libertärer Perspektive vorgetragene Kritik (Klemm 2009) müsste an anderer Stelle gewürdigt werden.

Erziehungswissenschaftliche und pädagogische Implikationen

Jenseits dieser Kritik möchte ich einmal fragen: Was bedeuten die vorgetragenen Überlegungen der Schule als Refugium für Erziehungswissenschaft und Pädagogik? Hierzu werde ich im Folgenden ein paar Ideen skizzieren.
Zunächst ist für *theoretische erziehungswissenschaftliche Forschung* zu überlegen, ob die von mir präsentierten Ausführungen vor dem Hintergrund meiner Studie zur Schule in der Weltgesellschaft lediglich im deutschsprachigen und ausgewählten internationalen Diskurs ihren Platz haben (Lang-Wojtasik 2008, S. 202), oder ob die beschriebene Funktionalität auch *über Ländergrenzen hinweg* in verschiedenen schultheoretischen Publikationen nachvollziehbar ist.
Betrachtet man die Ausführungen als ein Beispiel der Erziehungswissenschaft, wie Schultheorie in der Weltgesellschaft betrachtet werden kann, so wäre es interessant, *auch andere bisher vorgelegte schulrelevante Theorien auf den Prüfstand zu heben* (Scheunpflug 2003b). In diesem Zusammenhang könnte es interessant sein, auch über eine *bildungstheoretische Reflexion schulisch relevanter Kompetenzen* nachzudenken und so den klassischen Bildungsbegriff jenseits bildungspolitischer Systembezüge zu verorten. Interessante Ausgangspunkte für eine solche Debatte sehe ich in der Studie von Marco Rieckmann (2010) über die globale Perspektive der Bildung für eine nachhaltige Entwicklung, in der er über Schlüsselkompetenzen für das Denken und Handeln in der Weltgesellschaft nachdenkt.
Des Weiteren kann vor dem Hintergrund der Ausführungen *Differenz* jenseits einer pädagogischen Thematik in Interkultureller Pädagogik als generalisiertes Theorieangebot für pädagogische und didaktische Überlegungen zugespitzt werden (Lang-Wojtasik 2009a). Auch ist es denkbar, mit dem beschriebenen Theorieangebot die Debatte um *Inklusion* in die Weltgesellschaft durch die Schule zu reformulieren. Möglich wäre es so, jenseits des Diskurses der Inklusion als Beschreibung von Menschen mit Behinderungen, die generelle Funktionalität von Normalität und Abweichung in einer Weltgesellschaft in den Blick zu nehmen (Lang-Wojtasik 2011a).

In einer *systemtheoretischen Analyse* liegt die große Chance, hoch komplexe Zusammenhänge mithilfe weniger Begriffe tiefenscharf zu beschreiben. Gleichzeitig ist eine solche deskriptive Herangehensweise mit dem Problem konfrontiert, dass zwar über die Bedingungen der Möglichkeit und damit vor allem über die Legitimation des Gegebenen nachgedacht werden kann, dass aber pädagogisch erwartete Handlungsanweisungen unterbleiben müssen, da diese immer normativ generiert sind. Insofern macht es Sinn, nach *Brückentheorien* Ausschau zu halten, die eine stärkere Bodenhaftung pädagogischen Wollens und Sollens implizieren, um über die Begrenztheit pädagogischen Könnens an konkreten Beispielen nachzudenken.

Empirisch müsste es somit zunächst um eine Suche nach *erfolgreichen Beispielen von Schule* gehen, bei denen die beschriebenen Bedingungen der Möglichkeit von Schule als Chancen genutzt werden. Die Chancen des Sollens könnten so als Möglichkeiten des Könnens beschrieben werden, womit die „Seinsverbundenheit des Denkens als wissenschaftliches Problem" kritisch betrachtet (Albert 1980, S. 91) und neue Reflexionsoptionen eröffnet würden.[2]

Darüber hinaus ist bezüglich der *Lehrenden-Professionalität* zu überlegen, wie Lehrkräfte (im Beruf tätige und in Ausbildung befindliche) mit den beschriebenen Herausforderungen einer Weltgesellschaft umgehen und was das für ihre vorhandene und weiter zu entwickelnde Professionalität bedeutet. Damit sind Überlegungen angesprochen, mit denen die Kompetenz und Kompetenzentwicklung von Lehrkräften in den Blick genommen werden kann. Des Weiteren könnte es interessant sein zu erforschen, ob die beschriebene Funktionalität von Schule über Ländergrenzen hinweg von Lehrkräften geteilt wird und was dies für zukünftige Diskurse um Globales Lernen, Interkulturelle Pädagogik und eine Bildung für nachhaltige Entwicklung bedeutet.

Die Forschung im Bereich der *Adressat/innen schulischer Bildung* müsste sich damit beschäftigen, wie Heranwachsende mit den bestehenden Herausforderungen einer Weltgesellschaft umgehen, welche Kompetenzen damit verbunden sind, was dies für einen angestrebten Kompetenzerwerb bedeutet und welche Konsequenzen damit für eine zukünftige Allgemeine Didaktik verbunden sind. Die Studie von Barbara Asbrand (2009) zum Orientierungswissen von Jugendlichen ist ein Meilenstein in diesem Forschungsbereich. Mithilfe der dort favorisierten Methodik können auch die Kompetenzen und der Kompetenzerwerb von Kindern im Elementar- und Primarbereich sowie von Jugendlichen in der Sekundarstufe I erforscht werden. Zu erhoffen ist auch, dass die beschriebenen funktionalen Chancen der Schule damit auch curricular gewürdigt werden können.

---

[2] Für diesen Hinweis danke ich meinem Kollegen Werner Sacher mit Nachdruck!

Für die *pädagogische Praxis* bedeutet die entwickelte Perspektive auf Schule in der Weltgesellschaft, dass ein Gelingen von Schule wahrscheinlich ist; dass aber dieses Gelingen stets neu in den Blick genommen werden muss, also die Fähigkeit zur Metakommunikation einschließt. Es heißt auch, dass Ernst gemacht werden kann mit der Erprobung von Konzeptionen Globalen Lernens, Interkultureller Pädagogik, einer Bildung für nachhaltige Entwicklung sowie einer umfassenden Ermöglichung von Grundbildung in lebenslanger Perspektive. Eine besondere Chance kann hier in der Würdigung neuer Formen des Lernens und Lehrens sowie einer Förderung der Reflexionskompetenz der an den Lehr-Lern-Prozessen Beteiligten gesehen werden.

Literatur

Adick, Christel (1992): Die Universalisierung der modernen Schule. Eine theoretische Problemskizze zur Erklärung der weltweiten Verbreitung der modernen Schule in den letzten 200 Jahren mit Fallstudien aus Westafrika. Paderborn et al: Schöningh.

Albert, Hans (1980): Traktat über kritische Vernunft. Tübingen: J.C.B. Mohr (Paul Siebeck) (4. Aufl.).

Asbrand, Barbara (2009): Wissen und Handeln in der Weltgesellschaft. Eine qualitativ-rekonstruktive Studie zum Globalen Lernen in der Schule und in der außerschulischen Jugendarbeit. Münster et al: Waxmann.

Asbrand, Barbara/Lang-Wojtasik, Gregor /Scheunpflug, Annette (2006): Pädagogische Grundlagen Globalen Lernens. In: Asbrand, Barbara/Bergold, Ralph/Dierkes, Petra/Lang-Wojtasik, Gregor (Hg.) (2006): Globales Lernen im Dritten Lebensalter. Ein Werkbuch. Bielefeld: Bertelsmann, S. 36-43.

Baumert, Jürgen/Cortina, Kai S./Leschinsky, Achim (2003): Grundlegende Entwicklungen und Strukturprobleme im allgemeinbildenden Schulwesen. In: Cortina, Kai S./Baumert, Jürgen/ Leschinsky, Achim/Mayer, Karl Ulrich/Trommer, Luitgard (Hg.): Das Bildungswesen in der Bundesrepublik Deutschland. Strukturen und Entwicklungen im Überblick. Reinbek: Rowohlt, S. 53-130.

Castells, Manuel (2002): Das Informationszeitalter. Opladen: Leske + Budrich (3 Bde).

Datta, Asit/Lang-Wojtasik, Gregor (2010): Dakar + 10: Herausforderungen als Chancen. In: Zeitschrift für internationale Bildungsforschung und Entwicklungspädagogik, 33. Jg., H. 3, S. 4-7.

Deutsche UNESCO-Kommission (Hg.) (1997): Lernfähigkeit: Unser verborgener Reichtum. UNESCO-Bericht zur Bildung für das 21. Jahrhundert. Berlin: Luchterhand.

Giesecke, Hermann (2005): „Humankapital“ als Bildungsziel? Grenzen ökonomischen Denkens für das pädagogische Handeln. In: Neue Sammlung, 45. Jg., H. 3, S. 377-389.

Holzbrecher, Alfred (2004): Interkulturelle Pädagogik. Berlin: Cornelsen.

Jäger, Uli (2004): Pocket global. Globalisierung in Stichworten. Bonn: Bundeszentrale für politische Bildung.

Klemm, Ulrich (2009): Mythos Schule. Warum Bildung entschult und entstaatlicht werden muss. Eine Streitschrift. Lich: Edition AV.

Klieme, Eckard/Artelt, Cordula/Hartig, Johannes/Jude, Nina/Köller, Olaf/Prenzel, Manfred/-Schneider, Wolfgang/Stanat, Petra (Hg.) (2010): PISA 2009. Bilanz nach einem Jahrzehnt. Münster et al: Waxmann.

Krüger-Potratz, M./Lutz, H. (2002): Sitting at a crossroads – rekonstruktive und systematische Überlegungen zum wissenschaftlichen Umgang mit Differenzen. In: Tertium Comparationis, 8. Jg., H. 2, S. 81-92.

Krüger-Potratz, Marianne (2005): Interkulturelle Bildung. Eine Einführung. Münster et al: Waxmann.

Lang-Wojtasik, Gregor (2001): Bildung für alle! Bildung für alle? Zur Theorie non-formaler Primarbildung am Beispiel Bangladesh und Indien. Hamburg: LIT.

Lang-Wojtasik, Gregor (2003): Concepts of Global Learning – the German debate. In: The Development Education Journal, 10. Jg., H. 1, S. 25-27.

Lang-Wojtasik, Gregor (2008): Schule in der Weltgesellschaft. Herausforderungen und Perspektiven einer Schultheorie jenseits der Moderne. Weinheim/München: Juventa.

Lang-Wojtasik, Gregor (2009a): Difference as a Contribution to Education Theory and Global Learning from a German Perspective: We should learn more about the cultures of foreign children'. In: International Journal for Development Education and Global Learning, 1. Jg, H. 3, S. 5-21.

Lang-Wojtasik, Gregor (2009b): Schultheorie in der globalisierten Welt. In: Blömeke, Sigrid/Bohl, Thorsten/Haag, Ludwig/Lang-Wojtasik, Gregor/Sacher, Werner (Hg.): Handbuch Schule. Bad Heilbrunn: Klinkhardt, S. 33-41.

Lang-Wojtasik, Gregor (2010): Zukunft des Globalen Lernens. In: Datta, Asit (Hg.): Zukunft der transkulturellen Bildung. Zukunft der Migration. Frankfurt/Main: Brandes & Apsel, S. 115-130.

Lang-Wojtasik, Gregor (2011a): Heterogenität, Inklusion und Differenz(ierung) als schultheoretische und allgemeindidaktische Herausforderungen – historisch-systematische Überlegungen. In: Lang-Wojtasik, Gregor/Schieferdecker, Ralf (Hg.): Weltgesellschaft – Demokratie – Schule. Münster/Ulm: Klemm & Oelschläger, S. 89-108.

Lang-Wojtasik, Gregor (2011b): Interkulturelles Lernen in einer globalisierten Gesellschaft. Differenzpädagogische Anregungen am Beginn des 21. Jahrhunderts. In: Ruep, Margret (Hg.): Bildungspolitische Trends und Perspektiven (Bd. 8 der Reihe Lehrerwissen kompakt, hg. v. H.-U. Grunder/H. Moser, K. Kansteiner-Schänzlin). Baltmannsweiler/Zürich: Schneider-Verlag/Verlag Pestalozzianum, S. 237-257.

Lang-Wojtasik, Gregor (ersch/i. Ersch.): Inklusion in die Weltgesellschaft durch Schule. Religiöse Orientierungen als Chance. In: Langenhorst, Georg/Kropa, Ulrich (Hg.): Religionsunterricht und der Bildungsauftrag der öffentlichen Schulen: Begründung und Perspektiven des Schulfaches Religionslehre. Babenhausen: LUSA.

Lang-Wojtasik, Gregor/Scheunpflug, Annette (2005): Kompetenzen Globalen Lernens. In: Zeitschrift für internationale Bildungsforschung und Entwicklungspädagogik, 28. Jg., H. 2, S. 2 – 7.

Lang-Wojtasik, Gregor/Schieferdecker, Ralf (Hg.) (2011): Weltgesellschaft – Demokratie – Schule. Münster/Ulm: Klemm & Oelschläger.

Lenhart, Volker (2000): Bildung in der Weltgesellschaft. In: Scheunpflug, Annette/Hirsch, Klaus (Hg.): Globalisierung als Herausforderung für die Pädagogik. Frankfurt/M.: IKO, S. 47-64.

Luhmann, Niklas (1984): Soziale Systeme. Grundriß einer allgemeinen Theorie. Frankfurt/M.: Suhrkamp.

Luhmann, Niklas (1997): Die Gesellschaft der Gesellschaft. Frankfurt/M.: Suhrkamp.

Meadows, Dennis/Meadows, Donella/Zahn, Erich/Milling, Peter (1972): Die Grenzen des Wachstums. Bericht des Club of Rome zur Lage der Menschheit. Stuttgart: Deutsche Verlags-Anstalt.

Meyer, J. W./Ramirez, F. O. (2005): Die globale Institutionalisierung der Bildung. In: Meyer, J. W.: Weltkultur. Wie die westlichen Prinzipien die Welt durchdringen (hg. v. G. Krücken). Frankfurt/M.: Suhrkamp, S. 212-234.

Randers, J. (2012): 2052. A Global Forecast for the Next Forty Years. A Report to the Club of Rome commemorating the 40th anniversary of The Limits to Growth. Vermont: Chelsea Green Publishing White River Junction.

Rieckmann, Marco (2010): Die globale Perspektive der Bildung für nachhaltige Entwicklung. Eine europäisch-lateinamerikanische Studie zu Schlüsselkompetenzen für Denken und Handeln in der Weltgesellschaft. Berlin: Berliner Wissenschafts-Verlag.

Robertson, Roland (1998): Glokalisierung: Homogenität und Heterogenität in Raum und Zeit. In: Beck, Ulrich (Hg.): Perspektiven der Weltgesellschaft. Frankfurt/M.: Suhrkamp, S. 192-220.

Scheunpflug, Annette (2001): Weltbürgerliche Erziehung durch den heimlichen Lehrplan des Schulsystems? In: Görgens, Sigrid/Scheunpflug, Annette/Stojanov, Krassimir (Hg.) (2001): Universalistische Moral und weltbürgerliche Erziehung. Die Herausforderung der Globalisierung im Horizont der modernen Evolutionsforschung. Frankfurt/M.: IKO, S. 243-254.

Scheunpflug, Annette (2003a): Globalisierung als Bildungsherausforderung. In: Beillerot, Jacky/Wulf, Christoph (Hg.): Erziehungswissenschaftliche Zeitdiagnosen: Deutschland und Frankreich. Münster et al.: Waxmann, S. 262-278.

Scheunpflug, Annette (2003b): Stichwort: Globalisierung und Erziehungswissenschaft. In: Zeitschrift für Erziehungswissenschaft, 6. Jg., H. 2, S. 159-172.

Scheunpflug, Annette/Hirsch, Klaus (Hg.) (2000): Globalisierung als Herausforderung für die Pädagogik. Frankfurt/M.: IKO.

Scheunpflug, Annette/Schröck. Nikolaus (2002): Globales Lernen. Einführung in eine pädagogische Konzeption zur entwicklungsbezogenen Bildung. Stuttgart: Brot für die Welt (2. Aufl.).

Schmidtke, Hans-Peter (2005): Entwicklung der pädagogischen Betrachtungsweise - Ausländerpädagogik, interkulturelle Pädagogik, Pädagogik der Vielfalt. In: Leiprecht, R./Kerber, A. (Hg.) (2005): Schule in der Einwanderungsgesellschaft. Ein Handbuch. Schwalbach/Ts.: Wochenschau, S. 142-161.

Schwarz, Andreas (2009): Inklusion und Integration. Klärung der Begrifflichkeiten aus sozialwissenschaftlicher Perspektive. In: Erwachsenenbildung, 55. Jg., H. 4, S. 183-185.

Treml, Alfred K. (2000): Allgemeine Pädagogik. Grundlagen, Handlungsfelder und Perspektiven der Erziehung. Stuttgart/Berlin/Köln: Kohlhammer.

UNDP (1999): Human Development Report 1999. Globalization with a Human Face. Oxford: Oxford University Press.

UNESCO (2010): Education For All. Reaching the marginalized. EFA Global Monitoring Report 2010. Paris.

Daniela Caspari / Lutz Küster

Wege zu interkultureller Kompetenz im Französischunterricht

Der mit dem vorliegenden Buch unternommene Versuch, erziehungswissenschaftliche bzw. allgemeindidaktische und fachdidaktische Forschungsperspektiven verstärkt in einen Dialog zu führen, kann im Bereich des interkulturellen Lernens auf eine lange Tradition zurückblicken, auch wenn höchstwahrscheinlich die Fremdsprachendidaktik bislang mehr von der Erziehungswissenschaft profitiert hat als umgekehrt. Wir wollen daher im Folgenden diesem (vermeintlichen?) Ungleichgewicht entgegen wirken, indem wir einen Überblick über die Entwicklung fremdsprachendidaktischer Diskurse in Forschung und Bildungspolitik zu Fragen der Interkulturalität geben. Dabei werden wir uns – unserer disziplinären Verortung gemäß – im Wesentlichen auf die Belange des Faches Französisch konzentrieren.
Nach einem Rückblick auf die bisherige Entwicklung von fremdsprachenbezogener Zielsetzung im Feld interkultureller Kompetenzen gehen wir näher auf den gegenwärtigen Stand der bildungspolitischen Rahmungen in den Bildungsstandards ein, bevor wir uns den aktuellen Fragen unterrichtlicher Praxis zuwenden, insbesondere dem Stellenwert und der Natur geeigneter Lernaufgaben. Ein didaktisches Beispiel soll abschließend die aufgezeigten Grundgedanken ausschnitthaft konkretisieren und illustrieren.

Entwicklung interkultureller Fragestellungen in der Fremdsprachendidaktik

Um das Profil aktueller Fokussierungen in Bezug auf die Verbindung sprachlicher und kultureller Aspekte des Fremdsprachenlernens angemessen verstehen zu können, erscheint es uns hilfreich, zunächst ihr „Gewordensein" in einer historischen Rückschau kurz zu beleuchten. Denn vieles von dem, was der Tradition entstammt, erweist sich auch in der Gegenwart als wirkmächtig – und es sei es bisweilen lediglich „ex negativo", in bewusster Abkehr von Früherem (vgl. zum Folgenden Grünewald/Küster/Lüning 2011: 49-52 sowie Raddatz 1996).
In Analogie zum altsprachlichen Unterricht wurde bis ins 20. Jahrhundert hinein dem Unterricht in den neueren Fremdsprachen eine spezifische Bildsamkeit vor allem aufgrund der über sie zu erschließenden Texte und Inhalte

der Hochkultur zugeschrieben. Eine solche philologische Legitimation des Fremdsprachenunterrichts nährte sich aus einer kulturalistischen Tradition, die mit der romantischen Sprachphilosophie und dem Denken Wilhelm von Humboldts verbunden ist. Ihm zufolge wohnt jeder Sprache eine bestimmte Weltansicht inne, Sprachunterricht ist damit notwendigerweise zugleich Kulturunterricht. Die Vorstellung eines durch *eine* Sprache und *eine* Kultur identifizierten, geographisch geschlossenen Nationalstaates ist bekanntlich auch heute noch weit verbreitet. Sie erfuhr in ihrer Wirkungsgeschichte allerdings einige Wandlungen.

Die zunächst weitgehend ideengeschichtliche Auseinandersetzung mit der Kultur des Ziellandes wurde in der Reformzeit des ausgehenden 19. Jahrhunderts in Frage gestellt und neu akzentuiert. Unter der Bezeichnung "Realienkunde" wurde den Lernenden enzyklopädisches Wissen über die Zielkultur angeboten. Nach dem Ersten Weltkrieg geriet die Realienkunde jedoch als Ausdruck einer Fehleinschätzung in die Kritik. Das Faktenwissen über die Kriegsgegner hatte nicht dazu geführt, deren Verhalten angemessen einschätzen, geschweige denn verstehen zu lernen. Der nun zur „Kulturkunde“ verpflichtete Fremdsprachenunterricht sollte in Zukunft zweierlei leisten: die „Wesensart“ des Nachbarvolkes vermitteln und gleichzeitig das Fremde als Folie für das Verständnis des Eigenen nutzen. Die in der Weimarer Zeit noch eher offene „Kulturkunde“ entwickelte sich unter der nationalsozialistischen Ägide zu einer propagandistischen „Volkstumskunde“ mit oft rassistischem Vorzeichen.

In den ersten beiden Jahrzehnten der Nachkriegsentwicklung beschränkte man sich in der Bundesrepublik auf eine schlichte Umkehrung der zuvor herrschenden Prämissen und versuchte, unmittelbar an die vorherige Phase anzuschließen. Der Gedanke einer humanistischen Bildung sowie die Überwindung nationaler Selbstbezogenheit in einer positiv wertenden Öffnung gegenüber dem Ausland, insbesondere natürlich gegenüber den Siegermächten, erschienen politisch der sicherste Boden. In einer zweiten Phase der Nachkriegsentwicklung traten pragmatische Gesichtspunkte in den Vordergrund. Landeskunde erhielt nun zunächst eine dienende Funktion als Bedeutungskunde. Sie wurde verstanden als Kontextwissen, das für das Gelingen von Kommunikation mit den Angehörigen anderer Sprachgruppen nötig ist. Einen spezifischen Akzent setzte die „Politische Landeskunde“, die in den 1970er/80er Jahren der BRD gesellschaftskritischen Inhalten den Weg ins Klassenzimmer bahnte.

Generell ist der Fokus landeskundlicher Themen und Texte ganz auf die andere, fremde Kultur gerichtet. Der Standpunkt der Wahrnehmung wird ausgeblendet, er wird weder kritisch reflektiert, noch ist er Teil des didaktischen Vorhabens. Die Einsicht hingegen, dass jede Wahrnehmung ihrerseits sozial und kulturell bedingt ist, wurde in der Fremdsprachendidaktik bis auf das in den Stuttgarter Thesen zur Rolle der Landeskunde im Französischunterricht (Baumgratz u.a. 1982) entwickelte Konzept einer „transnationalen Kommunikationsfähigkeit" in der Breite erst im Zuge der Auseinandersetzung mit der Interkulturellen Pädagogik rezipiert. Unter diesem Vorzeichen nimmt man nunmehr die Wechselseitigkeit von Verstehensprozessen und die Dynamik einer handelnden Begegnung mit dem jeweils Fremden in den Blick. Hierzu wiederum ist es erforderlich, dass der Blick nicht allein auf die zielsprachigen Kulturräume gerichtet wird, sondern die eigenen Lebenswelten einbezieht. So kann mit Recht erst dort, wo die eigenen Alltagspraxen und die auf sie bezogenen Deutungsmuster thematisiert und mit denen verglichen werden, die den Lernenden im oder über den Französischunterricht begegnen, von *inter*kulturellem Lernen bzw. von Anbahnung *inter*kultureller Kompetenz gesprochen werden. Interkulturelles Lernen weist dabei drei Dimensionen auf: eine kognitive (Wissen), eine kognitiv-affektive bzw. kognitiv-attitudinale (Einstellungen) und eine pragmatische (Verhalten). Mit anderen Worten, es werden sowohl Kenntnisse als auch Gefühle aktiviert, gemeinsam finden diese ihren Ausdruck in bestimmten symbolischen oder konkreten Handlungen. Die Fremdsprachendidaktik fokussierte dabei lange Zeit ein bestimmtes Grundarrangement: Sie unterstellte für die Fremdsprachenlernenden in der Regel die Gast-, nicht die Gastgeberrolle als Normalität. Hans Hunfeld (1994: 95) stellt daher fest, dem etablierten Fremdsprachenunterricht sei es stets „mehr um den fernen als um den nahen Fremden" gegangen. Selbst im Fremdsprachenunterricht zeige sich damit der „monolinguale Habitus" (Gogolin 1994) der deutschen Schule.

Als bevorzugte Anlässe interkulturellen Lernens galten Schüleraustauschprojekte, und in ihnen vor allem die Auseinandersetzung mit Stereotypen. Letzteres kam auch in der Beschäftigung mit authentischen Texten unterschiedlicher medialer Kodierung (literarische Texte, Spielfilme, Popsongs etc.) zur Geltung. Von richtungweisender Bedeutung erwies sich in diesem Zusammenhang die „Didaktik des Fremdverstehens". Sie folgt einem hermeneutischen Verständnis, dem zufolge jeder Verstehensprozess einen dialogischen Charakter aufweist. Die Auseinandersetzung mit dem Fremden bzw. dem Anderen ist in dieser Sicht ohne eine Relativierung des eigenen Standpunktes, d.h. ohne eine Veränderung des Selbst nicht denkbar. Neben lebensweltlichen Erfahrungen stellen literarische Rezeptionsprozesse – so die Grundüberzeugung des Ansatzes – ein wichtiges Experimentier- und Lernfeld des Verstehens dar. Aus der Überlegung heraus, dass literarisches Verstehen und interkulturelles Verstehen einander strukturgleich sind, wird die Wirkannahme abgeleitet, dass sich das eine mithilfe des anderen fördern ließe (vgl. u.a. Bredella 1999). Zentrale Bedeutung erhält hierbei das aus Dieter Geulens

(1982) Theorie sozialen Handelns entlehnte Konzept des Perspektivenwechsels. Drei Stadien werden angenommen: Auf niedrigster Stufe setzt eine Dezentrierung des eigenen Blickes ein mit einer Identifizierung und Differenzierung anderer Sichtweisen. Perspektivenübernahme bedeutet dann den inhaltlichen Nachvollzug fremder Perspektiven, während die Perspektivenkoordination sich auf einer Meta-Ebene vollzogener Integration unterschiedlicher Perspektiven ansiedelt.

Die Didaktik des Fremdverstehens operiert folglich in dialektischer Weise mit der Opposition fremd vs. eigen. Gegen derartige Formen der Kontrastierung – wie auch gegen jede andere Fixierung – machen postmodern-poststrukturalistische Ansätze die Notwendigkeit unabschließbarer Revisionen und Veränderungen geltend. Sie nehmen daher eine Abkehr von binären Denkstrukturen vor und dekonstruieren Fremdbilder. D.h. sie zeigen auf, wie heterogen in sich Gemeinschaften und die in ihr vorkommenden Selbst- und Fremdeinschätzungen sind. Damit ebnen sie differenzierenden Sichtweisen den Weg. Vor diesem Hintergrund ist das Konzept transkulturellen Lernens zu sehen, das auch in der Fremdsprachendidaktik ein gewisses Echo fand. Es greift die Einsicht auf, dass unsere Kulturen *de facto* längst nicht mehr die Form der Homogenität und Separiertheit haben, sondern weitgehend durch Mischungen und Durchdringungen gekennzeichnet sind (vgl. Welsch 1999: 51).

Diese Ausführungen sollen verdeutlichen, dass eine fremdsprachenbezogene Didaktik interkulturellen Lernens sich notwendigerweise in einem Spannungsfeld zwischen zwei Polen bewegt. Einerseits gilt es, Schülerinnen und Schülern Einblicke in die Besonderheiten fremder Kulturräume und somit Orientierungswissen zu vermitteln, was – abhängig von Alter und Lernstand – nicht ohne Reduktionen und Simplifizierungen möglich ist. Andererseits soll ihnen deutlich werden, dass eine schematische Kontrastierung des „Eigenen“ und des „Fremden“ den stets komplexen Phänomenen von Kulturmischung nicht gerecht wird. Sie sollten daher lernen, kulturelle Praxen differenzierend zu betrachten, die unscharfen, einander überlappenden Grenzen kultureller Verortungen zu erkennen und das Wissen um sie in ihre Weltsichten zu integrieren. Dies kann nur als langfristiger Prozess gedacht werden, in dem zunächst vereinfachende, homogenisierende Vorstellungen zunehmend hinterfragt, relativiert und ausdifferenziert werden.

Bei aller Betonung der Komplexität und Heterogenität eines von Überlappungen gekennzeichneten Bedingungsraumes darf andererseits nicht übersehen werden, dass Vereinfachungen in Form von Stereotypen und Vorurteilen in den Köpfen der Lerner eine wichtige Rolle spielen. Pädagogisch-didaktische Bemühungen um interkulturelles Lernen kommen daher nicht umhin, diese zunächst einmal ernst zu nehmen (vgl. hierzu Hu 1995). Aller-

dings würden sie ins Leere führen, wenn man sie nicht konsequent zum Gegenstand kritischer Reflexionen machte.
Seit Anfang / Mitte der 1990er Jahre ist interkulturelles Lernen oder, wie es heute eher genannt wird, der Erwerb interkultureller Kompetenzen in die Lehrpläne aufgenommen worden und dies sogar an übergeordneter Stelle. Dabei ist es doppelt ausgelegt als fächerübergreifendes und als fachspezifisches Ziel.

Zum Stellenwert interkultureller Kompetenz im Gesamtrahmen kompetenzorientierten Fremdsprachenunterrichts

Zum Stellenwert interkultureller Kompetenzen in den Bildungsstandards für den Mittleren Schulabschluss

Die seit den 1990er Jahren in der fachdidaktischen Diskussion und den Rahmenlehrplänen der Bundesländer beständig gewachsene Bedeutung interkulturellen Lernens wird auch in den nationalen *Bildungsstandards für den Mittleren Schulabschluss* (KMK 2003) deutlich sichtbar: „Interkulturelle Kompetenzen" werden dort als „Leitziel" (ebda.: 9) bezeichnet und neben „funktionalen kommunikativen Kompetenzen" und „methodischen Kompetenzen" als einer von drei Kompetenzbereichen ausgewiesen. Als die drei wichtigsten Teilkompetenzen der interkulturellen Kompetenzen werden aufgeführt: soziokulturelles Orientierungswissen, verständnisvoller Umgang mit kultureller Differenz und praktische Bewältigung interkultureller Begegnungssituationen (ebda.: 8). Diese werden in einem kurzen Text näher erläutert (vgl. ebda.: 10) und in Standards (ebda: 16 und 17) ausdifferenziert.
Schaut man jedoch genauer hin (vgl. im Folgenden Caspari 2008), wird deutlich, dass den interkulturellen Kompetenzen nicht der gleiche Stellenwert zukommt wie den funktionalen kommunikativen Kompetenzen. Zudem erscheinen sie im Kompetenzmodell isoliert und ergeben kein integratives Gesamtbild. Überraschenderweise findet ausgerechnet die fremdsprachige Komponente interkultureller Kompetenz in den Bildungsstandards kaum Beachtung. Dagegen kommt dem Wissen über „Charakteristika der eigenen und der fremdsprachlichen Gesellschaft und Kultur" (KMK 2003: 16) eine sehr hohe Bedeutung zu. Auch wenn dieses „Orientierungswissen zu exemplarischen Themen und Inhalten" hier als spezifischer Beitrag des Fremdsprachenunterrichts zur „Mehrperspektivität der Persönlichkeitsentwicklung" (ebda.: 6) der Schülerinnen und Schüler betrachtet wird, besteht angesichts der oben geschilderten jahrzehntelangen Tradition landeskundlichen Wissenserwerbs im Fremdsprachenunterricht die Gefahr, es als eigenen Wissensbereich aufzufassen, der isoliert von den anderen Teilkompetenzen aufgebaut

und überprüft werden kann. Zudem erscheint der dieser Zusammenstellung zugrunde liegende Kulturbegriff im Gegensatz zu der differenzierten fachdidaktischen Diskussion traditionell und vereinfachend.

Zum Stellenwert interkultureller kommunikativer Kompetenz in den Bildungsstandards für die Abiturprüfung

In den 2012 verabschiedeten Standards für die Abiturprüfung wurde für diesen Kompetenzbereich nicht nur eine neue Bezeichnung gewählt, sondern er wurde gleichzeitig „neu gefasst und positioniert" (KMK 2012: 12). Dies betrifft zum einen die Platzierung im Kompetenzmodell oben, statt – wie 2003 – in der Mitte. Damit einher geht eine Aufwertung der Bedeutung: Das „wesentliche Ziel des Fremdsprachenunterrichts, [...] die Befähigung zum mündlichen und schriftlichen Diskurs", [...] umfasst wichtige interkulturelle Kompetenzen" (ebda.: 12). Die interkulturelle kommunikative Kompetenz wird außerdem explizit als integrative Kompetenz aufgefasst, denn interkulturelles Verstehen und Handeln „geschieht im Zusammenwirken" mit allen anderen Kompetenzen (ebda.: 20). Der neue Begriff der „interkulturellen kommunikativen Kompetenz" wird damit begründet, dass sich interkulturelle Kompetenz in fremdsprachigem Verstehen und Handeln manifestiere (ebda.: 12). Mit anderen Worten: interkulturelle Kompetenz wird nicht als Selbstzweck, sondern als konstitutiv für die zentrale Zielsetzung des Fremdsprachenunterrichts betrachtet. Diese Bedeutung wird an verschiedenen Stellen des Dokumentes bestätigt (vgl. Caspari/Burwitz-Melzer 2014). Positiv hervorzuheben ist insbesondere, dass der sprachliche Aspekt auch im Bereich der Einstellungen („Bereitschaft und Fähigkeit [...] beim eigenen Sprachhandeln sprachliche und inhaltliche Risiken einzugehen") und der Bewusstheit („Fähigkeit und Bereitschaft, ihr persönliches Verstehen und Handeln zu hinterfragen") (ebda.) explizit enthalten ist.

Ein weiterer Fortschritt besteht darin, dass interkulturelle kommunikative Kompetenz auch in den Fachspezifischen Hinweisen zur schriftlichen Abiturprüfung in der fortgeführten Fremdsprache (Kap. 3.2.1) obligatorisch verankert ist. Diese Forderung wird in den Aufgabenbeispielen eingelöst: Im Unterschied zu den Einheitlichen Prüfungsanforderungen für das Abitur (EPA) von 2004 (vgl. Caspari 2010) ist die interkulturelle kommunikative Kompetenz sowohl in den Prüfungsaufgaben als auch in den Lernaufgaben und dem zugehörigen Gewichtungsvorschlag zur Bewertung ausgewiesen.

Zudem wurde der Beitrag des „Wissens" zur kommunikativen interkulturellen Kompetenz überdacht. So ist das Wissen über die „globale Vielfalt [...] frankophoner Kulturen" (vgl. KMK 2012: 10 und 20-21) deutlich weiter gefasst und beinhaltet ebenfalls kommunikatives und strategisches Wissen. Dabei wird stets der Anwendungsbezug betont (vgl. ebda.: 21). Zudem werden die Grenzen interkulturellen Kompetenzerwerbs thematisiert, wobei dem neu aufgenommenen strategischen Wissen die zentrale Funktion zukommt, produktiv mit diesen Grenzen umzugehen (vgl. ebda). Insgesamt leisten die neu konzipierten Abiturstandards trotz einiger Inkonsistenzen (u.a. Gebrauch der Operatoren, unterschiedliche Bedeutung des „Wissens“ in Fachpräambel und 2. Kapitel, angezielte Anwendungssituationen) einen wichtigen Impuls zur näheren Bestimmung des spezifischen Beitrags des Fremdsprachenunterrichts zum fächerübergreifenden interkulturellen Lernen.

Zur Entwicklung interkultureller Kompetenz im Französischunterricht

Viele Lehrkräfte sind skeptisch, ob die Schülerinnen und Schüler die hoch angesetzten Kompetenzziele erreichen können. Eine Möglichkeit besteht darin, bei der Bearbeitung der im Fremdsprachenunterricht üblichen Themen und Inhalte stärker als bisher auf deren interkulturelle Dimension einzugehen und bewusst Situationen zu schaffen, in denen die Schülerinnen und Schüler die Herausforderungen interkultureller Kommunikation erleben und Gelegenheit zum Probehandeln erhalten.

Eine andere Möglichkeit besteht in der Bearbeitung spezifischer Aufgaben. Während für die Sekundarstufe II schon seit langem eine Reihe überzeugender Vorschläge zur Förderung interkultureller Kompetenzen insbesondere im Umgang mit literarischen Texten und mit Filmen, neuerdings auch im Umgang mit den sog. neuen Medien, vorliegen, sind entsprechende Vorschläge für die Sekundarstufe I jüngeren Datums. Hier dominierte zumindest in den gängigen Lehrwerken des Französischen bis in die allerneuste Zeit ein eher landeskundlich orientierter Wissenserwerb. Aufgaben zum interkulturellen Lernen beschränken sich häufig auf einen Vergleich zwischen der vorgestellten französischen und der eigenen Lebenswelt.

Einen Meilenstein stellen die 2008 vom IQB erstellten Lernaufgaben zur Illustration der Bildungsstandards für den Mittleren Bildungsabschluss dar (Tesch/Leupold/Köller 2008). Diese Publikation verfolgte das Ziel, das Konzept kompetenzorientierten Fremdsprachenunterrichts für die Sek. I weiter zu entwickeln und in Form von Lernaufgaben „best-practice“-Beispiele zu seiner Realisierung zu geben. Es sollte gezeigt werden, dass der Aufbau interkultureller Kompetenz von Beginn des Französischunterrichts an erfolgen kann (Aufgabe „Me voilà“), wie interkulturelle Vergleiche gestaltet werden können, ohne in Stereotypenbildung zu verfallen (z.B. „Le coq rencontre l'aigle“) und wie ‚klassische' landeskundliche Themen interkulturell ausgerichtet werden können (z.B. „La nature, le Midi - je découvre“ oder „Premier rendez-vous à Paris“). Ein weiteres wichtiges Anliegen dieser Aufgaben be-

steht darin zu zeigen, dass in Lernaufgaben interkulturelles, sprachliches und methodisches Lernen sinnvoll miteinander verknüpft werden kann.
Zur Analyse und Systematisierung von Aufgaben zum interkulturellen Lernen bietet es sich an, die drei eingangs genannten zentralen Bereiche interkultureller Kompetenz, „Wissen“, „Verstehen und Handeln“ und „Einstellungen / Haltungen“, heranzuziehen, auch wenn diese Kategorien nicht ganz trennscharf sind.[1] Eine Analyse von Aufgaben zur Feststellung und Überprüfung interkultureller Kompetenzen (vgl. im Folgenden Caspari/Schinschke 2009) ergab, dass es nur wenige Aufgabentypen gibt, die auf nur einen Schwerpunkt ausgerichtet sind. Da interkulturelle Kompetenz im Bewusstsein vieler Lehrender und Lernender oft ein eher diffuses oder auf einzelne Elemente (zumeist soziokulturelles Wissen) verkürztes Konzept darstellt, ist die Unterscheidung sinnvoll. Sie hilft zu erkennen, welche Bereiche und, innerhalb dieser Bereiche, welche Teilkompetenzen durch eine Aufgabe gefordert bzw. gefördert werden. Außerdem erhöht sie das Bewusstsein dafür, dass auch für die Bewältigung von Aufgaben im sprachlich-funktionalen Bereich oft interkulturelle Kompetenzen erforderlich sind, selbst wenn diese längst nicht immer ausgewiesen werden, zum Beispiel bei Aufgaben, die gezielt einen produktiven Umgang mit Nicht-Verstehen und Nicht-Können verlangen.
Die in Caspari/Schinschke (2009) abgedruckte Übersicht zeigt zudem, dass sich Aufgaben zur Überprüfung interkultureller Kompetenzen sehr stark im Anspruch unterscheiden: Die Skala der Anforderungen an die Lernenden reicht von einfach zu bewältigenden Aufgaben zur Reproduktion von Wissen über deutlich anspruchsvollere Aufgaben z.B. zur Relativierung der eigenen Wahrnehmung oder zum Perspektivenwechsel bis hin zu komplexen Simulationen und realen Begegnungssituationen. Dabei wird deutlich, dass das Anspruchsniveu der Aufgaben sich in drei Dimensionen unterscheidet: der Komplexität der geforderten interkulturellen Teilkompetenzen, dem (realen oder simulierten) Handlungsdruck und dem Grad der Annäherung an Begegnungssituationen. Außerdem wird deutlich, dass Aufgaben zur Überprüfung interkultureller Kompetenzen stets (fremd-)sprachiges Verstehen und Handeln verlangen, wohingegen eine isolierte Überprüfung interkultureller Kompetenzen nicht möglich ist.
Die anhand der Analyse von Überprüfungsaufgaben gewonnenen Erkenntnisse lassen sich auf die Förderung interkultureller Kompetenzen übertragen. So erscheint es sinnvoll, bei der Ausbildung sprachlich-funktionaler Kompetenzen von Anfang an auch interkulturelle Kompetenzen zu fördern, nicht zuletzt z.B. bei der Wortschatz- und Grammatikarbeit. Zudem scheint es sinn-

---

[1] Die Abiturstandards gliedern diese Bereiche etwas anders auf: Auf einer oberen Ebene unterscheiden sie „Verstehen“ und „Handeln“, darunter „Wissen“, „Einstellungen“ und „Bewusstheit“.

voll, sowohl einzelne Bereiche und Teilkompetenzen gezielt zu fördern als auch komplexe Aufgaben anzubieten, in denen die Teilkompetenzen kombiniert angewandt werden können. Wichtig erscheint eine reflektierende Rückschau, durch die die Lerner erkennen, wodurch ihr Handeln bzw. ihr Lernergebnis vermutlich beeinflusst worden ist und welche Alternativen es gäbe. Angesichts der sehr unterschiedlichen persönlichen und kulturellen Voraussetzungen von Schülerinnen und Schülern erscheint es ferner notwendig, diese bei der Wahl der Aufgaben stärker als bisher zu berücksichtigen und ggf. für eine Lerngruppe unterschiedliche Aufgaben anzubieten. So sind Aufgaben, die detailliertes landeskundliches Wissen z.B. über französische Tischsitten vermitteln, für Lerner, die in absehbarer Zeit nicht die Chance haben werden, nach Frankreich zu fahren, wenig motivierend. Und in Zeiten, in denen Jugendliche mit der Festigung der eigenen Identität ringen, können Aufgaben, die ein Sich-Hineinversetzen in einen innerlich zerrissenen Protagonisten eines Buches oder Filme verlangen, für die einen Lerner zwar trostreich sein, für die anderen möglicherweise jedoch kontraproduktiv.
Ein besonders hohes Potential zur Förderung wie zur Überprüfung interkultureller Kompetenz beinhalten Aufgaben für den – relativ neuen – Kompetenzbereich der Sprachmittlung. Unter Sprachmittlung versteht man die situations- und adressatengerechte schriftliche oder mündliche Übertragung von Inhalten von der einen in die andere Sprache. Anders als bei der klassischen Übersetzung, bei der das Ziel die größtmögliche inhaltliche und sprachliche Genauigkeit der Übertragung ist, ist das zentrale Ziel der Sprachmittlung die situations- und adressatenangemessene Auswahl und Gestaltung der übermittelten Inhalte. Dies kann je nach Aufgabenstellung bedeuten, dass nur einzelne Teile des bzw. der Ausgangstexte übermittelt werden oder dass inhaltliche oder situationsspezifische Erläuterungen hinzugefügt werden müssen. So verlangt die Aufgabe, auf der Basis touristischer Werbeflyer einer Gruppe von Gastschülern Freizeitangebote vor Ort vorzustellen, u.a. dass die Lerner überlegen, welche Angaben der Webseiten ihre Gastschüler benötigen, um sich für bestimmte Angebote entscheiden zu können, welche zusätzlichen Informationen wichtig sein könnten (z.B. Angabe der Entfernung zur Schule und Zeitdauer des Weges) und wie sie Begriffe ohne französisches Äquivalent (Spaßbad) sowie die häufig englischsprachigen Begriffe (Fun-Park, Fläming-Skate, Shuttle-Bus) im Französischen umschreiben. Zudem müssen die Lerner überlegen, wo sie aufgrund ihrer sprachlichen Möglichkeiten Inhalte zusammenfassen müssen und wie sie den sprachlich oft elaborierten Stil angemessen vereinfachen (vgl. Caspari/Schinschke 2010: 30).
Dadurch, dass sich die für die Sprachmittlung und die für die interkulturelle Kompetenz notwendigen Teilkompetenzen in hohem Maße überschneiden bzw. miteinander verzahnt sind (vgl. Seidel 2012), eignen sich Aufgaben zur

Sprachmittlung prinzipiell besonders gut zur Förderung interkultureller Kompetenzen. Allerdings müssen sie bestimmten Kriterien genügen (vgl. Caspari/Schinschke 2010), u.a. Einbettung in eine möglichst wirklichkeitsnahe und im Horizont der Schülerinnen und Schüler liegende interkulturelle Kommunikationssituation sowie Stimmigkeit der drei Aspekte: konstruierte Situation, vom Lerner einzunehmenden Mittlerrolle und Anforderungen an die Perspektivenübernahme. Wichtig ist auch die Vorgabe einer konkreten, vom Lerner bewältigbaren und für die Situation passenden Textsorte.

Aufgrund der Rückmeldungen aus der Praxis haben sich Aufgaben, die folgenden Prinzipien entsprechen, als besonders ansprechend und lernförderlich für die Förderung kommunikativer Kompetenz erwiesen (vgl. Caspari 2010: 32):

Aufgaben zum interkulturellen Lernen

- sprechen nicht nur den Verstand, sondern in besonderem Maße auch die Gefühle der Lerner an,
- sprechen die Interessen der Schüler an, z.B., indem sie zu den persönlichen Entwicklungsaufgaben der Altersgruppe passen,
- setzen an den Erfahrungen der Lerner an,
- sind authentisch (im Sinne von echt, zuverlässig bzw. glaubwürdig) in Bezug auf den sprachlichen Input, die Inhalte/Materialien und/oder die unterrichtliche Kommunikation,
- fördern und verlangen sprachliche, aber auch nicht-sprachliche Handlungen der Lerner,
- regen dazu an, das Neue bzw. Fremde in Bezug zum Bekannten bzw. Eigenen zu setzen,
- verlangen, mehrere Perspektiven wahrzunehmen und sich mit ihnen auseinanderzusetzen,
- zeigen die Vielfalt von Wahrnehmungs-, Beurteilungs- und Handlungsweisen, auch innerhalb einer Kultur,
- geben den Schülerinnen und Schülern die Gelegenheit, neue Erfahrungen zu machen und – ganz wesentlich – sich ihrer bewusst zu werden,
- verwenden die Fremdsprache für kulturspezifische sprachliche Entdeckungen
- und verwenden bzw. fordern die Fremdsprache auch dazu, dass die Lerner gezielt üben, sprachliche Unsicherheit und Überforderung zu ertragen.

Didaktisches Beispiel: Anbahnung interkultureller Kompetenzen anhand der Arte-Sendereihe Karambolage

Die Heterogenität dessen, was interkulturelle Kompetenz im Kontext von Französischunterricht bedeuten kann, sollte in den vorlaufenden Darstellungen und Überlegungen deutlich geworden sein. Das im Anschluss folgende didaktische Beispiel wird daher nicht alle Fäden und Aspekte der bisherigen Erörterungen aufgreifen und zusammenführen können. Gleichwohl soll auf der Basis eines spezifischen Gegenstandes, hier der Sendereihe *Karambolage* des Fernsehsenders *Arte*, illustriert werden, welchen Niederschlag interkulturelle Lernziele im Französischunterricht konkret haben können. Bevor wir hierzu kommen, einige einführende Hinweise zum Gegenstand selbst.

Merkmale der Sendereihe

„Karambolage" ist eine Sendereihe des Europäischen Kulturkanals *Arte*, der 1992 durch einen deutsch-französischen Staatsvertrag gegründet wurde (vgl. zum Folgenden auch Küster 2010). Mit seiner dominant binationalen Ausrichtung (je 40% des Programms werden von französischer und deutscher Seite bestritten) erscheint er in besonderer Weise prädestiniert für kulturelle Begegnungen. Diesen Anspruch löst insbesondere die Sendereihe „Karambolage" ein, die sonntagabends zur besten Sendezeit gezielt kulturelle Kontraste zwischen Deutschland und Frankreich fokussiert. Dabei sprechen die einzelnen Beiträge sowohl intellektuell-kognitiv als auch ästhetisch an. Denn obwohl die einzelnen Features von einem didaktischen Ansatz geprägt sind – schließlich ist es ihr Zweck, Erscheinungen des Alltagslebens potentiell Nicht-Wissenden zu erklären – gelingt es den Redakteuren, uns Betrachter durch karikatural anmutende visuelle Gestaltungsmittel und heiter-ironische Kommentare zu einem komplexen Sehvergnügen zu führen. Die mit Witz gepaarte Distanziertheit eines ethnographischen Blicks lässt uns die dargestellten Alltagsrituale vertraut und zugleich fremd erscheinen. Amüsiert erkennen und anerkennen wir die Relativität eigener Norm- und Normalitätsvorstellungen, so z.B., wenn das Frühstücksbrettchen als deutsche Sonderheit präsentiert wird. Gleichermaßen werden Phänomene des Alltagslebens jenseits des Rheins als Manifestationen kultureller Differenz erfahren wie z.B. das Klappmesser der Firma Opinel, das in Frankreich Kultstatus genießt.
Trotz ihrer Akzentuierung von Differenz macht die Redaktion im Bereich der Sprachgeschichte andererseits zugleich auf deutsch-französische Amalgamierungen aufmerksam. Wer wusste z.B. schon, dass der französische ‚Boulevard' sich von deutsch ‚Bollwerk' ableitet oder dass ‚Tunnel' auf dem Umweg über das Englische von französisch ‚tonnelle' (Gartenlaube, eigentlich ein von einem im Halbrund konstruierten Gerüst zur Fixierung von Kletterpflanzen überdachter Gartenweg) zu uns gekommen ist? Damit wird deutlich, dass wir schon seit Langem ursprünglich Fremdes dem Eigenen anverwandelt haben. In einer Erweiterung des Konzepts kommen seit wenigen Jahren auch Manifestationen von Einwandererkulturen in Frankreich und Deutschland zur Sprache bzw. zur Darstellung. So wird der ‚bôt' (afrikanisches Baby-Tragetuch) und sein Gebrauch in Frankreich (Sendung 273 vom 9.9.2012)

oder die Praxis der Beschneidung in Kreisen der türkischstämmigen Bevölkerung Deutschlands (Sendung 249 vom 13.11.2011) vorgestellt. Im Gesamtrahmen der Sendereihen stellt dies allerdings eine quantitativ wenig bedeutsame Relativierung der vorherrschend binationalen Orientierung dar.
Das in Kap. 2 angesprochene integrative Verständnis sprachlichen und interkulturellen Lernens kann im Bezug auf den hier vorgestellten Lernanlass nun näher konkretisiert werden. So ist das spezifische Potential von *Karambolage* in einer Verknüpfung folgender Facetten zu sehen:

- Sensibilisierung für die Relativität eigener Denk- und Lebensweisen
- Weckung bzw. Förderung von Neugier für differente kulturelle Praxen
- Wissenserwerb über eben diese Praxen
- Förderung eines geschichtlichen Bewusstseins, so z.B. in einem Feature zur unterschiedlichen Bedeutung von Kriegerdenkmälern
- Befähigung zu einem kulturell sensiblen Umgang mit kulturellen Praxen
- Vertiefung einer Sprachbewusstheit (*language awareness)* und ebenso einer Kulturbewusstheit *(cultural awareness)*
- Schulung des Hörsehverstehens
- Schaffung von Anlässen mitteilungsbezogenen Sprechens und Schreibens und somit eines Sprachlernens durch Sprachgebrauch.

Fazit und offene Fragen

Wie dieser Beitrag zeigt, handelt es sich bei interkultureller Kompetenz auch aus fremdsprachendidaktischer Perspektive um ein hoch komplexes und nicht unproblematisches Konstrukt.
Zum einen unterscheiden sich, wie in Abschnitt 1 dargestellt, die unterschiedlichen Richtungen in der Fremdsprachendidaktik in den zugrunde liegenden Prämissen und den formulierten Zielsetzungen zum Teil erheblich. An dem dargestellte Beispiel „Karambolage“ wird sichtbar, dass gerade die Französischdidaktik nach wie vor häufig auf kulturkontrastive und damit potentiell unzulässig vereinfachende Sichtweisen setzt. Im Gesamtkontext des Fremdsprachenunterrichts kann diese Ausrichtung hingegen als durchaus sinnvolle Ergänzung zum aufgrund der lingua-franca-Situation tendenziell stärker kulturübergreifenden Ansatz der Englischdidaktik betrachtet werden.
Zum anderen ist interkulturelle Kompetenz als gleichzeitig fächerübergreifendes und fachspezifisches Konzept nur schwer eindeutig zu konturieren. Viele der im Fremdsprachenunterricht zum Tragen kommenden Teilkompetenzen wie z.B. die Fähigkeit zur Perspektivenübernahme oder zum Aushalten von Differenzen sind allgemeiner Natur, viele können durch die im Deutschen deutlich höhere Sprachkompetenz in anderen Fächern vermutlich einfacher und differenzierter erreicht werden. Daher besteht eine wichtige Aufgabe der Fremdsprachendidaktik darin, den spezifisch fremdsprachigen Bei-

trag interkultureller Kompetenz und damit das spezifische Potenzial des Fremdsprachenunterrichts möglichst genau zu bestimmen. Dies ist bislang noch nicht in ausreichendem Maße erfolgt. Daher ist es zu begrüßen, dass gerade das bildungspolitische Dokument der Abiturstandards hier wichtige Impulse setzt.

Ein weiteres Problem besteht in der Konkretisierung der fremdsprachendidaktischen Diskussion in bildungspolitischen Dokumenten und konkreten Aufgabenstellungen. Wie die Analysen der Bildungsstandards für den Mittleren Schulabschluss und für die Abiturprüfungen deutlich machen, bilden diese Dokumente als Ergebnis eines Aushandlungsprozesses zwischen verschiedenen Akteuren nur teilweise den Stand der fremdsprachendidaktischen Diskussion ab und sind auch in sich nicht immer konsistent. Zudem sind in der Konzeption interkultureller Kompetenz wie in ihrer Ausdifferenzierung in Standards deutliche Unterschiede zwischen beiden Dokumenten festzustellen. Dies führt dazu, dass bei der Erstellung der länderspezifischen Vorgaben und bei der Erstellung von Lern- und Prüfungsaufgaben sehr unterschiedliche Schwerpunkte gesetzt werden können. Es bleibt zu hoffen, dass durch die differenziertere und klarere Konturierung in den Abiturstandards diese Schwerpunktsetzungen z.B. innerhalb der Bereiche Wissen, Einstellungen und Bewusstheit in Zukunft deutlicher ausgewiesen werden.

Eine, wenn nicht *die* zentrale Schwierigkeit der Förderung interkultureller Kompetenz besteht darin, dass sie anders als die funktionalen kommunikativen Kompetenzen nur schwer überprüfbar und nur partiell messbar erscheint (vgl. Caspari 2008: 29-32, Caspari/Schinschke 2009, Küster 2013, Witte 2013) Während für die funktionalen kommunikativen Kompetenzen z.B. durch die DESI-Studie (DESI-Konsortium 2008) und den Ländervergleich des IQB (Köller/Knigge/Tesch 2010) empirische Ergebnisse zu den Schülerleistungen vorliegen, wissen wir nur sehr wenig zu ihrem Kompetenzstand und zum Erfolg von Fördermaßnahmen im interkulturellen Bereich. Überdies dürfte die Tatsache, dass diese Kompetenz höchstens partiell objektiv messbar ist, ein zentraler Grund dafür sein, dass das komplexe Konzept interkultureller Kompetenz in der Schulwirklichkeit nach wie vor häufig verkürzt auf den – messbaren – Aspekt soziokulturellen Erklärungswissens rezipiert wird. Eine der zentralen Aufgaben der Fremdsprachendidaktik besteht daher darin, das integrative Konzept interkultureller kommunikativer Kompetenz so in Lern- und Prüfungsaufgaben zu fassen, dass der Beitrag der interkulturellen Kompetenz in den anderen Kompetenzbereichen (insb. den funktional-kommunikativen Kompetenzen und der Text- und Medienkompetenz) entsprechend auszuweisen und dadurch zumindest indirekt feststellbar ist und ihn damit evaluierbar (aber nicht: messbar) zu machen.

Literatur

Baumgratz, Gisela / Becker, Norbert / Bock, Hans-Manfred / Christ, Herbert / Edener, Wilfried / Firges, Jean / Picht, Robert / Schröder, Konrad / Stephan, Rüdiger / Zapp, Franz-Josef (1982): „Stuttgarter Thesen zur Rolle der Landeskunde im Französischunterricht", in: *Zielsprache Französisch* (13) 4, 183-186.

Bredella, Lothar (1999): Zielsetzungen interkulturellen Fremdsprachenunterrichts, in: Bredella, Lothar; Delanoy, Werner (Hrsg.): Interkultureller Fremdsprachenunterricht, Tübingen: Narr, 85-120.

Caspari, Daniela (2008): Zu den „Interkulturellen Kompetenzen" in den Bildungsstandards. In: Fäcke, Christiane / Hülk, Walburga / Klein, Franz-Josef (Hg.) (2008): *Multiethnizität, Migration und Mehrsprachigkeit*. Festschrift zum 65. Geburtstag von Adelheid Schumann. Stuttgart: ibidem: 19-35.

Caspari, Daniela (2010): Auf der Suche nach dem spezifischen Beitrag des Fremdsprachenunterrichts zu den interkulturellen Kompetenzen. Ausgangspunkt: Die „EPA Französisch". In: Caspari, Daniela / Küster, Lutz (Hg.): Wege zu interkultureller Kompetenz. Fremdsprachendidaktische Aspekte der Text- und Medienarbeit. Frankfurt: Lang: 103-114.

Caspari, Daniela (2010): Aufgaben zum Interkulturellen Lernen. In: Leupold, Eynar / Krämer, Ulrich (Hg.): *Französischunterricht als Ort interkulturellen Lernens*. Seelze: Klett / Kallmeyer.

Caspari, Daniela / Schinschke, Andrea (2009): Aufgaben zur Feststellung und Überprüfung interkultureller Kompetenzen im Fremdsprachenunterricht – Entwurf einer Typologie. In: Byram, Michael / Hu, Adelheid (Hg.): *Interkulturelle Kompetenz und fremdsprachliches Lernen*. Modelle, Empirie, Evaluation. Tübingen: Narr: 273 – 287.

Caspari, Daniela / Schinschke, Andrea (2010): Sprachmittlungsaufgaben gestalten. Zum interkulturellen Potential von Sprachmittlung. In: *Der fremdsprachliche Unterricht Französisch* 44/2010/108: 30-33.

Caspri, Daniela / Burwitz-Melzer, Eva (2014): Interkulturelle kommunikative Kompetenz. In: Tesch, Bernd / Rossa, Henning / von Hammerstein, Xenia (Hrsg.) Bildungsstandards aktuell: Englisch / Französisch in der Sekundarstufe II. Braunschweig: Diesterweg (in Vorb.).

DESI-Konsortium (Hrsg.) (2008). Unterricht und Kompetenzerwerb in Deutsch und Englisch. Ergebnisse der DESI-Studie. Weinheim: Beltz.

Geulen, Dieter (Hrsg.) (1982): Perspektivenübernahme und soziales Handeln. Texte zur sozial-kognitiven Entwicklung, Frankfurt (M.): Suhrkamp.

Gogolin, Ingrid (1994): Der monolinguale Habitus der multilingualen Schule, Münster/New York: Waxmann.

Grünewald, Andreas / Küster, Lutz / Lüning, Marita (2011): Kultur und Interkulturalität. In: Meißner, Franz-Joseph / Krämer, Ulrich (Hrsg.): *Spanischunterricht gestalten*, Seelze: Kallmeyer, 49–80.

Hu, Adelheid (1995): Spielen Vorurteile im Fremdsprachenunterricht eine positive Rolle? in: Bredella, Lothar (Hrsg.): Verstehen und Verständigung durch Sprachenlernen? Bochum: Brockmeyer, 405-412.

Hunfeld, Hans (1994): Fern vom „versöhnten Zustand", in: Bausch, Karl-Richard; Christ, Herbert, Krumm, Hans-Jürgen (Hrsg.): Interkulturelles Lernen im Fremdsprachenunterricht, Tübingen: Narr, 94-100.

KMK (Sekretariat der Ständigen Konferenz der Kultusminister der Länder in der Bundesrepublik Deutschland) (2003): *Bildungsstandards für die erste Fremdsprache (Englisch/Französisch) für den Mittleren Schulabschluss*. (Beschluss der Kultusministerkonferenz vom 04.12.2003). http://www.kmk.org/fileadmin/ veroeffentlichungen_beschluesse/2003/2003_12_04-BS-erste-Fremdsprache.pdf.

KMK (Sekretariat der Ständigen Konferenz der Kultusminister der Länder in der Bundesrepublik Deutschland) (2004): Einheitliche Prüfungsanforderungen in der Abiturprüfung Französisch. Beschluss der Kultusministerkonferenz vom 01.12.1989 i. d. F. vom 5.2.2004. In: http://www.kmk.org/fileadmin/veroeffentlichungen_beschluesse/1989/1989_12_01-EPA-Franzoesisch.pdf.

KMK (Sekretariat der Ständigen Konferenz der Kultusminister der Länder in der Bundesrepublik Deutschland) (2012): *Bildungsstandards für die fortgeführte Fremdsprache (Englisch / Französisch) für die Allgemeine Hochschulreife.* (Beschluss der Kultusministerkonferenz vom 18.10.2012). http://www.kmk.org/fileadmin/veroeffentlichungen_-beschluesse/2012/2012_10_18-Bildungsstandards-Fortgef-FS-Abi.pdf.

Köller, Olaf / Knigge, Michel / Tesch, Bernd (2010): *Sprachliche Kompetenzen im Ländervergleich.* Münster: Waxmann.

Küster, Lutz (2010): Die Arte-Sendereihe „Karambolage" - ein Anlass interkulturellen Lernens im Französischunterricht? in: Caspari, Daniela / Küster, Lutz (Hrsg.): *Wege zu interkultureller Kompetenz. Fremdsprachendidaktische Aspekte der Text- und Medienarbeit,* Frankfurt/M.: Lang, 39-49.

Küster, Lutz (2013): Bildungsanspruch und Bildungsgehalt schulischen Fremdsprachenunterrichts. Ein kritischer (Rück)Blick auf Postulate und Praktiken. In: *Fremdsprachen Lehren und Lernen* (42) 1, 52-66.

Raddatz, Volker (1996): Fremdsprachenunterricht zwischen Landeskunde und Interkulturalität, in: *Fremdsprachenunterricht* (40/49) 4/1996, S. 242-252

Seidel, Juliane (2012): Das Potenzial der Kompetenz „Sprachmittlung" zur Förderung der interkulturellen Kompetenz im Italienischunterricht. Masterarbeit im Lehramtsstudiengang 120 LP an der Freien Universität Berlin. http://edocs.fu-berlin.de/docs/servlets-/MCRFileNodeServlet/FUDOCS_derivate_000000002242/MA_Juliane_Seidel_komplett.pdf; jsessionid=5840CD23A0F53B1D039CB782D65E8AB3?hosts= (8.8.2013)

Tesch, Bernd / Leupold, Eynar / Köller, Olaf (Hg.) (2008): *Bildungsstandards Französisch: konkret.* Sekundarstufe I: Grundlagen, Aufgabenbeispiele und Unterrichtsanregungen. Berlin: Cornelsen Scriptor.

Welsch, Wolfgang (1999): Transkulturalität. Zwischen Globalisierung und Partikularisierung. In: Drechsel, Paul u.a. (Hrsg.): *Interkulturalität. Grundprobleme der Kulturbegegnung. Mainzer Universitätsgespräche – Sommersemester 1998.* Mainz: Gutenberg Universität Mainz, 45-72.

Witte, Arnd (2013): Überlegungen zur Problematik der Evaluierung interkultureller Kompetenzen im Fremdsprachenunterricht. In: *Fremdsprachen Lehren und Lernen* (42) 1, 109-122.

Franziska Heinze & Maria Hallitzky

Globales Lernen: Querschnittsaufgabe für Lehrkräfte und Entwicklungsauftrag für die (Fach-) Didaktik

„Pädagogik in der Globalisierten Moderne“ (Focali 2007) erfordert von Lehrerinnen und Lehrern die Bewältigung so genannter Querschnittsaufgaben, wie z.B. Interkulturelles Lernen (Holzbrecher 2011, 2004; Auernheimer 2001) oder Globales Lernen (GL). Es ist zentrale Aufgabe Globalen Lernens, Menschen dazu zu befähigen, die Interdependenz zwischen verschiedenen Perspektiven (ökologisch, ökonomisch, sozial) und Aktionsebenen (lokal, regional, global) zu erkennen und Handlungskompetenzen für das multikulturelle Zusammenleben, die internationale Kooperation und das globale Zeitalter zu entwickeln. Wenn im Folgenden von Globalem Lernen gesprochen wird, wird die interkulturelle Perspektive immer mitgedacht (Deutsche UNESCO-Kommission 1997; Hallitzky 2008; Klafki 2007).
Im schulischen Kontext meint Globales Lernen einen mehrdimensionalen Lehr- und Lerngegenstand, in dessen Zentrum der Umgang mit Komplexität als zentrale Schlüsselkompetenz steht (vgl. Scheunpflug & Schröck 2002). Doch schon eine nähere Betrachtung der Begrifflichkeiten zeigt, dass „Globales Lernen“ kein einheitliches Konzept darstellt. Neben handlungstheoretischen Entwürfen (Bühler 1996; Selby & Rathenow 2003; VENRO 2000) finden sich evolutionär und systemtheoretisch begründete Ansätze Globalen Lernens (Asbrand 2003; Scheunpflug 1996; Scheunpflug & Schröck 2002; Treml 1993). Während es sich hier um sozialwissenschaftliche Konzeptbildungen handelt, die ihre Wurzeln in der Entwicklungspolitik und der Entwicklungszusammenarbeit, der Eine-Welt-, Menschenrechts- und Friedenspädagogik haben, entstanden im Kontext von Umweltpädagogik und naturwissenschaftlichen Disziplinen parallel Ansätze einer „Bildung für nachhaltige Entwicklung“ (BNE) (de Haan 2008; de Haan & Harenberg 1999; de Haan, Kamp, Lerch, Martignon, Müller-Christ & Nutzinger 2008). Anders als bei Globalem Lernen, das die Perspektive der Gerechtigkeit und des lokalen Bezugs stärker in den Fokus nimmt, stehen ökologische Probleme im Zentrum von BNE-Konzepten. Trotz bestehender Unterschiede und konzep-

tueller Ausprägungen[1] findet zunehmend eine Annäherung zwischen Perspektiven Globalen Lernens und einer Bildung für nachhaltige Entwicklung statt (Scheunpflug 2008: 14; Seitz 2008: 49). Ein prägnantes Beispiel für diesen Annäherungsprozess stellt die Modifikation der BNE-Konzeption und des damit verbundenen Konstrukts der „Gestaltungskompetenz“ von Gerhard de Haan dar (de Haan & Harenberg 1999; de Haan & Seitz 2001a; de Haan & Seitz 2001b). Er erweitert die Konzeption nachhaltiger Entwicklung um die Perspektive der Gerechtigkeit zur „Bildung für nachhaltige und gerechte Entwicklung“ (de Haan et al. 2008). Als kleinster gemeinsamer Nenner von Globalem Lernen und Bildung für nachhaltige Entwicklung werden die durch die Globalisierung entstandenen und zu bewältigenden Herausforderungen an „Pädagogik in der globalisierten Moderne“ (Focali 2007) bzw. „Bildung in der Weltgesellschaft“ (Seitz 2002) angenommen. In diesem Beitrag werden aus pragmatischen Gründen „Globales Lernen“ und „Bildung für nachhaltige Entwicklung“ synonym verwendet. Dies erfolgt in dem Bewusstsein, dass Unterschiede in den zugrunde liegenden Theoriezugängen durchaus auch handlungssteuernd sein und inhaltliche und/oder didaktische Konsequenzen nach sich ziehen können (Scheunpflug 2008: 13).

(Bildungs-) Politik und erziehungswissenschaftliche Theoriebildung stellen den Kontext für Globales Lernen dar (vgl. Abb. 1), das als Querschnittsaufgabe in der Schule zwar gefordert, in der Lehrerbildung und der Schulpraxis jedoch kaum angesiedelt ist (Hauenschild & Bolscho, 2009: 8; Oelkers 2004: 14). In der erziehungswissenschaftlichen Theoriebildung wird Globales Lernen u.a. aus schulpädagogischer und allgemein- bzw. fachdidaktischer Sicht konkretisiert. Von den bildungspolitischen Beschlüssen und Empfehlungen gibt lediglich der „Orientierungsrahmen für den Lernbereich Globale Entwicklung“ (BMZ & KMK 2007) Hinweise zur Realisierung von Globalem Lernen in der Schule bzw. in verschiedenen Fächern[2].

---

[1] Einen Überblick über konzeptionelle Entwicklungen des Globalen Lernens geben Scheunpflug (2008) bzw. Seitz (2008). Asbrand und Lang-Wojtasik (2002) diskutieren Ansätze Globalen Lernens mit Blick auf ihre unterschiedlichen Theoriezugänge. Hauenschild & Bolscho (2009) stellen Entwicklungslinien und Konzeptionen einer Bildung für nachhaltige Entwicklung dar.

[2] Hierin unterscheidet sich Globales Lernen dann doch vom Interkulturellen Lernen, das auf eine längere Traditionslinie zurückgreifen kann. Während die KMK schon 1996 ihre Empfehlung „Interkulturelle Bildung und Erziehung in der Schule“ veröffentlichte, erschien die Empfehlung „Bildung für nachhaltige Entwicklung in der Schule“ erst elf Jahre später (KMK & DUK 2007). Die KMK-Empfehlungen für Interkulturelle Bildung fanden 2004 u.a. ihren Niederschlag in den Eckwerten zur Reform der sächsischen Lehrpläne (Comenius-Institut 2004: Eckwerte Interkulturalität). Derartige Strategiepapiere für Globales Lernen fehlen derzeit noch, lediglich der „Orientierungsrahmen für den Lernbereich Globale Entwicklung“ (BMZ & KMK 2007) stellt ein vergleichbares Papier auf Bundesebene dar, hat jedoch weniger verbindlichen Charakter als z.B. die o. g. Eckwerte-Papiere.

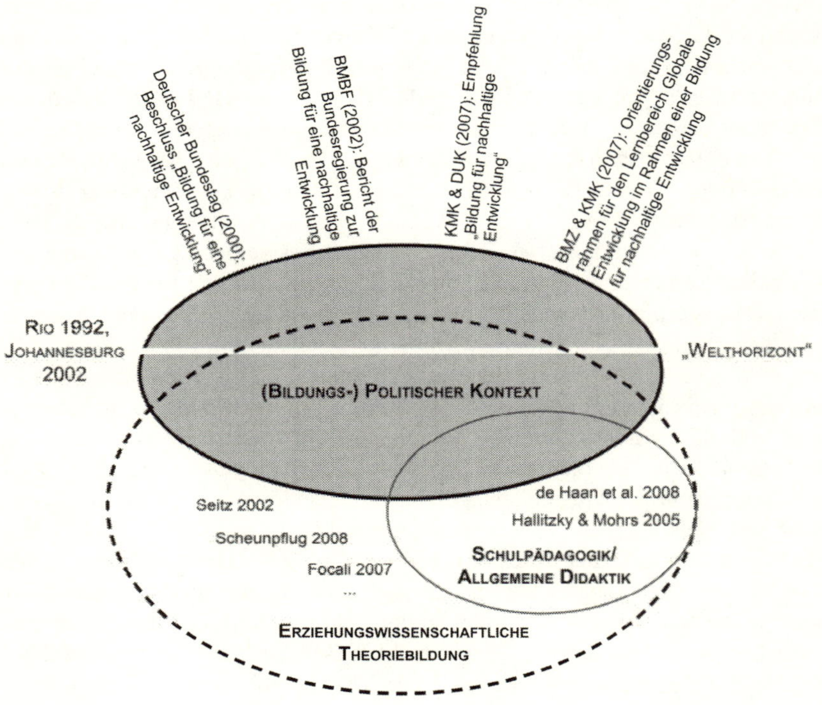

Abb. 1: Bezugsrahmen für die Querschnittsaufgabe globales Lernen.

Im Folgenden werden drei Fragestellungen aufgeworfen: Welche Ansprüche stellt Globalen Lernen an Lehrerinnen und Lehrer? Welche Bedingungen finden Lehrkräfte diesbezüglich vor? Welche Kompetenzen benötigen sie für die Umsetzung Globalen Lernens? Entlang dieser Fragestellungen werden allgemeindidaktische und fachdidaktische Perspektiven auf Globales Lernen dargestellt und der Beitrag der Lehr-Lern-Forschung für diesen Gegenstand umrissen.

Ansprüche und Bedingungen Globalen Lernens

Problemorientierung des Zugangs

Die Interdependenz verschiedener Perspektiven, Aktionsebenen und Zielstellungen Globalen Lernens erfordert von Lehrerinnen und Lehrern die Berücksichtigung bzw. Einbindung multipler Sichtweisen, Normvorstellungen und Handlungsoptionen. Der Umgang mit Komplexität spielt hierbei eine entscheidende Rolle. Eine solche pädagogische Querschnittsaufgabe muss sich daher zwangsläufig von einer inhaltsfokussierten Zugangsweise abwenden und stattdessen komplexe Problemstellungen in den Mittelpunkt stellen. Wolfgang Klafki formuliert mit seiner Konzeption der epochaltypischen Schlüsselprobleme (Klafki 2007) einen solchen Anspruch. Hier bietet sich ein allgemeindidaktischer Begründungszusammenhang für Globales Lernen. Klafkis bildungstheoretischer Ansatz eröffnet eine Sichtweise, „gesellschaftliche Verhältnisse und Entwicklungen [...] unter dem Gesichtspunkt der pädagogischen Verantwortung für gegenwärtige und zukünftige Lebens- und Entwicklungsmöglichkeiten jedes jungen Menschen der nachwachsenden Generation, aber auch jedes Erwachsenen [...] zu beurteilen und mitzugestalten" (Klafki 2007: 50-51). Er geht von der Prämisse aus, dass Gesellschaft von Menschen gemacht und somit potenziell veränderbar ist. Hieraus ergeben sich Deutungs- und Handlungsspielräume, die die einzelnen Individuen als prinzipiell denkfähige, mitbestimmungs- und handlungsfähige Personen ausfüllen müssen. Die Herausforderungen der sich globalisierenden Welt fasst Klafki durch das Konstrukt der epochaltypischen Schlüsselprobleme, mit denen sich Schülerinnen und Schüler auseinandersetzen sollen. Die epochaltypischen Schlüsselprobleme konkretisieren Klafkis Allgemeinbildungsbegriff in Bezug auf die Komponente „Bildung im Medium des Allgemeinen". Sie im Unterricht zu thematisieren und zu problematisieren zielt darauf, den Prozess der Globalisierung partizipativ mitgestalten zu lernen (Focali 2007: 169; Hallitzky 2005: 86). Diese Sichtweise verortet Zielstellungen Globalen Lernens in einem allgemeindidaktischen Horizont und macht dadurch den Allgemeinbildungsbegriff anschlussfähig an Konzeptionen Globalen Lernens bzw. einer Bildung für nachhaltige Entwicklung (vgl. Hauenschild & Bolscho 2009: 55).

Fachliche und kollegiale Kooperation

Um der Komplexität Globalen Lernens im Sinne von Schlüsselproblemen gerecht werden zu können, bedarf es daher der Einbindung vieler bzw. aller Fächer und damit der Kooperation der Lehrerinnen und Lehrer. Aus fachwissenschaftlicher und fachdidaktischer Perspektive ergeben sich für die Zusammenarbeit der Fächer folgende Fragen: Inwiefern umfassen die jeweiligen Fachlehrpläne und Standards Themenaspekte globalen Lernens? Inwiefern stellen diese Themenaspekte Querverbindungen zwischen den Fächern dar, die bereits ein Prinzip Globalen Lernens realisieren oder die Realisierung dieses integrativen Anspruchs zumindest ermöglichen? Damit stellt sich das Problem, ob eine derart ganzheitlich-interdisziplinäre Interpretation und Umsetzung von Bildungsprogrammen innerhalb der fachbezogenen Organisationsstruktur von Schule überhaupt möglich ist: Bieten die Fächerstruktur und

das dahinter stehende fachwissenschaftliche Selbstverständnis hinreichend Raum und Möglichkeiten, Globales Lernen in seiner interdisziplinären Ausrichtung in der Organisationsstruktur von Schule zu verankern oder begrenzen sie Querschnittsaufgaben auf eine fachbezogene Perspektive? Somit entscheidet sich „[...] ‚Bildung für nachhaltige Entwicklung' [...] schulisch gesehen an der Frage, ob sie lehrbar ist und wo sie ihren curricularen Ort findet" (Oelkers 2004: 10).
Schreiber betont schon 1995, dass Globales Lernen „themenbedingt für das eine Fach mehr als für das andere" Anknüpfungspunkte biete. Der ‚Orientierungsrahmen für den Lernbereich Globale Entwicklung' (BMZ & KMK 2007: 56) benennt „besonders geeignet[e]" Fächer wie „Geografie, Politik/Sozialkunde, Biologie, Religion/Ethik, Arbeitslehre/Wirtschaft und Geschichte" für den Lernbereich. Gleichzeitig knüpft er an den Grundgedanken der UNESCO (2005: 71) an, dass „[t]he combined pedagogical techniques and strategies of each discipline also contribute to an expanded vision of how to teach for creativity, critical thinking, and a desire for life-long learning - all mental habits that support sustainable societies". Er favorisiert deshalb fachübergreifende bzw. fächerverbindende Umsetzungen Globalen Lernens.
Eine Analyse der sächsischen Lehrpläne (Heinze 2012)[3] und der Curricula anderer Bundesländer (Hallitzky 2008: 53-58) verdeutlicht dagegen, dass inhaltliche und didaktische Schwerpunktsetzungen bezogen auf Globales Lernen fachinhärent sind (vgl. Tab. 2 für den fremdsprachlichen Unterricht). So thematisieren beispielsweise die Fremdsprachen vor allem Fragen des gesellschaftlichen und interkulturellen Zusammenlebens, während naturwissenschaftliche Fächer wie Geografie oder Biologie verstärkt ökologische bzw. raumstrukturelle Themen behandeln. Gesellschaftswissenschaftliche Fächer (z.B. Ethik, Religion oder Gemeinschaftskunde/Politik) greifen vorwiegend soziale und ethische Probleme auf sowie Zusammenhänge zwischen Mensch, Umwelt und Gesellschaft/System. Andere Fächer wie Mathematik, Kunst oder Deutsch weisen hingegen weniger curriculare Anknüpfungspunkte für Globales Lernen auf, gleichwohl auch sie mit Themen Globalen Lernens arbeiten können. Darüber hinaus finden sich in den Lehrplänen auch Ansatzpunkte für fachübergreifendes Arbeiten, wenn z.B. im Fremdsprachenunterricht ökologische Themen oder im Fach Geografie interkulturelle Aspekte thematisiert werden. Anregungen für fächerverbindenden Unterricht finden sich – bei allen Fächern gleichermaßen – vorwiegend im Wahlpflichtbereich.

[3] Die Analyse bezieht sich auf die seit 2004 eingeführten Lehrpläne im Freistaat Sachsen, verfügbar unter http://195.37.90.111/apps/lehrplandb/, Stand: 20.09.2012.

Tab. 1: Globales Lernen in den Sächsischen Lehrplänen für Mittelschule und Gymnasium (Auszüge).

Fach	**Schulform**	**Lehrplaninhalte**
Fremdsprache		
Englisch	Mittelschule	„My world“
		„Life on earth“
		„Me as a consumer“
		“The world of Englisch”
		“Die Welt erkunden” (Wahlpflicht)
		„Menschen begegnen“ (Wahlpflicht)
	Gymnasium	„Environment“
		„Cultural and intercultural studies“
		„Social studies“
		„The world of nature“ (Wahlpflicht Kl. 5/6)
		„English-speaking parts of the world” (Wahlpflicht Kl. 9/10)
		„Natives and immigrants” (Wahlpflicht Kl. 9/10
2. Fremdsprache	Mittelschule	“Andere Länder – andere Sitten” (Wahlpflicht Kl. 8/9)
		„Vorurteile und Klischees“ (Wahlpflicht Kl. 10)
		„Verbreitung der Sprache in der Welt“ (Wahlpflicht Kl. 10)
Französisch	Gymnasium	„Zusammenleben in einer Welt“
		„Umwelt und Natur“
		„Frankophonie“ (Kl. 9/10)
Polnisch	Gymnasium	„Heimat und Region“ (Kl. 6/7)
		„Ökologie“ (Kl. 8/9)
		„Gemeinsame sächsisch-polnische Geschichte“ (Kl. 8/9)
		„Können Flüsse trennen?“ (Wahlpflicht Kl. 8/9)

Die Fachlehrpläne bieten somit zwar handhabbare fachdidaktische Strategien zur Umsetzung von Globalem Lernen, werden der Komplexität dieser Querschnittsaufgabe jedoch nur unzureichend gerecht (BMZ & KMK 2007: 56). Unter Beibehaltung der traditionellen Fächerstruktur ist die Umsetzung Globalen Lernens im schulischen Unterricht derzeit somit nur als didaktisches Prinzip auf Zeit realisierbar. Neben Formen des Projektunterrichts erfährt hierbei der fächerverbindende Unterricht besondere Aufmerksamkeit. Melzer (2007: 5-13, für Sachsen) beschreibt die Vorteile und die Nähe fächerverbindenden Unterrichts zu Globalem Lernen. Als didaktisches Prinzip auf Zeit lässt sich Globales Lernen phasen- oder wochenweise in den schulischen Unterricht integrieren und realisieren, ohne die traditionelle Fächerstruktur des schulischen Unterrichts überwinden zu müssen. Aus diesem Grund votiert nicht nur der ‚Orientierungsrahmen‘ für die Realisierung von Globalem Lernen im Rahmen fachübergreifenden und fächerverbindenden Unterrichts (vgl. Melzer 2007) und ergänzt die fachwissenschaftliche bzw. fachdidaktische Perspektive um eine disziplinübergreifende bzw. interdisziplinäre Perspektive.

Diese disziplinübergreifende Herangehensweise erfordert notwendigerweise die Kooperation von Lehrkräften. Diese Kooperation ist unabdingbare Voraussetzung dafür, „der komplexen Aufgabe der BNE längerfristig gerecht zu werden“ (Rauch, Streissler & Steiner 2008: 13). Glaubt man jedoch Ewald Terhart und Eckhard Klieme (2006: 163), so arbeiten Lehrerinnen und Lehrern in der Schule „entweder gar nicht oder nicht im notwendigen Maße bzw. nicht in anspruchs- und wirkungsvollen Formen“ zusammen. Es ist davon auszugehen, dass die Ursachen hierfür nicht im Unwillen oder Unvermögen der Lehrkräfte liegen, sondern vorwiegend in der fachbezogenen Organisationsstruktur von Schule und Lehrerbildung (Terhart & Klieme 2006: 164), die sich wiederum auf individuelle Dispositionen auswirkt. Um vermehrt Kooperationen anzubahnen, sollen die Vereinbarung über Bildungsstandards für den Mittleren Abschluss (KMK 04.12.2003) oder die Empfehlung „Fachübergreifender und fächerverbindender Unterricht“ zur Reform der Sächsischen Lehrpläne (Comenius-Institut 2004) auf Bundes- bzw. Länderebene zur Verankerung von fachübergreifendem/fächerverbindendem Lernen beitragen und fachliche Perspektiven um interdisziplinäre Zugänge erweitern. Da „[f]achübergreifendes und fächerverbindendes Arbeiten […] oft von der Bereitschaft und der eher zufällig vorhandenen Möglichkeit der einzelnen unterrichtenden Lehrkraft abhängig“ (BMZ & KMK 2007: 56) ist, schreiben einige Bundesländer mittlerweile verbindliche Zeitdeputate hierfür fest. In Sachsen beispielsweise müssen Lehrkräfte verbindlich mindestens 2 Wochen pro Schuljahr fächerverbindend arbeiten (Comenius-Institut 2004: 7).

Allgemeine Didaktik und Fachwissenschaft/Fachdidaktik stellen den Rahmen bzw. die externen Herausforderungen dar, denen Lehrkräfte im Kontext Globalen Lernens begegnen. Auf Seiten der Lehrerinnen und Lehrer bedarf es hierfür interner Fähigkeitsstrukturen – wie z.B. der Fähigkeit zur Kooperation mit anderen Fachlehrkräften –, die von der Lehr-Lern-Forschung als bereichsspezifische Kompetenzen (vgl. Weinert 1999) beschrieben werden. Anders als die Allgemeine Didaktik oder die Fachdidaktiken, deren Hauptaugenmerk auf einer allgemeinen bzw. fachbezogenen „Theoretisierung und operative[n] Gestaltung von Lehren und Lernen“ (Terhart 2005: 102) im Kontext von Lehrerbildung liegt, dient die Lehr-Lern-Forschung der „theoriegeleiteten Beschreibung, Erklärung und Optimierung von Lehr-Lernprozessen“ (ebd.: 101). Sie befasst sich daher nicht mit Legitimationsfragen und/oder normativen Begründungen für Globales Lernen, damit verbundenen themenbezogenen Inhalten und deren (fach-) didaktischer Realisierung. Dass die Lehr-Lern-Forschung hier noch in den Anfängen steht, zeigt sich daran, dass es zwar Kompetenzbeschreibungen für Lerner/innen (z.B. BMZ & KMK 2007; de Haan et al. 2008; ‚Transfer 21‘ 2007) gibt, diese jedoch erst noch operationalisiert werden müssen. Mit Blick auf Kompetenzmodellierungen für Lehrkräfte ergeben sich noch mehr Forschungsdesiderata (Bormann & de Haan 2008: 8). Dies steht in Widerspruch zu der zentralen Rolle, die Lehrerinnen und Lehrern bzw. der Lehrerbildung für Globales Lernen/BNE zugeschrieben wird (Rauch, Streissler & Steiner 2008: 6).

Kompetenzen von Lehrerinnen und Lehrern für Globales Lernen

Die Realisierung und Verbreitung globaler Themenstellungen im Schulalltag ist bisher von der individuellen Motivation der Lehrerinnen und Lehrer sowie von schulbezogenen Schwerpunktsetzungen abhängig (de Haan et al. 2008: 229-235). Eine solche Schwerpunktsetzung findet sich beispielsweise bei UNESCO-Projektschulen, die sich den Zielen der United Nations- Educational, Scientific and Cultural Organization (UNESCO) für Globales Lernen verpflichtet haben. Damit bilden institutionelle Rahmenbedingungen und Kontextfaktoren der Einzelschulen wichtige Faktoren Globalen Lernens. Vor allem aber sind es die Kompetenzen der Lehrerinnen und Lehrer, die eine entscheidende Rolle für die gelingende Umsetzung Globalen Lernens spielen. Dies ist insofern problematisch, als dass Globales Lernen bisher keinen bzw. kaum Eingang in die Lehrerbildung gefunden (Hauenschild & Bolscho, 2009: 8, vgl. Henze 2001 für Nordrhein-Westfalen) hat. Zudem gibt es derzeit keine einheitlichen Vorstellungen über Kompetenzen Globalen Lernens[4] und deren Operationalisierung.

Mit Baumerts & Kunters (2006) Modell der professionellen Handlungskompetenz von Lehrerinnen und Lehrern liegt ein heuristisches Konstrukt vor, wie die Kompetenz für professionelles Handeln von Lehrkräften modelliert werden kann. Es unterscheidet zwischen Orientierungswissen und Professionswissen. Als Orientierungswissen werden Werthaltungen und Überzeugungen, motivationale Orientierungen und selbstregulative Fähigkeiten erfasst. Das Professionswissen als vierte Komponente des Modells setzt sich u.a. zusammen aus allgemeinem pädagogischen Wissen, Fachwissen und fachdidaktischem Wissen. Insbesondere die Fachgebundenheit dieser Wissensfacetten stellt für die Adaption des Modells auf Querschnittsaufgaben wie Globales Lernen eine Herausforderung dar, müsste es sich hierbei doch um interdisziplinär ausgerichtetes Wissen globaler nachhaltiger Entwicklung

---

[4] Beispielsweise formulieren Rauch et al. (2008) im Rahmen des Projekts „Kompetenzen für Bildung für nachhaltige Entwicklung (KOM-BiNE)“ ein Kompetenzkonzept für Lehrgruppen bzw. Lehrenden Teams im formellen und informellen Bildungsbereich. Ebenso definieren BMZ & KMK (2007: 205-208) im ‚Orientierungsrahmen' elf Kompetenzen für Lehrer/innen in Anlehnung an die „Standards für die Lehrerbildung“ (KMK 2004) und geben Hinweise zu Inhalten sowie didaktisch-methodischen Kompetenzen für den Lernbereich globale Entwicklung.

bzw. darauf bezogenes spezifisches didaktisches Wissen handeln, das die verschiedenen Fachbezüge integriert. Erste Analysen von Interviewmaterial im Rahmen einer Studie von Heinze zu Kompetenzvorstellungen von Lehrerinnen und Lehrern an sächsischen Schulen[5] geben deutliche Hinweise darauf, dass die interviewten Lehrerinnen und Lehrer ihr fachliches Wissen zu globaler nachhaltiger Entwicklung mehrheitlich aus ihrer Fachperspektive generieren, bevorzugt fachbezogene Strategien zur Umsetzung von Globalem Lernen bzw. Bildung für nachhaltige Entwicklung heranziehen und entsprechend Anforderungen an kooperatives Arbeiten zunächst ausklammern. Dies folgt der Systemlogik von Lehrerbildung und Schule (vgl. die Kritik von Oelkers 2004: 10), wird jedoch der Komplexität Globalen Lernens nicht gerecht (BMZ & KMK 2007: 56). Die Lehrkräfte nehmen entweder 1) eine fachgebundene Perspektive mit fachdidaktischer Umsetzung ein, 2) vertreten einen fachübergreifenden Ansatz mit entsprechender didaktischer Aufbereitung oder 3) eine fächerverbindende, interdisziplinäre Herangehensweise, die curriculare Zielstellungen und didaktische Zugänge unterschiedlicher Fächer miteinander verbindet.. Insbesondere die dritte Strategie, also der Versuch, Globales Lernen in die gegebene (fach- bzw. schulorganisatorische) Struktur einzupassen, verlangt jedoch von Lehrerinnen und Lehrern eine organisatorisch-integrative Kompetenz, die mit der Reflexion der fachspezifischen Normsetzungen sowie einer Öffnung gegenüber anderen fachwissenschaftlichen und -didaktischen Herangehensweisen einhergeht und verstärkt Kooperationen erfordert. Während die Lehr-Lern-Forschung die Operationalisierung dieser Kompetenz leisten kann, sind es die Allgemeine Didaktik und die Fachdidaktiken, die in enger Verzahnung einerseits Modelle bereit halten müssen, die den Rahmen und die externe Anforderungsstruktur solcher Querschnittsaufgaben beschreiben und andererseits Konzepte entwickeln, die fachliche Strukturen und Querschnittsaufgaben wie Globales Lernen integrieren.

Literatur

Asbrand, B. (2002): Keine Angst vor Komplexität. Der faire Handel als Lernort und Gegenstand Globalen Lernens. In: Zeitschrift für internationale Bildungsforschung und Entwicklungspädagogik; 26 (2003) 2, S.7-13.

[5] Die Studie ist Bestandteil eines Projekts das der Frage nachgeht, welche spezifischen professionellen Handlungskompetenzen Lehrerinnen und Lehrer für Bildung für nachhaltige Entwicklung benötigen. Theoriegeleitet erfolgt eine BNE-spezifische Adaption des Modells von Baumert & Kunter (2006). Die Ergebnisse der empirischen Untersuchung werden herangezogen, um das heuristische Modell zu modifizieren und zu erweitern. Dies erscheint insofern notwendig, als dass sich ein Theorie-Praxis-Widerspruch in Bezug auf Ansprüche und Realisierung von BNE vermuten lässt.

Asbrand, B.; Lang-Wojtasik, G. (2002): Gemeinsam in eien nachhaltige Zukunft? Anmerkungen zum „Bericht der Bundesregierung zur Bildung für eine nachhaltige Entwicklung". In: Zeitschrift für internationale Bildungsforschung und Entwicklungspädagogik; 25 (2002) 2, S. 31-34.

Auernheimer, G. (Hg.) (2001): Migration als Herausforderung für pädagogische Institutionen. Opladen.

Baumert, J.; Kunter, M. (2006): Stichwort: Professionelle Kompetenz von Lehrkräften. In: *Zeitschrift für Erziehungswissenschaft* 9 (2006) 4, S. 469-520.

BMBF (2002): Bericht der Bundesregierung zur Bildung für eine nachhaltige Entwicklung. Bonn, Berlin.

BMZ; KMK (Hg.) (2007): Orientierungsrahmen für den Lernbereich Globale Entwicklung im Rahmen einer Bildung für nachhaltige Entwicklung. Bonn, Berlin.

Bormann, I.; Haan, G. de (Hg.) (2008): Kompetenzen der Bildung für nachhaltige Entwicklung. Operationalisierung, Messung, Rahmenbedingungen, Befunde. Wiesbaden.

Bundesministerium für Umwelt, Naturschutz und Reaktorsicherheit (Hg.) (1993): Konferenz der Vereinten Nationen für Umwelt und Entwicklung im Juni 1992 in Rio de Janeiro - Dokumente - Agenda 21. Bonn.

Bühler, H. (1996): Perspektivenwechsel? Unterwegs zu „globalem Lernen". Frankfurt am Main.

Comenius-Institut (Hg.) (2004): Eckwerte Interkulturalität. Radebeul.

Comenius-Institut (Hg.) (2004): Fachübergreifender und fächerverbindender Unterricht. Radebeul.

Deutscher Bundestag (Hg.) (2000): Beschluss „Bildung für eine nachhaltige Entwicklung". Beschlussempfehlung und Bericht des Ausschusses für Bildung, Forschung und Technikfolgenabschätzung (19. Ausschuss). Drucksache 14/3319. Bonn, Berlin.

Deutsche UNESCO-Kommission (1997): Erziehung für Frieden, Menschenrechte und Demokratie im UNESCO-Kontext. Sammelband ausgewählter Dokumente und Materialien. Bonn.

Focali, E. (2007): Pädagogik in der globalisierten Moderne. Ziele, Aufgaben und Funktion von Pädagogik im Spannungsfeld von Globalisierung und Regionalisierung. Münster, München, Berlin [u.a.]: Waxmann.

Haan, G. de (1999): Bildung für eine nachhaltige Entwicklung. Gutachten zum Programm. Unter Mitarbeit von Dorothee Harenberg. Bonn.

Haan, G. de (2008): Gestaltungskompetenz als Kompetenzkonzept der Bildung für nachhaltige Entwicklung. In: Bormann, I.; Haan, G. de (Hg.): Kompetenzen der Bildung für nachhaltige Entwicklung. Operationalisierung, Messung, Rahmenbedingungen, Befunde. Wiesbaden, S. 23-43.

Haan, G. de; Kamp, G.; Lerch, A.; Martignon, L.; Müller-Christ, G.; Nutzinger, H.-G. (Hg.) (2008): Nachhaltigkeit und Gerechtigkeit. Grundlagen und schulpraktische Konsequenzen. Berlin, Heidelberg.

Haan, G. de; Seitz, K. (2001a): Kriterien für die Umsetzung eines internationalen Bildungsauftrages. Bildung für eine nachhaltige Entwicklung (Teil 1). In: *21: das Magazin für zukunftsfähige Bildung* (2001) 1, S. 58-62.

Haan, G. de; Seitz, K. (2001b): Kriterien für die Umsetzung eines internationalen Bildungsauftrages. Bildung für eine nachhaltige Entwicklung (Teil 2). In: *21: das Magazin für zukunftsfähige Bildung* (2001) 2, S. 63-66.

Hallitzky, M. (2005): „Mit anderen in Welt leben". Schulpädagogische Fragestellungen zu Möglichkeiten und Wegen globalen Lernens. In: Hallitzky, M. & Mohrs, T. (Hrsg.): Globales Lernen. Schulpädagogik für WeltbürgerInnen. Baltmannsweiler.

Hallitzky, Maria (2008): Kompetenzaspekte der Bewältigung von Komplexität im Kontext einer Bildung für nachhaltige Entwicklung. Eine Studie zur Wirksamkeit selbstreflexiver Verfahren in der Hochschuldidaktik auf Faktoren der Bewältigung von Komplexität bei Lehramtsstudierenden am Beispiel des Umgangs mit Fremdheit (unveröffentlichtes Manuskript). Passau.

Hallitzky, M.; Mohrs, T. (Hg.) (2005): Globales Lernen. Schulpädagogik für WeltbürgerInnen. Baltmannsweiler.

Hauenschild, K.; Bolscho, D. (2009): Bildung für Nachhaltige Entwicklung in der Schule. Ein Studienbuch. 3., durchges. Aufl. Frankfurt am Main.

Heinze, F. (2012): Bildung für nachhaltige Entwicklung in sächsischen Lehrplänen (unveröffentlichtes Manuskript). Leipzig.

Henze, C. (Hg.) (2001): Bildung für nachhaltige Entwicklung als Herausforderung für die Lehrerausbildung. Ergebnisse einer Studie an nordrhein-westfälischen Hochschulen. Baltmannsweiler.

Holzbrecher, A. (2004): Interkulturelle Pädagogik. Berlin.

Holzbrecher, A. (Hg.) (2011): Interkulturelle Schule. Schwalbach/Ts.

Klafki, W. (2007): Neue Studien zur Bildungstheorie und Didaktik. Zeitgemäße Allgemeinbildung und kritisch-konstruktive Didaktik. 6., neu ausgestattete Aufl. Weinheim, Basel.

KMK (25.10.1996): Empfehlung „Interkulturelle Bildung und Erziehung in der Schule“.

KMK (04.12.2003): „Vereinbarung über Bildungsstandards für den Mittleren Abschluss (Klasse 10).

KMK (16.12.2004): Beschluss „Standards für die Lehrerbildung: Bildungswissenschaften“.

KMK; DUK (15.06.2007): Empfehlung „Bildung für nachhaltige Entwicklung in der Schule".

Melzer, M. (Hg.) (2007): Neue Aufgaben für sächsische Gymnasien - fächerverbindender Profilunterricht und Chancen einer Bildung für nachhaltige Entwicklung. Leipzig.

Oelkers, J. (2004): Bildung, Nachhaltigkeit und die Struktur der Schule. Vortrag im Kolloquium „Bildung für nachhaltige Entwicklung“ am 9. November 2004 in der Pädagogischen Hochschule Kreuzlingen.

Rauch, F.; Steiner, R.; Streissler, A. (2008): Kompetenzen für Bildung für nachhaltige Entwicklung von Lehrpersonen: Entwurf für ein Rahmenkonzept. In: Bormann, I.; Haan, G. de (Hg.): Kompetenzen der Bildung für nachhaltige Entwicklung. Operationalisierung, Messung, Rahmenbedingungen, Befunde. Wiesbaden, S. 141-157.

Rauch, F.; Streissler, A.; Steiner, R. (2008): Kompetenzen für Bildung für nachhaltige Entwicklung (KOM-BINE). Konzepte und Anregungen für die Praxis. Wien.

Scheunpflug, A. (1996): Die Entwicklung zur globalen Weltgesellschaft als Herausforderung für das menschliche Lernen. In: Zeitschrift für internationale Bildungsforschung und Entwicklungspädagogik, 19 (1996) 1, S. 9-14.

Scheunpflug, A. (2008): Die konzeptionelle Weiterentwicklung des Globalen Lernens. Die Debatten der letzten zehn Jahre. In: VENRO (Hg.): Jahrbuch Globales Lernen 2007/2008.

Scheunpflug, Annette (2010): Gut oder nur „gut gemeint“? Zur Qualitätssicherung des Globalen Lernens. In: VENRO (HRSG): Jahrbuch Globales Lernen 2010. Globales Lernen als Herausforderung für Schule und Zivilgesellschaft.

Scheunpflug, A.; Schröck, N. (2002): Globales Lernen. Stuttgart.

Schreiber, J.-R. (14.11.1995): Globales Lernen für eine zukunftsfähige Entwicklung. Plädoyer für ein Unterrichtsprinzip Globales Lernen. Hannover.

Schreiber, J.-R. (2010): Das Globale Lernen in der Dekade „Bildung für nachhaltige Entwicklung“ – Halbzeitbilanz und Perspektiven. In: VENRO (Hg): Jahrbuch Globales Lernen 2010. Globales Lernen als Herausforderung für Schule und Zivilgesellschaft.

Selby, D.; Rathenow, H.-F. (2003): Globales Lernen. Praxishandbuch für die Sekundarstufe I und II., 1. Aufl. Berlin.

Steffens, G. (2010): Politische Bildung ohne globale Perspektive? In: VENRO (Hg): Jahrbuch Globales Lernen 2010. Globales Lernen als Herausforderung für Schule und Zivilgesellschaft.

Seitz, K. (2002): Bildung in der Weltgesellschaft. Gesellschaftstheoretische Grundlagen globalen Lernens, 1. Aufl. Frankfurt am Main.

Terhart, E. (2005): Fremde Schwestern - Zum Verhältnis von Allgemeiner Didaktik und empirischer Lehr-Lern-Forschung. In: Stadtfeld, P.; Dieckmann, B. (Hg.): Allgemeine Didaktik im Wandel. Bad Heilbrunn, S. 96–114.

Terhart, E.; Klieme, E. (2006): Kooperation im Lehrerberuf: Forschungsproblem und Gestaltungsaufgabe. Zur Einführung in den Thementeil. In: Zeitschrift für Pädagogik 52 (2), S. 163–166.

Treml, A. K. (1993): Entwicklungspolitik und Entwicklungspädagogik in evolutionstheoretischer Sicht. In: Scheunpflug, A. & Seitz, K. (Hg.): Selbstorganisation und Chaos. Entwicklungspolitik und Entwicklungspädagogik in neuer Sicht. Tübingen, Hamburg, S. 111-134.

Transfer-21 (Hg.) (2007): Orientierungshilfe Bildung für nachhaltige Entwicklung in der Sekundarstufe I. Begründungen, Kompetenzen, Lernangebote.

UNESCO Section for Education for Sustainable Development (Hg.) (2005): Guidelines and Recommendations for Reorienting Teacher Education to Adress Sustainability (Education for Sustainable Development in Action, Technical Paper No. 2). Paris.

VENRO (Hg.) (2000): Arbeitspapier Nr. 10: Globales Lernen als Aufgabe und Handlungsfeld entwicklungspolitischer Nichtregierungsorganisationen. Grundsätze, Probleme und Perspektiven der Bildungsarbeit des VENRO und seiner Mitgliedsorganisationen. Bonn.

Weinert, F. E. (1999): Konzepte der Kompetenz. Paris.

Autorenverzeichnis

Batzel, Andrea, Eberhard Karls Universität Tübingen, Institut für Erziehungswissenschaft, Abteilung für Schulpädagogik.

Blumschein, Dr. Patrick, Pädagogische Hochschule Freiburg, Institut für Erziehungswissenschaft.

Bohl, Prof. Dr. Thorsten, Eberhard Karls Universität Tübingen, Institut für Erziehungswissenschaft, Abteilung für Schulpädagogik.

Brauch, Dr. Nicola, Albert-Ludwigs-Universität Freiburg, Lehrstuhl für Mittelalterliche Geschichte.

Caspari, Prof. Dr. Daniela, Freie Universität Berlin, Institut für Romanische Philologie.

Ehret, Carola, Pädagogische Hochschule Freiburg, Institut für mathematische Bildung.

Girmes, Prof. Dr. Renate, Otto-von-Guericke Universität Magdeburg, Institut für Erziehungswissenschaft, Lehrstuhl Allgemeine Didaktik und Theorie der Schule.

Hallitzky, Prof. Dr. Maria, Universität Leipzig, Erziehungswissenschaftliche Fakultät, Allgemeine Didaktik & Schulpädagogik des Sekundarbereichs.

Hanke, PD, Dr. Ulrike, Pädagogische Hochschule Freiburg, Institut für Erziehungswissenschaft.

Haug, Dr. Reinhold, Pädagogische Hochschule Freiburg, Institut für mathematische Bildung.

Heins, Jochen, Universität Hamburg, Fachbereich Erziehungswissenschaft, Arbeitsbereich Didaktik der deutschen Sprache und Literatur.

Heinze, Franziska, Universität Leipzig, Erziehungswissenschaftliche Fakultät, Allgemeine Didaktik & Schulpädagogik des Sekundarbereichs.

Heuer, Christian, Dr. phil., Leiter der Deutsch-Französischen Grundschule am Lycée Franco-Allemand in Buc (Frankreich).

Heyl, Prof. Dr. Thomas, Pädagogische Hochschule Freiburg, Institut der bildenden Künste.

Holzäpfel, Prof. Dr. Lars, Pädagogische Hochschule Freiburg, Institut für mathematische Bildung.

Holzbrecher, Prof. Dr. Alfred (im Ruhestand), Pädagogische Hochschule Freiburg, Institut für Erziehungswissenschaft.

Kiper, Prof. Dr. Hanna, Carl-von-Ossietzky-Universität Oldenburg, Schulpädagogik und Allgemeine Didaktik.

Kleinknecht, Dr. Marc, Technische Universität München, School of Education, Lehrstuhl für Schulpädagogik.

Kleß, Dr. Eva, Technische Universität Kaiserslautern, Fachbereich Pädagogik.

Küster, Prof. Dr. Lutz, Humboldt-Universität zu Berlin, Institut für Romanistik.

Lang-Wojtasik, Prof. Dr. Gregor, Pädagogische Hochschule Weingarten, Erziehungswissenschaft.

Leuders, Prof. Dr. Timo, Pädagogische Hochschule Freiburg, Institut für mathematische Bildung.

Luft, Florian, Albert-Ludwigs-Universität Freiburg, Institut für Erziehungswissenschaft.

Maier, Prof. Dr. Uwe, Pädagogische Hochschule Schwäbisch Gmünd, Institut für Erziehungswissenschaft, Schulpädagogik / empirische Schulforschung.

Marchand, Silke, Universität Leipzig, Erziehungswissenschaftliche Fakultät, Allgemeine Didaktik & Schulpädagogik des Sekundarbereichs.

Metz, Prof. Dr. Kerstin, Pädagogische Hochschule Schwäbisch Gmünd, Institut für Sprache und Literatur.

Müller, Karla, Universität Leipzig, Erziehungswissenschaftliche Fakultät, Allgemeine Didaktik & Schulpädagogik des Sekundarbereichs.

Nückles Prof. Dr. Matthias, Albert-Ludwigs-Universität Freiburg, Institut für Erziehungswissenschaft.

Peters, Sebastian, Carl-von-Ossietzky-Universität Oldenburg, Didaktik und Geschichte der Physik.

Roßa, Anne-Elisabeth, Universität Hildesheim. Institut für Erziehungswissenschaft.

Schmit, Stefan, Carl-von-Ossietzky-Universität Oldenburg, Didaktik und Geschichte der Physik.

Schneider, Dirk, Universität Leipzig, Erziehungswissenschaftliche Fakultät, Allgemeine Didaktik & Schulpädagogik des Sekundarbereichs.

Schratz, Univ.-Prof. Mag. Dr. Michael, Universität Innsbruck, Institut für LehrerInnenbildung und Schulforschung.

Schwarz, Univ.-Ass.in Mag.a, Dr. Johanna F., Universität Innsbruck, Institut für LehrerInnenbildung und Schulforschung.

Standop, Prof. Dr. Jutta, Universität Trier, Fachbereich Pädagogik.

Wegner, Elisabeth, Albert-Ludwigs-Universität Freiburg, Institut für Erziehungswissenschaft.